Das Proletariat

Aufstieg und Niedergang der lohnabhängigen Klasse:
Vom rebellischen Vierten Stand
über eine Gewerkschaftsbewegung
und einige Arbeiterparteien
zur politischen Emanzipation,
zur modernen Organisation nützlicher Armut,
zur selbstbewußten Anpassung an den Reformbedarf
von Nation und Kapital

Peter Decker / Konrad Hecker

Das Proletariat

Politisch emanzipiert –
Sozial diszipliniert –
Global ausgenutzt –
Nationalistisch verdorben –

Die große Karriere
der lohnarbeitenden Klasse
kommt an ihr gerechtes Ende

GegenStandpunkt Verlag

© GEGENSTANDPUNKT VERLAG 2002
Gegenstandpunkt Verlagsgesellschaft mbH
Türkenstr. 57, 80799 München
Tel. (089) 272 16 04   Fax (089) 272 16 05
Email: gegenstandpunkt@t-online.de
Internet: www.gegenstandpunkt.com

Druck: Universitätsdruckerei Wolf & Sohn
Heidemannstr. 166, 80939 München

ISBN 3-929 211-05-X

Inhaltsverzeichnis

Vorwort

„Proletariat" – war da nicht mal was? Irgendwas mit einer „revolutionären Klasse" von „Brüdern", die „zur Sonne, zur Freiheit" unterwegs sind, „des Menschen Recht" erkämpfen und dergleichen mehr?

Doch, da war mal was. Nicht bloß Lohnarbeiter hat es gegeben, die den Arbeitgebern die Arbeit machen – die gibt es nach wie vor –, sondern unter diesen Leuten verbreitet ein Bewusstsein von ihrer gemeinsamen materiellen Lage und ein Bedürfnis, diese Lage gründlich zu ändern. Intellektuelle hat es gegeben, die, statt im Dienst der öffentlichen Ordnung und ihrer sittlichen Verklärung die Karriere zu machen, zu der sie eigentlich prädestiniert waren, der herrschenden Symbiose von Ausbeutung, Gewalt, Zynismus und Dummheit den Kampf angesagt und in kommunistischen Parteien mit unzufriedenen Proletariern gemeinsame Sache gemacht haben. Eine aufrührerische Arbeiter-Bewegung ist daraus entstanden, die sich gegen das System der Lohnarbeit zur Wehr setzen und die Macht erringen wollte, um die Herrschaft des Eigentums durch eine vernünftig geplante gesellschaftliche Arbeitsteilung zu ersetzen. Noch bis zur letzten Dekade des 20. Jahrhunderts hat ein ganzer Staatenblock für sich in Anspruch genommen, genau diese Revolution zu betreiben oder sogar schon weitgehend geschafft zu haben; die Selbstbehauptungsmacht dieses Bündnisses hielt den Standpunkt in Kraft, auf die Lohnarbeiter käme es ganz besonders an, weil denen „die Zukunft" gehöre, eine Zukunft ohne Ausbeutung und Rechtlosigkeit. Auch in den meisten „marktwirtschaftlichen" Demokratien des Westens hat dieser Standpunkt sich als mehr oder weniger lautstark vorgetragene Minderheitenmeinung lange gehalten, fast genau so lange wie der „reale Sozialismus" im Osten.

Sogar in der Bundesrepublik Deutschland, in der schon der Gebrauch des Wortes „Arbeiterklasse" die Aufmerksamkeit des Staatsschutzes erregte, fand noch in den Jahren nach '68 ein öffentlich wahrgenommener Versuch statt, so etwas wie einen „revolutionären Klassenstandpunkt" wiederzubeleben; etliche Vereine hauptsächlich aus einer Studentenschaft, die durch den nationalen Betrieb angeödet war und sich über die faschistischen Erblasten sowie über die imperialistischen „Verstrickungen" ihrer mühsam demokratisierten Heimat empörte, haben sich dafür stark gemacht. Die angesprochenen Arbeiter deutscher Nation ließen sich dadurch allerdings nicht in die gewünschte „Bewegung" versetzen. Und die meisten Aktivisten von einst verwirklichen ihren hochherzigen Entschluss, als „Vorhut der Arbeiterbewegung" „dem Volke zu dienen", nicht ohne innere Konsequenz heute in der Weise, dass sie im Dienst der und an der Nation, mit der Autorität eines staatlichen Postens oder einer demokratisch erworbenen Befugnis, das geschätzte Volk wirklich und wirksam bevormunden – sie hatten eben doch bloß ihre demokratieidealistischen Hoffnungen auf eine bessere Welt auf ein Proletariat gesetzt, das sie sich im Sinne eines zur „emanzipatorischen" Gesellschaftsphilosophie verfabelten Marxismus fortschrittsfreundlich zurechtinterpretierten. Von dieser Interpretation sind sie unter dem Druck staatlicher Repression und einer geschlossen feindlichen öffentlichen Meinung auch wieder abgerückt, haben zusammen mit ihren linken Phrasen, um die es wirklich nicht schade ist, auch jedes Bedürfnis nach radikaler Kritik aufgegeben, haben statt der Mängel ihrer abweichenden Meinungen ihre Abweichung selber korrigiert und zum Standpunkt des gesellschaftlichen Klimaschutzes (zurück-)gefunden.

Mittlerweile ist es vollends still geworden ums Proletariat. Niemand traut ihm noch etwas zu: Die bürgerliche Staatsmacht findet beim besten verfassungsschützerischen Willen keinen Anlass zur Sorge ums lohnabhängige Fußvolk. Kein „Mittelständler" fürchtet sich mehr vor einer aufständischen Arbeiterschaft. Der sozialkundliche Sachverstand der Nation vermag so etwas wie eine Arbeiterklasse noch nicht einmal mehr wahrzunehmen und triumphiert mit der Diagnose „Ende der Arbeitsgesellschaft" endgültig über jedes „marxistische Gesellschaftsbild". Und das Proletariat – widerspricht nicht einmal. Es scheint sich selber für eine optische Täuschung zu halten, oder sogar bloß für die böswillige Erfindung unzufriedener Marxisten. Ob es damit recht hat – oder nur endlich richtig liegt?

0. Die Arbeiterklasse – endlich vollendet

(1) Kein Proletariat, nirgends!

Proletarier kennt der gebildete Zeitgenosse eigentlich nur noch aus dem Industriemuseum. Im tiefen 19. Jahrhundert, als noch nicht die globalisierte Marktwirtschaft, sondern der nach seinem ersten angelsächsischen Standort so genannte Manchester-Kapitalismus regierte, gab es wohl so etwas: einen niederen Stand armseliger Lohnarbeiter, rechtlos und ohne alle soziale Absicherung, von reichen Fabrikherren ausgebeutet – bisweilen aber auch durchaus gut behandelt –, in feuchten Löchern und finsteren Mietskasernen untergebracht, schlecht ernährt und von Seuchen heimgesucht, mit einer durchschnittlichen Lebenserwartung von kaum 15 Jahren in die Welt gesetzt und schon im Kindesalter ausgenutzt, unausgebildet und verroht, teils maschinenstürmend unterwegs, teils für kommunistische Phantastereien empfänglich... Sozialgesetze und behutsame Wahlrechtsreformen haben dann das schlimmste Elend eingedämmt und die – wie keineswegs bloß ein deutscher Führer klar erkannte – „ihrem Vaterland entfremdeten" Massen allmählich an den Staat herangeführt. Dennoch hat noch im ersten Drittel, wenn nicht sogar in der gesamten ersten Hälfte des 20. Jahrhunderts so etwas wie eine *Arbeiterklasse* existiert: eine durch das gemeinsame Schicksal der Lohnarbeit in großen Fabriken geprägte Gesellschaftsschicht, noch immer ziemlich arm und von Verelendung durch Arbeitslosigkeit bedroht, in einer eigenen Subkultur zu Hause, gewerkschaftlich organisiert, sozialistisch orientiert – manchmal allerdings auch faschistisch gesinnt –, gelegentlich zu Klassenkämpfen gegen Unternehmerwillkür und staatliche Ungerechtigkeiten aufgelegt...

Doch das ist vorbei. Jahrzehnte des Aufschwungs und des Fortschritts haben dafür gesorgt, dass die klassischen kapitalistischen Nationen zu Beginn des 21. Jahrhunderts ein völlig anderes Bild bieten – oder jedenfalls ein völlig anderes Bild von ihrer Gesellschaft *haben*. Von einem Proletariat in dem Sinn, von Leuten, die sich als Proletarier begreifen oder gar mit Stolz als solche bekennen würden, ist weit und

3

breit nichts zu entdecken, von Klassenkämpfen ganz zu schweigen. An die Stelle einer kollektiv ausgebeuteten Industriearbeiterschaft sind in der modernen Erwerbsgesellschaft – oder jedenfalls in ihrem Selbstbild – lauter freie Einzelindividuen getreten, die zeitsouverän und flexibel mit zeitweiligen Hauptberufen, Nebenjobs und Phasen der Arbeitslosigkeit herumwirtschaften, bis sie in eine selbstbestimmte Rente gehen. Von einem gemeinsamen Interessengegensatz gegen die Eigentümerklasse will niemand mehr etwas wissen; das Kapital wird nicht als Gegner, geschweige denn als ausbeuterische Macht gesehen, sondern als Quelle, und zwar als einzige, vielfältiger Erwerbschancen begrüßt. Elend ist nur dort zu Hause, wo es an Kapital fehlt; das wird mit dem Schicksal einheimischer Arbeitsloser bewiesen, das lässt sich an den Krisen der berühmten „emerging markets" demonstrieren, und erst recht darf Europas Osten als Beleg für diese Erkenntnis herhalten: Von ihren Regierungen Jahrzehnte lang nach anderen „Plänen" bewirtschaftet, ist die Bevölkerung dieser Region von ihrer neuen herrschenden Elite marktwirtschaftlicher Reformer für schlichtweg unfähig erklärt worden, ohne die „Einfuhr" von Kapital auch nur zu überleben. Die Gewerkschaften, einstmals Organisatoren einer tatkräftigen Klassensolidarität und Gegenmacht gegen die Übermacht des großen Geldes, haben weltweit eingesehen, dass ein Lohnabhängiger nichts so nötig hat wie einen geschäftstüchtigen Arbeitgeber und letztlich auch nichts anderes braucht; sie sterben ab, sofern ihnen nicht die Umstellung auf eine Art Dienstleistungsunternehmen für ihre Mitglieder gelingt. Die überkommenen Arbeiterparteien haben der Idee einer sozialistischen Alternative schon längst abgeschworen und können mittlerweile auch keinerlei Notwendigkeit mehr entdecken, von Staats wegen zugunsten der Arbeitnehmerschaft korrigierend in den Gang der Marktwirtschaft einzugreifen – außer in dem Sinn, dass sie alles aus dem Weg räumen, was „der Wirtschaft" die Schaffung von Erwerbsmöglichkeiten erschweren könnte. Letzte Restbestände eines gewerkschaftlich-arbeiterparteilichen „Milieus", in denen eine Karikatur einstiger Klassensolidarität deren historisches Ende noch ein wenig überdauert hat, werden, weil hoffnungslos unmodern, liquidiert; so etwas braucht es nicht einmal mehr für den ehrenwerten demokratischen Zweck, die niederen Stände als freie mündige Wähler auf ihren Staat zu verpflichten. Die sind längst an die Selbstverständlichkeit gewöhnt, dass es für die Teilhabe an der Politik nur auf ein Kriterium ankommt, nämlich: als Inländer dazuzugehören; hinter dieser nationalen Identität verschwinden alle sonstigen Unterscheidungen und Einstufungen, nach der Erwerbsquelle womöglich oder gar nach der Klassenlage, die es sowieso nicht mehr gibt. Welcher Fangemeinschaft oder subkulturellen Identität man und frau außerdem angehört, bleibt der privaten Willkür überlassen, die schon gleich keine Klassenschranken mehr kennt.

Umfassender und vollständiger könnte der soziale Wandel kaum sein. Eine ganze „Gesellschaftsschicht" hat Karriere gemacht: vom armseligen Fabrikarbeiter zum Internet-tauglichen Job-Sucher, vom rechtlosen Kollektiv zum mündigen Staatsbürger und Firmenmitarbeiter, vom Hungerleider zum umworbenen Konsumenten. 200 Jahre nach seinem ersten welthistorischen Auftritt ist das Proletariat einfach *nicht wiederzuerkennen.*

(2) Aber wer tut eigentlich statt dessen die Arbeit und macht die Unternehmer reich?

Irgendwie scheint es sich freilich bei den modernen Arbeitnehmern doch noch um den gleichen sozialen Menschenschlag zu handeln – ohne eine gewisse Identität wäre ja auch gar kein Wandel und Fortschritt zu konstatieren, sondern bloß von verschiedenen Dingen die Rede. Das politökonomische Berufsbild ist so ziemlich dasselbe geblieben: Wie seit 200 Jahren arbeitet die Masse der Leute unter dem Kommando von Eigentümern bzw. deren Funktionären und vermehrt gegen ein von denen durchkalkuliertes und für lohnend befundenes Entgelt deren Eigentum. Ihr Stellenwert im bürgerlichen Gemeinwesen hat sich deswegen gleichfalls nicht so übermäßig geändert: Die arrivierten „Mitarbeiter" von heute haben verdammt viel von einer *abhängigen Variablen* an sich. Ihre Interessen sind jedenfalls nicht die gesellschaftlich maßgeblichen; Maß aller ökonomischen Dinge sind vielmehr die Erfolgsziffern der Geschäftswelt, die wiederum sehr viel zu tun haben mit möglichst wenig Lohn für möglichst viel Leistung. Die Auswirkungen dieses unumstößlichen politökonomischen Sachgesetzes erinnern erst recht an die „klassischen" sozialen Ausstattungsmerkmale der lohnabhängigen Bevölkerungsmehrheit – und sie werden in der freiheitlich-demokratischen Öffentlichkeit auch überhaupt nicht verschwiegen, im Gegenteil. Nachrichten aus der Welt der Wirtschaft bestehen zu guten Teilen aus Berichten über Entlassungen, an denen die Betroffenen selbst schuld sind, weil sie zwar nicht viel, aber *zu* viel verdienen; aus Notizen über wachsende Mengen unbezahlter Überstunden; aus der Wiedergabe von Forderungen an den Gesetzgeber, Lohnsenkungen und Entlassungen zu erleichtern; aus Ermahnungen an die Tarifparteien,

„maßvoll" zu bleiben, was jeder sofort richtig als Warnung vor Lohner-höhungen versteht. Viel mehr Raum nehmen natürlich Meldungen über den privaten Reichtum ein: seine gelungene Vermehrung, die Risiken und Chancen seiner weiteren Vermehrung, seine Abenteuer an der Börse usw. – wobei mit der allergrößten Selbstverständlichkeit nie von der Wohlfahrt der Leute die Rede ist, die ihn erarbeiten, sondern von der Größe der Geldmacht, die *getrennt* von denen, in Arbeit*geber*-hand, existiert und wächst. Die Ungemütlichkeiten eines modernen Arbeit*nehmer*lebens finden daneben zwar nicht viel Interesse, werden aber auch nicht verheimlicht. Unter verschiedensten Rubriken wird darüber informiert, wie der moderne Arbeitsalltag seine Leute *verschleißt*, und wie schlecht mit einem unter- bis durchschnittlichen Einkommen auszukommen ist. Offizielle *Armutsberichte*, die den Regierenden einen einigermaßen sachgerechten Überblick über ihre Gesellschaft verschaffen sollen, definieren mit Sorgfalt, und ohne übertriebene Maßstäbe anzulegen, eine plausible Armutsgrenze und finden dann immer noch ein gutes Drittel der Bevölkerung, das darunter liegt; gerne mischt man sich in diesem Sinne übrigens auch in die sozialen Verhältnisse bei befreundeten konkurrierenden Nachbarn ein und berichtet z.B. aus dem „reichsten Land der Welt", dass dort, in den USA, jedes vierte Kind auf Armenspeisung angewiesen ist. Karitative Organisationen werden allerdings auch im eigenen Land keineswegs überflüssig, sondern bilanzieren ein ums andere Mal zunehmende Bedürftigkeit bei ihrer Klientel. Ein Sittenbild der unauffälligen Verelendung, der mit guten Werken beizuspringen sei, wird dem großen Publikum allweihnachtlich präsentiert. Die zur festen Dauereinrichtung geratene Schuldnerberatung macht warnend darauf aufmerksam, wie leicht und in wie großer Zahl durchaus „normal" verdienende Zeitgenossen auf den abschüssigen Weg in die „Schuldenfalle" geraten, aus der sie dann für den Rest ihres Lebens kaum mehr herauskommen. Dass mit einer Entlassung nur allzu oft der Marsch in die Verelendung bis zur Obdachlosigkeit beginnt, ist sowieso allgemein bekannt; doch auch die Kategorie der „working poor", denen ihr mit redlicher Arbeit verdientes Geld nicht einmal für einen minimalen Lebensunterhalt reicht, ist längst in den sozialpolitisch fortschrittlichsten Nationen heimisch. Und wer das Glück hat, den entsprechenden Alltag nicht selber im Slum-Gürtel eines städtischen Kapitalstandorts durchleben zu müssen, der findet sich in den „guten Stuben" der dazugehörigen Innenstädte mit der Endstation des ganz normalen Elends konfrontiert, sofern das zuständige Ordnungsamt die Bettler nicht gründlich genug abgeräumt hat.

Versteckt und verheimlicht wird also nichts; an *Material,* um am modernen Arbeitnehmer etliche zählebige Ausstattungsmerkmale des Proletariats aufzufinden, das doch gleichzeitig seit Jahrzehnten niemand mehr gesehen haben will, fehlt es nicht. Es ist nur *erstens* so, dass die einschlägige Berichterstattung über die Härten der modernen Arbeitswelt und über die zeitgenössische Armut vollständig ohne Auskunft über den *Grund* dieser „Phänomene" auskommt. Der *Leistungszwang,* der in „lebensfähigen" Betrieben heute herrscht, wird unter befürwortenden Titeln wie „Rationalisierung", „Flexibilisierung" oder „Innovation" als selbstverständlicher, gar nicht weiter erklärungsbedürftiger Imperativ der modernen Zeitläufte abgehandelt. Und was in tiefschürfenden Analysen und Hintergrundsberichten an Armutsursachen aufgeführt wird, das sind in aller Regel nichts weiter als Verlaufsformen der Verelendung – z.B. der berühmte „Teufelskreis" aus Arbeits- und Obdachlosigkeit –, Symptome dieses „Prozesses" – z.B. mangelnde Qualifikation der Betroffenen –, die Schwierigkeiten, aus einmal eingetretenem Elend wieder herauszukommen – z.B. fehlende „Motivation" der Klienten – bzw. jemandem herauszuhelfen – fehlende Mittel in der Regel –; gerne lässt man auch gleich den „Status" der Betroffenen für sich sprechen, so als wäre über die Ursachen damit schon alles gesagt – alleinerziehende Mütter etwa oder Kinder mit vielen Geschwistern brauchen sich über ihren Geldmangel gar nicht zu wundern. Die Schuld an der dauernd drohenden Arbeitslosigkeit teilen sich Wetter und Konjunktur, wohingegen für die schlechte Versorgung der Arbeitslosen nur einer verantwortlich ist, nämlich deren große Zahl. Und so weiter. Auf diese Art enthält schon die Kenntnisnahme von den prekären Umständen und materiellen Drangsalen einer zeitgenössischen Durchschnitts-Existenz ein Dementi: Um *Notwendigkeiten* des ökonomischen *Systems,* um Merkmale einer *Klassenlage* handelt es sich *nicht.* Wo trotzdem an so etwas gedacht wird, und der Verdacht drängt sich ja auf, da wird das Dementi explizit: Die *Vielzahl* der erfassten *Lebens*lagen schließt von vornherein aus, dass es sich dabei um Merkmale *einer Klassen*lage handeln könnte. „Zu einfach", zu „monokausal": So lautet das Urteil über ein Stichwort, aus dem dessen Kritiker in Wahrheit sehr genau den Vorwurf heraushören, dass das moderne Elend eine notwendige Errungenschaft des modernen Kapitalismus ist und nicht ein Sammelsurium von Zufällen. *Moralische* Vorwürfe sind da viel besser am Platz: Wer der Gesellschaft „*Missstände*" ankreidet und auf „*Versagen*" der zuständigen Instanzen – letztlich von „uns allen" – „schließt", der denkt zwar auch nicht gerade mehrdimensional, attestiert dem Gegenstand seiner kritischen Sorge aber die prinzipiell besten Absichten und liegt insofern schon mal grundsätzlich richtig. Wer so „kritisiert", verlangt dann auch nie Unmögliches, sondern das einzig Vernünftige: dass alle *sich* bessern und vor allem die Verantwortlichen *ihre* Sache besser machen. Denn das ganze Elend *müsste doch nicht sein.* – Doch was, wenn „das alles" *doch sein muss,* so wie das System des Gelderwerbs durch Lohnarbeit nun einmal funktioniert? Wenn es gar nicht so viel Böswilligkeit und so viele Pflichtversäumnisse gibt, jedenfalls im Verhältnis zur Gutwilligkeit und treuen Pflichterfüllung der übergroßen anständigen Mehrheit, dass die allgemein bekannten Drangsale eines durchschnittlichen Erwerbslebens mit so hoher Trefferwahrscheinlichkeit *daraus* folgen könnten? Wenn die lohnabhängige Masse in den Mustergesellschaften der westlichen Welt dauernd „sozial absturzgefährdet" ist und eine starke Minderheit auf dem Verelendungs-Trip, nicht *obwohl,* sondern *weil* lauter wohlmeinende Funktionäre Arbeitswelt und Gemeinwohl professionell am Laufen halten?

Mit all den offenherzigen Auskünften über die Lage der arbeitenden Klassen im 21. Jahrhundert verhält es sich *zweitens* so, dass daraus nach dem einhelligen Urteil aller anständigen Menschen noch lange nicht das Recht folgt, ehrbare Mitmenschen mit abfälligen Ausdrücken wie „Prolet" – der „-arier" dahinter macht die Sache auch nicht besser – zu belegen und ihnen damit eine *soziale Minderwertigkeit* zu bescheinigen. Da hilft es gar nichts, dass die Bezeichnung gar nicht die sittlichen Qualitäten von irgendwem, sondern den materiell minderwertigen *Status* kennzeichnen soll, den das System der Lohnarbeit seinen „abhängig Beschäftigten" aufzwingt: Gerade weil jeder die Kritik am sozialen Status der großen Masse der Gesellschaft heraushört, wird die Kritik daran im Namen derjenigen, die darauf festgelegt sind, als Verstoß gegen die korrekten Sitten zurückgewiesen. Tatsächlich sind es gerade die empörten Repräsentanten und Freunde der lohnarbeitenden Menschheit, die sich damit die Frechheit herausnehmen, den Leuten ihre proletarische Existenz als ihre eigene freie Wahl und geradezu als ihr sittliches Persönlichkeitsmerkmal zuzuschreiben – um dann darauf zu bestehen, dass den guten Leutchen ihre Dienstbarkeit und Armseligkeit auf keinen Fall mit beleidigenden Fremdworten um die Ohren gehauen werden darf. Die Mannes- resp. Frauenehre der nützlichen Idioten des Kapitalismus verbietet Ausdrücke, die diese Funktion schlecht machen; die anständig arbeitende Privatperson adelt den Dienst, den sie am Erfolg ihres Arbeitgebers versieht: So will es die bürgerliche Sittlichkeit. Und so ist der „Prolet/arier" schon vor dem

„Nigger" und der Alleinherrschaft der männlichen Substantivendung*) einer politisch korrekten Säuberung des öffentlichen Sprechverhaltens zum Opfer gefallen. – Nur: Was ist, wenn im Endeffekt doch mehr das Wort als die Sache aus der Welt geschafft worden ist? Wenn sich die politökonomischen Bedingungen, von denen die Existenz lohnabhängiger Arbeitnehmer bestimmt wird, viel weniger veredelt haben als die dafür verwendeten Ausdrücke? Wenn der mindere materielle Wert eines Lohnarbeiter-Lebens durch das Verbot abwertender Bezeichnungen gar nicht gestiegen ist?

Dass die Allgemeinheit in der heutigen „Informationsgesellschaft" über die Verwendungsweise menschlicher Arbeitskraft im modernen Unternehmen und über materiellen Mangel und die Verelendungsgefahren bei den Betroffenen durchaus informiert ist, hat schließlich *drittens* deswegen nichts weiter, und schon gar nichts Systemkritisches zu bedeuten, weil sich alle „Schattenseiten" ganz gut mit den zahllosen *historischen Errungenschaften* verrechnen lassen, auf die inzwischen kein Zeitgenosse mehr verzichten mag: Lohnarbeiter fahren heutzutage mit Autos zur Arbeit, bedienen dort Maschinen, von denen das 19. Jahrhundert sich noch nichts hat träumen lassen, bekommen ihr Entgelt aufs Girokonto überwiesen, sind sozial- und lebensversichert, genießen politische Rechte, die einstmals den Besitzenden vorbehalten waren, und legen weit mehr National- als Klassenbewusstsein an den Tag. *Der* Wandel ist wirklich nicht zu übersehen. – Doch was ist, wenn dieser enorme Fortschritt in den Modalitäten der Lohnarbeit die ökonomischen Zwecke, denen die lohnabhängige Menschheit dienstverpflichtet ist, gar nicht verändert hat? Wenn er im Gegenteil bloß die Effektivität und Intensität ihrer Indienstnahme steigert? Wenn alle epochemachenden Verbesserungen in der Lage der arbeitenden Klasse doch gar nicht den Kapitalismus an die Lebensbedürfnisse seiner Insassen angepasst haben, sondern umgekehrt das Leben der Lohnabhängigen bis in deren Bedürfnisnatur hinein an die Bedarfslage „der Wirtschaft" und an die Ansprüche der Staatsgewalt, die darüber Regie führt? Wenn die Jahrhundert-Karriere des Menschenschlags, der früher einmal „Proletariat" hieß, bis heute nicht dessen Wohlstand bezweckt und auch nicht bewirkt, sondern seine Funktionalisierung für

*) Um das vorab klarzustellen: Wir glauben nicht, dass den Frauen im Kapitalismus ausgerechnet das „/sie" hinter jedem männlichen Personalpronomen und das „/in" hinter jeder Endung auf „-er" zu ihrem Glück fehlt, und sparen uns deswegen diese sprachliche Albernheit.

die politische Ökonomie des Kapitals auf die Spitze getrieben hat? Was, wenn das für alle aufgeklärten Beobachter des sozialen Geschehens längst feststehende *Ende* der proletarischen Klasse nichts anderes dokumentiert als deren *Vollendung:* die *totale Subsumtion* der Klasse unter ihren kapitalistischen Lebenszweck?

Eins ist klar: Aus der *Anschauung* voller Kaufhäuser und schlechter Wohngegenden, sauberer Fabriken und ausufernder Volkskrankheiten, demokratischer Wahlkämpfe und gewerkschaftlicher Umzüge ergibt sich die Antwort auf die Fragen, die wir ans Happy End des Proletariats zu stellen hätten, *nicht.* Ohne ein paar *Urteile* und *Schlüsse* geht es nicht ab, wenn man herausfinden will, wie es um den modernen Arbeitnehmer, seine Verwandtschaft mit der längst unmodern gewordenen Arbeiterklasse und die Notwendigkeit einer gewissen Umwälzung der politökonomischen Verhältnisse eigentlich steht.

1. „Manchester-Kapitalismus":
Das Elend der Lohnarbeit im Original

Die große Karriere des modernen Proletariats beginnt unter Bedingungen und Umständen, die heute als die wilde Anfangszeit der einzig wahren und menschengemäßen Produktionsweise gelten. An den Verhältnissen im Manchester des frühen 19. Jahrhunderts möchte der sozialkundliche Sachverstand Anschauungsunterricht vor allem darüber erteilen, wie der Kapitalismus heute nicht mehr ist; das soll man sich auch ruhig gut einprägen. Man sollte darüber aber auch nicht ganz vergessen: In den besonders drastischen Formen jener vergangenen Epoche ist nicht irgendeine, heute ausgestorbene Produktionsweise in Schwung gekommen, sondern genau die, die sich seither mit ihren „Entwicklungsphasen" immer von neuem selbst überboten hat und zu Beginn des 3. Jahrtausends die ganze Welt beherrscht – nicht gerade zum Glück aller ihrer Einwohner. Die leben und arbeiten nach Maßgabe einer politischen Ökonomie, deren Prinzipien damals in Kraft gesetzt worden sind und seither nicht bloß unverändert gelten, sondern auch den Grund dafür enthalten, dass es bei der rohen Form, in der sie durchgesetzt worden sind, unmöglich bleiben konnte.

a) Die Staatsgewalt setzt das Recht des Eigentums in Kraft und verfügt damit Kapitalismus als gesellschaftliche Produktionsweise

Das System des Gelderwerbs durch Lohnarbeit – die einen verdienen viel Geld mit der Arbeit, die sie verrichten lassen, die andern wenig mit der, die sie tun – fängt historisch mit einem Haufen *Elend* an; und das hat auch *logisch* seine Richtigkeit. Damit unternehmungsfreudige „Mittelständler" und Konzernmanager sich überhaupt als Arbeitgeber betätigen und „Arbeitsplätze schaffen" können, an denen dann die „erwerbstätige" Masse ihr Geld verdient, muss sich nämlich der größere Teil der Gesellschaft erst einmal in einer ziemlich prekären Lage befinden: In ihrer großen Mehrzahl haben die Leute nichts, womit sie sich aus eigener Kraft, kraft eigener oder gemeinschaftlicher Arbeit, ein Auskommen verschaffen könnten. Dabei ist nicht der pure Mangel entscheidend, sondern dessen gesellschaftliche Machart: Mittellos sind die vielen Leute *nicht* deswegen, weil es an entsprechend ausnutzbaren natürlichen Voraussetzungen fehlen würde oder an den nötigen Hilfsmitteln und technischen Gerätschaften zur produktiven Ausnutzung der Natur. Alles Erforderliche für die Produktion ausreichender Mengen von Gebrauchsgütern aller Art, Produktionsmittel eingeschlossen, *ist verfügbar* – bloß *nicht für sie.* Die Masse derer, die *darauf angewiesen* sind, ist *davon ausgeschlossen,* und zwar durch eine *gesellschaftliche Errungenschaft:* durch die allgemein geltende rechtsstaatliche Regel, dass alle Güter, auch und vor allem sämtliche materiellen Voraussetzungen und technischen Instrumente für die Güterproduktion, der *exklusiven Verfügungsmacht einzelner* unterliegen. Diese Regel gilt so allgemein, dass gar nicht erst bestimmte Einzelpersonen namhaft gemacht werden müssen, die über den gesellschaftlichen Reichtum zu bestimmen haben: Die Dinge selbst *sind Eigentum* – gerade so, als wäre es ihre Eigenschaft, dem allgemeinen Bedarf und einer planmäßigen Benutzung durch alle, die sie brauchen, entzogen und nur einem besonderen privaten Willen verfügbar zu sein. Die organisierte öffentliche Gewalt der Gesellschaft, die Staatsmacht, setzt dieses eigentümliche Willensverhältnis in Kraft, verschafft ihm mit der Autorität ihrer überlegenen Gewaltmittel allgemeine Anerkennung und regelt die unausbleiblichen Kollisionen zwischen denen, die Eigentum haben, sowie vor allem zwischen denen und den Eigentumslosen. Die müssen nämlich ihre hoffnungslos prekäre Lage hinnehmen und das Beste daraus machen: schauen, dass sie *sich* für die Vermögenden in der Gesellschaft nützlich machen und sich dadurch das Überlebensnotwendige an-eignen.

(1) Das Elend der Lohnarbeit:
Eine Stiftung des bürgerlichen Rechts...

Die Entstehungsgeschichte dieser epochemachenden Scheidung zwischen wenigen Inhabern einer exklusiven privaten Verfügungsmacht über alle nützlichen Dinge und einer dadurch mittellos gemachten großen Masse lässt sich, was den berüchtigten englischen Frühkapitalismus betrifft, beispielsweise in Friedrich Engels' Opus über „Die Lage der arbeitenden Klasse in England" nachlesen: Da wurde eine ländliche Bevölkerung, die mit ihrer borniertem Heimarbeit nichts mehr verdiente und von ihrem Flecken Land auch nicht mehr leben konnte, durch den Sachzwang völliger Verelendung sowie mit Erpressung und Gewalt aus ihrer angestammten Heimat vertrieben und sammelte sich, von jeder Subsistenz abgeschnitten, als gesellschaftlicher „Abschaum" und uneingeschränkt verfügbare Manövriermasse für jederlei industriellen Gebrauch in den entsprechend „aufblühenden" Städten des Landes. Anderswo in Europa sorgten der „Niedergang" der Zünfte, die Entlassung oder auch die Flucht der Gesellen aus der Zucht und Obhut ihrer Meister, auch die Verarmung der Meister selbst in verschiedenen Gewerbezweigen sowie ein Überschuss an Landbevölkerung für die ersten Generationen quasi vogelfreier Paupers, an denen industrielle Unternehmer, Eisenbahnbauer, Bergwerksbetreiber usw. sich bedienen konnten. Und wer in Europa keine Verwendung fand, der konnte sich im nordamerikanischen Reich der Freiheit in den Nachschub an arbeitsfähigem, arbeitswilligem, eigentumslosem Menschenmaterial einreihen – auch das ist mittlerweile in sozialgeschichtlichen Materialsammlungen und Darstellungen bestens dokumentiert. Auf der andren Seite wurde – in Machtkämpfen, von denen man im Geschichtsunterricht zumindest alles Unwesentliche über Daten und Personen erfährt – mit der politischen Emanzipation des Bürgertums die Scheidung der privatrechtlichen von der politischen Verfügungsgewalt vollendet: Der ausschließende Zugriff auf den gesellschaftlichen Reichtum wurde als das Eigentumsrecht von Privatpersonen kodifiziert; die Kommandomacht über Menschen wurde in die unpersönliche Herrschaft des Gesetzes über lauter prinzipiell gleichberechtigte Staatsbürger übergeführt. Dabei konnte von einer wirklichen rechtlichen oder politischen Gleichstellung der neuen „unteren Klassen" einstweilen noch keineswegs die Rede sein; in frühkapitalistischen Zeiten war für die öffentliche Gewalt Mittellosigkeit noch ziemlich gleichbedeutend mit Rechtlosigkeit. Und dass ein persönliches Verfügungsrecht einzelner über den produktiven und produzierten Reichtum der Gesellschaft durchaus private Kommandogewalt über Menschen einschließt, über Leute nämlich, die nichts zum Leben haben und deshalb darauf setzen müssen, in Dienst genommen zu werden – das war am Beginn des neuen Zeitalters der bürgerlichen Freiheit auch noch ziemlich brutal offenkundig: Wer angestellt wurde, war ohne Umschweife Knecht seines Herrn. Dennoch: Grundsätzlich war mit der Etablierung des privaten Eigentums die große zivilisatorische Wende zu einem neuen *Produktionsverhältnis* geschafft und die Entstehung der entsprechenden bürgerlich-proletarischen *Klassenverhältnisse* nicht mehr aufzuhalten.

Im Prinzip war nämlich auch das Mitglied des gesellschaftlichen „Abschaums" *frei:* Der durchs Eigentum von allen Mitteln ausgeschlossene, subsistenzunfähige Pauper *gehört* niemand anderem mehr. Auch der mittellose Mensch gehört *sich selbst,* und zwar ganz ausdrücklich im Sinne des bürgerlichen Privateigentums: Über sich und sein Arbeitsvermögen besitzt er ein exklusives Verfügungsrecht; alles, was an seiner Person nützlich und nutzbar zu machen ist, ist als sein Eigentum definiert. Wenn er folglich in fremde Dienste tritt, um sich einen Lebensunterhalt zu verdienen, dann handelt er – egal, wie seine Arbeit dann aussieht – als freier Eigentümer, der ein Tauschgeschäft zum eigenen Nutzen abschließt: Dienst gegen Geld, zeitweilige Überlassung des Verfügungsrechts über das eigene Arbeitsvermögen an einen andern gegen ein Quantum Verfügungsmacht über den käuflichen Reichtum der Gesellschaft. Was er aus diesem Tausch für sich herausholt, ist seine Sache bzw. eine Frage der Vereinbarung zwischen ihm und dem Benutzer und Nutznießer seines Arbeitsvermögens; vollends bleibt ihm überlassen, wie er mit dem Verdienten zurechtkommt. Und zumindest dieser Aspekt der bürgerlichen Freiheit des proletarischen Teils der Gesellschaft war schon früh im 19. Jahrhundert gut entwickelt: Die Dienstkräfte des Manchester-Kapitalismus konnten sich ihren Lohn selbständig einteilen und beispielsweise beschließen, ihr wohlerworbenes Stückchen Privatmacht über die kapitalistische Warenwelt vollständig zu versaufen.

Was die geleistete Arbeit betrifft, so handelte es sich dabei unter den neuen Bedingungen im Prinzip auch schon nicht mehr um persönliche Knechtschaft, also um die Bedienung eines bessergestellten Herrn mit Bedarfsartikeln und Bequemlichkeit oder um Gesindedienste in einem bäuerlichen oder Handwerksbetrieb. Was von einem kapitalistischen Eigentümer entlohnt und vom freien Proletarier für Lohn geleistet wird, das ist die Produktion von *Waren* für den *Verkauf* und somit von Reichtum im speziell bürgerlichen Sinn: die *Schaffung neuen Eigentums,* das allein im zu erlösenden *Geld* – und nicht in der Befriedigung konkreter materieller Bedürfnisse – sein Maß hat. Selbstredend gehört das neu produzierte Eigentum, der durch Arbeit geschöpfte, in einer Geldsumme erst wirklich „realisierte" Wert, von Rechts wegen nicht dem, der die Arbeit geleistet, sondern dem, der sie gekauft hat: Der darf sich die Arbeitsleistung als die Seine, ihr Produkt als das Seinige zurechnen. Und genau das ist überhaupt das Interessante am bürgerlichen Eigentum: Seine negative Seite – die Exklusivität des privaten Verfügungsrechts, der Ausschluß aller fremden Verfügungsmacht – ist die Grundlage für seine *positive Leistung,* in den Händen seines Eigentümers *durch fremde Arbeit zu wachsen.* Die öffentliche Gewalt, die die prinzipielle *Scheidung* zwischen Gebrauchswert und Bedürfnis dekretiert, indem sie das Rechtsinstitut des exklusiven Verfügens dazwischen schiebt, verleiht dem privaten Verfügungsmonopol eben damit die Macht, sich *seine eigene Quelle käuflich anzueignen,* nämlich sich durch die Betätigung eines für Lohn gekauften Arbeitsvermögens zu vergrößern. Mit der *Rechtsfigur* eines allgemeinen, sämtliche Güter betreffenden ausschließenden Willens etabliert sie eine *politökonomische Beziehung,* ein *Produktionsverhältnis* – und als wollte sie darauf eigens aufmerksam machen, leistet sie sich in manchen Grundgesetzen und Verfassungstexten den zynischen Scherz und formuliert ihre gewaltsame *Ermächtigung* des privaten Eigentums als dessen *Verpflichtung,* „zum Wohl der Allgemeinheit" *produktiv benutzt* zu werden. Tatsächlich ist das ja auch der Punkt: Das Eigentum ist dem bürgerlichen Gemeinwesen genau deswegen so heilig, weil es dem *Reichtum* die Verfügungsmacht über die *Arbeit* der Leute verleiht. Mit dieser paradoxen Umkehrung jeder vernünftigen Reihenfolge fängt die bürgerliche Normalität überhaupt an.

(2) ... und ein Produkt des kapitalistischen Fortschritts

Die Karriere des Proletariats beginnt also damit – und daran ändert sich auch nichts –, dass die Lohnarbeit das Eigentum zur Produktivkraft macht oder umgekehrt das Eigentum per Lohnarbeit sich selbst vermehrt. Alles Produzieren wird zu einer Frage der *Kalkulation,* mit Geldgrößen nämlich und nach dem schlichten Prinzip, dass in den Händen des Eigentümers, der gegen Lohn arbeiten lässt, am Ende mehr vorhanden sein muss als zuvor. Das hat weitreichende Folgen für die beiden Seiten, die das Wort ‚Lohn-Arbeit' zusammenschließt.

– Die *Entlohnung* fällt, der ökonomischen Logik der ganzen Veranstaltung zufolge, unter die Kategorie des *notwendigen Aufwands.* Sie ist in keiner Hinsicht Zweck der Angelegenheit, sondern ein Mittel, das zum Geschäftszweck in einem widersprüchlichen Verhältnis steht. Sie muss sein – schließlich wird damit ein nützlicher Dienst erkauft –, mindert aber den Ertrag, auf den es ankommt: den Geldüberschuss, um den das produktive Eigentum nach getaner Arbeit gewachsen sein soll. Als *Kostenfaktor* unterliegt sie daher vom rein wirtschaftlichen Standpunkt aus prinzipiell der Kritik: Was in diesem System „Wirtschaft" heißt, ist grundsätzlich unverträglich mit einer üppigen Ausstattung derer, die die Arbeit tun. Nicht Geiz oder sonstige private Tugenden, die natürlich gern und leicht hinzutreten, sondern die Produktionsweise selbst gebietet es, die materiellen Interessen der Arbeiter zu beschränken und den Lohn so gering wie möglich zu halten; umgekehrt fällt das Gewinninteresse der Privateigentümer aufs glücklichste zusammen mit dem elementaren Sachgesetz des Systems und vice versa. Dafür, dass dieses schöne Gebot auch zuverlässig eingelöst wird, sorgen die ökonomischen Machtverhältnisse, die sich daraus ergeben: Für die freien mittellosen Arbeitskräfte steht beim Austausch von Kraft und Lebenszeit gegen Lohn das Überleben auf dem Spiel, entsprechend leicht sind sie zu erpressen; für die Eigentümer hängt von der Bezahlung der benötigten Arbeitsdienste die Höhe ihres Überschusses ab, entsprechend berechnend gehen sie zu Werk. Auf andere Gesichtspunkte als ihren Vorteil brauchen sie dabei keinerlei Rücksicht zu nehmen: Die gegen Lohn beschäftigten Leute gehören sich selbst, müssen also selber wissen, zu welchem Preis sie ihre Dienste verkaufen und wie sie mit dem Verdienten zurechtkommen. Für die Unternehmer ist die bürgerliche Freiheit ihrer Mitarbeiter insofern durchaus ein Gewinn.

– Was die eingekaufte *Arbeit* betrifft, so gilt dafür, auch dies wieder in glücklicher Übereinstimmung von Unternehmerinteresse und Systemnotwendigkeit, nur ein Gebot: Es soll gearbeitet werden; gleichgültig was oder woran, wenn das Produkt nur Geld einbringt. Denn was die Arbeit ihrem ökonomischen Zweck und Gehalt nach produziert, ist in Geld zu realisierendes Eigentum; und davon kann es prinzipiell nicht genug geben. Arbeit pur ist verlangt; natürlich an nützlichen, was aber nichts anderes heißt als: lohnend verkäuflichen Gütern, also ohne ein durch die Gebrauchsgüter oder das Bedürfnis danach vorgegebenes Maß und Ende; so viel, so ergiebig und so lange, wie es nur geht. Lohnarbeit steht unter dem gebieterischen Imperativ, aus den – so billig wie möglich – bezahlten Kräften ein Maximum an produktiver Tätigkeit herauszuholen. Rücksicht auf Arbeitsvermögen und Lebenszeit der Beschäftigten kann dabei nicht genommen werden – und braucht es auch nicht, weil der Unternehmer es auch in dieser Hinsicht mit freien Lohnarbeitern zu tun hat, die Herr ihrer Zeit und ihrer Kräfte sind und selber wissen müssen, was sie sich im Interesse ihrer Entlohnung zumuten können. Die sind natürlich auch in dieser Hinsicht in einer schwachen Position; zu ihren Gunsten haben sie nicht viel mehr einzusetzen als – ausgerechnet – ihre Bereitschaft, die Vorgaben ihres Arbeitgebers zu erfüllen, womöglich überzuerfüllen und unermüdlich als dessen Geldquelle zu wirken; und damit erreichen sie allemal weniger für sich als für ihre Arbeitgeber, die sich gerne darüber aufklären lassen, welche Leistungsreserven in ihren Arbeitskräften noch drinstecken und mobilisiert werden können. Es ist eben nicht ganz einfach, sich gut oder wenigstens besser zu stellen, wenn das Mittel dafür einzig darin liegt, die eigene Arbeitsfähigkeit intensiv und extensiv immer mehr als Quelle fremden Eigentums ausbeuten zu lassen.

Aber dass das Leben leicht und einfach werden würde, das war ja auch nie versprochen, als den eigentumslosen Massen in Manchester und anderswo die Chance eröffnet wurde, sich selbst als Geschäftsmittel einzusetzen und mit Lohnarbeit zu überleben. Der große zivilisatorische Fortschritt, dem das moderne Proletariat seine politökonomische Geburt verdankt, besteht vielmehr in der denkbar gelungensten *Kombination von Not und Freiheit:* Durch die rechtsstaatliche Etablierung des bürgerlichen Privateigentums grundsätzlich von Arbeits- und Subsistenzmitteln abgeschnitten; selber niemandem gehörig, sondern, gleichfalls von Staats wegen, mit einem Verfügungsrecht über die eigene Arbeitskraft und Lebenszeit ausgestattet; mit ihrer Fähigkeit, wertschaffende Arbeit zu verrichten, Objekt der Begierde kapitalistischer Eigentümer nach schrankenloser Vermehrung des Ihrigen – so tritt die moderne Arbeiterklasse an. Ihre Lebenschance findet sie „auf dem Arbeitsmarkt" – also darin, dass sie sich dem Interesse des Kapitals an fremder Arbeit als Geldquelle frei und notgedrungen zur Verfügung stellt. Und es hat nicht viel gefehlt – in Manchester jedenfalls sah es noch ganz danach aus –, dann hätte das Proletariat, kaum angetreten, seine Chance erst gar nicht überlebt.

b) Das Kapital ruiniert seine Quelle

Die kapitalistischen Fabrikherren, die Inhaber, Sachwalter und Nutznießer – Marx nannte sie die „Charaktermasken" – des produktiven Eigentums, haben sich von Beginn an aufs Geschäft mit der Lohnarbeit verstanden. Sie brauchten dafür ja nur auf ihr system- und standesgemäßes Interesse zu achten und auf die Geschäftsnotwendigkeiten zu reagieren, die sie als Konkurrenten sich wechselseitig aufzwangen: billig produzieren, um die produzierte Ware leichter als andere Produzenten und trotzdem mit Gewinn zu Geld zu machen. So ist es ihnen gelungen, die politökonomischen Prinzipien der neuen Produktionsweise gleich mustergültig herauszuarbeiten – bis heute brauchte *daran* nichts verändert zu werden.
– Den Kaufpreis der Arbeit, den *Lohn*, haben sie mit aller gebotenen Einseitigkeit als Kostenfaktor kalkuliert und nur soviel gezahlt, wie nach Lage der Dinge unbedingt nötig war, um aus den eigentumslosen Massen den benötigten Stamm an einigermaßen fähigen und willigen Arbeitern zu rekrutieren. Der heute so beliebte zynische Scherz, den Kauf von Arbeitsdiensten als sozialen Dienst an den Beschäftigten zu interpretieren – weil die sonst gar nichts zum Leben haben –, mag unter den rohen Verhältnissen des frühen 19. Jahrhunderts noch nicht so

geläufig gewesen sein;[*] aber dass die nicht umsonst so genannten Arbeitnehmer zu nehmen haben, was die kapitalistischen Arbeitgeber ihnen geben, das war von Beginn an klar und folglich auch, dass die Nutzenkalkulationen der freien Arbeitnehmer sich danach zu richten haben, was ihnen an Arbeit und Lohn geboten wird, wohingegen das Angebot von Arbeitsstellen und Entlohnung sich selbstverständlich nach den Nutzenkalkulationen richtet, die die gegeneinander konkurrierenden Arbeitgeber anstellen. Dass Rücksicht auf die Lebensbedürfnisse der benutzten Leute sich mit der Logik ihres Geschäfts und den Bedingungen ihres eigenen Konkurrenzerfolgs einfach nicht verträgt, das haben die industriellen Kapitalisten jedenfalls gleich gewusst, und danach haben sie gehandelt.

– Ebensowenig brauchten sie erst umständlich zu lernen, dass die gekauften Arbeitskräfte schlicht dadurch als Quelle ihres Geschäftserfolgs fungieren, *dass* sie produktiv tätig sind, und in dem Maß Gewinn abwerfen, *wie* sie sinnvoll „beschäftigt" werden – dass es bei der Lohnarbeit also auf deren *Dauer* ankommt. In den Betrieben kapitalistischer Unternehmer wurde der Arbeitstag von seinen überkommenen naturwüchsigen Beschränkungen befreit und auf die Nacht ausgedehnt; was naturbedingte Not und Gütermangel in früheren Zeiten nicht zuwege gebracht hatten, das schaffte die Herrschaft des Eigentums über die gesellschaftliche Arbeit im Nu. Die Erfindung der Schichtarbeit half über die ärgerliche Tatsache physiologischer Schranken beim Tätigwerden der einzelnen Arbeitskraft hinweg. Zugleich wurde in die einzelne Arbeitsstunde immer mehr Arbeit hineingepackt; nicht punktuell und mit Gewalt wie in früheren Knechtschaftszeiten, sondern systematisch. Denn in der Marktwirtschaft hängt von der Leistung – Arbeit pro Zeit, wie in der Physik... – nicht bloß unmittelbar das Quantum an Wertschöpfung ab, um die es geht, sondern das alles entscheidende *Verhältnis* zwischen den Kosten der Produktion, speziell den Lohnkosten, und ihrem in Geld gemessenen Ertrag oder, am einzelnen Produkt ausgedrückt, das Verhältnis zwischen den Gestehungskosten der Ware und dem Verkaufspreis, der dafür zu erzielen ist. Dar-

[*] Auf die listige These von der allseitigen Nutzenmaximierung – den zynischen Kurzschluss von der Tatsache, dass Lohnarbeiter noch für den elendesten Lohn arbeiten, auf deren befriedigtes Interesse, weil sie es sonst schließlich nicht tun würden... – sind die Propagandisten der neuen Wirtschaftsweise damals schon verfallen, noch bevor die „Grenznutzentheorie" eine komplette falsche Wissenschaft daraus verfertigt hat.

an entscheidet sich die Rentabilität des Geschäfts und damit die Konkurrenz-, also Überlebensfähigkeit des ganzen Unternehmens. Daher bleibt die *Intensität* der Arbeit so wenig wie ihre Dauer dem individuellen Leistungsvermögen der Angestellten überlassen: Von Beginn an haben die Kapitalisten diese wichtige Größe zu ihrer Sache gemacht und den Druck der Konkurrenz – sei es den, den sie verspürt, sei es den, den sie selber gemacht haben, was in der Regel sowieso zusammenfällt – mit dem Zwang zu beständiger Erhöhung des Arbeitstempos an ihre Belegschaften weitergegeben.

– Entsprechendes gilt für die *Produktivkraft* der angewandten Lohnarbeit. An ihr entscheiden sich die Produktivität und damit die Konkurrenztüchtigkeit des angewandten *Eigentums*. Deswegen darf sie nicht vom individuellen Geschick der eingestellten Leute abhängen; der Output der Arbeitsstunde muss in der Hand des Unternehmens liegen. Die Sachzwänge der Marktwirtschaft gebieten eine Einrichtung von Maschinerie und Technik in der Weise, dass sie nicht als Hilfsmittel für ein möglichst ergiebiges und dabei bequemes Arbeiten fungieren, sondern als dingliche Herrschaftsmittel über den „Produktionsfaktor Arbeit"; nämlich so, dass sie aus diesem „Faktor" möglichst viel verkäuflichen Ertrag herausholen. Und genau so wurden sie schon von den ersten Unternehmern eingesetzt, die in ihren Betrieben den Fortschritt zur marktwirtschaftlichen Warenproduktion machten – in Manchester und anderswo.

– Schließlich verstand es sich bereits für die kapitalistischen Unternehmer der ersten Generation von selbst, dass die Lohnarbeit, wenn sie schon ihr hauseigenes Geschäfts- und Konkurrenzmittel ist, auch für die *Konjunkturen* ihrer Geschäfts- und Konkurrenztätigkeit geradezustehen hat. Wo steigende Produktivität des Eigentums den Bedarf an Arbeitsstunden verringert, oder wo umgekehrt Niederlagen in der Konkurrenz Geschäfte unrentabel machen und darüber der kapitalistische Appetit auf Arbeit schwindet, da werden nach den elementaren Regeln der marktwirtschaftlichen Vernunft bislang benutzte *Leute überflüssig,* also entlassen. Dass denen damit ihr Lebensunterhalt abhanden kommt, geht die konkurrierenden Arbeitgeber nichts an; mit konjunkturgemäßem „Heuern und Feuern" hatten sie nie ein Problem.

Damit war schon alles beieinander – die Sachzwänge des Systems ebenso wie deren interessierte Exekutoren –, um aus den im Überfluss vorhandenen eigentumslosen und folglich nicht mehr subsistenzfähigen Massen die erste Elementarform eines nützlichen Proletariats im modernen marktwirtschaftlichen Sinn zu fabrizieren.

– In den kapitalistisch betriebenen Produktionsstätten wurden die aus ihrer früheren bornierten Arbeitsweise und kärglichen Subsistenz vertriebenen Paupers einer *Arbeitsdisziplin* neuer Art unterworfen. Sie hatten nicht mehr mit einer bestimmten und irgendwie sachlich begrenzten Aufgabe fertigzuwerden, sondern grundsätzlich und überhaupt zu arbeiten, sich extensiv und intensiv zu verausgaben. Auf handwerkliches Geschick und andere Fertigkeiten kam es viel weniger an als darauf, den vorgegebenen Arbeitstag durchzustehen und das verlangte Arbeitstempo einzuhalten. Neu war das speziell für Frauen und Kinder, die mit ihren physischen Schwächen und relativen Vorzügen in dieses System der erschöpfenden Ausnutzung von Arbeitskraft eingegliedert wurden. Viele hielten das nicht aus; doch wer nicht mehr konnte oder wollte, war in der Regel leicht zu ersetzen – der Nachschub an Paupers riss nicht ab, und an Fertigkeiten brauchte es in der Regel nicht mehr als das, was der Produktionsprozeß selbst seinen Dienstkräften aufnötigte.[*]

– Das Leben außerhalb des Betriebs war gleichfalls neu definiert, nämlich als *Reproduktion:* als Wiederherstellung der Arbeitskraft für den Zweck ihrer erneuten Verausgabung, als ein Leben ausschließlich *von der* und *für die* Lohnarbeit.[**] Vom verdienten Lohn waren die mit diesem Zweck gesetzten Notwendigkeiten freilich gar nicht zu bestreiten. Davon ließ sich kaum mehr bezahlen als ein Dasein in überfüllten Wohnlöchern, immer nur einen Wochenlohn, einen Arbeitsunfall oder eine Krankheitswoche vom kompletten Elend entfernt. Die Abhängigkeit des Lebensunterhalts von den Launen der Natur und eines feudalen Herrn bzw. eines Zunftmeisters war ersetzt durch den mit dem Arbeitsentgelt gesetzten Zwang, sich von der Arbeit für die Arbeit zu

[*] *„An die Stelle der künstlich erzeugten Unterschiede der Teilarbeiter"*, nämlich ihres speziellen handwerklichen Geschicks, treten in der warenproduzierenden Fabrik *„vorwiegend die natürlichen Unterschiede des Alters und des Geschlechts"* als Bestimmungsgrößen des Nutzens, den das kapitalistische Eigentum aus seinen Lohnarbeitern herauswirtschaftet: K. Marx, Das Kapital Bd. 1 (im Folgenden KI), S. 442.

[**] Der politökonomischen Notwendigkeit, sich mit Lohnarbeit nützlich zu machen, wurde mit staatlicher Nötigung konsequent nachgeholfen – z.B. mit dem Verbot der zweckwidrigen Gewohnheit aus den Zeiten vor der Epoche des bürgerlichen Privateigentums, Holz, Beeren oder auch bloß Pferdemist aufzusammeln. Darüber ist die moderne Demokratie weit hinaus: Deren Sozialpolitiker denken darüber nach, wie das Verbot von Schwarzarbeit wirksamer zu gestalten ist.

erholen und dafür in Elendsverhältnissen einzurichten, denen diese Leistung mit der verdienten Summe gar nicht abzuringen war, die vielmehr die Last der Arbeit im Betrieb durch die Last eines fortwährenden außerbetrieblichen Überlebenskampfes ergänzten.

– Nicht einmal diese erbärmliche Existenz war auch nur einigermaßen gesichert. Die Chance selber, sich, d.h. das eigene Arbeitsvermögen für einen Arbeitgeber zu Grunde zu richten und damit zu überleben, hängt in der Marktwirtschaft völlig von den Kalkulationen und Konkurrenzerfolgen der Geschäftsleute ab, die ihr Eigentum durch Lohnarbeit vermehren lassen; und diese Abhängigkeit war von Beginn an voll wirksam. Zu der sicheren Aussicht, früher oder später als Arbeitskraft erledigt zu sein und über kein brauchbares, also verkäufliches Arbeitsvermögen mehr zu verfügen, trat gleich das völlig unkalkulierbare Risiko hinzu, auch bei besten Kräften und bestem Willen keinen lohnzahlungswilligen Interessenten für die eigene Leistungskraft zu finden. Der Gang des kapitalistischen Geschäfts selber sorgt seither für die Reproduktion einer absoluten „Unterschicht" von Bettlern, Verbrechern, Vagabunden, Prostituierten usw.: Ein durch seine Überflüssigkeit fürs Profitmachen definiertes Lumpenproletariat komplettiert die neue Lohnarbeiterklasse nach unten.

Die armen Leute von Manchester – und anderswo – wurden also darauf festgelegt, Lohnarbeiter oder – im schlimmeren Fall – gar nichts, nämlich unbrauchbar oder nicht benötigt, also schlicht überzählig zu sein. Sie wurden zur *proletarischen Klasse* formiert; und dieser weltgeschichtliche Schöpfungsakt lief geradlinig auf die *Ruinierung* dieser frischgebackenen kapitalistischen Species hinaus. Dabei konnten sich die Unternehmer in ihrem gesellschaftlich produktiven Zerstörungswerk stets auf tatkräftige Unterstützung durch die staatliche Gewalt verlassen, die ihr Eigentum schützte und auf der anderen Seite die „Freisetzung" größerer Bevölkerungsteile von ihrer angestammten Subsistenzweise polizeilich absicherte. So kam die Elementarform des modernen Arbeitnehmers in die Welt: eine gesellschaftliche Menschenklasse, die mit ihrer Lohnarbeit einen ständigen Überlebenskampf zu führen hat *und dabei auf verlorenem Posten steht.*

c) Die politische Elite macht sich Sorgen – die Staatsgewalt sorgt für Ordnung

Bereits in der ersten Hälfte des 19. Jahrhunderts sind besorgte Stimmen laut geworden, die eine bessere Behandlung des proletarischen Menschenmaterials durch die kapitalistischen Fabrikherren anmahnten. Menschenfreunde und Gesellschaftsverbesserer wiesen warnend darauf hin, die Unternehmer wären im Begriff, die erste Springquelle des gesellschaftlichen Reichtums und auch ihres eigenen Erfolgs, das Arbeitsvermögen der niederen Klassen, durch den erschöpfenden Gebrauch, den sie davon machten, zu untergraben. Auch dem geschäftstüchtigen Weitblick einiger Kapitalisten fielen unliebsame Folgen der unbegrenzten Anwendung der Arbeitskraft zu Billiglöhnen auf. Sie diagnostizierten körperliche und „moralische Verkümmrung", verursacht durch das völlige Fehlen jedes minimalen Unterrichts einschließlich jeglicher „Gymnastik"; sie machten geltend, die „künstlich produzierte intellektuelle Verödung" unter den Arbeitskräften wäre ein Hindernis für ihre Unterwerfung unter die Fabrikdisziplin und eine Schranke für ihre sinnvolle Verwendung, z.B. für kompliziertere oder für Aufseherdienste.[*] In der exzessiven Verwahrlosung ihrer Leute fanden sie die Ursache für deren gelegentliche Insubordination und für erste organisierte Arbeitsverweigerungsaktionen. Sie stellten die Kalkulation an, inwieweit sich nicht etwas weniger Arbeit hier und etwas mehr Ausbildung dort geschäftsfördernd auswirken könnte, und propagierten die Notwendigkeit, dem schnellen physischen Verschleiß und dem permanenten Austausch ihrer Belegschaften durch eine pfleglichere Behandlung des Proletariats entgegenzuwirken.

Heute, im historischen Rückblick, werden solche Avantgardisten des „sozialen Gedankens" als Philanthropen und leibhaftige Beweise für unternehmerisches Verantwortungsbewusstsein geschätzt. Zu ihrer Zeit haben sie sich mit ihren Ermahnungen weniger Freunde gemacht; jedenfalls nicht in der bürgerlichen Öffentlichkeit. Da wurden sie, je nach dem, als „utopische Sozialisten" verlacht oder als Verräter an der eigenen Zunft und Verfechter einer „kommunistischen Utopie" verteufelt – rückblickend beurteilt: zu Unrecht; denn für sehr viel mehr als für die langfristige Benutzbarkeit der lohnarbeitenden Klasse haben sie sich in ihrer sorgenvollen Weitsicht nicht engagiert. Schon das ging für die aufstrebende Bourgeoisie aber zu weit; zwischen wohlmeinender Mängelrüge und umstürzlerischer Absage an die noch gar nicht umfassend und alternativlos durchgesetzte neue Wirtschaftsweise

---

[*] Vgl. KI, S. 421 sowie exemplarisch S. 508f: *„Sobald sie zu alt für ihre kindische Arbeit werden, also wenigstens im 17. Jahr, entläßt man sie aus der Druckerei. Sie werden Rekruten des Verbrechens. Einige Versuche, ihnen anderswo Beschäftigung zu verschaffen, scheiterten an ihrer Unwissenheit, Roheit, körperlichen und geistigen Verkommenheit."*

mochte die gesellschaftliche Elite nicht unterscheiden. Und außerdem ist es so, daß die professionellen Agenten und Nutznießer des kapitalistischen Eigentums in der Verelendung, die ihr Zugriff auf den „Faktor Arbeit" bewirkt, bis heute keinen Handlungsbedarf für sich entdecken können – andernfalls käme es ja gar nicht erst zu „problematischen" Auswirkungen der permanenten Kapitalvermehrung. Erstens und im Allgemeinen ist die bürgerliche Gesellschaft nämlich nicht umsonst so eingerichtet, daß ein jeder sich um seine eigenen Angelegenheiten zu kümmern hat; eben das macht schließlich das Wesen des Privaten aus; und da gehen die außerbetrieblichen Lebensumstände der Arbeitskräfte den Firmenchef im Prinzip genau so wenig etwas an wie umgekehrt die innerbetrieblichen Zustände jemand anderen als ihn. Zweitens und im Besonderen widerspricht es dem Sinn des kapitalistischen Geschäfts und daher jedem Geschäftssinn, als Kapitalist finanzielle Aufwendungen für die körperliche, moralische oder intellektuelle Aufmöbelung des Proletariats zu übernehmen, wenn dessen desolater Zustand sich gar nicht unmittelbar als eigenes Geschäftshindernis bemerkbar macht und umgekehrt eine Besserung gar nicht exklusiv dem eigenen Konkurrenzerfolg zugute kommt. Ein verantwortungsbewusster Unternehmer mag sich schon mal patriarchalisch wohlwollend zu seiner Belegschaft stellen, Siedlungen um seine Werkstätten herum errichten, eine Krankenanstalt spendieren und einen Betriebsverein für Leibesübungen finanzieren; mancher gefällt sich auch als Kunstmäzen; gerade das späte 19. Jahrhundert hat dafür glanzvolle Vorbilder zu liefern. Nur hat das nie etwas daran geändert, dass kein vernünftiger Arbeitgeber sich die allgemeine Besserstellung der Arbeitnehmerschaft zum Anliegen macht: Eher zieht er sein Kapital ab, als dass er freiwillig in die Arbeiterklasse „investiert".[*]

Statt dessen findet der *bürgerliche Staat* – und in seiner Eigenschaft als verantwortungsbewußter Patriot auch der industrielle Kapitalist – in der miserablen Lage seiner lohnarbeitenden Bevölkerung *Anlass zur Sorge*. Ihm kann es auf Dauer nicht gleichgültig sein, wenn ein ganzer

---

[*] *„Das Kapital ... wird in seiner praktischen Bewegung durch die Aussicht auf zukünftige Verfaulung der Menschheit ... so wenig und so viel bestimmt als durch den möglichen Fall der Erde in die Sonne. ... Après moi le déluge! ist der Wahlruf jedes Kapitalisten und jeder Kapitalistennation. Das Kapital ist daher rücksichtslos gegen Gesundheit und Lebensdauer des Arbeiters, wo es nicht durch die Gesellschaft zur Rücksicht gezwungen wird."* (KI, S. 285).

Bevölkerungsteil verkommt, der letztlich doch dauerhaft und irgendwie systemnotwendig zum nationalen Menschenbestand dazugehört. Und um diese Erkenntnis kamen die politische Elite und Obrigkeit schon zu Manchester-Zeiten nicht herum: Es waren einfach zu viele und wurden außerdem immer mehr, die in den neuen Produktionsstätten aufgerieben wurden und außerhalb ihrer Arbeitsstellen keinen bürgerlich hinnehmbaren Mindeststandard auch nur in Sachen Wohnung, Kleidung, Ernährung, Hygiene und Gesundheit hinkriegten. Hohe Kindersterblichkeit, niedrige Lebenserwartung und physische Degeneration gefährdeten die Nachwuchsproduktion insgesamt und den Nachschub an militärisch verwendbarem Menschenmaterial im Besonderen. Darüber hinaus „stinkt" das Proletariat, sieht ekelerregend aus in seiner Ärmlichkeit[*] und produziert Typhus- oder Cholera-Epidemien, die keine Klassenschranken kennen und frech auch auf Angehörige der herrschenden Klasse übergreifen: Deren Gesundheits- und Reinlichkeitsbedürfnis fand sich durch die Lebensverhältnisse des Proletariats angegriffen. Von ihm und seiner Arbeit wollten sie leben, dadurch die Nation in eine führende Stellung bringen – und eben deswegen nicht von den dadurch provozierten, im Proletariat grassierenden Epidemien „molestiert" werden. Hinzu kam die sittliche Verwahrlosung: Wo der Staat eine ganze gesellschaftliche Klasse, die er doch braucht und seine Wirtschaft auch, als rechtlosen Abschaum definiert und behandeln

---

[*] Aus dem „Manchester Guardian" zitiert Engels folgenden Leserbrief, den ein Anhänger der Hamburger Schill-Partei zu Beginn des 3. Jahrtausends genau so gut geschrieben haben könnte: *„Herr Redakteur! Seit einiger Zeit begegnet man auf den Hauptstraßen unserer Stadt einer Menge von Bettlern, die teils durch ihre zerlumpte Kleidung und ihr krankes Aussehen, teils durch ekelhafte, offene Wunden und Verstümmlungen das Mitleid der Vorübergehenden auf eine häufig sehr unverschämte und molestierende Weise rege zu machen versuchen. Ich sollte meinen, wenn man nicht nur seine Armensteuer bezahlt, sondern auch reichlich zu den wohltätigen Anstalten beiträgt, so hätte man doch genug getan, um das Recht zu haben, vor solchen unangenehmen und unverschämten Behelligungen sichergestellt zu werden; und wofür bezahlt man denn eine so hohe Steuer zum Unterhalt der städtischen Polizei, wenn diese einen nicht einmal soweit schützt, daß man ruhig in die Stadt oder heraus gehen kann?... Ihre ergebene Dienerin, eine Dame."* (F.Engels, Die Lage..., in MEW 2, S.488)

läßt, da erntet er notwendigerweise ein Kriminalitätsproblem[*) und nicht bloß das. Indem die Staatsmacht des Frühkapitalismus die funktionell unentbehrliche Klasse eigentumsloser Arbeiter von persönlicher Herrschaft freisetzte, von den Rechten eines freien und gleichen Staatsbürgers aber ausschloss, schuf sie sich, anstelle einer der Obrigkeit ergebenen Bürgerschaft, ein *„Volk im Volke"*, das über „andre Ideen und Vorstellungen, andre Sitten und Sittenprinzipien, andre Religion und Politik" als die Bourgeoisie verfügte und auf dessen Loyalität einfach kein Verlass war. Zum Soldatenberuf etwa mussten die minderbemittelten Untertanen vielfach erst gepresst werden, was Folgen für die Moral der Truppe hatte; einigen Proleten mag sogar schon eingefallen sein, dass sie mit den Soldaten auf der feindlichen Seite mehr gemeinsam hatten als mit den Offizieren, deren Schießbefehlen sie unbedingt zu gehorchen hatten. Was die inneren Verhältnisse betrifft, so blieb es nicht bei „Verbrechen, der ersten, rohsten und unfruchtbarsten Form der Empörung"[**)]; es kam zu ersten Versuchen, die Konkurrenz der Arbeiter untereinander aufzuheben und sich gegen die Ausbeutungstechniken der Unternehmer organisiert zur Wehr zu setzen; was unter den gegebenen Umständen einer *sozialen Kriegserklärung* gegen die Gesellschaft und ihren Staat insgesamt gleichkam.

Die Staatsgewalt bekam also *Probleme* – selbstverständlich nicht die ihrer proletarischen Untertanen mit Hunger, Seuchen, Milieu-üblicher Rohheit, dreckigen Behausungen usw., sondern solche der „Allgemeinheit" mit ihrer vom wohlanständigen bürgerlichen Dasein ausgegrenzten Abteilung: Sie bekam *politische* Probleme mit der Brauchbarkeit und Lenkbarkeit ihrer proletarischen Klasse. Mit der Problemstellung war auch schon ihre erste, grundlegende Antwort vorgezeichnet: Vor allem andern ging es ihr als Garantiemacht des Rechts um die Durch-

---

[*)] Wo der Mensch *„arm ist, das Leben keinen Reiz für ihn hat und ihm alle Genüsse versagt sind, da haben auch die Strafen des Gesetzes nichts Fürchterliches mehr für ihn – was soll er sich also in seinen Gelüsten genieren, weshalb soll er den Reichen im Genuß seiner Güter lassen, statt sich selbst einen Teil davon anzueignen? ... Was für Gründe hat der Proletarier nicht zu stehlen?"* (F. Engels, Die Lage..., S. 343) Recht und Gesetz waren unverkennbar Instrumente zur Unterdrückung proletarischer Überlebensinteressen; also wurden Teile der frisch geschaffenen Klasse eher zu „Rekruten des Verbrechens" als zu gesetzestreuen Untertanen – einfach weil sie sich mit der einzigen Alternative, die ihnen blieb, dem Verhungern, nicht anfreunden mochten.

[**)] F.Engels, Die Lage..., S. 431.

setzung von Ruhe und Ordnung im Gemeinwesen, also um die *gewaltsame Ruhigstellung* der unzufriedenen Unterklassen und die *Unterdrückung* des „abweichenden Verhaltens", mit dem sie so unangenehm auffielen. Ihre Zusammenschlüsse wurden als „Attentat auf die Freiheit der Unternehmer" verboten und zerschlagen;[*] Protest wurde kriminalisiert und unterbunden; der Polizeiapparat wurde dementsprechend ausgebaut. Aber auch dort, wo Teile der Arbeiterschaft infolge ihres Arbeitseinsatzes und des dafür gezahlten Hungerlohns schlicht *unfähig* waren, die von ihnen erwartete konstruktive Rolle als Staatsvolk zu spielen, nahm der Staat dies erst einmal als Ausdruck fehlenden *guten Willens* und ging mit Polizei, Gefängnis und Quarantäne dagegen vor. So wurde gegen Epidemien die Gesundheitspolizei eingesetzt; bedarfsweise wurden ganze Wohngebiete abgeriegelt. Betteln und Vagabundieren wurden zu kriminellen Delikten erklärt und mit der Einweisung in Arbeitshäuser – in England „Häuser des Schreckens" genannt – geahndet. Zur Behebung des allgemeinen Mangels an „sittlicher Bildung" wurde als wichtigstes Erziehungsmittel die „Peitsche, die brutale, nicht überzeugende, nur einschüchternde Gewalt"[**] eingesetzt. Was dann immer noch zum Überleben fehlen mochte, blieb der Mildtätigkeit auf kommunaler Ebene sowie dem zähen Lebenswillen der Betroffenen selbst überlassen, der ja bis heute dafür sorgt, daß ansehnliche Teile der Weltbevölkerung unter Bedingungen weiterexistieren, unter denen das eigentlich gar nicht geht...

Fürs erste hatte die Staatsgewalt damit das Ihre getan, um das Eigentum produktiv zu machen und eigentumslose Massen in Lohnarbeiter zu verwandeln. Mit ihrer streng polizeilichen Vorgehensweise leistete sie sich allerdings einen gewissen Widerspruch: Die „Unterschichtler" wurden als freie Personen anerkannt, zugleich aber, weil bloß freie Persönlichkeiten und ohne Eigentum, als rechtloser Abschaum traktiert; eine ganze Gesellschaftsklasse, die dem Kapital als dessen menschliche Produktivkraft dienen und ein unendliches Wachstum des gesellschaftlichen Reichtums in seiner neuen, nämlich privaten Form erarbeiten sollte, wurde gar nicht als unentbehrliche Ressource behandelt, sondern mit Gewalt dem puren Verschleiß, ihrer *Vernichtung durch Lohnarbeit* überantwortet. Dass sich beides nicht ver-

---

[*] Es kam vor, dass für Lohnzahlungen verbindliche Obergrenzen festgesetzt wurden, für deren Überschreitung sinnigerweise die Empfänger härter bestraft wurden als die Zahler. Vgl. KI, S. 767, 770.

[**] F.Engels, Die Lage..., S. 343.

trägt; dass vielmehr die Freiheit der Person genau so viel rechtliche und politische Anerkennung verdient wie die des Eigentums – und auch bekommen kann, ohne dass Recht und Eigentum darunter leiden müssen; und dass ein dauerhafter kapitalistischer Fortschritt nur zu haben ist, wenn den Überlebensnotwendigkeiten des Proletariats ähnlich viel praktische Anerkennung zuteil wird wie der sachzwanghaften Rücksichtslosigkeit des produktiven Eigentums – ohne dass deswegen Gleichmacherei zwischen den Klassen einreißen muss: Diese höhere Weisheit der gerade erst in Gang gebrachten Klassengesellschaft hat die moderne bürgerliche Obrigkeit erst lernen müssen. Und das war mühselig. Beigebracht haben es ihr jedenfalls nicht irgendwelche weitsichtigen wohlmeinenden Anhänger der neuen Produktionsweise; der notwendige Fortschritt von der uranfänglichen Durchsetzung des Kommandomonopols der Eigentümer über die gesellschaftliche Arbeit und der puren Unterwerfung der arbeitenden Armen hin zum herrschaftlichen Management der Klassengesellschaft in allen ihren Abteilungen ist überhaupt nicht durch bessere Einsicht zustandegekommen. Die Lohnarbeiterklasse selbst, angeleitet durch *ihre* „weitsichtigsten" und wohlmeinendsten Repräsentanten, Anwälte und Anführer, hat sich dafür *schlagen* müssen. Mit ihrer Gegengewalt hat sie dafür gesorgt, dass die politische Gewalt des bürgerlichen Gemeinwesens sich zu ihrem Elend anders gestellt hat – und dass so aus der kapitalistischen Ausbeutung des Faktors Arbeit überhaupt eine in ihrer Rücksichtslosigkeit dennoch dauerhaft funktionsfähige Produktionsweise geworden ist. Ausgerechnet mit ihrem Widerstand gegen das Kapital hat die Arbeiterbewegung *erkämpft,* dass der bürgerliche Staat *sich* geändert und zum perfekten Klassenstaat entwickelt hat, der alle bürgerlichen und proletarischen Interessen sachgerecht betreut, damit sich *am Kapitalismus nichts* zu ändern braucht – Ironie der Geschichte!

2. Das Überleben des Proletariats: Eine Geschichte von Klassenkämpfen gegen und um die Staatsgewalt

Um überleben zu können, mussten die Lohnarbeiter rebellisch werden. Zu arbeiten, wie es von ihnen verlangt wird, und sich mit dem gezahlten Lohn zu bescheiden – das langt nicht; mit Dienst nach dem Geschmack der Eigentümerklasse und Fügsamkeit nach Vorschrift der politischen Ordnungsmacht liefern sie sich bloß dem Zerstörungswerk aus, das ihre Arbeitgeber gemäß den Sachgesetzen ihres Metiers und ihrer Konkurrenz an ihrer Arbeitskraft vollziehen. Um sich zu erhalten und mit dem Verdienten über die Runden zu kommen, sind sie zu einer Zusatzanstrengung gezwungen: Sie müssen sich zusammentun und *neben* ihrer Lohnarbeit um aushaltbare Arbeitsbedingungen, um Lohn und um ein Minimum an lebenslanger Existenzsicherheit auch noch *kämpfen*. Gegen die Kapitalisten und gegen die Staatsmacht, die deren Interessen ins Recht setzt, so dass eine ganze Produktionsweise daraus wird, müssen sie sich als Gegengewalt aufbauen – und das nur, um überhaupt auf Dauer *als ausgebeutete Klasse funktionieren* zu können: ein politökonomischer Zynismus der höchsten Güteklasse.

Die verelendeten Lohnarbeiter des 19. Jahrhunderts haben diese aufgezwungene Überlebensbedingung auf sich genommen, sind – nach und nach und am Ende in hinreichender Zahl – den von empörten Aktivisten gegründeten Assoziationen und Parteien beigetreten und haben sich zur Wehr gesetzt, so gut sie es verstanden und wie sie es eben vermochten. Dabei haben sich die Kommunisten, denen Karl Marx mit einem „Manifest"[*] die Richtung weisen wollte, länderübergreifend als die tatkräftigsten Organisatoren des proletarischen Widerstands hervorgetan, als die kompromisslosesten Agitatoren für die gründliche Beseitigung der Ursachen des ganzen Jammers – und zugleich als die hoffnungsvollsten Interpreten der erwachenden Arbeiterbewegung. Sie hatten begriffen, dass die kapitalistische Produktionsweise mit noch nie dagewesener Effektivität den Reichtum der Gesellschaft vermehrt, die natürlichen Ursachen von Not und Mangel überhaupt überwindet,

[*] Vgl. hierzu die Rezension in GEGENSTANDPUNKT 2-98: *Das kommunistische Manifest: Ein mangelhaftes Pamphlet – aber immer noch besser als sein moderner guter Ruf.*

dies aber nur in der Weise, dass sie die zur Produktion eines wachsenden Warenangebots benötigte Mehrheit vom geschaffenen Überfluss ausschließt, um deren Arbeitskraft desto effektiver für die Mehrung des in den Händen Weniger akkumulierten Eigentums auszunutzen. Sie hatten eingesehen, dass den betroffenen Arbeitsleuten gar nichts anderes übrigbleibt, als sich gegen ihre Lebensumstände zur Wehr zu setzen. Aus diesem kritischen Befund haben sie gefolgert, die neue Arbeiterklasse müsse ihrer neuartigen Armut und Ausbeutung mit einem Aufstand gegen das System der Lohnarbeit ein Ende machen und Produktionsverhältnisse herbeiführen, in denen planmäßig Reichtum für alle produziert wird. Dieser auf umstürzlerische Praxis zielenden Schlussfolgerung haben nicht wenige der engagierten Agitatoren allerdings eine – zu dem Befund eigentlich gar nicht passende, höchstens menschlich verständliche – optimistische Wendung gegeben: Aus der Tatsache, dass die neue herrschende Klasse selbst, die auf arbeitsfähige und -willige Proletarier angewiesene Bourgeoisie, ihre Dienstkräfte zum Widerstand geradezu nötigt, nämlich in den Aufruhr treibt, sobald sie bloß ihr Auskommen finden wollen, schien ihnen zu folgen, dass der Lohnarbeiterklasse gar keine andere Wahl bliebe, als eine Revolution zu veranstalten; ihr historischer Weg wäre damit unausweichlich vorgezeichnet, gerade so, als läge es quasi in ihrer Natur, ihr Schicksal in die eigenen Hände zu nehmen, sich von ihrem elenden Dasein als Manövriermasse des Kapitals zu emanzipieren und mit der Herrschaft der Bourgeoisie, der historisch letzten ausbeutenden Klasse, Schluss zu machen.

So weit ist es dann – und bislang – doch nicht gekommen. Das Proletariat *hatte* und *hat eine Wahl,* und es hat *eine andere* getroffen: Statt einer *Revolution gegen* das System der Ausbeutung hat es *in* ihm *Karriere* gemacht – was übrigens genauso wenig geschichtsnotwendig war und ist wie die Alternative, für die Marx und Genossen sich stark gemacht haben. Die Rechnung für ihre systemkonforme Entscheidung zahlen die Proletarier aller Länder seit mittlerweile mehr als 100 Jahren.

a) Die Arbeiterklasse kämpft notgedrungen – um Recht und Gerechtigkeit

Noch heute steht der einzelne Arbeitnehmer seinem kapitalistischen Arbeitgeber – und wenn er keinen hat, dann auf dem sogenannten Arbeitsmarkt deren anonymer Gesamtheit erst recht – *ohnmächtig* gegenüber. Dabei ist er heutzutage jedoch, übrigens ohne sein eigenes

Zutun, in eine Vielzahl tarifvertraglicher und gesetzlicher Regelungen eingesponnen, die auch für die Gegenseite Pflichten formulieren. Von solcher rechtsförmlicher Einschränkung der unternehmerischen Freiheit konnte fünf bis sieben Arbeitergenerationen zurück noch keine Rede sein: Der Ohnmacht der auf Lohnarbeit angewiesenen Leute entsprach ihre Rechtlosigkeit. Im Prinzip war ihre Ausbeutung zwar als freies Vertragsverhältnis anerkannt; tatsächlich bedeutete das aber zunächst nur, dass die Obrigkeit mit ihrer Polizeimacht auf den Respekt der Proleten vor dem kapitalistischen Eigentum, an dem sie produktiv tätig wurden, und auf die Erfüllung ihrer Arbeitspflichten aufpasste. Dass auch eigentumslosen Arbeitnehmern eine Rechtsposition als Vertragspartei zukommt, ein einklagbares Recht auch bloß auf die Auszahlung des vereinbarten Lohns: nicht einmal das verstand sich von selbst. Um überhaupt als ernsthafte Kontrahenten ihrer Arbeitgeber auftreten, einen Kontrakt aushandeln und dessen Erfüllung wirksam einfordern, und erst recht, um auf den Inhalt des vereinbarten Lohn-Arbeits-Verhältnisses irgendeinen Einfluss nehmen zu können, kamen die Lohnarbeiter nicht darum herum, im Kollektiv aufzutreten und die Arbeitgeberseite mit dem einzigen ihnen verfügbaren Mittel, das Kapitalisten Eindruck macht, nämlich mit einer Geschäftsschädigung durch Arbeitsverweigerung zu erpressen. *Als Gegenmacht* mussten die Arbeitnehmer sich bemerkbar machen und den Gang der Dinge durch Arbeitsverweigerung aufhalten, um überhaupt *als Vertragspartei* wahrgenommen und ernst genommen zu werden. Damit gerieten sie natürlich sogleich in Konflikt mit der staatlichen Ordnungsmacht, die für Verträge und deren Einhaltung zwar viel übrig hat, Widerstand gegen die Rechte des Eigentums aber überhaupt nicht duldet, sondern als gewaltsamen Übergriff bekämpft und anfangs vorsorglich bereits jede Vereinigung von Lohnarbeitern als Verschwörung gegen die bürgerliche Ordnung verfolgte. Sie mussten kollektiven Rechtsbruch begehen, wenn sie bloß das bisschen Überleben sicherstellen wollten, das ihnen vertraglich zugesagt war. So lernten sie die *Herrschaft des Rechts,* jenes zutiefst menschenwürdige Ordnungsprinzip des in Entstehung begriffenen bürgerlichen Gemeinwesens, ganz unmissverstehbar als *ihnen feindliche Macht* kennen: Die Rechtslage setzte die Zugriffsmacht des Eigentums und, komplementär dazu, ihre Unterwerfung unter das Geschäftsinteresse ihrer Arbeitgeber in Kraft, nötigte ihnen damit Existenzbedingungen auf, die ohne Abwehrkampf gegen deren Nutznießer gar nicht auszuhalten waren; und dieselbe Rechtslage verbot diesen Kampf, negierte ihr Bemühen um materielle Selbstbehauptung.

Die Lohnarbeiter kamen folglich nicht darum herum, gegen die geltende Rechtslage und gegen den Staatsapparat, der dafür einstand, anzukämpfen. Das haben sie auch getan; zunehmend organisiert, wie es sich gehört. Und sie haben ihrer Sache bei aller Militanz eine bemerkenswert konstruktive Wendung gegeben: Ihr Aufstand gegen die überkommene Rechtslage war für sie ein Kampf für ein neues Recht, ihr Widerstand gegen das Verbot, sich organisiert zu betätigen, gleichbedeutend mit der Forderung nach der *Erlaubnis,* sich zusammen zu tun und kollektiv gegen unerträgliche Existenzbedingungen zur Wehr zu setzen. Nicht bloß den Rechtsbruch nahmen sie auf sich, um zu überleben, sie leisteten sich den Widerspruch, das Recht zu brechen, um nichts weiter als ein modifiziertes Recht zu erreichen. Von eben der hoheitlichen Gewalt, die ihnen ihre verzweifelte Lage gesetzlich aufnötigte und zugleich die nötige kämpferische Selbstbehauptung untersagte, wollten sie sich das Kämpfen gestatten lassen.

Dieser Übergang kam den proletarischen Umstürzlern ohne Zweifel ganz natürlich vor; jedenfalls nicht als eine bedeutende Verschiebung der Stoßrichtung ihrer Gegenwehr. Sie hatten ja miterlebt, dass die von der überkommenen Obrigkeit verteidigten Rechtsverhältnisse alles andere als unveränderlich waren. Das aufstrebende und aufbegehrende Bürgertum hatte viel und Entscheidendes in Fluss gebracht – nicht zuletzt in Koalitionen mit ihnen, den Vorkämpfern der verelendeten „Unterschichten". Die Forderung bürgerlicher Demokraten nach neuen Rechtsbeziehungen zwischen Staat und Gesellschaft sowie innerhalb des Gemeinwesens verhieß auch den arbeitenden Armen eine Verbesserung ihrer Lage, Schutz vor Willkür jedenfalls und eine gewisse rechtliche Anerkennung; die schlugen sich dafür und brachten allemal größere Opfer als die Bessergestellten, um deren Interessen es eigentlich ging. Und es gab Erfolge: bürgerliche Revolutionen mit weit reichenden Rechtsfolgen – wenn auch nicht mit den Konsequenzen, die die „Gesellenvereine" und sonstigen Vorläufer der proletarischen Bewegung sich davon versprochen hatten. Aber dass eine Obrigkeit dazu gebracht werden kann, Dinge zu erlauben, die sie bis eben noch verboten hatte, das war praktisch bewiesen und ermutigte die bislang unterdrückten Paupers zu dem Versuch, den Machthabern ihre rechtliche Emanzipation und Anerkennung abzutrotzen. Die Arbeiterbewegung trat an, um auch für sich die staatsbürgerlichen Rechte zu erkämpfen, von denen die bürgerlichen Klassen bereits so offenkundig profitierten.

Doch ob man es weiß und will oder nicht: Dieser Kampf hat einen gewaltigen Haken. Im Verlangen nach Zugeständnissen der Obrigkeit, den aufgenötigten Überlebenskampf betreffend, steckt bereits ein gewaltiges *Zugeständnis an* die gesetzliche Obrigkeit: Noch bevor die kleinste Lizenz erwirkt ist, ist die Staatsgewalt als die Instanz anerkannt, von deren Lizenz die Verfolgung des eigenen Interesses nach Recht und Gesetz abhängt. Ihr wird die Entscheidungshoheit darüber zugebilligt, welche gesellschaftlichen Bedürfnisse wie viel zu gelten haben. Natürlich in der hoffnungsvollen Erwartung, die Regierenden ließen sich dazu drängen, elementaren proletarischen Anliegen freie Bahn zu verschaffen: Dass diese Anliegen damit der Herrschaft des Rechts untergeordnet werden, nahm man nicht bloß in Kauf; genau das hielten die kämpferischen Arbeiter – übrigens ebenso wie ihre reaktionären Gegner – für den entscheidenden Durchbruch. Sie sahen darin die *Freigabe* ihres Selbstbehauptungswillens, die verbindliche *Billigung* ihrer bislang geschädigten materiellen Interessen, eine uneingeschränkt brauchbare *Ermächtigung* – und *täuschten* sich damit entscheidend. Denn was sie in der Auseinandersetzung mit der Staatsgewalt tatsächlich bloß kriegen konnten und auch bloß anstrebten, das war und ist ein für allemal nicht mehr und nicht weniger als die Befreiung von *vorbürgerlichen,* für die politische Ökonomie des Eigentums im Prinzip überflüssigen oder sogar dysfunktionalen einengenden Vorschriften. Was sie sich damit einhandelten, das war und ist die Unterwerfung unter Gesetze, die die *bürgerlichen* Verhältnisse *funktionell* regeln – also die funktionelle *Einschränkung* ihrer Interessen. Den Schein, der dieser bürgerlichen Satzung anhaftet: sie wäre ganz ohne Unterschied für alle gesellschaftlichen Interessen da, haben sie für bare Münze genommen und nichts davon wissen wollen, dass diese Satzung in ihrem Versprechen, „ohne Ansehen der Person" allen Rechtssubjekten mit ihren jeweiligen Anliegen zu dienen, keine anderen materiellen Anliegen kennt und anerkennt als das Interesse an ausschließender Verfügung, also *Eigentümer*interessen. Um mehr Liberalität und größeres Entgegenkommen der Obrigkeit haben sie gekämpft, so als wäre die öffentliche Gewalt, wenn sie erst einmal von ihrer Politik der ungerechten Unterdrückung proletarischer Umtriebe abgerückt wäre, eine nach allen Seiten hin gleichermaßen offene Entscheidungsinstanz, deren Definitionshoheit über die gesellschaftlichen Verhältnisse mit jedem beliebigen Inhalt, also auch mit beliebig arbeiterfreundlich-antikapitalistischen Direktiven aufzufüllen wäre – und nicht eine Gewaltinstanz, die Unterwerfung verlangt, weil sie mit der Exklusivität des Eigentums gesellschaftliche Gewaltverhältnisse etabliert. Die Bourgeoisie, das ist wahr, fährt mit dieser Unterwerfung gut; denn das private Verfügungsmonopol, dem die ganze Gesellschaft da unterworfen wird, ist ihr Lebenselixier. *Für sie* bedeutet die Herrschaft des bürgerlichen Rechts tatsächlich *Freiheit;* deswegen konnte sie auch sehr zufrieden sein, dass viele verzweifelte Proletarier sich für ihren Freiheitskampf begeisterten und dafür bluteten. Umgekehrt haben die Arbeiter, die nichts zu verlieren hatten, mit ihrem Aufruhr gar *nicht ihre* Sache durchgefochten, sondern der Bourgeoisie deren bürgerliche Revolution erledigt.

Der Kampf des Proletariats um seine rechtliche Anerkennung war also nicht in dem Sinne verkehrt, dass er aussichtslos gewesen wäre – im Gegenteil, es winkten Erfolge. Fatal ist deren Inhalt, der schon feststand, bevor sie überhaupt errungen waren. Es ging um eine Staatsgewalt, die sich bereit fand, die neue Klasse der Lohnabhängigen rechtlich den bürgerlichen Eigentümern gleichzustellen; und genau die haben sie bekommen: einen Souverän, der mit seiner Garantie der Freiheit der Person und des Eigentums dafür einsteht, dass Kapitalbesitz private Kommandomacht über die gesellschaftliche Arbeit begründet und die eigentumslosen Massen der Gesellschaft auf Lohnarbeit als ihr Subsistenzmittel angewiesen sind. Gekämpft haben sie für die Lizenz, sich gegen nicht auszuhaltende Arbeits- und Lebensbedingungen zur Wehr zu setzen; bekommen haben sie eine Rechtslage, die sie darauf festlegt, sich genau den Existenzbedingungen zu fügen, um deren Aushaltbarkeit sie dauernd kämpfen *müssen* – und nun also auch *durften.* In ihrer traurigen Lage wollten die Arbeiter nicht auch noch rechtlos sein; also hat ihnen die Obrigkeit die *Nötigung,* mit dieser Lage fertig zu werden, *als ihr Recht* zuerkannt – und hat sie *darum* auch noch *kämpfen* lassen, so dass ihre *Unterwerfung* am Ende noch aussieht *wie ein Sieg.* Hätte sich jemand diese Konstruktion ausgedacht, müsste man sie *perfide* nennen.

Einige Kommunisten der ersten Stunde haben diese Gemeinheit nicht beschönigt, sondern durchschaut und deswegen die Arbeiterklasse nicht zu einem Kampf um vorenthaltene Rechte aufgerufen, sondern für eine Revolution agitiert: für den Umsturz der Rechtsordnung, die das Verhältnis der Ausbeutung als ganz normale Rechtslage kodifiziert. Diese Agitation war auch sehr nötig – ist es im Übrigen bis heute geblieben, allenfalls noch viel bitterer nötig als je zuvor. Denn aus schlechten Erfahrungen allein wird niemand klug; eher ist das Gegenteil der Fall. Wenn das Überleben einer ganzen gesellschaftlichen Klasse nach geltender Rechtslage dauernd in Frage steht und schon der Wille, sich ein paar Sicherheiten zu verschaffen, seinerseits unter einem staatlichen Rechtsvorbehalt steht, der die Anerkennung dieser „Lage" und des dafür verantwortlichen und davon profitierenden Eigentümerinteresses vorschreibt, dann ist natürlich der Schluss nicht schwer, dass der Rechtsstaat die gesellschaftlichen Verhältnisse nicht zum Nutzen, sondern zum Nachteil der Masse seiner Rechtssubjekte eingerichtet hat. Jeder auf praktische Konsequenzen zielenden Schlussfolgerung in diese Richtung wird jedoch regelmäßig, als wäre ausgerechnet das ein unschlagbares Gegenargument, die kritisierte Lage selbst entgegengehalten: die tatsächlich nicht zu bestreitende *praktische Notwendigkeit,* sich auf die geltenden Vorbehalte, Beschränkungen und Gebote – erst einmal – einzulassen. Die gesamte freie öffentliche Meinung im demokratischen Rechtsstaat geht zudem geschlossen davon aus, agitiert also mit der Überredungskraft fragloser Selbstverständlichkeit dafür, dass es zum systemgerechten Mitmachen keine Alternative gibt und schon gar nicht geben soll. Dem entsprechend hat sich schon im 19. Jahrhundert die bürgerliche Menschheit in dieser Ordnung fest eingerichtet und für Proleten, die es sich ähnlich gut gehen lassen wollten, ein lebendes Vorbild abgegeben – einschließlich aller einschlägigen Methoden, sich mit Verbrechen schadlos zu halten und so unkritisch mit den Beschränkungen des eigenen Nutzens durch die Rechtslage klar zu kommen. Den proletarischen Teil der Gesellschaft kostet es zwar allemal einige zusätzliche und zudem fruchtlose Anstrengungen, allen rechtskräftigen Härten und Einschränkungen seiner materiellen Existenz zum Trotz und entgegen aller eigenen Unzufriedenheit dem Vorbild der besseren Stände nachzueifern, sich die herrschende Meinung zu eigen zu machen und aufs bürgerliche Recht als Heilmittel für ein rechtmäßig beschissenes quasi-bürgerliches Dasein zu setzen. Andererseits gilt aber eben dies als normal, und das Allernormalste bedarf besonderer Bemühung: Auf dem eigenen materiellen Interesse zu bestehen, gegen dessen systematische Beschränkung; die Unvereinbarkeit von Interesse und Rechtslage einmal vom Standpunkt des geschädigten Interesses aus festzuhalten und zu begreifen und so konsequent geltend zu machen, wie umgekehrt die Rechtslage und deren Nutznießer vom Standpunkt des Gemeinwohls im kapitalistischen Gemeinwesen aus auf diesem Gegensatz insistieren; sich eine Absage an die ganze eingerichtete Welt mitsamt ihrer hohen Sittlichkeit zu trauen und ihr einen organisierten Kampf anzusagen – das war auch schon im 19. Jahrhundert alles andere als eine lockere Übung. Unzufriedenheit allein reicht dazu jedenfalls nicht. Die Betroffenen müssen sich schon dazu entschließen, ihren Verstand von der permanenten Nötigung zur systemkonformen Bewältigung des alltäglichen Lebens auch mal frei zu machen, sich dem herrschenden Einverständnis mit allen gegebenen Lebensverhältnissen zu entziehen und gegen alle Gewohnheit Zeit, Kraft, Grips und sogar Geld auf kritische Einsichten und praktische Gegnerschaft zu verschwenden. Dazu müssen – und dazu wollten schon am Beginn des kapitalistischen Zeitalters kommunistische Abweichler die Lohnarbeiter bewegen.

Per Saldo hat es nicht gereicht. Die Arbeiterbewegung, die sich gegen ihre schlechte Behandlung durch Staat und Eigentümer notgedrungen zur Wehr setzte, hat den Weg des rechtsbewusst kämpferischen Arrangements mit Staat und Kapital eingeschlagen; und diesen Fehler ist das Proletariat bis heute nicht mehr losgeworden: Weil ihm *keine andere* Chance geboten war, hat es den Kampf um Rechte als *seine Chance* akzeptiert, das *Gebot,* sich ans Recht zu halten, für ein *Angebot* an seine Interessen genommen. Die Klassenkämpfe, die nicht zu vermeiden waren, wurden im Geiste der Empörung über ungerechte Behandlung geführt, vom Standpunkt des vorenthaltenen „guten Rechts" der geschundenen Klasse. Um nichts anderes ist es dann auch gegangen als immer eindeutiger und entschiedener um das eine Ziel, dem Proletariat das Recht zu verschaffen, das ihm als der wahrhaft produktiven, für Staat und Kapital selbst unentbehrlichen Klasse, also auf Grund seiner nützlichen Funktion in der und für die kapitalistische Klassengesellschaft zukäme.

Dabei hatte die Arbeiterbewegung überhaupt kein Problem damit, ihre Kämpfe auf zwei voneinander getrennten Schauplätzen, in zwei unterschiedlichen Formationen und mit separaten Zielen und Methoden zu führen – nicht etwa, weil sie sich das als die effektivste Art ihrer Emanzipation so ausgedacht hätte, sondern weil die Rechtslage im bürgerlichen Gemeinwesen es so vorgibt: Als *politische Partei* wurden die proletarischen Klassenkämpfer in der höheren Sphäre der Politik aktiv, wo ohne Ansehen der Person und ihrer jeweiligen Mittelausstattung, unter vornehmer Abstraktion von den Niederungen des Ausbeutungsgeschäfts, über das allgemeine Wohl des Ganzen entschieden wird; dort bemühten sie sich darum, der Obrigkeit mehr ausgleichende Gerechtigkeit abzuringen. Daneben stritten sie als *Gewerkschaft* mit den Arbeitgebern um Löhne und Arbeitsbedingungen in den Betrieben, und da keineswegs grundsätzlich um den Fortbestand des Lohnsystems, sondern so, wie es sich in der Sphäre der privaten Vorteilssuche gehört, um eine Art geschäftlichen Konsens. Statt sich dem absurden Arrangement zu verweigern, mit dem die bürgerliche Welt ihr doppelgleisiges Funktionieren organisiert – Kapitalismus als Privatsache, die dazugehörige Gewalt als allgemeines öffentliches Sorgeobjekt –, hat die Arbeiterbewegung sich selbst systemkonform zerlegt: in ein quasi privatrechtliches Kollektiv, das nicht mehr und nicht weniger sein sollte als erstens fähig und zweitens berechtigt, den Unternehmern als respektabler Kontrahent gegenüberzutreten, also einen Verein proletarischer „Bourgeois"; und in einen Club proletarischer „Citoyens", freier Staatsbürger, die im Zuständigkeitsbereich ihrer rechtsetzenden Obrigkeit am Schicksal des Gemeinwesens mitzuwirken wünschen. Gleich doppelt kämpfte die Arbeiterbewegung darum, die gesetzlich geschützten Verhältnisse im Klassenstaat den Bedürfnissen des Proletariats anzupassen – und hat auf diese Weise gleich zweifach dafür gesorgt, dass das Proletariat *sich* und seine Nöte, Ansprüche und Kampfziele der bürgerlichen Ordnung anpasste.

Die Kämpfe, die die Arbeiterbewegung in ihren zwei Gestalten ihrem jeweiligen Widerpart geliefert hat, sahen dementsprechend aus.

b) „Ein gerechter Lohn für ein gerechtes Tagwerk": Die Logik des *gewerkschaftlichen* Kampfes

Die Proletarier des 19. Jahrhunderts haben sich in *Gewerkschaften* zusammengetan und in organisierter Solidarität immer wieder einmal mit Streiks die Produktion lahmgelegt, um eine bessere Entlohnung und erträgliche Arbeitsbedingungen durchzusetzen oder auch nur Verschlechterungen ihrer Lage abzuwehren und die pünktliche und vollständige Auszahlung des versprochenen Entgelts zu erreichen. Ihre Arbeitskämpfe haben sie oft, aber keineswegs immer verloren; manche Zugeständnisse haben sie durchgesetzt – und auch in diesen Fällen die Erfahrung gemacht, dass die Auseinandersetzung mit der Gegenseite dadurch nie erledigt war: Kaum war der Streit beigelegt und eine Vereinbarung getroffen, stellte sich auch schon heraus, wie wenig sie im Alltag der Lohnarbeit wert war. Die Verwirklichung des Vereinbarten musste regelmäßig auch noch erst erstritten, jede Erleichterung gegen die Arbeitgeber mit ihren nie zufriedengestellten Leistungsansprüchen und ihrem Erfindungsreichtum beim Lohnsenken verteidigt werden.

(1) Das Proletariat erstreitet den falschen Schein eines gerechten Tauschgeschäfts ‚Arbeit gegen Lohn'

Einen qualitativen Fortschritt haben die gewerkschaftlich organisierten Arbeiter durch alle Teilerfolge und Teilniederlagen hindurch allerdings doch auch erbracht. Dank ihrem kämpferischen Einsatz für vertraglich gesicherte allgemein geltende Arbeits- und Entlohnungsbedingungen nahm die Lohnarbeit immer eindeutiger die bürgerlich-rechtliche Form eines regulären Rechtsgeschäfts zwischen gleichgestellten Parteien und den ökonomischen Charakter eines Tauschhandels an: eines „do ut facias" bzw. „facio ut des" zwischen Geschäftspartnern, die sich zu beiderseitigem Nutzen über eine Dienstleistung und deren Preis einig werden. Für diesen zivilisatorischen Fortschritt hatten die Gewerkschaften den Widerstand der Unternehmer zu überwinden, die in jeder Festlegung einen unzumutbaren Eingriff in ihre Freiheit als Eigentümer erkannten und sich gegen eine derartige Freiheitsberaubung sträubten. Solche Gegenwehr bestätigte den organisierten Lohnarbeitern, dass sie sich mit ihrem Kampf um saubere vertragsrechtliche Verhältnisse und mit der Aushandlung allgemeiner Lohntarife und Arbeitsbedingungen nach dem Muster eines Handelsgeschäfts auf dem richtigen Weg befanden, um die Übermacht des kapitalistischen Eigentums zu brechen. Und es ist auch gar nicht zu bestreiten: Der *Willkür* von Unternehmern wurden Schranken gesetzt; die kapitalistischen Kontrahenten wurden im Umgang mit ihren Proleten gewaltsam an bürgerlich-zivilisierte Formen gewöhnt.

Geschadet hat es *denen nicht.* Denn was die Gewerkschaften da als bleibende gesellschaftliche Errungenschaft durchgesetzt haben, ändert am politökonomischen Verhältnis zwischen Kapital und Lohnarbeit *materiell* überhaupt nichts, verpasst ihm vielmehr eine ebenso verkehrte wie systemkonforme Verkehrs*form,* die ihm seinen dauerhaften *Bestand* garantiert.

– Tatsächlich hat die Lohnarbeit nach wie vor ihrer Ausgestaltung zum normalen zivilrechtlichen und geschäftsmäßigen Vertragsverhältnis mit einem Äquivalententausch nichts zu tun. Der Lohn kauft keinen Gegenwert, geschweige denn einen entsprechenden; vielmehr macht er dem Lohnzahler Arbeitskräfte für den Prozess der Wertschöpfung zu seinen Gunsten verfügbar, „kauft" also die *Quelle neuen Eigentums:* menschliche Produktivkraft. Das Geld fungiert in dieser Transaktion nur scheinbar als *Tausch*mittel; in Wahrheit bewährt es sich gerade auf diese Weise als *Kommando*mittel über wertschaffende Arbeit. Umgekehrt tritt die lohnabhängige Arbeitskraft nicht mit einer Ware und deren durchkalkulierten Produktionskosten auf dem Arbeitsmarkt an, sondern mit ihrer Fähigkeit und Bereitschaft, sich unter dem Kommando eines Arbeitgebers für dessen Geschäftsinteresse nützlich zu machen. Um des Lohnes willen unterwirft sie sich dem Anspruch, aus ihrer Betätigung mehr, und zwar möglichst viel mehr Geld herauszuholen, als ihre Entlohnung kostet. Die Rechtskonstruktion eines allgemeinen Vertrags über Löhne und Arbeitsbedingungen, um die die gewerkschaftliche Arbeiterbewegung erst lange kämpfen musste, fixiert so in der *Form* eines Preises die Kosten und die Konditionen, zu denen das kapitalistische Eigentum fremde Arbeit als seine Wachstumsquelle ausnutzen kann. Über die *Höhe* dieses „Preises" entscheidet daher auch keine Kostenrechnung des „Anbieters", sondern das pure Kräftemessen zwischen den Vertragspartnern. Da stehen auf der einen Seite die Lohnarbeiter, die in dem Widerspruch befangen sind, dass sie den Lohn zum Überleben brauchen und deswegen auf ihre kapitalistisch kalkulierenden Dienstherren Druck ausüben müssen, dafür aber aus dem gleichen Grund über kein anderes Druckmittel verfügen als das höchst zweischneidige der mit Lohnverzicht verbundenen Arbeitsverweigerung. Ihnen gegenüber, „am längeren Hebel", sitzen die Arbeitgeber, die sich durch den organisierten Kampf ihrer Dienstkräfte gezwungen sehen, ihre Konkurrenz untereinander zeitweise zu stornieren, die Privatmacht ihres jeweiligen kapitalistischen Eigentums gewissermaßen zusammenzulegen, also ihrerseits kollektiv, als Inhaber eines Klasseninteresses zu agieren und einen allgemeinverbindlichen Kontrakt auszuhandeln, der ihnen als Grundlage dafür taugt, ihren Wettbewerb um die einträglichste Ausbeutung ihres menschlichen „Produktionsfaktors" wieder aufzunehmen. Auch wo noch so einvernehmlich um Lohntarife gefeilscht wird, spielt sich in der Sache keine kommerzielle Preisbildung ab, sondern findet eine wechselseitige Erpressung zwischen den politökonomisch definierten gesellschaftlichen Klassen der kapitalistischen Eigentümer und der eigentumslosen Arbeiter statt.[*]

---

[*] Am historischen Streit um die Dauer der täglichen Arbeit erläutert Marx exemplarisch, wie absurd es ist, die Ausbeutung der Lohnarbeit nach den Kriterien eines regulären Tauschgeschäfts regulieren zu wollen, und wie notwendig die Suche nach einem passenden und gerechten Maßverhältnis aufs pure Kräftemessen zwischen den organisierten Lohnarbeitern und der gesellschaftlichen Macht der kapitalistischen Eigentümer zurückfällt: *„Man sieht: Von ganz elastischen Schranken abgesehn, ergibt sich aus der Natur des Warentausches selbst keine Grenze des Arbeitstages, also keine Grenze der Mehrarbeit. Der Kapitalist behauptet sein Recht als Käufer, wenn er den Arbeitstag so lang als möglich und womöglich aus einem Arbeitstag zwei zu machen sucht. Andrerseits schließt die spezifische Natur der verkauften Ware eine Schranke ihres Konsums durch den Käufer ein, und der Arbeiter be-*

– Eben deswegen ist der entgegengesetzte *Schein* eines normalen marktwirtschaftlichen Geschäftsabschlusses so wichtig und sein gesellschaftlicher Nutzen gar nicht hoch genug zu veranschlagen. Denn genau auf die Art und Weise wird die Aneignung fremder Arbeitsleistung durch das kapitalistische Eigentum und die Funktionalisierung der eigentumslosen Massen für dessen Vermehrung praktisch in einen Akt freier Vereinbarung zwischen unterschiedlichen, aber gleichermaßen gesellschaftlich gültigen und anerkannten Interessen umgeprägt – einen Vertragsabschluss eben, frei ausgehandelt zwischen gleichberechtigten Parteien, dem der Staat seinen nicht-diskriminierenden Rechtsschutz angedeihen lässt. Der notgedrungene Widerstand der gewerkschaftlich organisierten Arbeiter, ihre militante Weigerung, Arbeit allein zu den ruinösen Bedingungen ihrer Arbeitgeber zu leisten, mündet ein in einen formellen Konsens über die Bedingungen, zu denen genau diese Sorte Arbeit weitergeht und die Arbeiterschaft sich wieder bis auf weiteres in ihr politökonomisches Berufsbild fügt, fremdes Eigentum zu fabrizieren. Die Fiktion eines Tauschgeschäfts zwischen Lohnarbeit und Kapital ist die Form, in der deren wirkliches Verhältnis, das höchst einseitige Geschäft des Eigentums mit fremder Arbeit, die Festigkeit einer allgemein anerkannten, rechtlich geschützten gesellschaftlichen Einrichtung gewinnt.

Natürlich bleibt es nicht aus, dass diese Fiktion sich immerzu *blamiert,* nämlich an ihrem materiellen *Inhalt.* Mit dem Abschluss allgemeingültiger Verträge ist dem fortgesetzten Verschleiß menschlicher Arbeitskraft fürs kapitalistische Wachstum ja eben *kein* Ende gesetzt; für die Unternehmer sind vereinbarte Tarife immer bloß der Auftakt dazu, in Konkurrenz mit ihresgleichen die vereinbarten Löhne zu drücken und die Leistungsanforderungen zu verschärfen. Deswegen erledigt sich auch für die Lohnarbeiter nie die Notwendigkeit, immer wieder aus dem Vertragsverhältnis herauszutreten und den Eigentümern ihre rechtlich gesicherte politökonomische Verfügungsgewalt über die

hauptet sein Recht als Verkäufer, wenn er den Arbeitstag auf eine bestimmte Normalgröße beschränken will. Es findet hier also eine Antinomie statt, Recht wider Recht, beide gleichmäßig durch das Gesetz des Warentausches besiegelt. Zwischen gleichen Rechten entscheidet die Gewalt. Und so stellt sich in der Geschichte der kapitalistischen Produktion die Normierung des Arbeitstags als Kampf um die Schranken des Arbeitstags dar – ein Kampf zwischen dem Gesamtkapitalisten, d.h. der Klasse der Kapitalisten, und dem Gesamtarbeiter, oder der Arbeiterklasse.“ (K I, S. 249) gesellschaftliche Arbeit gewaltsam zu bestreiten. Der formelle Konsens zwischen den „Tarifpartnern" fällt also mit jeder betrieblichen Ausbeutungsmaßnahme, mit jeder Lohnauseinandersetzung und mit jedem Abwehrkampf, zu dem Arbeiter sich herausgefordert finden, auf seinen banalen Inhalt zurück: den nicht auszuräumenden Gegensatz der materiellen Interessen der beiden voneinander abhängigen Klassen; den nicht aufzulösenden Widerspruch in dem so schön doppeldeutigen gesellschaftlichen Imperativ, mit Lohnarbeit Geld zu verdienen. Den Schluss, dann lieber gleich das ganze ungute Verhältnis aufzukündigen, hat die Gewerkschaftsbewegung jedoch nicht gezogen. Sie hat den allgemein gültigen Arbeitskontrakt nie als die Rechtsform kritisiert, in der sich die Ausbeutung der Lohnarbeit unter staatlichem Schutz abspielt; sie hat darin auch nie bloß ein fragwürdiges bürgerlich-rechtliches Hilfsmittel gesehen, die Gegenseite auf „Gegenleistungen" festzulegen. Für sie war damit die Metamorphose der Lohnarbeit zu einem Tauschgeschäft vollzogen, mit dem die arbeitende Klasse im Prinzip gut bedient wäre, bei dem allenfalls die Äquivalente noch nicht oder nicht immer stimmen. Also haben die Trade Unions und Arbeiter-Associationen, nachdem sie sich die Befugnis zur Aushandlung von Tarifverträgen erstritten hatten, unermüdlich stets von neuem den Kampf gegen schlechtere und für bessere Abmachungen mit den Kapitalisten aufgenommen. Den Widerstand gegen die Ausbeutung haben sie so in einen konstruktiven Streit um die Bedingungen überführt, unter denen sie in Ordnung ginge. Den Unternehmern treten sie gegenüber, als gelte es herauszufinden und festzulegen, welches *Maß* hinsichtlich Lohnhöhe, Arbeitszeit, Leistungsdichte, Unfallgefahr, Gesundheitsverschleiß usw. gelten sollte, um eine *proletariergemäße Ausbeutung* zu gewährleisten. Alles fortbestehende Elend, alle ruinösen Wirkungen der Lohnarbeit führen sie darauf zurück, dass in den geltenden Verträgen der rechte Interessenausgleich noch nicht gefunden wäre, vielleicht aber auch nur die redliche Vertragserfüllung durch die Unternehmer oder auch bloß durch einzelne „schwarze Schafe" zu wünschen übrig ließe. Die Fiktion einer *Rechtsnorm,* nach der Arbeitgeber- und Arbeitnehmer-Interessen zum Ausgleich zu bringen wären, nimmt jedenfalls niemand so praktisch ernst wie die Kämpfer der Gewerkschaftsbewegung. Ihre Auseinandersetzungen mit dem Kapital, die keine Rechtsinstanz ihnen je abgenommen hat, führen sie nach dem Grundsatz, mit dessen Kritik ihr kommunistischer Mentor sich nicht hat durchsetzen können: *„Ein gerechter Lohn für ein gerechtes Tagwerk!"*

(2) Lohn pro Zeit bzw. Leistung:
Die Formen der Lohnzahlung garantieren den Unternehmern ihren Nutzen, den Proletariern Gerechtigkeit

Für reguläre Lohnverhandlungen mit ihren proletarischen Dienstkräften, geschweige denn mit den gewerkschaftlichen Wortführern proletarischer Unzufriedenheit, waren die kapitalistischen Unternehmer lange Zeit überhaupt nicht zu haben. In zivilisierten Nationen wie der deutschen musste erst ein barbarischer Weltkrieg verloren gehen und eine halbe Revolution stattfinden, bevor sie sich dazu herbei ließen, quasi von gleich zu gleich mit ihrem organisiert auftretenden Menschenmaterial zu verhandeln und allgemein verbindliche Tarifverträge abzuschließen. Und bis dahin hatten sie längst einen Weg gefunden, den Schrei nach gerechter Entlohnung, nach „Äquivalenz" von geleisteter Arbeit und gezahltem Lohn, auf äußerst gerechte Weise zu beantworten – und diese Antwort brauchten sie sich noch nicht einmal eigens auszudenken.

Den Produktionspreis ihrer Waren berechnen industrielle Kapitalisten nämlich sowieso in der Weise, dass sie die Löhne als Kostenanteil *kalkulieren,* umgelegt aufs produzierte Stück oder bezogen auf die aufgewandte Arbeitszeit. Nichts liegt ihnen daher näher, als den Lohn auch nach diesem Gesichtspunkt *auszuzahlen,* nämlich nach den *Untereinheiten des nützlichen Gebrauchs,* den sie von ihren Arbeitskräften machen: nach den Einheiten der Zeit, in der sie ihre menschliche Produktivkraft Eigentum-schaffend wirken lassen, also mit Bezug auf jede einzelne *Arbeitsstunde,* oder nach den Einheiten der Produktmenge, in der ihr neu geschaffenes Eigentum sich darstellt, also mit Bezug aufs *hergestellte Stück.* Diese Art der Lohnzahlung genügt auf hervorragende Weise *ihrem Interesse*, ihren Arbeitern nichts anderes zu bezahlen als wirkliche produktive Betätigung. Sie verfügen darin zudem über eine äußerst praktische Handhabe, jeder einzelnen Arbeitskraft ein Höchstmaß an Arbeitseinsatz aufzunötigen bzw. bei jedem Nachlassen der verlangten Leistung am Lohn zu sparen. Das kapitalistische Grundgesetz, wonach die *Rentabilität* der Arbeit der ganze Zweck und einzige Grund und folglich auch die feste Schranke ihrer Bezahlung ist, wird so bis in die letzte denkbare Maßeinheit der Lohnarbeit hinein zur Geltung gebracht. Am Prinzip der Entlohnung ändert sich mit dieser Methode zwar nichts. Weder die Bezugnahme auf Arbeitsstunden noch die auf produzierte Einzelteile gibt den wirklichen Bestimmungsgrund dafür her, wie hoch oder niedrig das Entgelt für Lohnarbeit überhaupt ausfällt und wie ihr „Tagwerk" aussieht: Letzteres fällt ganz in die Gestaltungsfreiheit des Unternehmers; ersteres ist und bleibt eine Frage der wechselseitigen Erpressung, des Kräftemessens zwischen den so widersprüchlich aufeinander angewiesenen Klassen, an dessen Ende dann irgendeine Festlegung steht. Gerade für diese Auseinandersetzung um den Lohn und seine vertragliche Fixierung ist die Form seiner Bezahlung jedoch von allergrößter praktischer Bedeutung. Mit der Beziehung des Arbeitsentgelts auf die zu leistende Arbeitseinheit ist dessen Höhe nämlich nach der einen Seite hin in aller Form *vom Geldbedarf der Arbeiter vollständig abgetrennt.* Was einer verdient, berechnet sich definitiv nicht mehr nach den Kosten eines – geschweige denn anständigen – Lebensunterhalts, sondern umgekehrt: Was sich ein Arbeiter an Lebensunterhalt leisten kann, errechnet sich aus dem Produkt von Stück- bzw. Stundenlohn und abgelieferter Stunden- bzw. Stückzahl. Ganz praktisch hat jeder Arbeiter so zu kalkulieren: mit der *Chance,* durch schnelleres Arbeiten, im Akkord, oder durch Überstunden *mehr* zu verdienen – nämlich mehr, als wenn er *nicht* mehr und schneller arbeiten würde; *genug* Verdienst ist erst gar nicht im Angebot, dafür aber die realistische Aussicht, bei weniger Zeitaufwand und mangelhafter Leistung *Einbußen* beim Lohn hinnehmen zu müssen. Von den Kosten eines proletarischen Lebensunterhalts ist der Lohn somit komplett abgekoppelt, dafür statt dessen aufs Engste *verknüpft* mit dem *Geschäftserfolg des Arbeitgebers:* Der rechnet – pro Stück oder Stunde – mit einem *Preis für Arbeit;* einem Preis, der das für die kapitalistische Produktion alles entscheidende Verhältnis, nämlich zum produzierten und am Markt zu realisierenden Wert, schon mit einschließt; und allein dieses Verhältnis ist nun maßgeblich für den *Lohn pro Arbeitseinheit.* Auch in dieser Hinsicht ändert die Rechenweise nichts am Prinzip der Sache: Mit dem Lohn kauft der Unternehmer sich eine Eigentumsquelle und das Recht, diese zu seinen Gunsten wirken zu lassen; und dafür, dass sie möglichst wenig kostet und möglichst ausgiebig wirksam wird, sorgt er dann auch. Mit der Berechnung und Bezahlung des Lohns als Teil vom Erlös aus einem Produkt oder aus dem rechnerischen Produkt einer Arbeitsstunde stellt sich dieses schlichte Ausbeutungsverhältnis aber wie ein rein sachlicher Zusammenhang zwischen gegebenem Verkaufspreis und Lohnkostenanteil dar: Der Stück- resp. Stundenlohn vergütet, was an „Arbeitskosten" im Produkt steckt; er *kann* gar nicht höher sein, als die unternehmerische Gewinnrechnung veranschlagt. Was die Kapitalisten für sich aus der Lohnarbeit, die sie in ihrem Betrieb ableisten lassen, herauswirtschaften, das wird über die Lohnform zum quasi objektiven Kriterium des Preises, den sie für Arbeit allenfalls zahlen können.

Die Formen der Lohnberechnung und -zahlung nach Arbeitsdauer und -leistung haben also ihren eindeutigen kapitalistischen Sinn: Sie dienen ausschließlich und formvollendet dem Zweck, die bezahlte Arbeit rentabel auszubeuten. Und ausgerechnet dieses perfekte Instrument des Unternehmerinteresses bedient zugleich und ganz von selbst den Anspruch der proletarischen Gegenseite, *gerecht* entlohnt zu werden. Nach Produkteinheit oder Arbeitsstunde gestückelt, bekommt der Lohn nämlich – ganz gleich, welche Summe die Arbeiter erkämpft und die Unternehmer letztlich zugestanden haben – einen Bezug auf die abverlangte Arbeitsleistung, die den Prinzipien der Tauschgerechtigkeit aufs Schönste genügt: Jede Mühsal wird einzeln bezahlt. Aus seinen leistungsbezogenen Einzelteilen zusammenaddiert, nimmt der Gesamtlohn folgerichtig den Charakter einer gerechten Vergütung des gesamten erbrachten Arbeitsaufwands an; nach dem ebenso absurden wie schlagenden Fehlschluss: Weil für jedes hergestellte Stück bzw. für jede abgeleistete Stunde gezahlt wird, werden im Grunde Stück und Stunde bezahlt – Akkord und Überstunden-Entgelt sind der harte praktische Beleg –; folglich ist mit dem Gesamtlohn auch alles: alle Stücke und Stunden, also die gesamte Arbeit gerecht entgolten. Und die Kostenkalkulation des Unternehmens liefert überdies den Beleg dafür, dass den Arbeitern auch genau das entgolten wird, was an Lohnkostenaufwand in die Produkte eingeht, also was ihre Arbeit wert ist.

So ausgestaltet, unterscheidet sich der Lohnkontrakt – zwar nach wie vor seinem Inhalt nach und in der eigentümlich streitigen Art seines Zustandekommens, ansonsten aber – überhaupt nicht mehr von einem normalen Kaufvertrag, in dem zwei Seiten sich über Liefermenge und Kaufpreis einer Ware einig werden. Jeder hat, was er offenbar wollte; zwischen Lohnarbeitern und Unternehmern findet ein regulärer Äquivalententausch statt; dem Recht und der Gerechtigkeit ist Genüge getan; und alle sind zufrieden: *„...alle Rechtsvorstellungen des Arbeiters wie des Kapitalisten, alle Mystifikationen der kapitalistischen Produktionsweise, alle ihre Freiheitsillusionen, alle apologetischen Flausen der Vulgärökonomie" „beruhn"* auf dieser Manier, den Lohn *als* Preis der Arbeit, nämlich einer tatsächlich stückweise gelieferten Arbeitsleistung zu *berechnen* und auch so zu *bezahlen.*[*] Der Streit geht

*) So erklärt Marx in K I, S. 562, das falsche Bewusstsein der Arbeiterklasse wie der bürgerlichen Gesellschaft überhaupt in Sachen Lohn und

44

gleich anschließend zwar wieder los; notwendigerweise, weil es eben doch gar nicht um Äquivalente und Gerechtigkeit, sondern um Kapitalwachstum per Lohnarbeit geht; und wenn schon die Arbeiter sich zufrieden geben, so sind die Arbeitgeber auf alle Fälle nie zufrieden und fahren nach jeder Lohnvereinbarung damit fort, schon wieder die Löhne zu drücken und dafür mehr Leistung aus ihren Leuten herauszuholen. Aber die falsche Forderung der Arbeiterbewegung ist erfüllt: Dem Lohn-*Interesse* ist *Gerechtigkeit* widerfahren. Es ist *in die Schranken gewiesen,* in die es als untergeordnete abhängige Variable des Kapitalinteresses gerechterweise gehört, *und bedient zugleich.*

(3) *Die notwendige Perspektive des gewerkschaftlichen Kampfes: Das organisierte Proletariat drängt sich seinem Gegner als Sozialpartner auf*

Das Kapital leistet sich mit der größten Selbstverständlichkeit den Widerspruch, dass es die Quelle seiner Existenz und seines Wachstums, die Lohnarbeit, durch seine Methoden, sie auszunutzen, ruiniert. Mit ihrem gewerkschaftlichen Kampf um ihr gutes Recht, von der Lohnarbeit zu leben, nimmt die Arbeiterbewegung diesen Widerspruch ganz auf die eigene Kappe. Sie kämpft gegen die ruinösen, also „ungerechten" *Wirkungen* der Lohnarbeit an, um die „gerechte" *Sache selbst* aushaltbar zu machen. Selbst mit ihren Erfolgen handelt sie sich daher zwar immer nur von neuem die Notwendigkeit ein, ihren Kampf fortzusetzen. Doch das hat die Gewerkschaft nie gestört. Mit ihrer Sorge, dass die Lohnarbeiter bekommen, was ihnen zusteht, hat sie sich eine Daueraufgabe an Land gezogen; das hat sie akzeptiert, und damit hat sie sich eingerichtet. So ist ihr Kampf die konstruktive Antwort der Arbeiterklasse auf den misslichen Umstand, dass die Anwender und Nutznießer der Lohnarbeit ihr Instrument nicht pflegen, sondern ka-

Ausbeutung – einige Jahrzehnte und etliche Erkenntnisse nach dem „Manifest", in dem ihm das kapitalistische Ausbeutungswesen noch so brutal offenkundig und *des*illusionierend vorgekommen ist, dass sich im Grunde niemand, schon gar kein Betroffener, noch etwas vormachen könnte. Später weiß er es besser, auch als – fast – alle seine ideologischen Nachfahren: Der Jammer über, die Empörung gegen *Ungerechtigkeit,* der Schrei nach *Gerechtigkeit,* genau das *ist* die alles entscheidende Illusion über das kapitalistische System.

puttmachen: Dann pflegt *sie* sich eben *selbst,* so gut es geht, ringt ihrem Gegner das dafür Nötigste ab und reproduziert sich für ihren erneuten Verbrauch durchs Kapital.

Aus dieser Zwecksetzung des gewerkschaftlichen Kampfes folgt dessen prinzipielle Schwäche. Die organisierten Lohnarbeiter können nicht umhin, bei Gelegenheit ihr Dienstverhältnis einseitig zu stornieren; doch sie tun dies nur, um sich zu neuen Bedingungen wieder ihren Lohn zu verdienen – also ohne es kündigen zu wollen. Dem Konkurrenzvergleich, dem sie unterworfen sind, nämlich nach Effektivität und Billigkeit ihrer Arbeit, machen sie in ihrer gemeinsamen Kampfaktion ein Ende; die Kalkulationen, die ihnen aufgenötigt sind, nämlich mit mehr Arbeitseinsatz mehr zu verdienen und sich dem Arbeitgeber möglichst wertvoll zu machen, geben sie auf; doch das tun sie als Gewerkschafter nicht aus der Einsicht, dass sie sich damit doch nur ihren Schaden einhandeln, also auch nicht mit dem Ziel, aus ihrer schlechten Abhängigkeit herauszukommen: Als kämpferisches Kollektiv agieren sie bloß punktuell, zwecks Korrektur der Konditionen, zu denen sie dann doch wieder ihrem hoffnungslosen Privatgewerbe als tüchtige und preiswerte Dienstkraft des Kapitals nachgehen wollen. Ihren Erpressungsmanövern fehlt es daher grundsätzlich an der Rücksichtslosigkeit, die den mit fremder Arbeit kalkulierenden Unternehmer auszeichnet. Dem kann die bürgerliche Existenz seiner Lohnarbeiter wirklich egal sein, weil er allemal neue findet und schlimmstenfalls einen geschäftlichen Rückschlag hinnehmen muss; also kann er einer streikenden Belegschaft völlig glaubwürdig mit der ökonomischen Vernichtung drohen. Genau die Drohung können streikende Gewerkschafter sich umgekehrt überhaupt nicht leisten, weil es ihnen ja darum geht, ihre Lohnarbeit wieder aufzunehmen; deswegen dürfen sie ihren Arbeitgeber auf keinen Fall ruinieren, müssen vielmehr sogar noch beim Streiken darauf achten, dass die Geschäftskalkulationen ihres Gegners keinen irreversiblen Schaden nehmen.

Diese „Logik" des gewerkschaftlichen Kampfes war den Aktivisten der Arbeiterbewegung in deren wilder Anfangszeit keineswegs schon durchgängig klar. Vor lauter gerechter Empörung haben sie nicht selten alle Rücksichten fahren lassen und sich in erbitterte Kämpfe verbissen; manche von ihnen haben sogar an einen Generalstreik als Auftakt zu einer proletarischen Revolution gedacht, andere den Übergang zum Anarchismus nicht gescheut. Mit ihrem Radikalismus haben sie sich jedoch letztlich nichts als Niederlagen eingehandelt – nicht, weil es grundsätzlich ausgeschlossen wäre, vom gewerkschaftlichen Widerstand zu der Einsicht in dessen widersprüchliche Zielsetzung zu gelangen und einen Klassenkampf der besseren Art anzufangen und sogar zu gewinnen, sondern weil ein größerer Teil der streikbereiten Mannschaften und vor allem der Gewerkschaftsführung mit einem solchen Übergang überhaupt nichts im Sinn hatte. Diese „vernünftigen Kräfte" haben sich und ihren Leuten statt dessen die Frage vorgelegt, *wie weit gewerkschaftliche Kämpfe überhaupt gehen dürfen,* wenn hinterher doch wieder gearbeitet werden soll. In die *Kämpfe,* zu denen sie sich genötigt sahen, haben sie den Maßstab des *Erlaubten* eingeführt, des im Sinne einer besser auszuhaltenden Lohnarbeit *Sinnvollen* – ein glatter Widerspruch zu der Notwendigkeit, diese Kämpfe *erfolgreich zu führen.* Die Arbeiter, die mitmachen sollten, haben sie praktisch mit der Frage konfrontiert, wie viel gewerkschaftlicher Widerstand sich *für sie* mit ihren privaten Kalkulationen und Vergleichsrechnungen *überhaupt lohnt* – ein kompletter Widerspruch zu dem Anliegen, sie für eine Gegenwehr zu mobilisieren.[*] Dem kollektiven Widerstand war damit die Spitze abgebrochen – von den Protagonisten des gewerkschaftlichen Kampfes selbst.

Die Gewerkschaften sind darüber in ihre Kapitalismus-gemäße Funktion hinein gewachsen, nämlich die des *Regulativs* der proletarischen Unzufriedenheit, die sie organisieren. Schon bei der Aufstellung von Forderungen betätigen sie sich als Korrekturinstanz gegen „übertriebene" Ansprüche, indem sie ganz sachlich in Rechnung stellen, *was geht und was* wohl eher *nicht* – „nach Lage der Dinge", also unter der Prämisse fortdauernder und unangefochtener Herrschaft der Interessen des Kapitals. Deren Geltung erklären sie zur *„Realität"*; nicht in dem kritischen Sinn, dass in dem besten aller politökonomischen Systeme überhaupt nichts real ist außer den Ansprüchen des Kapitals, sondern in der normativen Bedeutung eines *verbindlichen Maßstabs* für das, was man sich als Lohnarbeiter erwarten kann und also fordern darf, ohne sich der Spinnerei verdächtig oder gar des Verbrechens des „Realitätsverlusts" schuldig zu machen. Dabei pflegen die Gewerkschaften bis heute gerne den Schein, sie wären immerzu dabei, „bis zum Äußers-

---

[*] An manchen Standorten haben Gewerkschafter für diesen Widerspruch die geniale Lösung gefunden, gewerkschaftliche Solidarität und Konkurrenz der Arbeiter zu kombinieren und den Kampf um mehr Lohn und bessere Arbeitsbedingungen, betriebs- und mitgliederbezogen, exklusiv für die vergleichsweise Besserstellung der Organisierten einer Belegschaft zu führen.

ten" zu gehen, die Schranken des „Realisierbaren" auszuloten und nur der bewiesenen Übermacht des Kapitals zu weichen. Auch so stellen sie allerdings bloß klar, dass „Realismus" im Sinne der Anerkennung aller gegebenen Verhältnisse, nämlich des herrschenden politökonomischen Kräfteverhältnisses, für sie *Programm* ist: Sie *verpflichten* sich und ihre Leute darauf, bei jeglicher Gegenwehr die eigene Abhängigkeit vom gelingenden Geschäft der Arbeitgeber einzukalkulieren und davon auszugehen, also anzuerkennen, dass diese Abhängigkeit ohne Alternative ist und bleibt. Kapitalisten können ihre Dienstkräfte jederzeit in Existenznot stürzen und tun das auch, sobald ihr Geschäftsinteresse es ihnen gebietet; umgekehrt darf kein Lohnkampf dazu führen, dass Ausbeutungsinteressen gefährdet werden und ein kapitalistischer Geschäftsgang in Existenznot gerät: Das ist vollständig akzeptiert. Es *kann* daher nur und *muss* einer „vernünftigen" Arbeitervertretung folglich darum gehen, mit der Gegenseite ein *Einvernehmen* zu erzielen. Die Arbeitgeber mögen mit der Privatmacht ihres Eigentums zuschlagen, wie sie wollen, und ihre Ansprüche bezüglich Lohn und Leistung so hoch treiben, wie ihre Konkurrenzkalkulationen es ihnen gebieten – Gewerkschaften dürfen nicht mit gleicher Münze heimzahlen. Was dem „Unternehmerlager" allein aufgezwungen werden *darf,* aber auch aufgenötigt werden *muss,* das sind Verhandlungen mit dem Ziel einer Konsenslösung; dies gerade dann, wenn dem gegnerischen „Lager" daran erkennbar gar nichts liegt. Unerbittlich drängt sich die Gewerkschaft den Kapitalisten als verständnisvoller Vertragspartner auf; sie inszeniert ein Kräftemessen mit den Arbeitgebern, das sie selbst von vornherein zu deren Gunsten entscheidet – und bringt es auf diese Weise fertig, den Widerspruch eines Klassenkampfes, der die Gegenseite nicht schädigen will, wahr werden zu lassen.

Die affirmative Stellung zum Lohn als Revenuequelle schließt ein *Bekenntnis zum Staat* als dem Garanten einer bürgerlichen Ordnung ein, in der alle Klassen, Schichten und Individuen das Recht haben, mit ihren jeweiligen Mitteln ihrem jeweiligen „gerechten Tagwerk" nachzugehen. Das Eine muss freilich garantiert sein: dass auch die Rechtsposition der Arbeiterklasse, also die Gewerkschaft als deren Anwalt gerecht zum Zuge kommt. Eine Bedingung in dem Sinn, dass Gewerkschafter ihre staatsbürgerliche Loyalität allen Ernstes von einer arbeiter- und gewerkschaftsfreundlichen Politik der Obrigkeit abhängig machen würden, ist das allerdings nicht. Zwar kam die Gewerkschaftsbewegung lange Zeit nicht darum herum, sich mit der Staatsmacht anzulegen; schließlich wurden ihre Streikposten und Demonstrationen oft genug von deren bewaffneten Trupps auseinandergejagt. Ihr Ziel war aber auch da nicht der Sieg über den Gewaltapparat, der die Klassengesellschaft beieinander hält – politische Streiks gegen die Staatsgewalt verbieten sich für seriöse Gewerkschaften ebenso grundsätzlich wie „Vernichtungsstreiks" gegen Arbeitgeber –, sondern dass dieser Gewaltapparat sie genau so gewähren ließ wie andere Interessenorganisationen. Mit der Tatsache, dass eine solche Forderung die Anerkennung der Klassengesellschaft mit ihren diversen Interessen wie auch einer darüber wachenden Obrigkeit einschließt, hatte sie überhaupt kein praktisches Problem: Genau so war und ist es gemeint. Wenn Gewerkschafter auf öffentlicher Anerkennung und politischer Berücksichtigung bestehen, dann *wollen* sie damit durchaus auch umgekehrt über jeden Zweifel klargestellt haben, wie bedingungslos sie ihrerseits die Nation als jenes größere Ganze anerkennen und bejahen, innerhalb dessen die Sache des Proletariats einzig und allein ihr Recht bekommen kann und soll. Den befugten Sachwaltern des Gemeinwesens begegnen sie mit kritischen Vorbehalten, die allesamt dem Ideal entspringen, die Belange der Nation fielen letztlich mit denen der nationalen Arbeiterklasse ununterscheidbar zusammen. In dem Sinne drängen ie der Politik ihre proletarische Parteinahme fürs nationale Wohl auf – auch wenn die Machthaber mit dem Proletariat ganz andere Sorgen haben, und *gerade* dann.

Ihren gewerkschaftlichen Kampf führt die Arbeiterbewegung somit nach beiden Seiten hin, gegen die Kapitalistenklasse wie gegen die Staatsgewalt, um ihre Anerkennung als konstruktive Kraft. Zwischen der Organisation, die da als kollektives Rechtssubjekt auftritt und Respekt einfordert, bzw. deren Leitung auf der einen und den Mitgliedern auf der anderen Seite stellt sich darüber ein Verhältnis her, das in bürokratischer Zweckmäßigkeit nicht aufgeht. Immerhin ist von der Mitgliederbasis nichts Geringeres verlangt als eine Opferbereitschaft, die sich garantiert nur in dem negativen Sinn lohnt, dass die Lohnarbeiter sich dank gewerkschaftlicher Betreuung immer perfekter in ihrem geschädigten, auf Lohnerwerb reduzierten Materialismus einrichten; die Bereitschaft nämlich, Beiträge zu zahlen und im Ernstfall eines Streiks sogar zeitweilig auf Lohn zu verzichten, ohne dass etwas anderes dabei herauskommen *soll* und *könnte* als die erneute Ermächtigung der Unternehmer, in *ihrem* Geschäft mit der Arbeit nach *ihren* Kalkulationen fortzufahren. Diese sehr bedingte Interessenvertretung steht überdies unter einer politischen Maßregel, deren Nutzen auch ganz woanders anfällt als bei dem Fußvolk, für das sie gilt: Von den Mitgliedern ist unbedingtes Vertrauen ins Recht und auf die Nation als erstes und unentbehrliches Lebensmittel ausgerechnet für eigentumslose Lohnarbeiter gefordert. So werden die Arbeiter von ihrer Gewerkschaft einerseits für die notwendige Auseinandersetzung mit Arbeitgebern und Staat mobilisiert, andererseits zu Sozialpartnerschaft und Staatstreue erzogen, dritterseits dann doch immer wieder auf ihre privaten Vorteilsrechnungen mit dem Lohn, den sie sich in Konkurrenz gegen ihresgleichen ergattern, zurückverwiesen, also mit der Nase auf die Frage gestoßen, ob sich ein gewerkschaftliches Engagement überhaupt lohnt. Daneben ziehen sich die Gewerkschaften aber auch immer wieder Leute an Land, die einen Kampf, wenn schon, dann fürs gemeinsame Arbeiterinteresse und rücksichtslos gegen die Ansprüche des Kapitals führen wollen, womöglich sogar die Aufkündigung ihres Unterwerfungsverhältnisses insgesamt nicht ausschließen und sich jedenfalls ungern damit abfinden, dass die Politik, die die Gewerkschaft macht, schon der ganze Kampf ist, der ansteht. Solchen Radikalismus zu bekämpfen und auszugrenzen, gehört daher auch noch zum festen gewerkschaftlichen Traditionsbestand.

Nebenbei: Auch zu diesem Endergebnis musste es die Arbeiterbewegung erst einmal bringen. Eine schlechte innere Folgerichtigkeit ist ihrem Entwicklungsweg zwar nicht abzusprechen. „Historisch notwendig" ist er deswegen aber nicht – und noch nicht einmal prinzipiell irreversibel.

(4) Anmerkung zum Werdegang der sozialistischen Gewerkschaftsbewegung in Deutschland: Anführer des Proletariats entwickeln Verantwortung für die ‚nationale Arbeit'

Die Frankfurter Nationalversammlung, stolzes Produkt eines nicht zuletzt von unzufriedenen Arbeitern und hoffnungsvollen Sozialisten getragenen Aufruhrs im Frühjahr 1848, hatte noch alle wesentlichen Forderungen abgeschmettert und sämtliche Bestrebungen unterdrückt, die über den für die damaligen Verhältnisse revolutionären Wunsch nach bürgerlichen Freiheiten und nationaler Einigung hinaus auf die Besserung der „sozialen Lage" der abhängigen, in zunehmendem Maße lohnabhängigen Arbeitsleute zielten. In der anschließenden Phase der Reaktion hatten Gesellenvereine, politische Clubs – wie der „Bund der Kommunisten", für den Marx soeben sein berühmtes „Manifest" verfasst hatte – und sozialistische Weltverbesserer erst einmal gar nichts zu melden. In den „Gründerjahren" des Kaiserreichs war es dann aber doch so weit: Auch in Deutschland „bewegten" sich die Arbeiter. Trotz aller offiziellen Unterdrückung der „gemeingefährlichen Bestrebungen der Sozialdemokratie" traten schließlich nach Auslaufen der Bismarckschen Sozialistengesetze im Jahr 1890 eine Sozialdemokratische Partei und eine Generalkommission der Gewerkschaften als „Avantgarde" des Proletariats auf und propagierten, marxistisch inspiriert, einen sozialistischen Umsturz der Herrschaftsordnung und das Ziel einer klassenlosen Gesellschaft.

Dabei herrschte zwischen den beiden Abteilungen der sozialistischen Arbeiterbewegung eine strenge „Arbeitsteilung". Die Gewerkschaften bestanden auf ihrer Alleinzuständigkeit für Löhne und Arbeitsbedingungen in den kapitalistischen Betrieben – keineswegs in allen, in denen sie Fuß fassen konnten, sondern gemäß überkommener oder neu aufkommender berufsständischer Gliederung in denen „ihrer" jeweiligen Branche. Jede Zuständigkeit für das „weiter gehende" Vorhaben, sich mit der kapitalistischen Wirtschaftsordnung überhaupt und deren staatlichem Hüter anzulegen, lehnten sie ab; das war „Sache der Politik". Im Fernziel einer klassenlosen Gesellschaft waren die Freien Gewerkschaften sich mit der Sozialdemokratie zwar einig; dieses Ziel war für sie aber nicht bloß so fern, sondern auch so entschieden auf einer ganz anderen gesellschaftlichen „Ebene" als derjenigen ihres Lohnkampfes angesiedelt, dass sie mit seiner Verwirklichung nichts zu tun haben wollten. Es waren denn auch keineswegs ihre großen Niederlagen – etwa die der Buchdrucker in ihrem 10-wöchigen Streik 1891/92 für den 9-Stunden-Arbeitstag –, durch die die sozialistischen Gewerkschaften in ihrer Zurückhaltung gegenüber höher gesteckten klassenkämpferischen Vorhaben bestärkt wurden, sondern ihre Erfolge im Kampf um Einfluss in den Betrieben und auf die Arbeiterschaft insgesamt: Sie etablierten sich – übrigens schon lange vor ihrer offiziellen Anerkennung als Tarifvertragsparteien – als verhandlungswillige, dementsprechend natürlich auch durchaus kompromissbereite Gegenmacht zur Kommandogewalt des Kapitals, und diese Errungenschaft wollten sie weder durch darüber hinaus reichende Zielsetzungen als eine bloß vorläufige Sache in Frage stellen noch durch absehbare harte Reaktionen der Gegenseite gefährden. Je mehr Respekt sie fanden, um so selbstbewusster und dezidierter wiesen sie jedes Ansinnen zurück, ihre Kampfkraft für Vorhaben jenseits ihrer ureigenen „sozialen" Anliegen zu verschleißen. So brachte die deutsche Arbeiterbewegung es nicht bloß zu einer jahrelangen erbitterten Debatte um die Frage, ob das gewerkschaftliche Kampfmittel des Streiks auch für politische Ziele wie die Abschaffung des 3-Klassen-Wahlrechts in Preußen eingesetzt werden dürfe*); sie brachte es sogar fertig, in ihrer Eigenschaft als Gewerkschaftsbewegung mit sich selbst in ihrer Eigenschaft als sozialdemokratische Partei, vertreten durch Generalkommission resp. Parteivorstand, ein *Geheimabkommen* zu schließen, wonach politische Massenstreiks nicht in Frage kämen. Nach Bekanntwerden dieses Beschlusses wurde eine öffentliche Vereinbarung getroffen, die bezeugt, wie viel die Vorhüte des Proletariats sich mittlerweile von den Diplomaten des Klassenstaats abgeschaut hatten: *„Um bei Aktionen, die die Interessen der Gewerkschaften und der Partei gleichmäßig berühren, ein einheitliches Vorgehen herbeizuführen, sollen die Zentralleitungen der beiden Organisationen sich zu verständigen suchen."**)* Von der Teilnahme an Initiativen, die die Partei für fällige Schritte zur Vorbereitung eines sozialistischen Umsturzes erachten könnte, war der gewerkschaftliche „Zweig" der Bewegung damit ausdrücklich freigesprochen. In aller Form war seine Politik anerkannt, sich in der Rolle des Gegenspielers privater Kapitalmacht einzurichten, für tragbare Ausbeutungsverhältnisse einzutreten – Untragbares wie die totale Verelendung der Arbeiter im Falle von Arbeitslosigkeit wurde mangels öffentlicher Unterstützung vereinsintern vermittels einer gewerkschaftlichen Unterstützungskasse geregelt... – und darauf hinzuwirken, dass die Arbeiterschaft mit ihrem aufopferungsvollen Einsatz fürs nationale Wohlergehen und die Nation in gerechter Anerkennung solcher Verdienste miteinander ihren Frieden machten.

Den Lohn für ihre konstruktiven Bemühungen konnten die Freien Gewerkschaften ernten, als Deutschlands Obrigkeit den großen Krieg eröffnete. Sie quittierten die Entscheidung ihres Kaisers tags darauf, am 2.8.1914, mit dem Entschluss, *„alle schwebenden Lohnkämpfe einzustellen, jede Streikunterstützung zu sistieren und bei der Einbringung der Ernte behilflich zu sein."†)* Dafür verzichtete die Reichsregierung auf die von der Obersten Heeresleitung verlangte Zwangsbewirtschaftung des Produktionsfaktors Arbeit. Die Kontrolle über einen vor-

---

*) Wie die Sozialdemokratie auf die Idee gekommen ist, gerade dieser Forderung die weitreichendste revolutionäre Bedeutung beizulegen, wird im folgenden Abschnitt dieses Kapitels erläutert.

**) Dieser Beschluss, verabschiedet auf dem SPD-Parteitag im Herbst 1906, ist als „Mannheimer Abkommen" in die Geschichte der Arbeiterbewegung eingegangen. Zitiert nach: Th.Meyer (Hrsg.), Lern- und Arbeitsbuch deutsche Arbeiterbewegung, Bonn 1988, Bd.1, Kap. A 12.

†) Nach: Lern- und Arbeitsbuch..., Bd.2, Kap. A 15, S.304.

schriftsmäßigen Einsatz der nicht zum Militär eingezogenen Arbeitskräfte wurde statt dessen Ausschüssen übertragen, die von Unternehmern und Arbeitervertretern paritätisch zu besetzen waren; um den reibungslosen Produktionsablauf in kriegswichtigen Betrieben zu gewährleisten, wurden bei mehr als 50 Beschäftigten Arbeiter- und Angestelltenausschüsse eingerichtet – epochemachende Vorläufer der Betriebsräte, die noch 100 Jahre später als institutionalisierte Selbstverpflichtung proletarischer Belegschaften auf den sozialen Frieden in „ihrer" Firma Dienst tun. Diesen Vertrauensvorschuss dankten die Gewerkschaften ihrem kriegführenden Vaterland ihrerseits mit treuer Erfüllung der patriotischen Pflichten, die ihnen mit ihrer offiziellen Aufwertung zu Quasi-Körperschaften des öffentlichen Dienstes auferlegt waren. Sie leisteten Beihilfe zur möglichst zweckmäßigen Organisation der nationalen Arbeit, erkannten die Notwendigkeit von Lohnsenkungen und verschärften Leistungsanforderungen an und setzten beides mit durch, unterbanden alle Streikaktivitäten. Kurzum: Sie bewährten sich als „Transmissionsriemen" des staatlich definierten Gemeinwohls in seiner denkbar ehrlichsten und härtesten Fassung, nämlich des nationalen Kriegswillens, und fanden in dieser freiwillig übernommenen Funktion allerhöchsten Beifall. Die noch wenige Jahre zuvor verachtete, ausgegrenzte und dementsprechend widerspenstig gestimmte Arbeiterklasse war als unentbehrlicher Teil des kämpfenden Volkskörpers *anerkannt* – und damit nach Meinung der Gewerkschaft jeder Grund zu weiterer Widerspenstigkeit entfallen.

Mit dem Zusammenbruch und der Beseitigung der alten Obrigkeit im Herbst 1918 gewann die Zuständigkeit sozialistischer Arbeiterführer für die Organisation der nationalen Arbeit noch weiter an Bedeutung. Jetzt galt es – auch ohne allerhöchste Aufforderung und ohne den Druck der Alternative militärischer Nötigung, rein aus Sorge um das klassengesellschaftliche Gemeinwohl in Zeiten der Not und in freiwilligem Schulterschluss mit den sozialdemokratischen Republikgründern, gegen den Widerstand autonom gebildeter Arbeiter- und Soldatenräte, spontan streikender Proleten und sogar vieler eigener Mitglieder –, die Marktwirtschaft, in der man seinen wichtigen Platz gefunden hatte, zu retten. Die Ökonomie kapitalistischer Bereicherung am *Krieg* musste auf eine Ökonomie der kapitalistischen Bereicherung an den *Überlebensnöten* und -notwendigkeiten des Volkes im besiegten Deutschland umgestellt werden; entlassene Soldaten galt es in den kapitalistischen Arbeitsmarkt und, wo möglich, in den aktiven Arbeitsdienst zurückzuschleusen; ungelenke Forderungen nach „Sozialisierung" sowie die Gefahr eines „Übergreifens" der in Russland erfolgreichen kommunistischen Revolution waren abzuwehren. Und wieder bewährte sich die Gewerkschaftsmacht. Noch im November schloss man sich mit den Unternehmern zur „Zentralarbeitsgemeinschaft der industriellen und gewerblichen Arbeitgeber und Arbeitnehmer Deutschlands" zusammen, erreichte die Festschreibung der betriebsrätlichen Errungenschaften aus Kriegstagen, dazu die Anerkennung als Tarifpartei sowie paritätische Zusammenarbeit in verschiedenen Angelegenheiten; der Gegenseite wurde dafür Schutz vor Enteignungen und der Fortbestand ihrer Kommandogewalt über die gesellschaftliche Arbeit garantiert. Die Furcht der Arbeitgeber vor der anrollenden Revolution nutzte man darüber hinaus zur Vereinbarung des 8-Stunden-Arbeitstags, nicht ohne den Fortbestand dieser Regelung in ruhigeren Zeiten an die Bedingung zu knüpfen, dass der deutschen Wirtschaft daraus kein Konkurrenznachteil gegenüber dem Ausland erwachsen dürfe – „Standortsicherung im Zeitalter der Globalisierung" schon 1918. All das war gegen eine Basis durchzukämpfen, die mehrheitlich mit der Meinung sympathisierte, mit dem Zusammenbruch der alten Herrschaft wäre der Zeitpunkt für den als Fernziel anvisierten proletarischen Umsturz gekommen. Die Gewerkschaftsführung hatte da einiges zu tun, um ihren Standpunkt durchzusetzen, für mehr „Sozialismus" als das, was sie dazu erklärte, sei die Zeit nicht reif, die Gelegenheit nicht günstig, das Elend zu groß, die proletarische Massenbasis zu gering, der Kampfeswille zu schwach usw. Reichswehr und Freicorps gaben diesem gewerkschaftlichen „Realismus" schließlich praktisch Recht.

Vor dem „politischen Kampf", für den sie sich vor dem Krieg nicht hatte funktionalisieren lassen wollen, scheute die Gewerkschaft jedenfalls keineswegs zurück, als es darauf ankam – darauf nämlich, *die* gesellschaftlichen Verhältnisse zu erhalten bzw. zu restaurieren, in denen sie sich schon ganz gut als proletarische Gegenmacht eingerichtet hatte und zu einer bestimmenden Instanz für Lohnarbeit und proletarisches Lebensniveau zu werden gedachte. Politisch zu bekämpfen war der Wille von Kommunisten und anderen radikalen Linken, einen so gründlichen Umsturz herbeizuführen, dass mit der organisierten Ausbeutung auch das gewerkschaftliche Programm des immerwährenden arbeiterfreundlichen Widerstands gegen „Auswüchse" überflüssig würde. Dagegen mobilisierte sie den *proletarischen Nationalismus,* auf den sie ihre Leute mit ihrem erfolgreichen Kampf um die Gewährung vorenthaltener Arbeiterrechte durch die Staatsgewalt längst eingeschworen hatte. Für ein gewerkschaftsfreundliches Vaterland, bürgerliche

Rechtsordnung samt Privateigentum und kapitalistischer Kommandomacht inklusive, war sie zu kämpferischem Einsatz durchaus bereit; auch und gerade da, wo die Kräfteverhältnisse einmal gar nicht für ihren antirevolutionären „Realismus" sprachen – sie wusste eben, was sie wollte: Lieber unterstützte sie die blutige Niederschlagung von proletarischem Aufruhr, betrieb die gewaltsame Disziplinierung klassenkämpferisch aufgeregter Arbeitermassen und verzichtete auf Millionen von Mitgliedern, als dass sie ihre patriotische Parteilichkeit als „unrealistischen" Standpunkt zur Disposition gestellt hätte. Die Probe aufs Exempel lieferten die Freien Gewerkschaften – um auch dieses Ruhmesblatt gerecht zu würdigen – im Jahr nach der Etablierung der Republik: Deren Freiheit verteidigten sie machtvoll und erfolgreich gegen den reaktionären Staatsstreich von Kapp und Lüttwitz, und zwar mit einem durchaus politischen nationalen Generalstreik. Als dann die Masse der Aktivisten den Kampfaufruf aus der Berliner Gewerkschaftszentrale als Auftakt zur „Vollendung" der November-Revolution, zum „Endkampf" gegen Reaktion und Ausbeutung missverstand, war wiederum ein politischer Kampf mit umgekehrter Stoßrichtung fällig. Gegen den Elan und das gar nicht bestellte Kampfziel einer ziemlich wütenden Basis musste die Führung – hier schon wieder wegen fehlender „revolutionärer Situation"... – die lange genug eingeübte proletarische Disziplin aufbieten. Die dennoch notwendigen gewaltsamen Aufräumarbeiten überantwortete sie der mittlerweile sozialdemokratisierten bewaffneten Staatsmacht.

Verkehrt und ungerecht ist also der Vorwurf, die Gewerkschaften hätten den Opportunismus über alle sozialistische Prinzipienfestigkeit gestellt – ebenso wie die komplementäre Rechtfertigung ihrer Politik mit dem Argument begrenzter Handlungsfreiheit und fehlender Alternativen. Tatsächlich hat die sozialistische Arbeiterbewegung in ihrem gewerkschaftlichen Teil unverbrüchlich an ihrer programmatischen Leitlinie festgehalten: in Treue fest zum Vaterland zu stehen und an dessen kapitalistischen Verhältnissen genau so viel zu ändern, dass sie sich nicht zu ändern brauchte. Um das Maß und die Art der dafür nötigen Korrekturen gab es mit den Arbeitgebern und der Obrigkeit noch immer genug zu streiten; denn nicht einmal die Interessengegensätze, die sich hier auftun, sind anders als im praktischen Kräftemessen zu entscheiden. Dabei hat die Gewerkschaft sich aber nie – etwa aus Opportunismus ihrer Basis gegenüber – dazu hinreißen lassen, die Privatmacht des Kapitals und das Recht der Nation in Frage zu stellen. Sie fand es zwar opportun, sich und ihr Treiben immer noch auf das von ihr selber popularisierte Fernziel einer klassenlosen sozialistischen Gesellschaft zu beziehen und die unübersehbare Inkommensurabilität von fernem Ziel und aktueller Praxis ideologisch zu rechtfertigen. Die Rechtfertigung war aber stets klar genug: Erst musste mit der Restauration einer kapitalistischen Friedensproduktion das Überleben des Volkes gesichert werden; anschließend hätte Radikalismus nur die Reaktion gestärkt; während der Inflation war das Elend zu groß, im anschließenden Aufschwung der Wohlstand zu solide, als dass eine Eskalation des Klassenkampfs durch die Arbeiter eine Chance gehabt hätte; dann wiederum war die Arbeitslosigkeit zu massenhaft, um an einen Kampf gegen ihre Gründe denken zu können... So hat die Gewerkschaftsbewegung durch alle Wirrnisse der Zwischenkriegszeit hindurch Kurs gehalten. Als es im elften und zwölften Jahr der Republik so gar nicht wieder aufwärts gehen wollte mit der Konjunktur und die Arbeitslosenzahlen immer weiter stiegen, hat sie schließlich noch einen längst überfälligen Fortschritt, nämlich zum Standpunkt einer nationalen Wirtschaftspolitik zuwege gebracht: Ihre Führer haben ein ganzes Programm dafür aufgestellt, wie der Staat seinen verelendenden Lohnarbeitern beistehen sollte – *nicht gegen* ihre kapitalistischen Benutzer, sondern indem er *deren Geschäfte* mit der Lohnarbeit durch hoheitliche Finanzhilfen in Schwung brachte.

Wahrgemacht haben dieses schöne Programm dann die Nazis, denen sich die Gewerkschaften als nach wie vor unerlässlicher Garant gesellschaftlicher Stabilität anboten: *„Die sozialen Aufgaben der Gewerkschaften müssen erfüllt werden, gleichviel welcher Art das Staatsregime ist.“**) Das war ehrlich gesprochen – endlich einmal. Ausdrücklich aufgekündigt war damit der einzige Opportunismus, den die Gewerkschaftsführung sich immer geleistet hatte: die Beschwörung des Klassenkampfes, mit der sie sich ihrer Basis als Anwalt höchster proletarischer Solidaritätsideale und unentbehrlicher Bestandteil einer sozialistischen Subkultur der Arbeiterklasse zu empfehlen pflegte. Das Ende vom Lied war freilich eine auserlesene Ironie der Geschichte. Die gro-

---

*) So lautete ein Kernsatz der offiziellen Erklärung, die der Bundesvorstand des ADBG am 20.3.1933, zwei Tage vor der Verabschiedung des „Ermächtigungsgesetzes“, an den neuen Reichskanzler Hitler übermitteln ließ; abgedruckt in der Gewerkschaftszeitung vom 25.3.33. Die gewerkschaftsspezifische Absage an jegliches Projekt, das auf so etwas wie ein proletarisches „Regime“ zielt, ist deutlicher wirklich nicht zu haben.

ßen Verächter der bürgerlichen Heuchelei, die an die Macht gelangten Faschisten, nahmen nicht das ehrliche Kooperationsangebot der Gewerkschaften beim Wort, sondern deren althergebrachte Prätention, „eigentlich" ginge es ihnen um ganz andere Endziele als um die Lizenz zu sozialfriedlichem Wirken: Sie lösten die Organisation auf – in der Gewissheit, bei einem dermaßen entgegenkommenden Verein, der noch die Ausrufung des 1. Mai zum Staatsfeiertag der Arbeit durch die Hitler-Regierung als letzten Erfolg feierte und seine Mitglieder zu massenhafter Teilnahme aufforderte, auf keinerlei Widerstand zu stoßen. Sie wurden nicht enttäuscht.

c) Allgemeines Wahlrecht und parlamentarischer Streit um die Definition des Gemeinwohls: Die Logik des *politischen* Kampfes

Von Beginn an, noch bevor ihre Gewerkschaften mit den Unternehmern ins Geschäft kommen konnten, ist die Arbeiterbewegung mit der Staatsgewalt in Konflikt geraten – andernfalls, wenn sie es bloß mit ihren paar kapitalistischen Ausbeutern zu tun gehabt hätte, wäre der Kampf sehr schnell entschieden gewesen. Vor der Privatmacht des Eigentums steht jedoch, als deren Garantiemacht, die öffentliche Gewalt. Die behandelt jede proletarische Empörung als Störung der öffentlichen Ordnung, jeden Widerstand gegen die Brutalitäten der Lohnarbeit als Verstoß gegen das Recht und jedes Aufbegehren als Angriff auf ihre allerhöchste Autorität. Dementsprechend hat sie von Beginn an zugeschlagen, mit Polizei und Soldaten. In ihrem Überlebenskampf blieb es den Proletariern des 19. Jahrhunderts daher nicht erspart, sich in mehr oder weniger *bürgerkriegsfähigen und -bereiten Parteien* zu organisieren und mit Gewalt gegen den staatlichen Unterdrückungsapparat zu behaupten.

Auch das hat die Arbeiterbewegung probiert und in den fortgeschrittensten kapitalistischen Ländern bis gegen Ende des Jahrhunderts im Großen und Ganzen auch geschafft. Freilich mit einem *Programm,* das den *Gründen,* aus denen sie sich zu rechtsbrecherischem politischem Widerstand genötigt fand, Hohn spricht: Es sucht denen gar nicht wirklich beizukommen.

(1) Notwendiger Widerstand und ein gar nicht notwendiger Fehler: Die Arbeiterbewegung setzt auf Demokratie

Dass die Überlebensinteressen des Proletariats mit der Räson staatlicher Gewalt unvereinbar sind, war vielen Vorkämpfern der Arbeiter-Emanzipation bewusst. Sie waren sich im Klaren über die Notwendigkeit, vom Staat die Macht über die Gesellschaft zu erobern, um die Institution zu zerstören, die die Kommandogewalt des kapitalistischen Eigentums über die Arbeit begründet und garantiert, und eine klassenlose Gesellschaft mit herrschaftsfreien Produktionsverhältnissen zu organisieren. Und sie sahen einen Weg vor sich, um dieses Ziel zu erreichen: Wenn die eigentumslosen Proletarier erst einmal mit den bessergestellten bürgerlichen Ständen rechtlich gleichgestellt und als Staatsbürger mit uneingeschränktem Wahlrecht politisch anerkannt wären, wenn außerdem Kompetenzen und Befugnisse und schließlich die Regierungsgewalt überhaupt an gewählte Körperschaften übergegangen wären – Forderungen, in denen die Arbeiterparteien von egalitär gesinnten bürgerlichen Demokraten unterstützt wurden und umgekehrt diese unterstützten –, dann hätten sie gewonnen. Denn absehbarerweise – das hatten sie sich aus dem „Kommunistischen Manifest" gemerkt – würde der Fortschritt der kapitalistischen Produktionsverhältnisse ganz von selbst die überwiegende Mehrheit der Gesellschaft zu ausgebeuteten Proletariern machen; und weil Demokratie doch die Herrschaft der Mehrheit bedeutete, würde die *politische* Entscheidungsmacht quasi von selbst den jetzt noch Rechtlosen und Unterdrückten zufallen.*) Gleichzeitig würde die *ökonomische* Macht der Bourgeoisie durch ausufernde Krisen des kapitalistischen Verwertungsprozesses zunehmend untergraben; irgendwann käme die Staatsgewalt nicht mehr darum herum, zur Rettung des Gemeinwesens die private Kommandomacht der Kapitalisten einzuschränken und die „Anarchie der Märkte" unter öffentliche Kontrolle zu bringen; und diese schöne

---

*) Engels argumentiert bereits in seiner 2.Elberfelder Rede von 1845 so:
   „Ich ... bemerke nur, daß diese Ursachen, welche das Proletariat fortwährend erzeugen und vermehren, dieselben bleiben und dieselben Folgen haben werden, solange die Konkurrenz besteht. Unter allen Umständen muß das Proletariat nicht nur fortexistieren, sondern auch sich fortwährend ausdehnen, eine immer drohendere Macht in unserer Gesellschaft werden... Dies ist eine Frage, auf die unsere Ökonomen bis jetzt noch gar nicht eingegangen sind... Wir wollen indes für einen Augenblick davon abstrahieren, daß wie eben bewiesen (!), eine soziale Revolution überhaupt schon eine Folge der Konkurrenz ist. ... Sie sehen also, meine Herren, auch im einzelnen bestätigt, was ich im Anfang allgemein, von der Konkurrenz überhaupt ausgehend, entwickelte – nämlich, daß die unvermeidliche Folge unserer bestehenden sozialen Verhältnisse unter allen Bedingungen und in allen Fällen eine soziale Revolution ist." (VSA, HH 72, S.47ff)

politische Aufgabe müsste, wenn es erst so weit wäre, ganz von selbst den Sozialisten zufallen, weil nur die eine „Lösung" dafür wüssten – eine hoffnungsvolle Perspektive, die sich die sozialistischen Anwälte einer intakten „Allgemeinheit" und eines funktionierenden nationalen Gemeinwesens vermittels einiger zweckmäßiger Missverständnisse aus Marx' Bemerkungen zur Notwendigkeit periodischer Stockungen im Kapitalkreislauf und der damit einhergehenden allgemeinen Verelendung zurecht gelegt hatten.[*) Am Ende eines konsequenten Demokratisierungsprozesses und bei Gelegenheit eines kompletten ökonomischen Zusammenbruchs wäre demnach unweigerlich die Reihe am Proletariat, von der Bourgeoisie die Herrschaft zu übernehmen und „lang-

---

*) Marx' „Krisentheorie" ist keine Prognose, schon gar nicht über eine finale Krise des Kapital*ismus*. Sie *kritisiert* vielmehr den Aberwitz einer Produktionsweise, die ausschließlich im Interesse der Vermehrung des kapitalistischen Eigentums die Entwicklung der gesellschaftlichen Prioduktivkräfte gnadenlos und ohne Rücksicht auf Verluste vorantreibt und genau dadurch stets von neuem einen Konflikt der Resultate dieses Fortschritts mit dessen Zweck, dem Wachstum des Kapitals, herbeiführt; einen Konflikt, der dann ebenso regelmäßig durch die Vernichtung von produziertem Reichtum und Reichtumsquellen, und zwar einschließlich der Quelle des kapitalistischen Eigentums, der menschlichen Arbeitskraft, nämlich per Verelendung des Proletariats, „gelöst" wird. Dieses *Argument gegen* die kapitalistische Produktionsweise haben die Protagonisten der Arbeiterbewegung umgedeutet in eine *Vorhersage* ihrer absehbaren *Unhaltbarkeit*. Der Grund dieses „Missverständnisses" war nicht bloß die Hoffnung auf einen unausweichlichen Sieg der eigenen Sache, sondern eine nicht sehr revolutionäre Auffassung von eben dieser „Sache" selber. Der Glaube an die Unhaltbarkeit des Kapitalismus wegen selbstfabrizierter Widersprüche gegen die Funktionsbedingungen der kapitalistischen Gesellschaft hält nämlich gar nicht am – außerordentlich haltbaren! – Gegensatz dieser Produktionsweise gegen ihr proletarisches Menschenmaterial als – nebenbei: *einzig stichhaltigem!* – Grund für ihre revolutionäre Beseitigung fest, sondern beruft sich auf einen idealen Sachzwang des ökonomischen Funktionierens, den es in der rücksichtslos funktionierenden Realität des Kapitalismus gar nicht gibt; er will die krisenhafte Realität an diesem Ideal blamieren, lebt also selber von einem Idealismus widerspruchs- und konfliktfreier Verhältnisse im bürgerlichen Gemeinwesen, den die Anführer des „demokratischen Kampfes" der Arbeiterbewegung besser den antikommunistischen Apologeten und geborenen Anwälten der Klassengesellschaft überlassen hätten.

fristig" ein klassenloses Gemeinwesens zu errichten. Dass ihnen dieser Erfolg gleichwohl nicht geschenkt werden würde, das machte die – mancherorts noch reichlich feudalistisch verfasste – Staatsmacht den auf politische Emanzipation drängenden Arbeiterbewegten gewaltsam klar. In den Kabinetten der Regierenden sah man nämlich ganz genauso wie in den Führungszirkeln des aufmüpfigen Proletariats mit demokratischen Verhältnissen die Machtergreifung der niedersten gesellschaftlichen Klassen heraufziehen und war wild entschlossen, dieses Unheil um jeden Preis zu verhindern. Das nahmen die sozialistischen Bünde und Parteien wiederum als nachdrückliche Bestätigung dafür, dass sie mit ihrem Kampf ums allgemeine Wahlrecht und für die Demokratisierung der Staatsmacht auf dem richtigen revolutionären Wege waren.

Nun ist es allerdings so, und das haben die hoffnungsfreudigen sozialistischen Umstürzler des 19. Jahrhunderts auch irgendwie gewusst und jedenfalls praktisch in Rechnung gestellt, wenn sie unter Fabrikarbeitern, Handwerksgesellen, Knechten und Paupers agitieren gegangen sind: Die mit der Klassenlage gegebene *Not* und *Notwendigkeit* organisierter Gegenwehr gegen die kapitalistische Bourgeoisie und deren Staatsmacht ist noch lange nicht dasselbe wie der *politische Wille,* gegen den *Grund* der herrschenden Verhältnisse vorzugehen; und auch Krisen, die die Not verallgemeinern, spielen keineswegs automatisch den radikalen Parteien des Proletariats in die Hände. Zumindest das war ja nicht zu übersehen, dass sich mit der tatsächlich zu registrierenden Zunahme des Anteils proletarischer Existenzen in der Gesellschaft keineswegs automatisch sozialistische Wahlerfolge einstellten. Schon in den ersten Blütezeiten der Arbeiterbewegung hielten sich ganze Abteilungen des Proletariats von deren Kämpfen fern, verlangten statt dessen eher nach patriarchalischer Betreuung ihres Elends durch die zuständigen weltlichen Herren – wenn nicht gleich durch den jenseitigen –; viele suchten ihr Heil in der Auswanderung oder investierten ihren Kampfeswillen in eine private Berufskarriere usw. Mit einer proletarischen Mehrheit im Wählervolk ist über politische Ziele, geschweige denn über deren Durchsetzung, eben noch gar nichts entschieden.

Trotzdem haben die politischen Organisationen der Arbeiterbewegung genau darauf gesetzt, so als gäbe im Grunde doch die soziale Lage schon den revolutionären Standpunkt her; dementsprechend haben sie ihre Adressaten auch propagandistisch angeredet, nämlich mit der reichlich überflüssigen Erinnerung, dass sie doch auch zu den arbeitenden Klassen gehörten, und dem moralischen Verweis, dass sie schon allein deswegen ihrer Klasse resp. als sonstige Werktätige dem Proletariat Solidarität und folglich der Sozialdemokratie ihre Wahlstimme schuldeten. Und damit haben sie allerdings in einer ganz zentralen Frage *sich entschieden;* dafür nämlich, auf *demokratische Regierungsformen* als unfehlbare Methode, die Welt im Interesse der Lohnarbeiter passend her- und einzurichten, ihr felsenfestes Vertrauen zu setzen. Dass es für diesen Königsweg zum Sozialismus aufs Volk einzig als Wahlbürger ankommt und moralische Anmache das Mittel der Wahl ist, um die Leute zur korrekten Stimmabgabe zu bewegen, haben sie sogar ganz selbständig herausgefunden. Auf jeden Fall sollte *die Staatsgewalt* den erwünschten Wandel veranstalten; und dafür brauchte sie sich letztlich nur in dem einen Punkt umzustellen, dass sie die Proletarier uneingeschränkt zu ihrem staatsbürgerlichen Recht kommen und Stimmvieh spielen ließ. Ihr politisches Engagement richteten die sozialistischen Revolutionäre daher auf das Ziel, die herrschende Staatsgewalt zu demokratisieren und dahin zu bringen, dass sie auch ihre eigentumslosen Untertanen so behandelte, wie es sich für vollwertige Mitglieder des Gemeinwesens gehörte; das war schon der ganze Fortschritt, den sie *wirklich* aktiv anstrebten. Alles für einen Umsturz und revolutionären Neubeginn Nötige würde sich zu gegebener Zeit dann schon finden – wenn nämlich erst einmal die gesellschaftlichen Mehrheitsverhältnisse eindeutig zugunsten des proletarischen Bevölkerungsanteils geklärt und die Kapitalisten in ihre finale Geschäftskrise geraten wären, in der sie um den Offenbarungseid, als Manager einer gesellschaftlichen Produktionsweise gescheitert zu sein, nicht mehr herumkommen würden. Nur darauf käme es an, dass dann eine starke sozialistische Partei zur Konkursverwaltung bereitstände und die Staatsgewalt zur Neueinrichtung des Ladens auch wirklich vom egalitär wahlberechtigten Volk ausginge.

Mit diesem Standpunkt haben die sozialistischen Parteiführer es sich schlicht erspart, wenigstens einmal kritisch zu überprüfen, ob eine demokratisierte Staatsmacht und eine sozialistische Umwälzung, wahlbürgerliche Loyalität und Umsturzwille überhaupt zueinander passen oder auch nur miteinander vereinbar sind. Dabei hätten sie diesen kritischen Blick noch nicht einmal selber neu erfinden müssen. Doch auch ohne theoretische Aufklärung durch ihren Genossen Marx hätte ihnen das Eine auffallen können: Ein Staat, der im Sinne ihrer Gleichberechtigungsforderungen von allen sozialen Unterschieden zwischen seinen Bürgern absieht, der sich souverän über deren als „privat" eingestufte Interessenskonflikte stellt, der alle Gegensätze zwischen den politökonomischen Klassen zu gesetzlich regelbaren Rechtsfragen herunterdefiniert und der genau da, wo er sich von Volkes Wille abhängig macht, nämlich bei der Wahl des regierenden Personals, von Armut und Reichtum seiner Bürger keinerlei Notiz nehmen will – eine solche idealtypisch demokratisierte Staatsmacht ist *alles andere* als ein brauchbares Instrument, um die politökonomisch definierten Klassen abzuschaffen, das System der „privatwirtschaftlichen" Ausbeutung des „Faktors Arbeit" durch vernünftig durchgeplante Produktionsverhältnisse zu ersetzen und so den gesellschaftlichen Beziehungen ihren Gewaltcharakter zu nehmen. Der demokratische Souverän übernimmt nicht jeden Auftrag; er hat schon genug damit zu tun, Individuen und Klassen auf ihre unversöhnlichen Interessengegensätze festzulegen, indem er ihnen mit seiner allgegenwärtigen Rechtsgewalt die dafür nötigen Verkehrsformen aufzwingt, und er hat umgekehrt auch gar nichts anderes zu tun und als öffentliche Gewalt auch gar keinen anderen Daseinsgrund als eben dies, in einer antagonistisch verfassten Gesellschaft gerecht und egalitär und ohne jede Rücksicht auf materielle Nöte „jedem das Seine" zuzudiktieren. Und auch die Einsicht wäre für Parteileute, die ihre Adressaten von der Notwendigkeit einer sozialistischen Revolution hätten überzeugen wollen, durchaus zu haben gewesen: Ein Bürger, der „gleiches Recht für alle" verlangt, mag zwar bloß im Sinn haben, dass die materiell Bessergestellten nicht auch noch rechtlich besser gestellt werden sollten; tatsächlich erklärt er sich so damit einverstanden, dass alle materiellen Unterschiede und Gegensätze zwischen ihm und anderen Rechtssubjekten unter dem Gesichtspunkt, unter dem er überhaupt bloß Forderungen stellt, nämlich rechtlich in Ordnung gehen. Wenn er ganz besonders darauf besteht, dass seine Wahlstimme genau so viel zu gelten hat wie die aller anderen, dann stimmt er, ob er es weiß und will oder nicht, erstens der über ihn ausgeübten Herrschaft zu, dies zweitens ohne sachliche Einschränkung und ohne Vorbehalt, dafür drittens unter der Maßgabe, dass die von allen Wählern gleichermaßen ermächtigte Herrschaft keinem materiellen Anliegen, also auch keiner materiellen Not und auch nicht der eigenen, besonders verpflichtet sein darf.

Nichts von alledem haben die politischen Vorkämpfer der Arbeitersache kritisiert. Von den wirklichen Leistungen einer für Freiheit und Gleichheit ihrer Bürger einstehenden *Gewalt* wollten sie, jedenfalls für die praktischen Belange ihrer Politik, nichts weiter wissen. Dass jedem Stand und jedem Bürger mit aller Gewalt Recht geschehen sollte, hielten sie im Gegenteil für ein *Versprechen* und vermissten nichts als dessen Einlösung. Was sie ihrer Obrigkeit vorzuwerfen hatten, das war die rechtliche und politische *Diskriminierung* des Proletariats, sein Ausschluss aus dem öffentlichen Leben, die Missachtung seiner besonderen Interessenlage und die Einschränkung seiner Mitwirkungsrechte im Gemeinwesen; was sie verlangten, war eine politische Ordnung, in der die Bedürfnisse der Arbeiterklasse genau so viel zählen und Respekt genießen sollten wie die Ansprüche der Kapitalisten. Nach Lage der Dinge, im noch gar nicht vollendeten Übergang vom feudalistischen Regime zur bürgerlichen Demokratie, war das umstürzlerisch genug; revolutionär in dem Sinn, ein Widerspruch gegen das in Entstehung begriffene freiheitlich-egalitäre Herrschaftssystem, ist das nicht und war es auch schon im 19. Jahrhundert nicht. Denn in der Sache verlangte man im Namen des misshandelten Proletariats nichts weiter, als dass die neue bürgerliche Staatsmacht *ihr* Werk *besser* tun sollte: endlich konsequent und ohne Ansehen der Person und ihres Eigentums den überparteilichen Schiedsrichter in den in Rechtshändel transformierten sozialen Konflikten machen; endlich allen berechtigten gesellschaftlichen Interessen den ihnen gebührenden Einfluss einräumen; endlich auch den Belangen der Armen ebenso viel Aufmerksamkeit schenken wie den Forderungen der Reichen; kurz: der Klassengesellschaft in allen ihren Abteilungen gerecht werden.

Die *Nöte* der Arbeiterklasse, die den Sozialisten des 19. Jahrhunderts einerseits die Idee einer eigentlich fälligen proletarischen Revolution eingaben, wurden so andererseits zum Material für einen staatsbürgerlichen Gleichstellungsantrag degradiert. Der politische Forderungskatalog, den die Arbeiterparteien aufstellten, listet der Sache nach, und das noch nicht einmal vollständig, die Drangsale auf, in die das kapitalistisch wirtschaftende Gemeinwesen sein lohnarbeitendes Volk stürzt, und spiegelt den Zynismus wider, mit dem die politisch Zuständigen die Bewältigung dieser Überlebensnöte erst einmal den Betroffenen überlassen, denen dazu alle Mittel fehlen: Ein unparteiischer Rechtsschutz auch für Arbeiter, die gesetzliche Einschränkung unternehmerischer Willkür, Gesundheitsschutz in der Fabrik vor allem für Frauen und Kinder sowie eine entsprechende behördliche Aufsicht – nichts davon versteht sich von selbst; um Wohnraum, Schulunterricht für alle, Krankenversorgung, Unterstützung für Alte und Arbeitsinvaliden, lauter unerlässliche, für Lohnempfänger aber unerschwingliche Überlebensmittel, muss gerungen werden; Gegenwehr ist verboten, das Fußvolk unter Polizeiaufsicht gestellt... *Gründe* genug, um nicht bloß immer wieder Linderung zu beantragen, sondern mit der offenkundig nötigen Gewalt für ein Ende derartiger Verhältnisse zu sorgen; und genau das haben die Parteien der Arbeiterbewegung auch propagiert – einerseits. Andererseits haben sie sich nämlich praktisch sehr unterwürfig dazu gestellt und aus den Zumutungen an ihre Leute eine *Mängelliste* verfertigt, die die Obrigkeit, wenn sie denn schon für ausgleichende Gerechtigkeit sorgen wollte, mit ihren rechtsförmigen Gewaltmitteln gefälligst abzuarbeiten hätte. Entsprechende Modifikationen der Rechtslage kamen dann zwar, wenn überhaupt, immer erst auf Druck zustande; noch um das Banalste musste erbittert gerungen werden; und das Ergebnis war regelmäßig ein Hohn auf die zuvor geweckten Erwartungen: Am Elend wurde immer nur herummanipuliert und nichts wirklich ausgeräumt. Auch das haben die Vorkämpfer des Proletariats aber nicht als lauter neue Gründe für eine Absage an die Staatsmacht begriffen, die mit ihrem Gewaltmonopol einen solchen Laden betreut und das auch noch als umsichtige Ordnungsstiftung anerkannt haben will, sondern unerschütterlich genau umgekehrt aufgefasst: als hoffnungsvolles Zeichen, dass „die Lage" schon dabei sei, sich zum Besseren zu wenden; als Beweis, dass die Bourgeois-Klasse schon nicht mehr so könnte, wie sie eigentlich wollte; als Lektion, wie die Herrschaft des Kapitals und seiner regierenden „Lakaien" wirksam auszuhebeln wäre; in jedem Fall als Ermutigung, genau so weiter zu machen und im Übrigen mit revolutionärer Geduld auf den Eintritt der „revolutionären Situation" zu warten. Ohne dass sie das explizit so hätten beschließen müssen, bezogen sich die politischen Führer des Proletariats in ihrer gerechten Empörung über die Unsittlichkeit der herrschenden Verhältnisse auf die Staatsgewalt praktisch nicht als ihren Gegner – selbst dann nicht, wenn sie von ihr gebührend drangsaliert wurden –, sondern als den maßgeblichen, weil allein legitimen *Adressaten* ihres sozialen Verbesserungswillens. Mit ihrem Kampf um eine bessere Obrigkeit, die die Staatsgewalt arbeiterfreundlicher zu handhaben wüsste, änderten sie im Endeffekt einiges an der Rechtslage; vor allem aber erkannten sie an, dass sich außer der Rechtslage gar nichts weiter zu ändern brauchte und dass die letztlich allein durch die Regierenden zu ändern war. Dass die höchsten Gewalten alle Unzufriedenheit mit den herrschenden Verhältnissen auf sich beziehen, sich jede Entscheidung darüber vorbehalten und jede Gegenwehr auf Gehorsam verpflichten, bevor sie über ihre Berechtigung und deren Grenzen befinden: Das war de facto zugestanden, noch ehe die proletarischen Klassenkämpfer sich zu diesem Grundsatz programmatisch bekannten.

So liefern die politischen Kämpfe der Arbeiterbewegung – eine der vielen gar nicht lustigen Ironien ihrer Geschichte – das härteste, weil praktisch folgenreichste Beispiel für die Wahrheit, über die die sozialistischen Parteien sich in ihrer verkehrten Hoffnung auf mehr Demokratie als Königsweg zum antikapitalistischen Umsturz und zur klassenlosen Gesellschaft so großzügig hinweggesetzt haben: dass die *Gründe,* aus denen Lohnarbeiter nicht darum herum kommen, sich zu einer kampfbereiten Bewegung zusammen zu tun, und die *Ziele,* die sie sich in ihrem und für ihren Kampf setzen, ein für allemal zwei verschiedene Dinge sind. Wenn sie beides dennoch in Eins setzen, dann sind die politischen Aktivisten der Arbeitersache sich *weder über die Gründe* des ihnen aufgenötigten Widerstands im Klaren, *noch* haben sie *ihre Zielsetzungen* aus einer richtigen Kritik der kapitalistischen Verhältnisse gewonnen. Dann bleiben sie nämlich mit all ihrem revolutionären Elan in der Klassenlage, die sie zum Widerspruch und zu kämpferischer Opposition treibt, *be-* und *gefangen.* Und ihre Illusionen über die Demokratie als bequemes Instrument eines proletarischen Umsturzes lösen sich in die banale Wahrheit auf, dass sie sich unter *Revolution* und klassenloser Gesellschaft gar nichts anderes vorgestellt, mit ihrer umstürzlerischen Politik also auch gar nichts anderes angestrebt haben als eine der Sache des Proletariats gewogene *Staatsgewalt*

(2) Die Antwort des Systems: Die Staatsgewalt ge-bietet Beteiligung am parlamentarisch-pluralistischen Streit um ihren sozialpolitischen Aufgabenkatalog

Auf Gegenliebe bei ihrer Obrigkeit sind die Arbeiterpolitiker der Anfangszeit dennoch nicht gestoßen. Denen selbst war der durchaus konstruktive Charakter ihres Aufbegehrens – noch – überhaupt nicht klar; einen Umsturz der bestehenden Macht- und Rechtsverhältnisse erstrebten sie ja doch. Noch viel weniger konnten die Sachwalter der herkömmlichen Ordnung der politischen Unzufriedenheit ihrer eigentumslosen Untertanen etwas Positives abgewinnen; Bourgeoisie, übrig gebliebener Adel, Staatsbürokratie und sonstige Stützen der Gesellschaft sahen mehrheitlich sowieso die Machtergreifung durch den gesellschaftlichen Abschaum drohen. Etliche auch blutige Kämpfe waren nötig, ehe sich die Machthaber in den kapitalistisch fortgeschrittensten Nationen zu einem gewissen Entgegenkommen drängen ließen. Im Endeffekt haben sie sich dann aber doch zu der Einsicht genötigt gesehen und zu der Ansicht durchgerungen, dass die eigentumslosen Lohnarbeitermassen wohl keine bloße Randerscheinung sind, sondern ein unentbehrlicher, gerade in seiner elenden Art unbedingt nützlicher Bestandteil der neuen Gesellschaft; ein „vierter Stand" gewissermaßen, auf dessen dauerhafte Dienste, also auch auf dessen unermüdliche Dienstbereitschaft und verlässliche Loyalität das Gemeinwesen schon angewiesen sei, dessen Mitgliedern folglich der Status vollwertiger Rechtssubjekte und freier Bürger nicht vorenthalten werden sollte. Auch der staatstheoretische Überbau hat sich irgendwann mit der taufrischen Lehrmeinung eingemischt, dass Eigentumslosigkeit entgegen früheren Anschauungen wohl doch nicht zwingend den Ausschluss von Rechten und Pflichten eines vollgültigen Citoyen begründe. Die Wege zur politischen Emanzipation des Proletariats waren dann in der Praxis immer noch recht verschlungen; je nach nationalen Gegebenheiten haben seltsame Koalitionen – mal zwischen Bourgeoisie und Proletariat gegen den Adel, mal zwischen monarchistischer Obrigkeit und niederen Ständen gegen die Industriellen, usw. usf. – ihre Rolle gespielt. Am Ende wurde aber den Proletariern, stets maßvoll und mit Rücksicht auf das wirtschaftliche Wohl und die politische Stabilität der Nation, die begehrte Rechtsstellung samt Wahlrecht gewährt. Den aufsässigen Arbeiterparteien wurde damit das großzügige Angebot unterbreitet, sie dürften über gewählte, also nach staatlicher Verfahrensvorschrift legitimierte Vertreter soziale Forderungen anmelden und in parlamentarischen Kammern und Versammlungen mit den politischen Interessenvertretern der anderen gesellschaftlichen Klassen und Gruppierungen konstruktiv, nämlich mit Blick aufs bonum commune, und friedlich darum feilschen, inwieweit die von ihnen gewünschten Maßnahmen zur Eindämmung und Bewältigung der proletarischen Nöte allgemeine Anerkennung finden und im Rahmen des übergeordneten Gesamtinteresses an kapitalistischem Fortschritt und politischem Machtzuwachs der Nation berücksichtigt werden könnten.

Zugestanden wurde ihnen damit ein Recht, das die verschiedenen Fraktionen der besitzenden Gesellschaft sich schon längst ertrotzt oder genommen hatten: das Recht, der Regierung das jeweils eigene materielle Interesse vorstellig zu machen, mit Erpressungen und Versprechungen dessen Wichtigkeit zu beweisen und gegen andere um möglichst weitgehende Berücksichtigung und obrigkeitliche Fürsorge zu konkurrieren. Auf diese Weise war schon ein gutes Stück jener Staatsräson zusammengekommen, der die Obrigkeit zu genügen hatte, wenn sie die antagonistischen Verhältnisse in ihrer zunehmend bürgerlichen Gesellschaft zweckmäßig beherrschen wollte – diese herrschaftliche

„Vernunft" stand zu Anfang ja noch überhaupt nicht fest; schließlich ist der neuzeitliche Rechtsstaat weder nach einem elaborierten Plan ins Dasein getreten noch mit einem politischen Programm, wie er sich zu organisieren, wozu er sein Gewaltmonopol zu verwenden und was er damit zu bewerkstelligen hätte. Klarheit herrschte anfangs nur in einem Punkt; der freilich war entscheidend und hat politökonomisch systembildend gewirkt: Der Schutz des produktiven Eigentums stand von Beginn an ganz oben auf der Agenda; nicht bloß in Folge des kaufkräftigen Einflusses der Eigentümer auf die Machthaber, sondern auf Grund des Finanzbedarfs der Staatsmacht selber, dessen Deckung auf dem Wege von Anleihen sowie der steuerlichen Ent- und fiskalischen Aneignung privaten Geldvermögens nur klappen konnte, wenn in Geld gemessenes Eigentum sich fortwährend vermehrte. Von ihren kapitalistisch aktiven Bürgern der „ersten Stunde" bzw. deren Theoretikern und praktisch veranlagten Interessenvertretern hat die moderne Obrigkeit sich dann vor allem anderen darüber belehren lassen, was noch heute den entscheidenden Wissensschatz eines fähigen Standortverwalters ausmacht, dass nämlich – nach den unvergessenen Worten des letzten freidemokratischen Wirtschaftsministers der BRD im 20. Jahrhundert – *die Wirtschaft in der Wirtschaft stattfindet"* und folglich die öffentliche Gewalt sich in dieser Hinsicht auf den Standpunkt des – so das Motto der Manchester-Schule der politischen Ökonomie zu Beginn des 19. Jahrhunderts – *„Laissez faire, laissez aller"* stellen sollte. Mit der umsichtigen Erfüllung dieses bescheidenen Anspruchs, wozu nicht wenig Gewalt vonnöten war und ist, kam dann die kapitalistische Produktionsweise in ihrer sachgemäßen Elementarform in Gang, damit allerdings auch ein fröhlich anarchisches Fordern von Seiten der Aktivisten und Nutznießer dieser Ökonomie. Denn nachdem die Staatsmacht sich einmal dazu bekannt hatte, um ihres eigenen Erfolges willen ihren betuchten Bürgern und deren privater Geschäftstätigkeit öffentliche Obhut und Pflege schuldig zu sein, sah sich jeder kapitalistische Eigentümer im Maße seines Reichtums zu Ansprüchen berechtigt. Was davon wirklich berechtigt war, was eine zeitgemäße Obrigkeit also zu leisten hat, um ein nationales Wirtschaftsleben erfolgreich zu gestalten, das ließ sich in diesem Paradies ökonomischer Vernunft nicht anders „ermitteln" als durch erbitterte Kämpfe um politischen Einfluss, ausgefochten von den diversen Fraktionen der entstehenden bürgerlichen Gesellschaft mit ihren jeweiligen Macht- und Eigentumsinteressen. Für diese Machtkämpfe hat der moderne Staat immerhin eine zivilisierte Methode gefunden: Allen von ihm legitimierten gesellschaftlichen Interessen räumt er das Recht ein, sich öffentlich zu artikulieren, als Lobby oder Partei zu organisieren und über ein *Parlament* in die Entscheidungsfindung der Regierung einzumischen – unter der einzigen, freilich entscheidenden Bedingung, dass die befugten Interessenvertreter sich selbst und einander darauf verpflichten, mit Blick auf das gesamtstaatliche Ganze über Kompromisse zu einem Konsens zu gelangen, der dann als nächste Annäherung an das gemeine Wohl anzusehen ist. Auf die Art setzt sich die Staatsmacht, die sich eben dadurch das Attribut „bürgerlich" verdient, mit ihrer kapitalistischen Basis ins Benehmen und bringt es fertig, ihre Klassengesellschaft grundsätzlich nach *deren* ordentlich angemeldeten und aneinander abgeschliffenen Bedürfnissen zu regieren. Das funktioniert immerhin so perfekt, dass nach und nach alle bürgerlichen Nationen hinsichtlich ihrer Regierungsmethode wie in der Sache im Großen und Ganzen zu der gleichen Staatsräson gefunden haben. Was die Staatsgewalt ihrer Basis in Sachen Geldversorgung, Kreditschöpfung, Subventionierung, Infrastruktur, Wachstumsförderung, Protektion bei Auslandsgeschäften usw. schuldig ist, wie sie ihre eigenen Ansprüche mit Steuern und Schulden zu organisieren hat, wie ihre verschiedenen – Geld-, Finanz-, Kredit-, Steuer-, Außenhandels- usw. – „-Politiken" aufeinander zu beziehen sind, so dass das Kapital insgesamt beste Wachstumschancen vorfindet: Das steht mittlerweile im Prinzip als Aufgabenkatalog für modernes Regieren weltweit fest; und als Weg zur Entscheidungsfindung im Einzelnen hat sich auch überall so ziemlich der gleiche demokratische Pluralismus samt Lobby-„Arbeit" und Korruptions-„Sumpf" eingebürgert.

Zum konstruktiven Streit um die Definition des staatlich zu besorgenden gemeinen Wohls sind im Laufe des 19. Jahrhunderts dann also auch die Parteien des „vierten Standes" zugelassen worden – gegen Widerstände und unter Kämpfen, die auf beiden Seiten erst die nötigen Voraussetzungen geschaffen haben. Der Staatsgewalt wurde die Einsicht abgerungen, dass sie die Nöte und Ansprüche einer Klasse, die zur kapitalistischen Produktionsweise nun einmal funktionell dazugehört und überdies die Massenbasis der nationalen Macht selber ausmacht, nicht einfach ignorieren und ausgrenzen kann. Den Parteien des Proletariats wurde als Zulassungsbedingung die Verrücktheit aufgezwungen, das System der Ausbeutung der Lohnarbeit als gegebenen „Ordnungsrahmen", das Interesse der kapitalistischen Eigentümer an erfolgreicher Ausbeutung der Arbeit als legitim und als die für den Wohlstand der Nation entscheidende Grundlage des Gemeinwohls anzuerkennen. Auf dieser Basis durften die Vertreter der wahlberechtigten Arbeiterklasse ihren partikularen Standpunkt einbringen, also darauf aufmerksam machen, dass die Arbeit in den Fabriken wie die Nöte der Armut und die Existenzunsicherheit derer, die diese Arbeit verrichten, auf Dauer nicht auszuhalten seien, und Abhilfe fordern.

Und genau das haben sie dann auch getan.

(3) Der eine große Erfolg:
Die Arbeiterklasse erkämpft sich Artenschutz

Die sozialistischen Parteien des Proletariats, die sich als Vorkämpfer eines revolutionären Umbruchs verstanden, bedienten sich gegen die bürgerliche Herrschaft, wie sie ihnen zunächst entgegentrat, der rechtlich-parlamentarischen Mittel, die ihnen im doppelten Sinn der Wortes geboten wurden. Vermittels parlamentarischer „Koppelgeschäfte" und auch schon regelrechter Koalitionen erpressten sie den bürgerlichen Machtapparat dazu, sich *seiner* „sozialpolitischen Verantwortung" zu stellen und die Existenzbedingungen der Arbeiterklasse in seine Fürsorge für das Fortkommen der Gesellschaft einzubeziehen.

Diese Politik brachte freilich eine gewisse Verschiebung im Blick auf die eigene „Basis" und deren Nöte mit sich. Alle Überlebensprobleme, die die eigentumslosen Lohnarbeiter mit und in Folge der systematischen Ausbeutung ihrer Arbeitskraft *haben,* verwandeln sich im Zuge ihrer parlamentarischen Vertretung wie von selbst und jedenfalls ganz folgerichtig, einfach auf Grund der herrschaftlichen Optik, die den Organen staatlicher Macht eigen ist, in ein Problem, das diese Leute *sind,* *für* die Staatsmacht nämlich, die das Gemeinwohl betreut. Oder anders: Alle *proletarischen Nöte* stellen sich dar als *Probleme,* die die *regierenden Instanzen* haben – oder haben sollten –, *mit* den Lohnarbeitern und deren desolater Lebenslage nämlich. Der *Gesichtspunkt,* unter dem die proletarische Mannschaft zu der Ehre gelangt, als Problem gewürdigt zu werden, steht damit auch schon fest: Aufmerksamkeit findet sie *als nationale Erfolgsbedingung* – im Prinzip genau so wie die Kapitalistenklasse mit ihrem Eigentum, nur mit dem kleinen Unterschied, dass da eben nicht das Kapital und dessen gedeihliche Verwendung, sondern ein sozialer Menschenschlag begutachtet wird; darauf hin, *was er* mit seiner Arbeitskraft *als Ressource taugt.* Gegenstand kritischer Prüfung und Betreuung wird die subjektive wie die objektive Seite dieses „human capital": die *Fähigkeit* resp. die auf Grund widriger Lebens- und Arbeitsbedingungen absehbare oder schon eingetretene *Unfähigkeit* der nationalen Arbeiterschaft zur Ableistung gewinnbringender Lohnarbeit sowie ihr *Wille* resp. ihre akute oder womöglich drohende *Unwilligkeit,* die verlangten Dienste zu tun.

Der Zynismus dieser Betrachtungsweise – und der Behandlungsart, die daraus folgt – brauchte die politischen Vertreter des Proletariats freilich nicht zu irritieren. *Sie* kämpften bloß ihren gerechten Kampf für nichts Geringeres als *das gute Recht* der arbeitenden Klassen auf Betreuung. Dass dieser Rechtsanspruch auf nichts anderem *beruht* als auf dem Beitrag, den sie zum Wachstum des gesellschaftlichen Reichtums leisten, also auf der Ausbeutung, die sie sich gefallen lassen und aushalten, gereicht nach parteisozialistischer Auffassung nicht dem Rechtsanspruch zur Schande, sondern den braven Leutchen zur Ehre: Mit ihrer produktiven Not haben sie sich Berücksichtigung wahrlich verdient. Dass dieses wohlverdiente Recht auch in gar nichts anderem *besteht* als darin, die Lohnarbeiter zu ihrem gesellschaftlich produktiven Beitrag zu befähigen und sie darauf zu verpflichten, sie also auf ein funktionelles Dasein als Produktionsfaktor des Kapitals festzunageln, das hat die politischen Führer der Arbeiterbewegung ebensowenig je gestört. Sie haben diese Gemeinheit einfach immer andersherum betont, die *Festlegung* des Großteils der Gesellschaft auf eine *proletarische* Existenz als rechtsstaatliches Eintreten für die *Existenz* der proletarischen Massen genommen. Und damit finden sie sich und ihre Klientel bis heute gut bedient.

Ihrem Beruf als parlamentarische Anwälte der drangsalierten Arbeiterklasse sind sie auf diese Weise voll gerecht geworden. Mit ihrem Eintreten für Arbeiter*rechte* haben die sozialistischen Politiker nicht bloß gebilligt, sondern sich dafür stark gemacht, dass die *Folgen,* die die kapitalistische Ausbeutung der Arbeitskraft *für die Proletarier* hat, vom ideellen Gesamtarbeitgeber, dem Staat, als lauter Funktions- und *Effektivitätsprobleme* anerkannt werden, die *er* damit hat – und dass umgekehrt die gesetzlichen Maßnahmen, mit denen die Staatsgewalt die *Tauglichkeit* der Lohnarbeiter sicherstellt, von diesen als *ihr gutes Recht* geschätzt werden. Die materialistische Rück-Übersetzung dieses Rechts in die Befähigung und Verpflichtung der Arbeiter zu dem Dienst am nationalen Kapitalwachstum, für den sie verschlissen werden, haben sie stets abgelehnt. Durchgesetzt haben die proletarischen Parteien auf diese Weise den Standpunkt, dass nicht die gesellschaftliche Produktionsweise „revolutioniert" werden muss, sondern dass, damit sich *an der nichts* Wesentliches zu ändern braucht, *die Staatsgewalt sich* zu ändern hat. Deren Aufgabenkatalog haben sie entscheidend ergänzt: um die „soziale Frage" nach *systemkonformen Überle-*

bensbedingungen für die lohnarbeitende Klasse. Seit sie diesen großen Erfolg errungen haben, machen sie sich um die jeweils konjunkturgemäße Antwort verdient.

(4) Der andere große Erfolg: Die Parteien des proletarischen Umsturzes entwickeln ‚Regierungsfähigkeit' – unter Wahrung ihres ‚revolutionären Klassenstandpunkts'

Ebenso gründlich wie den Staat haben die Arbeiterparteien des 19. Jahrhunderts mit ihren politischen Kämpfen sich selbst verändert. Oder anders: Sie haben sich dafür geschlagen – und ihre Anhänger haben sich dafür verprügeln lassen –, dass die bürgerliche Staatsgewalt ihren eigenen Herrschaftsgrundsätzen gerecht wird; und im Rahmen dieses konstruktiven Einsatzes sind sie selber ihrer eigenen Parteiräson immer besser gerecht geworden. Wie dem auch sei: Ihren anfänglichen Gegensatz gegen die Obrigkeit haben sie überwunden, das geltende Recht als den „Ordnungsrahmen" akzeptiert, in dem sie ihre Anliegen vorbringen durften, und den Staat als den alleinzuständigen Adressaten anerkannt, an den sie zu appellieren hatten. In den Parlamenten haben sie den Streit um arbeiterfreundliche Kompromisse bei der gesetzlichen Definition des Gemeinwohls eröffnet; bei der Ermittlung und Bewältigung nationaler Probleme haben sie immer professioneller mitgemischt; ihren kämpferischen Einsatz haben sie zunehmend auf das ihnen zugewiesene Feld der Wahlkämpfe, der Redeschlachten und der Intrigen in den Abgeordnetenkammern verlegt und dort ihr taktisches Geschick entwickelt. Sie haben darüber gelernt und sich angewöhnt, die Welt mit den Augen der „politisch Verantwortlichen" zu sehen, den Protest gegen das proletarische Elend in die Sorge um gerechte Betreuung eines nützlichen, ja unentbehrlichen Berufsstandes zu überführen und im kapitalistischen Reichtum nicht bloß die ausbeuterische Macht des Geldes, sondern das Lebensmittel des Gemeinwesens und das Universalinstrument gerechter Herrschaft zu erkennen und anzuerkennen. Der Wille zur – notfalls revolutionären – Übernahme der öffentlichen Gewalt durch die Partei des Proletariats reifte zur Anteilnahme an den Ansprüchen der bürgerlichen Staatsmacht und deren Erfolgsbedingungen; ein funktionierendes kapitalistisches Geschäftsleben war darin erst stillschweigend eingeschlossen, wurde dann zunehmend explizit gebilligt und schließlich als Voraussetzung für machtvolles politisches Handeln laut und nachdrücklich gefordert. Was mit der Absicht angefangen hatte, dem Klassenstaat seine Macht *wegzunehmen,* entwickelte sich zu der vorbehaltlosen Bereitschaft, *im*

Klassenstaat *dessen* Macht auszuüben und die feststehenden Staatsaufgaben zu exekutieren, und mündete am Ende in den Ehrgeiz, sich als *uneingeschränkt regierungsfähig* zu beweisen.

Daneben, und in nicht geringem Widerspruch zu dieser tatsächlichen Leitlinie ihrer Politik, hielten die politischen Parteien des Proletariats allerdings unverdrossen *„die Revolution"* als ihr wahres und eigentliches programmatisches Endziel hoch. Ihre Bemühungen zielten tatsächlich immer eindeutiger darauf ab und liefen auch unfehlbar darauf hinaus, die *Handhabung* der Staatsmacht in einem arbeiterfreundlichen Sinn zu *korrigieren;* deswegen wurden sie schließlich vom bürgerlichen Staat selbst als rechtsfähig und parlamentarisch zulässig anerkannt. Und dennoch wollten die politischen Wortführer der Arbeiterbewegung so verstanden sein, als ginge es ihnen dabei in Wahrheit um nichts als einen ersten Schritt zur *Abschaffung* von Staatsgewalt und Klassengesellschaft.

Dass diese Erklärung zu ihrer politischen Praxis gar nicht passte, ist natürlich vielen aufgefallen und von den verschiedenen Partei-„Flügeln" auch in entgegengesetztem Sinn kritisiert worden. Die einen fürchteten um die Treue der Partei zu ihrem eigentlichen klassenkämpferisch-umstürzlerischen Programm. Die andern sahen sich in ihrem zunehmend konstruktiven reformpolitischen Tatendrang wie bei der Werbung um Wähler und Bündnispartner durch revolutionäre Zielsetzungen, in denen sie nicht mehr als überkommene Phrasen erkennen konnten, ideologisch gestört und praktisch behindert. Recht bekam – jedenfalls für lange Zeit – keine Seite. Den proletarischen Umsturz und die klassenlose Gesellschaft als Endziel ihres politischen Kampfes ließen sich die sozialistischen Arbeiterparteien nicht nehmen. Ihr großer Anspruch, für die gesamte proletarische Klasse politisch zuständig zu sein und zu sprechen, ihr ganzes Auftreten als allein legitime Vertretung aller Lohnarbeiter, ihre Parteiräson überhaupt beruhte schließlich auf der klassenspezifischen *Not* des Proletariats, der Unverträglichkeit seiner Interessen mit der gesetzlich geschützten Privatmacht des Kapitals, und der verkehrten Übersetzung dieser Klassen*lage* in einen notwendigerweise revolutionären Willen, ein naturwüchsig-automatisches Bedürfnis der Arbeiter nach Umsturz der Klassenherrschaft – auf der Fiktion eines politischen Klassen*standpunkts* also, den sie als proletarische Sozialisten erkannt haben und dessen berufene Sachwalter sie sein wollten. Damit waren sie freilich gerade in ihrem revolutionären Selbstbewusstsein denkbar weit davon entfernt, eine *revolutionäre Politik* zu *machen.* Die klassenlose Gesellschaft war für sie kein Projekt, für das sie die Arbeiter gewinnen und das sie gegen Staat und Gesellschaft betreiben mussten, sondern der Titel für das unbedingte Recht des Proletariats, an das sie glaubten, in der Gesellschaft eine entscheidende Rolle zu spielen; dieses Recht wollten sie im Gemeinwesen repräsentieren und in die Politik einbringen. Für ganz verkehrt hielten sie es, mit umstürzlerischen Projekten der „geschichtlichen Tendenz" zur eindeutigen Klärung der gesellschaftlichen Mehrheits- und damit der politischen Machtverhältnisse sowie zu immer größeren kapitalistischen Krisen „vorgreifen" zu wollen; Gebot der „historischen Stunde", die sich freilich Jahr um Jahr und Jahrzehnt um Jahrzehnt hinzog, war es vielmehr, mit „revolutionärer Geduld" die Ausgangslage für künftige „Entwicklungen" durch bescheidene, der „Lage" angepasste demokratische Reformen zu verbessern. Das Ziel einer proletarischen Revolution wurde aus dem operativen Alltagsgeschäft der sozialistischen Parteien getilgt, indem man es als *Endziel* auf die Parteifahnen schrieb. Die *vernünftige Einsicht* in die *praktische Notwendigkeit,* den bürgerlichen Laden insgesamt zu kippen, wenn Lohnarbeiter nicht auf Dauer, noch dazu unter fortwährend perfektionierten Bedingungen, die arbeitende Manövriermasse des kapitalistischen Eigentums bleiben wollen, und der entsprechende *Umsturzwille* verkamen so zum *hoffnungsfrohen Glauben* an eine *historische Mission* der arbeitenden Klassen; die Kritik der politischen Ökonomie des Kapitalismus und das Vorhaben, deren „Sachzwänge" durch eine vernünftig geplante Arbeitsteilung zu ersetzen, gerieten zu einer Sammlung von Verheißungen und Idealen einer besseren Welt. Die waren allerdings unentbehrlich; denn sie waren das Erkennungszeichen für die klassenmäßig richtige Gesinnung und somit eben der Berufungstitel für den Alleinvertretungsanspruch der „Partei der Arbeiterklasse". So brachten deren Führer es fertig, sich den Standpunkt guten Regierens nach demokratischer Form und kapitalistischem Inhalt zu eigen zu machen, parlamentarisch auch schon mitzuregieren – und zugleich unerbittlich darauf zu bestehen, so und nicht anders wäre der Untergang der bürgerlichen Herrschaft und der Übergang zu einer klassenlosen Gesellschaft herbeizuführen.

Mit dieser Parteilinie wurde das proletarische Fußvolk agitiert. Mühsal und Elend der Lohnarbeit wurden herzhaft angeklagt – und dabei in einem ganz prinzipiellen Sinn beschönigt: Die Betroffenen durften und sollten *stolz* darauf sein. Denn gerade der wüste Gebrauch, der von ihrer Arbeitskraft gemacht wurde, bewies ihre Wichtigkeit für das Kapital, das mit all seinem Reichtum, wie für den Staat, der mit all seiner Macht von ihrem Einsatz abhängt; er begründete ein ganz selbstverdientes Recht auf Anerkennung und Respekt seitens der höchsten Gewalten und Instanzen der Gesellschaft; er war die Garantie, dass „die Zukunft" letztlich ihnen gehören würde. Wenn das Gemeinwesen seinem Menschenmaterial gute Behandlung trotzdem schuldig blieb, so tröstete eben diese Gewissheit, dass der Gang der Dinge den „Verdammten dieser Erde" ihr Recht unweigerlich verschaffen würde. Als Anwalt dieses Rechts und Garant seiner Einlösung, wenn das System der klassenstaatlichen Ungerechtigkeit erst einmal endgültig unhaltbar geworden wäre, präsentierte sich die revolutionäre Partei der Arbeit. Sie verdiente Zustimmung nicht für irgendwelche überzeugenden Programme, sondern für den revolutionären Klassenstandpunkt, den sie repräsentierte, also schon allein auf Grund der Klassenzugehörigkeit ihrer Adressaten. Denen wurde umgekehrt nicht mehr an revolutionärem Elan abverlangt als eine Wahlentscheidung, die freilich nicht aus irgendwelchen politischen Berechnungen heraus getroffen sein wollte, sondern im unverwüstlichen Glauben an eine unendlich sonnige Zukunft, die man sich als anständiger Proletarier aber so was von verdient hätte. Bis dahin teilte man unter Gleichgesinnten alle Nöte der Lohnarbeit und des proletarischen Alltags und richtete sich darin sein arbeiterbewegtes „Milieu" ein.

Ihre Anhänger haben die sozialistischen Parteien auf diese Art zu *Stammwählern* mit bedingungslos *affirmativem Klassenbewusstsein* erzogen.

(5) „Reform oder Revolution": Die Arbeiterbewegung spaltet sich an einer verkehrt gestellten Alternative

Mit der Generallinie, in der parlamentarischen Praxis gelehrig und konstruktiv bis zur Regierungsfähigkeit an der Ausarbeitung einer zeitgemäßen nationalen Klassenstaatsräson mitzuwirken und dabei mit dem Endziel einer proletarischen Revolution ideell auf grundsätzlicher Distanz zum bürgerlichen Politikbetrieb zu bestehen, war der weitere politische Entwicklungsgang der Arbeiterbewegung programmiert – einschließlich ihrer Spaltung, die dann ihr weiteres Schicksal im 20. Jahrhundert entschieden hat. Es konnte nämlich gar nicht ausbleiben, dass etliche empörte Aktivisten sich unter Klassenkampf und Revolution doch noch etwas anderes vorstellten als eine geduldig abzuwartende Zukunftsentwicklung: Es gab welche, die eine in Art und Inhalt des politischen Auftretens erkennbare Absage an die herrschende Gewalt, Opposition gegen deren Machenschaften, Widerstand auch übers rechtlich Zulässige und wahltaktisch Nützliche hinaus, einen Machtkampf jenseits des parlamentarisch Durchsetzbaren propagierten. Und es ist leider ebenso klar, dass die fällige Auseinandersetzung nicht als Streit um richtige Kritik und um die zweckmäßigste Art, einen revolutionären Klassenkampf zu gewinnen, geführt wurde, sondern als Machtkampf um die Definitionshoheit über den Klassenstandpunkt und um die verbindliche Einschätzung, wie weit man von der mehr oder weniger ersehnten „revolutionären Situation" noch entfernt wäre.

Die radikale Opposition innerhalb der Sozialdemokratie hatte sich in Deutschland jahrelang vergeblich daran abgekämpft, Partei und Gewerkschaften für einen Großeinsatz gegen das preußische Drei-Klassen-Wahlrecht zu gewinnen, das nach gemeinsamer Auffassung aller proletarischen Kräfte und ganz im Sinne der Parteidoktrin von der Demokratie als Königsweg zur Eroberung der Macht durch die dereinstige proletarische Mehrheit dem Erfolg der Arbeiterbewegung als letztes und gewichtigstes Hindernis im Wege stand. Sie lebte auf, als die bürgerlichen Regierungen Europas ihre imperialistischen Interessengegensätze entschlossen in Richtung auf einen ersten Weltkrieg der kapitalistischen Nationen vorantrieben. Damit war ja tatsächlich die Bereitschaft der nationalen Arbeiterparteien, sich konstruktiv auf die Belange der politischen Herrschaft einzulassen, auf eine neue und die bislang härteste Probe gestellt; denn hier waren die brutalen Erfolgsansprüche der nationalen Staatsgewalt nun wirklich nicht mehr mit einem proletarischen Recht auf schonende Behandlung der arbeitenden Massen zu verwechseln und damit eigentlich auch nicht zu vermitteln. Die Alternative war eindeutig und schwerlich zu beschönigen: Es galt *entweder* der vaterlandslose Klassenstandpunkt *oder* die Loyalität zur Nation, *entweder* das Überlebensinteresse des Proletariats *oder* der imperialistische Erfolg der Staatsmacht. Genau die Entscheidung wollten die Machthaber und die bürgerlichen Regierungsparteien von den sozialistischen Parteien auch haben: Mit den Beschlüssen zur Vorbereitung des für fällig erachteten Kriegs unterzogen sie die bereits erfolgreich parlamentarisierten Klassenkämpfer bewusst und ausdrücklich dem Test, wie es mittlerweile um deren vaterländische Zuverlässigkeit bestellt wäre.

Der Test wurde bestanden, wie man weiß. Im Vorfeld des Krieges lehnte die Sozialistische Internationale einen französischen Antrag ab, eine eventuelle Mobilmachung durch einen Generalstreik unmöglich zu machen. Insbesondere die deutsche Sozialdemokratie fühlte sich dafür nach eigenem Bekunden nicht stark genug. Wie auch: Sie hatte ja nicht bloß in ihrem schon erwähnten Pakt mit den Gewerkschaften darauf verzichtet, das Mittel des „Massenstreiks" für „bloß politische" Anliegen einzusetzen; sie war außerdem gerade damit befasst, ihren Anhängern zu erklären, dass Volk und Vaterland auch vom proletarischen Klassenstandpunkt aus ziemlich hohe Werte und im Ernstfall mit der Waffe zu verteidigen seien – wie sollte man die Massen da für Kriegsverweigerung gewinnen. Außerdem fürchtete man im Falle solcher Unbotmäßigkeit die sofortige Zerschlagung des Parteiapparats durch die Obrigkeit – die Frage, wozu der noch gut sein sollte, wenn er sich noch nicht einmal gegen das große kriegerische Gemetzel, den blutigen Triumph des amtlichen Nationalismus, aufstellen mochte, ließen die besorgten Parteiväter nicht zu. Ihre Furcht vor dem Zugriff der zum Krieg entschlossenen Obrigkeit hinderte sie auf der anderen Seite nicht daran, einen „Verteidigungskrieg" gegen das besonders reaktionäre russische Zarenreich doch auch unter dem proletarisch-revolutionären Gesichtspunkt gerechtfertigt zu finden, dass die Sozialdemokratie unter ihrem Kaiser Wilhelm allemal besser aufgehoben sei. Allen Ernstes wurde sogar die Kalkulation angestellt, die Berliner Obrigkeit würde die Kriegsbereitschaft der proletarischen Linken mit der Erfüllung ihrer alten revolutionären Hauptforderung belohnen, nämlich der Abschaffung des für Preußen geltenden diskriminierenden Wahlrechts: Wofür zu streiken sie sich nicht getraut hatten, das erhofften die Sozialdemokraten sich als Lohn für ihre Angst, zum kaiserlichen Krieg Nein zu sagen.

Gegen den drohenden Krieg war die internationale Arbeiterbewegung natürlich schon auch. Sie kämpfte sogar dagegen – mit Vorschlägen zur allgemeinen Respektierung des Selbstbestimmungsrechts der Völker sowie zur Beilegung zwischenstaatlicher Streitfragen durch ein überstaatliches Schiedsgericht; Vorschlägen, die vor allem davon zeugen, wie selbstverständlich die proletarischen Internationalisten in Kategorien der nationalen Staatsgewalt politisierten. Eine Kritik nationalstaatlicher Gewalt wenigstens da, wo sie in der brutalsten Art über Leichen geht und dafür auch noch die pflichtbewusste bis begeisterte Zustimmung ihrer einheimischen Opfer einfordert, kam ihnen überhaupt nicht in den Sinn. Als es dann so weit war, lieferten die Klassenkämpfer im Parlament das Votum ab, das ihnen dort abverlangt wurde, nämlich ihr Placet zur kapitalistisch sachgerechten Finanzierung des Krieges – nicht einmal daran wurden sie irre, dass derselbe Staat, der im Begriff war, Millionen fremde Untertanen abzuschlachten und eigene abschlachten zu lassen, das alles korrekt bezahlt haben wollte, damit nur ja das Finanzkapital und die auf dessen Gesundheit bezogene staatliche Haushaltsordnung keinen Schaden nahmen. Was im Übrigen speziell die deutsche Sozialdemokratie betrifft, so hat sie nicht bloß mit ihrer allgemein bekannten Entscheidung, die zur Kriegseröffnung benötigten und beantragten Kredite im Reichstag zu billigen, national Ehre eingelegt, sondern im Sinne des ganz ohne äußeren Zwang mitbeschlossenen nationalen „Burgfriedens" *bis 1917 jeden* Kriegskredit gebilligt. Gemeinsam mit ihren europäischen Schwesterparteien hat sie dafür gesorgt, dass während des Kriegs nicht einmal eine die Feindstaaten übergreifende Parteienkonferenz der Sozialistischen Internationale zustande kam, weil alle nationalen Klassenkampfparteien einander schon im Vorfeld nationale Schuldeingeständnisse, Rückzüge, Reparationen bzw. den Verzicht darauf und dergleichen mehr, also Quasi-Waffenstillstandskonzessionen abverlangten und nicht zugestehen mochten. Dieselben Politiker, die vor Kriegsbeginn in revolutionär begeisterten Momenten noch davon schwadroniert hatten, der Krieg werde dem Proletariat die Augen öffnen und den Zusammenbruch der alten Herrschaft flott beschleunigen, gaben im Verlauf der großen Schlächterei jeden Vorbehalt dagegen auf, sahen die Kriegsziele und Friedensbedingungen ihrer jeweiligen nationalen Obrigkeit ein und wussten sie gegen ihre feindlichen Genossen tapfer zu vertreten.

Dagegen, wie gesagt, meldete sich innerparteiliche Opposition. Deren Vertreter waren allerdings gar nicht so radikal gestimmt, dass sie den Kurs ihrer Partei, der so problemlos in die Mitwirkung am Krieg eingemündet war, grundsätzlicher in Zweifel gezogen und die Frage aufgeworfen hätten, ob die Arbeiterbewegung mit ihrer Unterwerfung unter die Formvorschriften demokratischen Regierens und die sachlichen Anforderungen nationaler Staatsräson überhaupt auf dem richtigen Weg sei. Bedenken kamen ihnen wirklich *erst* – und was die Mehrheit der sozialistischen Kriegskritiker betrifft: *nur* – bezüglich der letzten und bis dahin radikalsten *Konsequenz* dieses Kurses, nämlich eben der kriegerischen. Schon diese Bedenken kamen ihnen selber, und ihrer Partei erst recht, ziemlich ungeheuerlich vor. Nach sozialdemokratischem Selbstverständnis, das die Abweichler voll teilten, übten sie damit nämlich nicht bloß Kritik an einem allenfalls revidierbaren Programmpunkt, sondern zogen die *Identität* ihrer Partei, ihre Identität mit dem unfehlbaren Klassenstandpunkt des Proletariats, in Zweifel. Sie rührten an die Lebenslüge der Partei, Ausdruck und sonst gar nichts des feststehenden proletarischen Klasseninteresses zu sein. Entsprechend schwer machten die Kriegsgegner es sich mit ihrer Absage an die gültige Parteilinie. Entsprechend militant fiel umgekehrt ihre Ausgrenzung durch die Parteimehrheit aus: Sie wurden regelrecht geächtet; die SPD-Fraktion im Deutschen Reichstag schloss alle Kriegskritiker, Karl Liebknecht als ersten, aus ihre Reihen aus. Die Abweichler ihrerseits gründeten noch im Krieg die Unabhängige SPD; auch das nicht einfach, weil sie politisch etwas anderes vorhatten als einen „Burgfrieden" zwischen Militär und Lohnarbeitern, sondern um die *wahre* Arbeitersache vor ihrem *Verrat* durch die Mehrheit der Partei zu retten. Dabei mochte sich noch nicht einmal die pazifistische Linke innerhalb der Sozialistischen Internationale in der Sache mit dem Standpunkt ihres Genossen Lenin anfreunden, wonach Sozialisten durch nichts zur Verteidigung ihres kapitalistischen „Vaterlandes" verpflichtet seien. Schon das kam den „Unabhängigen" und den gleichgesinnten „Radikalen" nicht etwa bloß falsch, sondern „sektiererisch" vor – ein sehr bezeichnender Vorwurf: Eine andere Sorte Kritik als die Verurteilung abweichender Meinungen vom Standpunkt und im Namen des von ihnen postulierten Haupt- und General-Klassenstandpunkts kam den Links-Abweichlern überhaupt nicht in den Sinn, obwohl sie selber gerade auf genau die Art von der ganz großen Mehrheit abgefertigt worden waren.

Mit Kriegsende wuchs denn auch bei den meisten der ausgegrenzten Parteigenossen der Drang, die „unselige" „Spaltung" der Arbeiterbewegung baldmöglichst ungeschehen zu machen. Doch dazu kam es nicht. Denn auf die sozialdemokratischen Parteien, insbesondere in den Verlierernationen, kam schon wieder eine womöglich noch radikalere politische Grundsatzentscheidung zu; und über die spaltete man sich endgültig. Es ging um nichts Geringeres als um eine *Staats-Neugründung* nach dem Zusammenbruch der alten Regime. Und dafür kam es auf die Arbeiterparteien nicht bloß, wie zu Kriegsbeginn, als Helfershelfer der herrschenden bürgerlichen – und adligen – Kräfte an: Ihnen fiel die Entscheidung über das weitere Schicksal ihrer Nation zu. Die alten Mächte waren weitgehend ausgeschaltet durch eine Umsturzbewegung der kriegsmüden Massen, die freilich keinem soliden revolutionären Programm folgte. So fanden sich die Parteisozialisten, ohne eigenen umstürzlerischen Einsatz, in der Position des Ausschlag gebenden politischen Subjekts und hatten eine klare Alternative zu entscheiden: *entweder* mit Gewalt die bürgerliche Rechtsordnung und ein hoheitliches Gewaltmonopol wiederherzustellen, für eine stabile, demokratisch vom Volk ausgehende, also von ihm emanzipierte politische Herrschaft zu sorgen, dem gesellschaftlichen Interessenpluralismus zu politischer

Anerkennung in Form parlamentarischer Vertretung zu verhelfen und damit die überkommenen Eigentums- und ökonomischen Kommandoverhältnisse neu zu konstituieren – *oder* gleich etwas Neues zu probieren und das jahrzehntelang hochgehaltene Versprechen eines gesellschaftlichen Umbruchs und des Übergangs zu klassenlosen Verhältnissen ins Werk zu setzen.

Die im Krieg staatstreu gebliebene Mehrheit der deutschen Sozialdemokratie hat sich bekanntlich dafür entschieden, gemeinsam mit den liberaleren und sozialeren Parteien des bürgerlichen Lagers eine Republik mit kapitalistischer Wirtschaft und sozialem Anspruch zu gründen. Selbst mit diesem Entschluss, sich als reformfreudige demokratische Nationalpartei zu betätigen, hat die Mehrheits-SPD jedoch nicht darauf verzichtet, sich vor dem Endziel einer sozialistischen Wende zu rechtfertigen: Für die natürlich nach wie vor unverwüstlich angestrebte Revolution sei die Zeit noch immer nicht reif, weil erst einmal in Zusammenarbeit mit den Junkern und Kapitalisten die Volksernährung sichergestellt werden müsste usw. Unter Verhältnissen, in denen die Kommandomacht der alten Eigentümer über die Mittel der Volksernährung großenteils überhaupt erst wieder gewaltsam restauriert, der vielerorts schon praktizierte Übergang zu selbstorganisierter Versorgung unterbunden und ein – freilich wenig zielstrebiger – Wille zum Umsturz niedergekämpft werden musste, erfüllte dieses Revolutionsbekenntnis den Tatbestand des Etikettenschwindels. Den mochte die SPD aber um keinen Preis aufgeben, und zwar aus gutem Grund: Noch immer gründete sie ihre Existenz als demokratische Massenpartei auf ihre Identität mit dem vorgestellten naturwüchsigen politischen Willen der Arbeiterklasse; und diese Chimäre hatte nach wie vor keinen anderen Inhalt als die Verdrehung der desolaten Klassenlage des Proletariats in eine klassen-eigene Revolutionsperspektive. Mit dem Versprechen, dafür einzustehen, begründete der proletarische Traditionsverein also noch immer seinen unbedingten Alleinvertretungsanspruch für die arbeitenden Klassen. Und das hatte er auch nötiger denn je. Denn dieser Anspruch wurde ihm nunmehr massiv streitig gemacht. Der Aufruhr unzufriedener Arbeiter und Soldaten, der – nicht bloß im Deutschen Reich – der überkommenen Herrschaft ein jähes Ende bereitet hatte, war für eine starke Minderheit klassenkämpferisch gesonnener Sozialisten der Anlass, die Alternative ‚Staat oder Revolution' gegen ein erneuertes bürgerliches Gewaltmonopol zu entscheiden: Sie kämpften gegen die Republikgründungsparteien und deren neue Herrschaft an.

Allerdings war und blieb auch diese Republik-kritische linke Opposition viel zu sehr in der überkommenen Parteidoktrin vom proletarischen Klassenstandpunkt und dessen Recht auf gute Bedienung durch die Staatsgewalt befangen, um hinter alle herrschaftskonformen Entscheidungen der Sozialdemokratie zurückzugehen und eine Politik zu verfolgen, die die aufgeregten Massen, statt an ihr beleidigtes Rechtsempfinden zu appellieren und ihnen mit wechselnden Einschätzungen der „revolutionären Situation" den Weg in eine Zukunft sozialer Gerechtigkeit zu weisen, dafür agitiert hätte, aus materialistischen Gründen eine wirkliche soziale Revolution selber in Angriff zu nehmen. Zu dem Standpunkt, dass ein proletarischer Umsturz kein Naturereignis, sondern ein Projekt ist, als solches nur so gut wie die Kritik an der politischen Ökonomie des Kapitalismus und am dazugehörigen demokratischen Herrschaftssystem, die er kippen will, und von denen zu machen, die eingesehen haben, dass Lohnarbeiter darum nicht herum kommen, wenn sie ein anständiges Leben führen wollen – zu so viel *Absage* an den Staat und die sozialdemokratische Parteilehre verstanden die linken Gegner der staatstragenden Mehrheit sich nicht; sie hätten ja auch glatt mit ihrer ganzen Bewegung, mit sich selbst wie mit ihren Adressaten, so ziemlich beim Nullpunkt neu anfangen müssen. Was sie den regierenden Genossen und den mitregierenden bürgerlichen Parteien entgegensetzten, war in der Sache die Ablehnung bestimmter Schritte bei der Reorganisation der nationalen Verhältnisse: Unabhängige Sozialdemokraten und Kommunisten waren gegen die Wiederherstellung kapitalistischer Besitz- und Kommandoverhältnisse auch in der nationalen Grundstoffindustrie, gegen die Rehabilitierung des kaiserlichen Offizierskorps ungeachtet seiner mehrheitlich antidemokratischen und antirepublikanischen Einstellung, auch gegen die Liquidierung aller basisdemokratischen „Räte"-Initiativen zugunsten eines bürgerlichen Parteienpluralismus und eines ordentlich volksfern funktionierenden Parlamentarismus. Schärfe bis hin zur Unversöhnlichkeit kam in diese Opposition jedoch dadurch hinein, dass die linken Abweichler sich durch den allgemeinen Aufruhr legitimiert fühlten, der sozialdemokratischen Mehrheit ihren politischen Besitzanspruch auf die Arbeiterklasse streitig zu machen. Ihr wichtigstes „Argument" war – wieder einmal – der Vorwurf des *Verrats* an die Führung der Traditionspartei: ein Vorwurf, der sich gar nicht damit aufhält, die gegnerische Politik zu kritisieren, statt dessen ein verpflichtendes gemeinsames Kampfziel unterstellt und lauthals beschwört, um die feindlichen Genossen des quasi hochverräterischen Frontwechsels im proletarischen Klassenkampf anzuklagen.

Die zur Staatspartei gereifte Sozialdemokratie hat diesen Angriff mit den Mitteln abgewehrt, die ihr als neuer staatlicher Obrigkeit zu Gebote standen: im Wesentlichen mit ein paar Bürgerkriegseinsätzen der bewaffneten Kräfte der Republik. Ihr Sieg ist in Deutschland untrennbar mit dem Namen Noske verbunden. Der sozialdemokratische Chef der staatlichen Gewaltorgane – persönliches Motto: „Einer muss ja den Bluthund machen!" – ließ jeden proletarischen Aufruhr mit einer Härte niederschlagen, wie sie die rechten Republikgegner nie zu spüren bekamen und die deswegen im Nachhinein auch solchen Historikern zu denken gibt, die irgendwelcher Sympathien mit einstigen revolutionären Umtrieben wahrlich unverdächtig sind. Dabei ist die Härte gar kein Rätsel: So geht es zu, wenn eine Regierung sich den Respekt erst erkämpfen muss, der ihr als Monopolist der klassengesellschaftlichen Gewalt im Lande zukommt; ziviler Zurückhaltung kann sie sich befleißigen, wenn ihr Terror nach innen, die gewalttätige Abschreckung staatsfeindlicher Aktivitäten, verfangen hat. Auch eine gewisse Einseitigkeit ist nur allzu konsequent: Noch jede bürgerliche Staatsgewalt weiß zu unterscheiden zwischen Feinden von links, die die staatliche Autorität überhaupt in Frage stellen, weil und soweit sie den Respekt vor ihr von der Verwirklichung sozialer Gerechtigkeit abhängig machen, und rechten Gegnern, die von der Staatsgewalt vor allem anderen verlangen, dass sie sich von keinem Linken in Frage stellen lässt, und mit ihren Gewaltaktionen Maßstäbe dafür setzen wollen, wie hart und gegen wen die Regierenden eigentlich vorzugehen hätten. Die Ebert-Noske-Regierung fand sich überdies zu der Klarstellung herausgefordert, dass mit der Gründung der demokratischen Republik der Anspruch der Sozialdemokratie, dem Klassenstandpunkt des Proletariats zu seinem Recht zu verhelfen, bis auf weiteres eingelöst war und weder der Verdacht der Rechten zutraf noch die Linken hoffen durften, die Sache wäre so gemeint, dass das neue Staatswesen sich erst noch, bei Strafe seiner Wiederabschaffung und sozialistisch-revolutionären Aufhebung, als Geburtshelfer einer klassenlosen Gesellschaft bewähren müsste. Statt irgendetwas am klassenstaatlichen Gewaltmonopol zu relativieren und soziale Rücksichten zu üben, hat die sozialdemokratische Regierung umgekehrt den Totalitarismus staatlicher Gewalt konstruktiv mit dem weltgeschichtlichen Rechtsanspruch des Proletariats verknüpft und mit dem guten sozialen Gewissen der geborenen Klassenpartei ihr Monopol auf Gewalt durchgesetzt. Die Linken, die ihr das Monopol auf den Klassenstandpunkt streitig machten, hat die SPD als Parteien des arbeitslosen Mobs aus dem ordentlichen sozialdemokratischen Gemeinwesen, der neuen Heimat des Proletariats, ausgegrenzt; die Anhänger ihrer radikalen Gegner hat sie, auch dies nur konsequent, in derselben Weise als verächtlichen, weil staatsfeindlichen gesellschaftlichen Abschaum behandelt, wie sie selbst und das von ihr vertretene Proletariat noch wenige Jahrzehnte zuvor von der kaiserlichen Staatsmacht traktiert worden waren.

Die Eliminierung der falschen Alternative ist den staatstreuen Sozialisten in den kapitalistischen Demokratien dennoch nicht gelungen. Die hatte nämlich auch Erfolg – im Land des anderen großen Kriegsverlierers, dem kaputtgegangenen Zarenreich.

(6) Der Sonderweg der Bolschewiki: Radikale Arbeiterfreunde verschaffen dem Proletariat sein Recht

In Russlands Sozialistischer Partei hat sich die Fraktion der Kriegs- und Republikgründungs-Gegner durchgesetzt. Für Lenin und Genossen war mit dem Zusammenbruch der zaristischen Militärmacht, den Hungeraufständen und Umsturzbewegungen im Land und der Bildung von Soldaten- und Arbeiter-Räten „der große Kladderadatsch" da, auf den ihr deutscher Kollege Bebel noch jahrzehntelang in revolutionärer Geduld gewartet hätte: Die „revolutionäre Situation", von deren Eintreten die Führer der Arbeiterbewegung den Aufstand des Proletariats gegen die bürgerliche Herrschaft immer abhängig gemacht hatten, war eingetreten. Bedenken der Art, gerade im rückständigen Russland sei „die Zeit" für die Entmachtung der Bourgeoisie noch längst nicht „reif", nämlich das kapitalistische Bürgertum erst im Aufstieg begriffen und eine proletarische Mehrheit in der Gesellschaft noch gar nicht absehbar, waren den russischen Mehrheits-Sozialisten – den Bolschewiki – keineswegs fremd. Sie ließen sich dadurch aber im entscheidenden Moment nicht irritieren oder jedenfalls nicht aufhalten. Gegen die aus den Februar-Unruhen des Jahres 1917 siegreich hervorgegangenen Republikgründer, die, kaum an der Macht, den verlorenen Krieg mit neuem Schwung fortführen wollten, brachten sie eine zweite, radikalere Revolution zustande. Im Namen des Proletariats und mit Unterstützung etlicher Massen eroberten sie die Macht, schalteten in einem längeren Bürgerkrieg die Stützen und Anhänger des alten Regimes aus, überstanden auch die Intervention auswärtiger Mächte. Dabei handelten sie, umgekehrt wie ihre deutschen Genossen, nicht als aus der Arbeiterbewegung hervorgegangene neue republikanische Staatselite, sondern als proletarische Partei, die die Gesellschaft unter ihre Gewalt gebracht hat: Sie schafften nach der Monarchie auch die parlamentarische Herrschaft und den bürgerlichen Interessen-Pluralismus ab, liquidierten das ökonomische Regime des Kapitals – und gaben so der Arbeiterbewegung ein Beispiel dafür, dass die gemeinsame Kampftradition noch ganz andere und viel einschneidendere praktische Konsequenzen hergab als den Fortschritt von einer konstitutionellen Monarchie mit ungleichem Wahlrecht und sozialdemokratischer Opposition zu einer einwandfrei demokratisch verfassten Republik mit bürgerlicher Rechtsordnung, Sozialgesetzen und sozialistischen Ministern.

Der Tradition nämlich blieben sie mit ihrer kommunistischen Alternative treu – und damit der entscheidenden und entscheidend verkehrten politischen Prämisse der Arbeiterbewegung: Auch ihnen ging es um das hohe Ziel, *dem Proletariat sein Recht zu verschaffen,* seine Anerkennung und gerechte Würdigung als wahre und eigentliche gesellschaftliche Produktivkraft durch die Gewaltinstanz, die die Gesellschaft unter ihrer Kontrolle hat und allen Interessen ihr Recht zuteilt. Freilich fassten sie dieses Ziel entschieden radikaler auf und zogen härtere Konsequenzen daraus als die sozialdemokratischen Reformer: Sie befanden es für absolut unvereinbar mit den Rechten, die das Proletariat sich mit seinem Arbeitseinsatz verdient, wenn die Früchte dieser Arbeit müßigen Eigentümern zugute kommen, die mit der Macht solch unverdienten Reichtums die werktätige Mannschaft dann auch noch nach ihrem Ermessen herumkommandieren. Eine Staatsgewalt, die, scheinbar neutral über den Klassen schwebend, tatsächlich nur diese ungerechte Verteilung von Reichtum und Macht sanktioniert, fanden sie dementsprechend verwerflich. Folglich machten sie mit beidem Schluss und ersetzten das Gewaltmonopol des bürgerlichen Staates durch eine „Diktatur des Proletariats", die die unproduktive Bourgeoisie enteignete und deren materielle Mittel mitsamt der daran hängenden Kommandogewalt in eigene, nämlich öffentliche Regie übernahm.

Bei so viel praktizierter Absage an den kapitalistischen Betrieb und seine klassenstaatliche Organisation fällt jedoch um so mehr auf, dass Lenin und seine russischen Genossen gegen die eine allerwichtigste Errungenschaft der kapitalistischen Produktionsweise überhaupt nicht das Geringste einzuwenden, sondern nichts als Ehrerbietung dafür übrig hatten: *Das Proletariat* mitsamt dem ihm eigenen Beruf, der *Lohnarbeit,* fanden sie einfach klasse; seinen Dienst als gesellschaftliche

Produktivkraft, deren Betätigung sich in der selbständigen Existenz-
form des Eigentums, in Geld, niederschlägt, befanden sie für allen
Lobes und aller Pflege wert. Sie hatten überhaupt nichts zu kritisieren
an der fragwürdigen Errungenschaft, die erst mit dem kapitalistischen
Eigentum als Grund, Mittel und Endzweck allen Produzierens und des
gesellschaftlichen Lebensprozesses überhaupt in die Welt gekommen
ist: dass Arbeit schlechthin als Reichtumsquelle gilt und wirkt, weil sie
im Maße ihrer produktiven Verausgabung neues Eigentum schafft und
ihre Anwender um so mehr bereichert, je länger und intensiver sie mit
effektivsten Mitteln verrichtet wird und je weniger vom Produzierten
den Arbeitskräften selbst in Form von Lohn zugute kommt; und dass
die Mehrheit der Gesellschaft unter diese trostlose Bestimmung subsu-
miert ist, ihre Arbeitskraft und Lebenszeit an die Mehrung einer getrennt von ihr existierenden Verfügungsmacht über die materiellen
Güter wegschmeißen zu müssen. Dieses ganze System der Lohnarbeit
kam ihnen im Gegenteil moralisch so ehrenwert vor und ökonomisch
als eine so wertvolle Errungenschaft, dass sie es der Bourgeois-Klasse
wegnehmen wollten, um es von Staats wegen zu perfektionieren. Alles,
was Marx daran kritisiert hatte: die Degradierung der Masse der Gesellschaft zum schlecht bezahlten, systematisch vom geschaffenen
Reichtum ausgeschlossenen Produktionsfaktor; die selbständige Existenz des produzierten Wohlstands als Eigentum in Geldform, also systematisch getrennt von Bedarf und Aufwand seiner Produzenten; die
Festschreibung des Ausbeutungsverhältnisses als Rechtslage durch
den Staat – das alles sollte nach dem Willen der Bolschewiki in Kraft
bleiben, nur *ohne* die Kapitalistenklasse, die nutznießenden Aktivisten
dieses Systems; mit einem gerechten, nämlich den proletarischen Mühen gerecht werdenden neuen Staat an deren Stelle. Unter dessen al-
leinigem Kommando sollte die Arbeiterklasse befähigt werden, ihrem
nach wie vor aufopferungsvollen Dienst am gesellschaftlichen Reichtum, den sie so schön getrennt von sich in die Welt setzt, weiterhin erfolgreich nachzukommen, ohne dabei vor die Hunde zu gehen; und was
sie so zustande brachte, das sollte, gleichfalls nach staatlichem Plan,
zielstrebig dafür verwendet werden, immer mehr davon aus dem Proletariat herauszuholen. Statt um die *Abschaffung* der Lohnarbeit ging es
den russischen Revolutionären um eine gründliche *Umwidmung ihrer
Erträge;* statt die politische Ökonomie der proletarischen Schufterei
durch eine vernünftige Arbeitsteilung zu ersetzen, verschafften sie der
Arbeiterklasse das Privileg, in ihrer vornehmen Eigenschaft des proletarischen Mehrwertproduzenten garantiert nur noch durch die von

ihrer Partei kontrollierte öffentliche Gewalt und ausschließlich für die Erfüllung der von dieser aufgestellten Wachstumspläne in Anspruch genommen zu werden. Für sie bestand eben wirklich und in allem Ernst die *Systemfrage* allein darin, dass eine Staatsgewalt regierte, die der Lohnarbeit, dieser großartigen Errungenschaft, und den vielen großen und kleinen Helden der Lohnarbeit *Gerechtigkeit* widerfahren ließ – *im Prinzip* nicht so viel anders als für die „gemäßigten" Sozialreformer, die die kapitalistische Gerechtigkeitslücke freilich viel bescheidener so definierten, dass ihr mit mehr Demokratie und ein paar sozialgesetzlichen Korrekturen am kapitalistischen Ausbeutungswesen beizukommen wäre.

Mit ihrem Radikalismus beim Enteignen der bourgeoisen Eigentümer haben die Bolschewiki allerdings tatsächlich doch sehr viel mehr abgeschafft als bloß die Ungerechtigkeit, die sie für die alles entscheidende Systemfrage gehalten haben, dass nämlich reiche Müßiggänger die Früchte ehrlicher proletarischer Arbeit einstecken, allerlei Schindluder damit treiben und das Gemeinwohl auf der Strecke bleibt. Denn so ist es ja nicht, dass das System der Ausbeutung auch ohne das private Kommando konkurrierender Kapitalisten über die Arbeit einfach weiter wie zuvor funktionieren könnte. So wenig der Standpunkt proletarischer Gerechtigkeit und einer planmäßigen Mehrung des staatlichen Reichtums eine vernünftige neue Produktionsweise hergibt – mit Kommunismus hat er sowieso nichts zu tun –, so wenig ist die „Vernunft" der alten Produktionsweise mit einer staatlichen Planung zu vereinbaren, die diesen Standpunkt ernstlich in die Tat umsetzt. Mit ihrem revolutionären Eingriff in die kapitalistische Verteilungsgerechtigkeit haben Lenins russische Sozialisten gar nicht einfach den Kapitalismus verstaatlicht, geschweige denn einen Kapitalismus mit vergrößertem Staatseinfluss arrangiert, sondern das Herzstück des ganzen Systems außer Kraft gesetzt: die erpresserische Macht des Eigentums und die Erpressbarkeit der Eigentumslosen – die zwei „Sachzwänge" also, die in der freien Marktwirtschaft so schön selbsttätig zusammenwirken. Mit ihren Versuchen, diesen Funktionalismus von Staats wegen und mit Rücksicht auf proletarische Belange nachzukonstruieren, haben sie tatsächlich etwas Neues in die Welt gesetzt, ein politökonomisches System eigener Art – und mit ganz eigenen Härten für das verehrte Proletariat; Härten, die sich noch nicht einmal so produktiv zum Nutzen des neuen proletarischen Gemeinwesens ausgewirkt haben wie die Sachzwänge des Kapitalismus für die Bereicherung der Eigentümerklasse und für die Macht des bürgerlichen Gewaltmonopolisten.*) Ihren fatalen Entschluss, dem System der kapitalistischen Ausbeutung mit der siegreichen Gewalt der proletarischen Gerechtigkeit eine arbeiterfreundliche Ausrichtung zu verpassen, zogen die Bolschewiki aber nie in Zweifel; auch dann nicht, als sie bei ihrem Versuch einer proletarischen Geldwirtschaft ohne private Geschäftemacher in ganz handfeste Versorgungsschwierigkeiten geraten waren und sich notgedrungen zu dem Eingeständnis durchrangen, einstweilen käme man ohne bürgerliche Kaufleute doch noch nicht zurecht. Auch ihre Nachfolger haben sich die Frage, was ihr Unternehmen politisch und ökonomisch überhaupt taugt, so lange nicht gestellt, wie ihr Staatswesen mit dem erwirtschafteten Reichtum noch zu hinreichender Machtentfaltung in der „Konkurrenz der Systeme" fähig war: So lange jedenfalls fanden sie ihre Konstruktion ganz einfach *unendlich gerecht,* trauten ihr auch die bessere, weil arbeiterfreundliche „Lösung" aller „Probleme" der „modernen Welt" zu. Und außerdem waren sie sich absolut sicher – dies die andere traditionsreiche Lebenslüge, um deren Alleinbesitz sie sich mit der alten Sozialdemokratie erbittert stritten –, mit ihrem antikapitalistischen Umsturz und der Errichtung

---

*) Für ihre Zumutungen an ihr werktätiges Volk haben die regierenden Revolutionäre sich von Beginn an, und ihre Nachfolger peinlicherweise bis zum Schluss, stets auf die Notlagen berufen, in die die feindliche Umwelt ihr sozialistisches Staatswesen gebracht hat; doch so wenig diese Nöte zu bestreiten sind: Die Wahrheit über das System, das sie aufgezogen und voller Stolz „realer Sozialismus" getauft haben, ist das nicht. Das hat schon seine eigene „Logik". In der steckt freilich so viel gesellschaftliche Unvernunft, dass es seinen Veranstaltern selbst ein Rätsel geblieben ist. Fast wie bürgerliche Ökonomen haben die Experten der „Planung und Leitung" einen ganzen wissenschaftlichen Forschungszweig aufgebaut, um herauszufinden, warum trotz bester Absichten die „Produktivkräfte" ziemlich „stagnierten", jedenfalls im Verhältnis zu den hochgesteckten Erfolgsansprüchen der Staatsmacht, und warum trotz aller Schönfärberei der Lebensstandard der Werktätigen doch nicht so überzeugend ausgefallen ist – gelöst haben sie dieses „Geheimnis" nicht.

Wie ihr Laden tatsächlich funktioniert hat, das ist ein Kapitel für sich, das wir an anderer Stelle schon aufgeschrieben haben: *Karl Held (Hg.), Das Lebenswerk des Michail Gorbatschow: Von der Reform des ‚realen Sozialismus' zur Zerstörung der Sowjetunion, München 1992;* dort v.a. im 1. Kapitel der Abschnitt *„Die politische Ökonomie des realen Sozialismus: Planmäßige Zweckentfremdung von Lohn, Preis und Profit als Alternative zum Kapitalismus".*

eines proletarischen Staates nicht etwa ein womöglich kritikables politisches Projekt zu verfolgen, sondern *als Exekutivorgan des Proletariats* zu handeln. Tatsächlich war ihnen ihre Revolution ja geglückt; es war ihnen gelungen, mit dem empörten Gerechtigkeitssinn der russischen Massen soviel Übereinstimmung herzustellen, dass sie sich behaupten und gegen alle Konterrevolutionäre durchsetzen konnten; und diesen Erfolg nahmen die sowjetischen Parteiführer als fortdauernden praktischen Beweis dafür, dass sie weltgeschichtlich im Recht, nämlich auf dem richtigen Weg waren, die „historische Mission der Arbeiterklasse" zu verwirklichen. So einig wussten sie sich mit den – völlig fraglos unterstellten – „fortschrittlichen" Belangen ihrer Arbeiterklasse, dass ihnen jede agitatorische Bemühung, den „Massen" die Notwendigkeit einer „Diktatur des Proletariats" zu erklären und sie von ihrer Politik zu überzeugen, nicht bloß völlig überflüssig vorkam, sondern als Verstoß gegen das Hauptstück ihrer Parteiräson: den Glauben an die selbstverständliche Einheit des Parteiwillens mit dem Klasseninteresse des werktätigen Volkes. Das Verhältnis zwischen der regierenden Partei und den regierten Einwohnern des „Heimatlandes aller Werktätigen" wurde dementsprechend eingerichtet: Statt Übereinstimmung herzustellen, war es verboten, an ihr zu zweifeln.

In Russland ist auf diese Weise ein ziemlich ungemütliches Gemeinwesen entstanden,[*] im Verhältnis zum Rest der Welt eine weitere rechthaberische Großmacht; und die Spaltung der Arbeiterbewegung in einen sozialdemokratischen und einen kommunistischen „Flügel", von denen ein jeder für seinen „Weg" den „revolutionären Klassenstandpunkt des Proletariats" in Anspruch nahm, war besiegelt. In der Sowjetunion war „Sozialdemokratismus" als Rückschritt hinter die „Errungenschaften der Revolution" und Hochverrat an der „Partei Lenins" und ihrem Staat untersagt. In den kapitalistischen Nationen, in denen die bürgerliche Herrschaft als parlamentarischer Parteienpluralismus organisiert war, standen den sozialdemokratischen Reformern radikale Parteien gegenüber, die sich in ihrem Wunsch nach Gerechtigkeit für die Arbeiterklasse und nach einer ordentlich arbeiterfreundlichen Staatsgewalt mit „formaler" Demokratie und ein wenig sozialer Marktwirtschaft nicht zufrieden geben mochten und die sowjetische Alterna-

---

[*] Alles, was unseres Erachtens zu diesem trüben Kapitel zu sagen ist, findet sich gleichfalls in der *„Polemik gegen die Generallinie der KPdSU"*, dem 1. Kapitel des angeführten Bandes über Gorbatschow und den Untergang der Sowjetunion.

tive als Vorbild vor Augen hatten. Das fanden sie durch seinen Erfolg so überzeugend beglaubigt, dass sie sich von ihren Moskauer Genossen noch die fragwürdigsten Direktiven gefallen ließen. Umgekehrt fiel freilich auch ihre eigene Überzeugung so ziemlich mit dem Erfolg des von ihren russischen Vorbildern regierten Staates bzw. des späteren „sozialistischen Lagers" zusammen – und was das Härteste ist: *Dazu bekannten sie sich* auch noch. „Real existierend" zu sein, reklamierten und proklamierten sie allen Ernstes als entscheidendes Gütesiegel für *ihren* „Sozialismus". Die *Abgrenzung,* die sie damit vornahmen, galt schon gar nicht mehr den sozialdemokratischen „Verrätern" – denen war „reale Existenz" ja wirklich nicht zu bestreiten –, sondern linken Kritikern, die, mit wie guten oder schlechten Argumenten auch immer – der „Verrats"-Vorwurf war auch da oft genug unterwegs –, das im Sowjetreich tatsächlich verwirklichte Recht des Proletariats auf exklusive Benutzung durch eine planende Staatsgewalt nicht gerade für den einzig wahren Kommunismus halten mochten: Denen wurde genau die Dummheit entgegengehalten, die die Sozialdemokratie früher ihren Linksabweichlern und kommunistischen Kritikern um die Ohren gehauen hatte, dass nämlich kritische Einwände gegen die Partei*politik* sich schon allein deswegen verbieten, weil die *Partei* als „real existierende" und schon dadurch als authentisch ausgewiesene Inkarnation des Klassenstandpunkts *per se* im Recht ist, historisch; die Partei mit der Frage zu behelligen, ob ihre Unternehmungen und sie selber überhaupt etwas taugen fürs Proletariat, kommt da eben bereits einer Absage an „die Arbeitersache" gleich. Mit dem Verweis auf ihre nachweisliche Realitätstüchtigkeit nahmen die zur Herrschaft gelangten bzw. nach Moskauer Anleitung danach strebenden Sozialisten auf der anderen Seite eine entschiedene Selbst-*Eingrenzung* vor, nämlich in die große Welt der bürgerlichen Staatsgewalten. Unter denen forderten sie ihren Platz; als durchaus funktionsfähige, insofern gar nicht so furchtbar abweichende und schon gar nicht zerstörerische, im Gegenteil ohne Weiteres machbare und letztlich ganz *normale Variante* politischer Macht wollten sie *anerkannt* sein und im Rahmen der sowieso tobenden Staatenkonkurrenz zur schiedlich-friedlichen „Konkurrenz der Systeme" zugelassen werden. Dabei war diese Alternative überhaupt nur deswegen „real" und ihr Anspruch, als Normalfall gelten zu dürfen, nur deswegen respektabel, weil es der Sowjetmacht gelungen war, sich gegen ihre Ausgrenzung und Anfeindung durch die Welt des demokratischen Imperialismus zu behaupten, einem faschistischen Überfall zu widerstehen und sogar einem gleich anschließenden „kalten Krieg" der gesamten „freien Welt" Stand zu halten. Und das bedeutet immerhin: Nach den Maßstäben, die in der Welt der bürgerlichen Staaten und ihrer Konkurrenz gelten, war die „realsozialistische" „Variante" auch *nur so viel wert,* wie die Sowjetunion an militärischer Gegenmacht und gewaltsamer Selbstbehauptung aufzubieten hatte – durchaus nicht schmeichelhaft für diese wundervolle „Weltordnung", eine Schande aber auch für „Kommunisten", die ihren Ehrgeiz darein setzten und es eben für einen Qualitätsausweis ihres Unternehmens hielten, *dabei mithalten* zu können.

Was als inneres Zerwürfnis der Arbeiterbewegung begonnen und deren Irrungen und Wirrungen Jahrzehnte lang begleitet hatte, löste sich damit jedenfalls vollends auf in ein Gegeneinander von Staatenblöcken, einen nach den harten „real existierenden" Maßstäben des Imperialismus und keineswegs nach den imaginären Kriterien einer „sozialistischen Völkerfreundschaft" ausgetragenen *weltpolitischen Machtkampf.* In dem stellte der Moskauer Sozialismus samt verbündeten Parteien im „westlichen" Ausland die eine Seite dar; die „gemäßigte" Sozialdemokratie stand auf der anderen Seite; und alles, was diese Parteien sich an arbeiterfreundlicher Programmatik aufschrieben, wurde dem großen strategischen Ringen der atomar bewaffneten „Supermächte" so vollständig untergeordnet, dass der „Burgfrieden" der alten Arbeiterbewegung mit den Veranstaltern des 1. Weltkriegs daneben wie ein kleiner Fehltritt aussähe, wenn er nicht so symptomatisch gewesen und so entscheidend geworden wäre. Die Sozialdemokratie hat „die Revolution" endgültig aus ihrem Wertehimmel gestrichen, hat sich unter Verzicht auf den „Klassenstandpunkt" als „Volkspartei" neu gegründet und identifiziert sich und ihre Parteilinie mit dem globalen Siegeszug des demokratischen Kapitalismus. Die Parteien des „real existierenden" Sowjet-Kommunismus haben sich definitiv zu dem absurden Programm bekannt, mit ihrer Sorte staatlicher Ordnung die „Probleme" der kapitalistischen Welt besser „lösen" zu können als diese selbst – und haben am Ende freiwillig zugegeben, dass die kapitalistisch produzierenden Nationen das „Problem" des staatlichen Reichtums und der darauf gegründeten strategischen Macht wohl doch weit erfolgreicher gelöst haben als sie selber.

Auch das war nicht „historisch notwendig" in dem Sinn. Aber nur allzu folgerichtig.

Exkurs: Zum faschistischen Kult der „nationalen Arbeit"

Unter Berufung auf die Arbeiterklasse Politik zu machen, ist nicht das Privileg der sozialistischen Parteien geblieben. Das ging gut auch ohne „Klassenstandpunkt". Die Faschisten, die sich in Deutschland ausdrücklich als „Arbeiter-Partei" vorstellten und sogar „sozialistisch" nannten, rechtfertigten und propagierten ihr Programm der nationalen Errettung und des völkischen Überlebenskampfes ganz wesentlich mit der Beschwörung einer *nationalen* „Mission" des Proletariats.

Für diese Idee, erklärtermaßen ein Gegenentwurf zum Revolutions-Glauben der Arbeiterbewegung, hatten sie eine nicht zu leugnende und nicht zu übersehende – und von den linken Parteien viel zu wenig bis überhaupt nicht kritisierte – *Tatsache* auf ihrer Seite: den Umstand, dass die Lohnarbeiter mit ihrem Einsatz durchs und für das Kapital ja nicht bloß ihre Arbeitgeber bereichern, sondern im Maß ihrer gelungenen Ausbeutung auch für die materielle Ausstattung der Staatsgewalt geradestehen, also der Nation als deren wichtigste materielle Ressource dienen. Zur in ihrem Sinn korrekten *Deutung* dieser Sachlage brauchten die radikalen Rechten sich noch nicht einmal etwas Neues einfallen zu lassen. Sie konnten sich vielmehr auf den schon längst von allen Seiten – von „unten": unterwürfig, von „oben": zynisch – in Umlauf gebrachten und allseits beliebten *Gerechtigkeitsstandpunkt* beziehen, demzufolge die arbeitende Klasse gerade mit ihrer produktiven Mühsal und ihrer nützlichen Armut Ehre einlegt und sich ein Recht auf öffentliches Wohlwollen und Betreuung durch die nationale Obrigkeit verdient. Sie mussten diesem zutiefst staatsbürgerlichen Gedanken nurmehr *die* radikale Konsequenz hinzufügen, dass eine erfolgreiche nationale Machtentfaltung, wenn sie denn schon auf willig ertragener Ausbeutung des arbeitenden Volkes *beruht,* dann wohl auch dessen tieferem Wollen und höherem Streben *entspricht;* dass die Wohlfahrt der öffentlichen Gewalt, wenn sie den Leuten schon faktisch als maßgeblicher *Daseinszweck* aufgeherrscht wird und die sich fügen, dann auch deren wahren und eigentlichen *Lebenssinn* darstellt. In Armut und Mühsal redlich schaffende Volksgenossen wären letztlich also auf gar nichts anderes scharf als auf ganz viel Erfolg jener nationalen Macht, für die sie verschlissen werden, und genau und allein damit auch zufriedenstellend bedient. Den zynischen Beweis ex negativo, in den Augen der Faschisten also: den glänzenden Beleg dafür, dass das Glück der Arbeiterklasse mit dem Schicksal ihrer Nation steht und fällt, liefert noch jede Staatsmacht, indem sie ihr Proletariat für ihren

Konkurrenzkampf gegen die anderen „Völker" in Anspruch nimmt und an den Erträgen, die sich aus ihm herausschinden lassen, die Vergütungen bemisst, auf die das arbeitende Volk allenfalls ein Recht hat: Damit ist für einen Rechtsradikalen sonnenklar, dass die wahre historische Berufung der Massen darin liegt, als staatliche Manövriermasse zu fungieren und sich in den Siegen ihres Vaterlandes selbstzuverwirklichen.

Für diese frohe Botschaft konnten die Faschisten das ehrenvolle arbeiterbewegte Donnerwort von „der Revolution" gut gebrauchen und leicht adoptieren und adaptieren. Denn einen Umsturz der überkommenen verkommenen Verhältnisse, die die wahre Sehnsucht der Volksmassen und deren ureigene machtvolle Dienstbarkeit immer nicht zum Zuge kommen ließen und deswegen den braven Leuten auch immer den wohlverdienten Lohn vorenthielten; eine neue Ordnung, in der sogar das Profitstreben der Kapitalisten hinter dem Gewaltbedarf der Nation zurückzustehen und sich als deren Erfolgsmittel zu bewähren hätte; einen einheitlich zusammenwirkenden und insofern „klassenlosen", weil alle Klassengegensätze im gemeinsamen völkischen Auftrag verschmelzenden Volkskörper; kurzum: eine *nationale Revolution* wollten sie ja durchaus. *Gegen wen* die sich richten musste, war damit natürlich auch schon klar. Nämlich erstens gegen die alte bürgerlich-sozialdemokratische Politikergarde, die das Gemeinwesen so weit hatte herunterkommen lassen in seinem völkischen Überlebenskampf, dass es seiner wichtigsten Produktivkraft, den redlich schaffenden Arbeitern, die nötigste Betreuung schuldig blieb und sogar das allerwichtigste und elementarste Recht versagte: die Gelegenheit, sich mit produktiver Arbeit für die Sache der Nation nützlich zu machen. Diese politischen *Versager* gehörten *abgelöst*. Bei dem anderen Gegner, den bolschewistisch infizierten Klassenkämpfern, war es damit jedoch nicht getan. Für die gehörte nämlich nach faschistischer Diagnose die Volksverderberei zum Programm: Mit ihrer Agitation für den Klassenkampf, also – das nahmen die rechten Volkserlöser ernster als die linken Arbeiterfreunde selbst – für eine Kündigung des Lohnarbeitsdienstes am Kapital und an der staatlichen Gewalt, legten sie es ja geradezu darauf an, das von Haus aus eigentlich brave, unterwürfige, eben: volksmäßige Arbeitervolk von seiner völkisch-patriotischen Mission abzubringen. Verfechter des Klassenstandpunkts waren folglich zu *beseitigen* – wegen *Hochverrats* an der nationalen Sache.

Danach konnte es dann losgehen: mit einer nationalen Beschäftigungspolitik, die keinem Volksgenossen die geringste Chance ließ, sich dem pflichtgemäßen Einsatz sei es für den Reichtum, sei es direkt für den Gewaltapparat der Nation zu entziehen; mit einer Lohnpolitik, die vor allem mit dem ideellen Lohn aufwartete, dass mit volksfeindlichen und -fremden Elementen aufgeräumt wurde; sowie mit einer Sozialpolitik, die der Brockhaus von 1938 bündig – und übrigens in der Sache zeitlos und systemübergreifend – als *„die Gesamtheit der Maßnahmen"* definiert, *„die darauf gerichtet sind, den Arbeitswillen und die Arbeitskraft"* – so denken Faschisten: Moral kommt vor Fähigkeit! – *„der Volksgenossen zu erhalten und zu steigern und andererseits für sie und ihre Familien"* – die „Keimzelle" wird nicht vergessen! – *„nach bewiesenem Einsatz für die Volksgemeinschaft zu sorgen."* Den Übergang vom nationalen Produktionskampf zum Weltkrieg haben die Nazis auf dieser Grundlage prächtig gepackt. Am Ende war eine totale Niederlage nötig, um das in seiner Dienstbarkeit so optimal bediente Volk davon zu überzeugen, dass große nationale Führer manchmal auch Verbrecher sind und die ehrlich gebliebenen deutschen Arbeitsleute nichts dringlicher brauchten als einen neuen, nämlich demokratisch-marktwirtschaftlichen Sozialstaat.[*]

---

[*] Zum Faschismus und seiner „Bewältigung" im Nachkriegs-Deutschland steht das Nötige bei *Konrad Hecker, Der Faschismus und seine demokratische Bewältigung, München 1996.*

3. Der Lohn, die Arbeit, das Proletariat: Sozial verstaatlicht

Die Arbeiterbewegung hat es weit gebracht. Der bürgerliche Staat unterdrückt sie nicht mehr, sondern er betreut seine arbeitende Klasse, überantwortet sie nicht der Willkür der Kapitalisten, sondern reguliert die Bedingungen ihrer Arbeit und ihrer Existenz in der umfassendsten Weise. Klassenkämpfe sind dadurch so gut wie überflüssig geworden: Alle gerechten Ziele, für die Arbeiter je gekämpft haben, hat die Staatsgewalt zu ihrer Sache gemacht, ist selbst zum Agenten aller vernünftigen proletarischen Interessen geworden. Sie garantiert die Herrschaft des Rechts und hat in dem dadurch abgesteckten Rahmen dem *sozialen Gedanken* die ihm zukommende Geltung verschafft. Sie gewährleistet den *sozialen* Charakter der Marktwirtschaft und damit den *sozialen Frieden* zwischen Lohnarbeit und Kapital. Und es ist keineswegs bloß eine politische Richtung im demokratischen Meinungsspektrum, die diese Linie vertritt, so dass mit ein paar Verschiebungen bei den Wählerstimmen leicht alles anders werden könnte: Alle wichtigen politischen Parteien, und zwar je auf ihre besondere nationale Art in allen wichtigen kapitalistischen Staaten, haben die Arbeiterschaft als ehrbaren Stand entdeckt und – neben dem „Mittelstand" – zu ihrem bevorzugten Sorgeobjekt erkoren. Ganz gleich, ob sie als Konservative früher schwerpunktmäßig für die Unterdrückung klassenkämpferischer Umtriebe eingetreten sind oder als Sozialisten für die revolutionäre Überwindung der Klassengesellschaft oder als Faschisten für den Triumph der Volksgemeinschaft über die Klassenspaltung: Heute sind sich alle politisch Verantwortlichen darin einig, dass ehrliche Lohnarbeit Anerkennung und sozialen Schutz verdient, und quellen geradezu über vor lauter Fürsorglichkeit für die „kleinen Leute". Die Geschichte der Arbeiterbewegung ist, wie es aussieht, zu einer Erfolgsgeschichte geraten.

Die Fülle sozialpolitischer Betreuungsaufgaben, die heutzutage so viele Anwälte finden und zur unbestrittenen Agenda staatlicher Gewalt gehören, wirft allerdings auch Fragen auf – und nicht bloß die mittlerweile alles beherrschende rhetorische, ob da nicht längst viel *zu viel des Guten* geschieht. *Wie* gut das ist, was der moderne Sozialstaat unternimmt, und vor allem: *wofür* das alles gut ist, das ist durchaus eine unvoreingenommene Prüfung wert. Immerhin spricht es nicht uneingeschränkt *für* die „soziale Lage" der „kleinen Leute", die früher einmal „Proletarier" genannt wurden, wenn so viel politisches Engagement und hoheitliche Gewalt vonnöten ist, um diese „Lage" haltbar zu machen. Dass das marktwirtschaftliche Erwerbsleben des Großteils der Gesellschaft offenkundig gar nicht recht funktioniert, ohne dass der Sozialstaat sich darum kümmert, ist kein gutes Zeugnis für dieses Erwerbsleben. Und es ist auch nicht gerade ein Gütesiegel für die sozialen Aktivitäten der Staatsgewalt, wenn die sich nie überflüssig machen, sondern doch nur immerzu ihre eigene Notwendigkeit reproduzieren. Offenbar beseitigen sie keins der „sozialen Probleme", denen sie sich widmen, sondern perpetuieren sie eher. Und wenn das ihr stereotypes Ergebnis ist, dann liegt der Verdacht immerhin nahe, dass diesen wohlmeinenden Maßnahmen auch kein anderer Zweck innewohnt.

Lohnarbeit, so viel steht fest, erschöpft sich nicht in einem privaten Pachtverhältnis zwischen kapitalistischen Arbeitgebern und ihren Firmenbelegschaften. Sie ist eine Staatsaffäre erster Güte. Die öffentliche Gewalt definiert, wie sie geht; okkupiert den gezahlten Lohn und verteilt ihn um; reguliert die Arbeitswelt; organisiert in weitem Umfang den Lebensunterhalt der Lohnabhängigen; stiftet deren Lebenslage. Ob die Lohnarbeit dadurch zu einem tauglichen Lebensmittel für Lohnarbeiter geworden ist, das ist eine ganz andere Frage. Die lohnabhängigen „kleinen Leute", auch das ist nicht zu bestreiten, werden sozialpolitisch umfassend betreut; ihre Interessen werden maßgeblich von den Instanzen wahrgenommen, die über sie regieren. Zweifel sind allerdings daran erlaubt, ob ihnen das gut bekommt, wenn ausgerechnet die Obrigkeit des Klassenstaats ihnen ihre materiellen Bedürfnisse vorbuchstabiert und die Wege zu deren Befriedigung aufoktroyiert. Außer Frage steht schließlich: Das Proletariat hat sich seine Patronage durch die politische Obrigkeit *erkämpft.* Damit ist aber noch überhaupt nicht entschieden, was das Erkämpfte *taugt.* Die Opfer, die der Widerstand der Arbeiterbewegung gegen unzumutbare Existenzbedingungen gekostet hat, sind ein kapitalistischer Skandal und ein Argument mehr gegen den bürgerlichen Staat, der sie geschaffen hat – und alles andere als ein Gütesiegel für das Ergebnis.

a) Der Sozialstaat reguliert das Vertragsverhältnis zwischen Kapital und Arbeit per *Arbeitsmarkt* und *Tarifautonomie*

Die bürgerliche Staatsgewalt richtet zwischen kapitalistischen Unternehmern und lohnabhängigen Arbeitskräften ein freies Vertragsverhältnis ein. Sie zwingt niemandem eine Arbeit auf, umgekehrt auch keinem Arbeitgeber ein Personal, das er zu beschäftigen und zu bezahlen hätte. Was für Arbeit zu zahlen ist, schreibt sie in der Regel auch nicht vor, geschweige denn irgendwelche Leistungsnormen, die ein Lohnarbeiter zu erfüllen hätte. Das bedeutet aber keineswegs, dass sie sich aus Lohn und Arbeit heraushielte und es den Mitgliedern der gesellschaftlichen Klassen ganz allein überließe, miteinander ins Geschäft zu kommen. Wenn sie schon mit ihren Rechtsvorschriften die Privatmacht des Eigentums über Einsatz und Ertrag der gesellschaftlichen Arbeit begründet, dann will die bürgerliche Staatsgewalt auch, dass das kapitalistische Eigentum seine Kommandomacht zweckdienlich und erfolgreich betätigt. Wenn sie schon, umgekehrt, alle ihre übrigen Bürger vom Gelderwerb im Dienste des Eigentums abhängig macht, dann kümmert sie sich auch darum, dass es mit dem allgemeinen Gelderwerb vorangeht. Denn wenn sie schon keinen anderen gesellschaftlichen Reichtum kennt und anerkennt als das wachsende Eigentum, das Kapitalisten aus Lohnarbeitern herauswirtschaften, und für ihre eigenen Belange kein anderes ökonomisches Mittel weiß und haben will als das auf kapitalistische Art vermehrte Geld, dann besteht sie auch darauf, dass dieses ökonomische Verhältnis funktioniert. *Dass* und *wieviel* mit Lohnarbeit verdient wird, und zwar von beiden beteiligten Parteien, das ist folglich das erste und wichtigste ökonomische Sorgeobjekt des modernen Staats. Gerade weil er eine nationale Ökonomie des privaten Geldverdienens und entsprechende Geschäftsbeziehungen zwischen mündigen Lohnarbeitern und konkurrenztüchtigen Arbeitgebern haben will, begnügt er sich, was das *Zustandekommen* dieser Beziehung wie die vereinbarten und umgeschlagenen *Lohnsummen* betrifft, überhaupt nicht mit der Rolle der Rechtsaufsicht und des Notars getätigter Geschäfte. Die *Freiheiten,* die die rechtsetzende Gewalt den privaten Kontrahenten gewährt, schließen hoheitliche *Aufträge* ein, an denen beide Seiten sich zu bewähren haben.

(1) Der freie Arbeitsmarkt: Wie und warum der Staat für den Willen zur Arbeit Partei ergreift

Mit der einen Forderung ist die Arbeiterbewegung in sämtlichen kapitalistischen Nationen glatt gescheitert: Ein *Recht auf Arbeit* gibt es nicht. Als unverbindliches Versprechen mag es in der einen oder anderen Verfassung stehen; eine ernst gemeinte Garantie, dass, wer auf einen Arbeitsplatz als Revenuequelle angewiesen ist, auch einen „bekommt", ist vom bürgerlichen Staat nicht zu haben. Der hat sich grundsätzlich und grundgesetzlich dafür entschieden, das Eigentum unter seinen Schutz zu stellen, also das ausschließende Verfügungsrecht des Eigentümers über das Seine durchzusetzen; und dieses Recht schließt selbstverständlich die Freiheit des Firmeneigentümers ein, nach seinem Interesse und Ermessen Arbeitsplätze zu schaffen oder abzuschaffen, Arbeitskräfte ein- und auch wieder auszustellen. Diese eindeutige Rechtslage hat einen ebenso eindeutigen politökonomischen Inhalt; und der ist selber gleichfalls von Staats wegen genau so gewollt, mit allen Konsequenzen: „Beschäftigung" findet immer dann, aber auch nur dann statt, wenn sie sich für den Firmeneigentümer lohnt; denn allein dadurch kommt Reichtum in Gestalt immer neuen kapitalistischen Eigentums zustande, also in der durch die bürgerliche Staatsräson gebotenen Form. Das Wirtschaftswachstum, von dem die Staatsmacht selber zehrt, würde empfindlich gestört, die spezifische Produktivkraft der Marktwirtschaft kaputtgemacht, das ganze System letztlich ausgehebelt, wenn Staatsagenten im Namen eines garantierten Rechts der Lohnabhängigen auf Arbeit den kapitalistischen Arbeitgebern die Entscheidung über den Gebrauch von Lohnarbeit aus der Hand nehmen wollten.*) Das materielle Staatsinteresse daran, dass *rentabel* gewirtschaftet wird, gebietet also ebenso wie der förmliche Respekt vor dem Recht des Eigentums ganz klar: Die öffentliche Gewalt gewährleistet die Freiheit des Arbeitgebers, Arbeitskräfte zu „heuern" und zu „feuern", wie seine Konkurrenzberechnungen es erfordern.

Dem lohnabhängigen Teil der Bevölkerung fällt damit der Status der Manövriermasse kapitalistischer Kalkulationen zu. Auch das ist politökonomisch gewollt; und nicht nur das: Als allerhöchstes Rechtsinstitut steht die bürgerliche Staatsgewalt nicht an, den Betroffenen diese ökonomische Existenzweise in aller Form *als deren soziales Recht* ausdrücklich *zuzuweisen*. Ohne Scheu vor der Absurdität, die sie damit praktiziert, zerlegt sie den eigentumslosen Bürger rechtswirksam in

---

*) Solche Eingriffe behält sich die bürgerliche Staatsmacht für den Notstandsfall vor, insbesondere für den Fall eines Krieges. Dann geht es eine Zeit lang aber auch nicht mehr ausschließlich um Geldvermehrung, sondern vorrangig um die Bedienung der öffentlichen Gewalt mit ihren speziellen militärischen Gebrauchswerten. Deren Herstellung wird in der Regel nicht bloß durch gute Preise für die Produzenten, sondern außerdem durch Dienstverpflichtung des arbeitenden Volkes sichergestellt. Letzteres ist auch deswegen nötig, weil in der Situation ein beträchtlicher Menschenbedarf der Staatsmacht mit den Bedürfnissen der Produktion konkurriert.

ein personalisiertes Verfügungsrecht und in sein zur eigentumsgleichen Verfügungsmasse herunterdefiniertes materielles Dasein und spricht ihm in seiner Eigenschaft als verfügungsberechtigte Person das unveräußerliche Vorrecht zu, ohne Zwang das zu tun, was er nach Lage der Dinge um seiner materiellen Selbsterhaltung willen ohnehin tun muss: den Gebrauch seiner Arbeitsfähigkeit und Lebenszeit zu verpachten. Im Namen dieses hohen Rechtsguts: der *Freiheit der Person,* verbietet der Rechtsstaat sich grundgesetzlich, was er um seines marktwirtschaftlichen Gemeinwohls willen ohnehin ablehnt, nämlich seinen Bürgern eine Arbeitsstelle zuzuweisen oder anderweitig in deren Eigenverantwortung für die Verpachtung ihrer Arbeitskraft einzugreifen. So unterwirft er diese Leute dem jeweils aktuellen Bedarf des Kapitals an Lohnarbeitskräften, macht ihre Überlebenschancen von frei kalkulierten Ermessensentscheidungen konkurrierender Unternehmer abhängig und gibt diesem Verhältnis zugleich die Formbestimmung eines beiderseits verwirklichten Eigentumsrechts: Er konstruiert die Herrschaft des Kapitals über „Beschäftigung" oder Nicht-„Beschäftigung" von Arbeitskräften *als Arbeitsmarkt.*

Bei allem eigentumsrechtlichen Zynismus übersieht die bürgerliche Staatsgewalt dennoch nicht die *Not,* die in der rechtlichen Definition eines Verfügungsrechts über nichts als die eigene materielle Existenz enthalten ist. Sie erkennt an, dass ihre minder bemittelten Bürger Arbeit *brauchen,* und ist auch aus sozialer Rücksicht unbedingt dafür, dass sie eine Stelle *finden.* Das Verlangen nach einem *Recht* auf Arbeit muss sie zwar zurückweisen. Dem *Bedürfnis,* das darin angemeldet wird, nach einem Arbeitsplatz nämlich, an dem man sich nützlich machen kann, gibt sie aber ganz entschieden recht. Es richtet sich ja auf genau die Funktion, die das politökonomische System für Leute ohne Eigentum vorsieht; mit ihm machen diese Figuren sich selbst zum Anliegen, was der Staat mit seinen marktwirtschaftlichen Arrangements ihnen als ökonomischen Lebensinhalt, nämlich als Existenzbedingung und Subsistenzmittel, zugedacht und auferlegt hat: den Dienst am kapitalistischen Reichtum. Exakt so ist das Recht auf personale Selbstbestimmung politökonomisch gemeint; genau so will die Staatsgewalt ihre lohnabhängigen Bürger haben. Dabei ist es keineswegs nur die affirmative Gesinnung, die sie an der Nachfrage nach „Beschäftigung" schätzt: Sie will auch deren Erfolg – auch und gerade dann, wenn sie es ablehnt, diesen mit gesetzlicher Gewalt herbeizuführen. Kein Arbeitsplatz ist dadurch gerechtfertigt, dass ein Lohnarbeiter davon leben muss; leben kann und soll der nur von einer „Beschäftigung", die einen Arbeitgeber bereichert; davon macht der Sozialstaat keine Abstriche. Dies vorausgesetzt, spricht aber alles für eine größtmögliche Masse an „Beschäftigung": Aus nichts anderem als der *Rate des Überschusses,* der an entsprechend eingerichteten Arbeitsplätzen erzielt wird, und *deren Anzahl* ist schließlich das Gemeinwohl des kapitalistischen Gemeinwesens zusammengesetzt. Dass rentabel angewandte Arbeit die Quelle, ihre Menge das Maß des Reichtums kapitalistischer Nationen ist, das mögen die Feinde der Marx'schen „Arbeitswertlehre" noch so sehr dementieren: Für die bürgerliche Staatsgewalt ist nichts selbstverständlicher; und nichts anderes als das größtmögliche Produkt aus Ertrag pro Beschäftigtem und Zahl der Beschäftigten will sie haben, wenn sie ein so tiefsinniges Ziel wie „Wachstum" – von was ansonsten auch immer: auf alle Fälle von erwirtschaftetem Geld – zum höchsten Ziel der nationalen Ökonomie erklärt und als Mittel dafür „Vollbeschäftigung" anstrebt. Aus purem hoheitlichem Materialismus also und zudem in völliger Übereinstimmung mit dem Bereicherungsinteresse ihrer Kapitalistenklasse ergreift sie Partei für das Bedürfnis ihrer lohnabhängigen Massen, einen Arbeitsplatz zu finden. Oder andersherum: Sie bekennt sich zu ihrem sozialen Auftrag, ihren eigentumslosen Bürgern zu einem Arbeitsplatz zu verhelfen; sie unterstellt dabei als selbstverständliche Bedingung, dass es natürlich nur um rentable Arbeit gehen kann, mit der das Geschäft blüht und ihr Staatshaushalt gut bedient ist; sie geht also auch davon aus, dass an diesem Kriterium fortwährend viele der benötigten Gelegenheiten, sich einen Lohn zu verdienen, zu Schanden werden; und eben deswegen findet sie sich sozialpolitisch nur um so mehr dazu herausgefordert, „Beschäftigung" zu fördern.

Praktisch sieht das zuerst einmal so aus, dass der moderne Sozialstaat seiner gesamten Wirtschaftspolitik, jedem fördernden Eingreifen ins kapitalistische Konkurrieren und Gewinnemachen, eine entschieden arbeitnehmerfreundliche Zielsetzung beilegt. Alle seine Bemühungen um ein nationales Wirtschaftswachstum widmet er den Lohnabhängigen und deren Verlangen nach Benutzung und Bezahlung ihrer Arbeitskraft; seine Erfolge beziffert er in neu geschaffenen oder erhaltenen Arbeitsplätzen. Das ist noch nicht einmal Heuchelei, sondern der zynische Klartext einer Sozialpolitik, die den Opfern der freien Marktwirtschaft die größte Gunst erweist, wenn sie für ihre dauerhaft rentable Ausnutzung sorgt – nach der banalen Logik der Klassengesellschaft, dass es den Knechten auf alle Fälle schlecht geht, wenn es ihren Herren nicht optimal ergeht.

Die rechte Harmonie kehrt damit dennoch nicht ein. Schließlich gilt nach derselben Logik, dass es weder die Zufriedenheit der Herren fördert, wenn es den Knechten – allemal: *zu* – gut geht, noch den letzteren gut geht, wenn ihre Dienstherren frei und erfolgreich über ihre Arbeitskraft und ihren Lebensunterhalt disponieren. Die so selbstverständliche kleine Randbedingung, dass Arbeitsplätze rentabel sein müssen, entzweit Arbeitgeber und Arbeitnehmer doch immer wieder; die beiden Parteien haben ein für allemal entgegengesetzte Interessen an derselben Sache. Das Bedürfnis der Lohnabhängigen nach „Beschäftigung" ist und bleibt mit seiner Unterwerfung unter die kapitalistische Kalkulation schlecht bedient; das großartige Selbstbestimmungsrecht, das der Rechtsstaat seinen Proletariern zugesteht, ist praktisch nichts wert. Umgekehrt entdecken die Anwälte des Rechts des Kapitals auf freies Ein- und Ausstellen von Arbeitskräften noch in dem unterwürfigsten Wunsch nach „Beschäftigung" den abweichenden Gesichtspunkt, Arbeitsplätze hätten um der Arbeiter willen da zu sein, also fehlenden Respekt vor dem allein maßgeblichen Erfordernis des Gewinne-Machens und einen Anschlag auf die marktwirtschaftliche Ordnung überhaupt.

Eine umsichtige staatliche Sozialpolitik ist daher mit der rechtswirksamen Fiktion eines freien Arbeitsmarkts und dem Bekenntnis zu einer erfolgsorientierten Beschäftigungspolitik noch nicht am Ziel. Die politökonomischen Verhältnisse sind damit zwar praktisch durchgesetzt, rechtlich fixiert und in ihrer sozialen Bedeutung geklärt; der Interessengegensatz zwischen Arbeitgebern und Arbeitnehmern ist prinzipiell geregelt. Mit seiner Regelung ist er aber nicht weg, nimmt vielmehr im Rahmen der ganzen absurden Konstruktion die neue Erscheinungsform eines Konflikts über die *Bedingungen* des Einstellens und Entlassens von Arbeitskräften an. Der Gegensatz zwischen der Not der einen, der Kommandomacht der anderen Seite stellt sich als Interessenkollision *auf* dem „Arbeitsmarkt" dar. Und in die mischt sich ein fürsorglicher Sozialstaat auf bemerkenswert konstruktive Weise ein:
– Nationen mit einem elaborierten Sozialwesen leisten sich eine flächendeckend durchorganisierte offizielle *Arbeitsvermittlung*. Damit leisten sie beiden Seiten, Arbeitgebern und Arbeitnehmern, einen guten Dienst: Sie ersparen ihnen einigen Aufwand bei der Suche nach Arbeitskräften resp. einer Arbeitsstelle. Der soziale, arbeitnehmerfreundliche Akzent dabei ist kaum zu übersehen: Den Lohnabhängigen hilft die Erfassung durchs zuständige Arbeitsamt bei dem mühseligen Geschäft, sich potentiellen Interessenten als verfügbare Arbeitskraft an-

zubieten; für viele ist das überhaupt die einzige Gelegenheit, auf dem „Arbeitsmarkt" als zu mietende Kraft vorhanden zu sein und in die vergleichende Musterung durch Arbeitgeber mit Personalbedarf einbezogen zu werden. Umgekehrt verfügen Unternehmer mit einem nennenswerten Arbeitskräftebedarf auch von sich aus über die Mittel, um die benötigte Mannschaft zu rekrutieren. Immerhin lassen auch sie sich gerne willige und fähige Arbeitskräfte andienen – vorausgesetzt, die öffentliche Vermittlungsagentur ist frei von dem Verdacht, Leute nur aus sozialen Gründen bei ihnen unterbringen zu wollen. Insoweit sorgen die staatlichen Arbeitsämter für ein Stück Chancengleichheit zwischen den zwei höchst ungleichen Sorten Eigentümern, als welche der „Arbeitsmarkt" Kapitalisten und Lohnabhängige einander gegenüber stellt.

– Während er fürs Zustandekommen von Arbeitsverhältnissen nur seine guten Dienste anbietet, greift der Sozialstaat bei deren Auflösung direkt in die Entscheidungsfreiheit der Beteiligten ein: Er schreibt *Kündigungsfristen* vor. Das trifft die Arbeitgeber in ihrem beständigen Bemühen um „Verschlankung" ihrer Belegschaft selbstverständlich weit härter als deren Dienstkräfte, die auf ein fremdes Interesse an ihrer Arbeitskraft angewiesen sind; noch dazu gelten für Arbeitgeber in der Regel längere Fristen; es gibt sogar Bedingungen, die eine Pflicht zur Weiterbeschäftigung begründen; und unter Umständen müssen an Entlassene *Abfindungen* gezahlt werden, die dem Unternehmer die Rechnung aufnötigen, ob er mit Kurzarbeit und ähnlichen Manövern nicht besser fährt. Die Staatsmacht schafft auf diese Weise in ausgleichender sozialer Gerechtigkeit ein paar Gegengewichte gegen die Entscheidungshoheit über die materielle Existenz des lohnabhängigen Personals, die sie den Kapitaleigentümern verliehen hat. In diesem Sinne tut sie noch ein Übriges, wo sie auf Seiten der Lohnabhängigen Nachteile bei den Chancen zur Selbstvermarktung entdeckt, die sie nicht dem einzelnen zur Last legen will: Sie stellt *werdende Mütter* unter besonderen Kündigungsschutz, auch langjährig beschäftigte, also ausgepowerte und nicht mehr so recht umstellungsfähige *Alte,* und verlangt von größeren Unternehmen die Anstellung von *Behinderten,* die dann gleichfalls nicht so leicht entlassen werden können. Zwar weiß jeder, und die Lobbyisten des Kapitals melden das auch unverfroren öffentlich an, dass der Gesetzgeber mit solchen Vorschriften den formell Begünstigten nicht unbedingt einen Gefallen tut, weil für den Arbeitgeber jedes noch so kleine Privileg ein Argument *gegen* dessen Inhaber, geradezu ein Einstellungshindernis ist; speziell junge Frauen müssen sich,

100

etwas außerhalb der Rechtslage, auf einen eventuellen Kinderwunsch hin begutachten lassen und haben gegebenenfalls schlechte Karten. Derartige Konsequenzen seiner sozialen Gesetzgebung zu unterbinden, das macht sich der Rechtsstaat aber nicht auch noch zu seinem Anliegen; da begnügt er sich eher mit moderaten Bußgeldern oder verständnisvollen Vorruhestandsregelungen. Schließlich will er das Kräfteverhältnis am „Arbeitsmarkt" nicht außer Kraft setzen: Er will *es regeln,* also Notlagen mildern und Übertreibungen bremsen. Dabei hält er sich formell an seine eigentumsrechtliche Konstruktion einer freien Verfügung der Lohnabhängigen über ihre Arbeitskraft: Er stattet seine eigentumslosen Bürger mit Rechtspositionen für den zweckmäßigen Gebrauch der eigenen Existenz als Erwerbsmittel aus. So sorgt er dafür, dass das Konstrukt eines „Arbeitsmarkts" überhaupt Bestand hat und seine Dienste tut. Den Unternehmern bereitet er damit freilich praktisch nur Nachteile; denen liegt an ihrer Verfügungsmacht über Arbeitskräfte allemal mehr als an dem Formalismus eines der Idee nach allseits vorteilhaften „Arbeitsmarktes". Deswegen beklagen sie auch alle Maßnahmen, mit denen der Sozialstaat dieses absurde Gebilde herstellt, als unzuträgliche „Verkrustungen", die das Arbeitgeben mehr behindern als fördern. Und aufgeklärte Sozialpolitiker zweifeln allemal selber, ob sie es mit der „Reglementierung" hier nicht tatsächlich übertreiben.

– Fürs Entlassen und ansatzweise sogar schon fürs Einstellen von Arbeitskräften erlässt der arbeitnehmerfreundliche Rechtsstaat schließlich noch eine Vorschrift, die allein die Unternehmerfreiheit trifft: ein *Diskriminierungsverbot.* Rein persönliche Vorlieben des Arbeitgebers, für die Arbeitsaufgabe irrelevante Merkmale des Arbeitnehmers dürfen keine Rolle spielen, wenn es für den lohnabhängigen Bürger um seine Erwerbsquelle geht. Eigentumsrechtliches Prinzip und politökonomischer Funktionalismus fallen für die bürgerliche Staatsgewalt auch hier wieder vollständig zusammen: Beide Seiten, Unternehmens- wie Arbeitskraft-Eigner, sollen am „Arbeitsmarkt" nichts als ihren materiellen Nutzen suchen; alle anderen Gesichtspunkte sind sachfremd und illegitim. Dass die Staatsmacht hier ein spezielles Verbot für nötig hält, legt offen, dass das Lohnarbeitsverhältnis bei aller kapitalistischen Zweckgerichtetheit eben doch ein Herrschaftsverhältnis ist, persönliche Abhängigkeit auf der einen, persönliche Macht auf der anderen Seite einschließt, und dass der Herr aller rechtmäßigen Beschäftigungsverhältnisse sich da auch gar nichts vormacht. Als Garant allseitiger Freiheit bringt er die Sache in Ordnung, indem er per Dekret von dem funktionell nutzenbezogenen Herrschaftsverhältnis, das er will und in Kraft setzt, ein unsachliches und insofern Recht und Freiheit des Arbeitskraftbesitzers beschädigendes Gewaltverhältnis unterscheidet und dem Arbeitgeber untersagt, die Konkurrenz arbeitswilliger Kräfte und seine sachlich gebotene Entscheidungsfreiheit darüber im Sinne und für die Durchsetzung bloß privater Launen und Einschätzungen auszunutzen. Natürlich geht niemand davon aus, dass das Verbot dem geächteten Missbrauch der geachteten Privatmacht des Geldes ein Ende machen würde; jeder weiß, dass es bloß die Erfindungskunst von Arbeitgebern bzw. Personalbüros bei der offiziellen Begründung von Ablehnungen und Entlassungen anstachelt. Der Rechtsstaat hat aber das Seine an Prinzipientreue und sozialer Gerechtigkeit geleistet: Er hat kundgetan, dass es ein Übermaß an Ohnmacht und Abhängigkeit auf Seiten seiner ohnmächtig lohnabhängigen Rechtssubjekte gibt, das er nicht toleriert; vor speziellen Gerichten können Verstöße, mit denen natürlich immer zu rechnen ist, in aller Form angeklagt werden. Damit auch wirklich alles mit rechten Dingen zugeht, setzt die Staatsgewalt dann auch wieder dem Beschäftigungsanspruch des einmal akzeptierten Bewerbers mit dem Rechtsinstitut der *Probezeit* eine gerechte Grenze. So einfühlsam reguliert sie die Konflikte, die daraus entstehen, dass sie die unversöhnlich entgegengesetzten Interessen von Kapitalisten und Lohnarbeitern als Eigentumsrechte definiert, zu geschäftlichem Umgang miteinander verurteilt und im sozialen Sinn ausgleichend wirkt, wo sie an der gewollten ökonomischen Ungleichheit der beiden Seiten ein Zuviel an sozialer Ungleichheit entdeckt.

Aufschlussreich ist das hoheitliche Diskriminierungsverbot übrigens noch in einer anderen Hinsicht: Was die bürgerliche Staatsgewalt hier ihren ökonomisch mächtigen Bürgern untersagt, *behält sie sich selber vor.* Insbesondere auf die eine Unterscheidung, die für rein sachlich ausbeuterisch kalkulierende Arbeitgeber nun wirklich sachfremd und willkürlich ist, nämlich die zwischen *In-* und *Ausländern,* legt sie allergrößten Wert.[*] Selbst da, wo das von ihrer Kapitalistenklasse aus-

---

[*] Nach Bedarf sorgt der Rechtsstaat auf seinem diskriminierungsfreien Arbeitsmarkt auch noch für ein weiter gehendes politisches Unterscheidungsvermögen: So ähnlich, wie er es den Staatssicherheitsdiensten seiner ehemaligen Gegner und aktueller „Schurkenstaaten" als Verbrechen gegen die Menschenrechte vorwirft, benutzt er seine eigenen Geheimdienste im Interesse seiner demokratischen Wehrhaftigkeit dazu, lohnabhängigen Bürgern mit falscher, kritisch abweichender bis staats-

drücklich gewünscht wird, macht sie aus der Anwerbung ausländischer Kräfte erst einmal ein größeres Problem; Bewerbern mit ausländischem Pass macht sie grundsätzlich das Leben schwer. Der einheimischen Arbeiterklasse wird diese offizielle Diskriminierung am Kriterium der Staatsangehörigkeit als die vielleicht wichtigste „arbeitsmarktpolitische" Sozialleistung vorstellig gemacht. Und das ist nicht einmal verkehrt, sondern eine Klarstellung über den Zynismus des Sozialen an der bürgerlichen Sozialpolitik: Sie macht aus der Ausbeutung menschlicher Arbeitskraft an einem rentablen Arbeitsplatz ein wertvolles Gut, um das sich der Eigentümer von nichts als der eigenen Arbeitskraft bewerben muss, wobei sie ihn sogar unterstützt; und dieses hohe Gut reserviert sie – jedenfalls bis zu einem gewissen Grad, je nach aktuellem ökonomischem und sozialem Ermessen – solchen Bedürftigen, die in ihrer ganzen sozialen Ohnmacht dem speziellen Besitzanspruch der lokal zuständigen höchsten Gewalt unterliegen. Der Vorteil, Untertan zu sein, verbindet sich so mit dem Glück, sich an einen Arbeitgeber verpachten müssen zu dürfen, zu einem einzigen *sozialen Privileg*.

(2) *Die Tarifautonomie: Wie der Staat den Lohn reguliert*

Mit der Ermächtigung des kapitalistischen Eigentums zum frei kalkulierten Gebrauch – oder Nicht-Gebrauch – der gesellschaftlichen Arbeitskraft ist auch schon die erste, grundlegende Entscheidung der bürgerlichen Staatsgewalt in der Frage der *Entlohnung* gefallen. Wenn Lohnarbeit rentabel sein muss, um überhaupt stattzufinden, dann muss auch das Interesse, vom Lohn zu leben, zurückstehen hinter dem Interesse, einen Lohn zu zahlen. Und das eben nicht bloß, weil die Staatsräson den Konkurrenzerfolg der einheimischen Kapitalistenklasse gebietet, sondern ebenso aus sozialen Gründen: Im wohlverstandenen Eigeninteresse müssen die Lohnarbeiter das staatlich geschützte Recht ihrer Arbeitgeber auf eigennützig kalkulierten Umgang mit ihrem Lebensunterhalt akzeptieren; denn sonst haben sie gar keinen. Dass sich aus diesem eigentumsrechtlich in Kraft gesetzten Sachzwang

feindlicher Einstellung ihre ökonomische Existenz streitig zu machen. Erfahrungsgemäß langen dafür ein paar dezente sachdienliche Hinweise an den zu politischer und weltanschaulicher Neutralität verpflichteten Arbeitgeber. Einen offiziellen „Radikalenerlass" gegen verfassungswidrig gesinnte Staatsdiener soll es auch schon gegeben haben. In irgendeinem höheren Sinn wird es sich wohl auch da um eine Sozialleistung fürs proletarische Volk gehandelt haben.

kein Gleichklang der Interessen von Lohnarbeitern und Unternehmern ergibt, ist freilich auch klar: Mit der vom Gewaltmonopolisten verliehenen Entscheidungsmacht des kapitalistischen Eigentums über die Arbeit ist die Tauglichkeit des Lohns als Lebensmittel *negiert*. Dabei soll es nicht bleiben; aus unabweisbaren sozialen Erwägungen, die die bürgerliche Staatsmacht sich von ihrer Arbeiterbewegung hat aufdrängen lassen. Und im Rahmen seines Eigentumsrechts, das Arbeitsvermögen und Lebenszeit eigentumsloser Personen als deren Eigentum und hinreichendes Subsistenzmittel einordnet und damit das durchaus affirmative proletarische Interesse, vom verdienten Lohn auch leben zu können, als gleichfalls berechtigt anerkennt, findet der Sozialstaat sich zu korrigierendem Eingreifen herausgefordert.

So ist mitten im freiheitlichen marktwirtschaftlichen Gemeinwesen bisweilen ein *Mindestlohn* festgesetzt worden; und das Recht, einen solchen zu verordnen – oder auch in freilich nur schwer vorstellbaren Sonderfällen einen Maximallohn vorzuschreiben –, behält die öffentliche Ordnungsgewalt sich allemal vor. Ausdrücklich wahrt sie ihre letzte Entscheidungshoheit über den Lohn als jene politökonomische Größe, mit der das heikle – und in seinem Erfolg oder Misserfolg stets erst hinterher zuverlässig zu beurteilende – Kunststück gelingen muss, den Zweck allen Wirtschaftens, das aus rentabler Arbeit herausgeholte Wachstum, und auf der anderen Seite den Lebensunterhalt der Masse der Gesellschaft auf einen Nenner zu bringen. Von der Ausübung ihrer Entscheidungsmacht in der primitiven Form, dass sie ein Lohnniveau dekretiert, hält sich die bürgerliche Staatsgewalt aber im Regelfall zurück. Aus gutem Grund: Rechtssystematisch passt eine so direkte Intervention schlecht zu der Fiktion eines freien Geschäftsverkehrs zwischen Eigentümern, die ihr gerade beim Lohnarbeitsverhältnis so wichtig ist; und politökonomisch lädt sie sich damit die direkte Verantwortung für gute Geschäftsergebnisse auf, wo die sich doch aus dem freien Konkurrenzkampf frei kalkulierender Unternehmer ergeben und als stichhaltig erweisen sollen. Ihrer Verantwortung für die selbst geschaffene gesellschaftliche Eigentumsordnung und für passende und solide Konkurrenzerfolge ihrer Wirtschaft wird eine moderne Staatsgewalt jedenfalls viel besser dadurch gerecht, dass sie sich zu dem Klassengegensatz bekennt, den sie im System der Lohnarbeit etabliert hat, und sich *methodisch* dazu stellt: Sie erkennt den Gegensatz der Interessen von Arbeitgebern und Arbeitnehmern am Lohn als feste Gegebenheit an und *erlaubt* glatt einen gesellschaftlichen *Verteilungskampf* – selbstverständlich nicht ohne für dessen Austragung ein Regelwerk vorzugeben, das die beiden Parteien darauf festlegt, sich konstruktiv aneinander ab- und auf einen Kompromiss hinzuarbeiten, für dessen soziale wie politökonomische Tragfähigkeit sie selber haften.

Kernstück dieser Regelung ist die *Tarifautonomie.*[*] Dieses Rechtsinstitut wird gerne so interpretiert, als hätte der Staat sich entschlossen, sich aus der Lohnfrage herauszuhalten. Tatsächlich handelt es sich um eine staatliche Vorschrift, die sich als politisches Regulativ für den national gezahlten Lohn nicht schlecht bewährt – zur Zufriedenheit der Politiker jedenfalls, die sonst in ihrer Verantwortung fürs gemeine Wohl längst die Rechtslage geändert hätten. Unternehmerverbände und Lohnarbeitervereine werden demnach einerseits als Repräsentanten eines nicht auflösbaren Interessengegensatzes rechtlich anerkannt, eben damit andererseits darauf festgelegt, ihren Gegensatz gleichwohl immer von neuem in einen bindenden Kollektivvertrag einmünden zu lassen und dementsprechend verhandlungspartnerschaftlich mit einander umzugehen. Für die *Arbeitgeber* heißt das: Sie sind und bleiben die maßgebliche Seite, die Lohn nur zahlt, wenn sich die gekaufte Arbeit für sie rentiert; das ist und bleibt ihr gutes Recht. Dafür sind sie nun aber verpflichtet, ihre überlegene Position nur in ordentlichen Verhandlungen, quasi als respektables Argument, geltend zu machen und getroffene Abmachungen zu respektieren. Deswegen sind ihnen z.B. Erpressungsmaßnahmen wie eine „Angriffs-Aussperrung" zur Erzwingung von Lohnsenkungen untersagt; private Willkür bei der Lohnzahlung ist verboten – dies übrigens auch im wirklichen wohlverstandenen Eigeninteresse der Unternehmer selbst an einem „fairen Wettbewerb" gegeneinander. Etwas komplexer stellt sich die gleiche Kombination von rechtlicher Ermächtigung und Beschränkung bei den *Gewerkschaften* dar. Die werden nicht bloß als formelle proletarische Interessenvertretung anerkannt; ihnen wird überdies – andernfalls wäre ihr offizieller Rechtsstatus überhaupt nichts wert – ein Stück *Gegenmacht* gegen die Entscheidungshoheit der Arbeitgeber in der Lohnfrage zugestanden: ein *Recht* auf *Arbeitsverweigerung,* also letztlich auf *Vertragsverletzung* – ein rechtliches Paradoxon, ohne das es einfach nicht abgeht, wenn der Rechtsstaat sich einen logischen Mo-

---

[*] Hier wie überhaupt in diesem und den folgenden Kapiteln werden die sozialstaatlichen Verhältnisse erläutert, die in der BRD entwickelt worden sind. Gerade mit ihren Besonderheiten sind sie exemplarisch für das Verhältnis des bürgerlichen Klassenstaats zu seiner Klassengesellschaft.

ment lang auf die von ihm selbst kodifizierte Not und Ohnmacht der lohnarbeitenden Klasse positiv einlässt und sich ein Zugeständnis an die Notwendigkeit fortgesetzter proletarischer Gegenwehr gegen gewisse Folgen der herrschenden Eigentumsordnung abringt. Logischerweise stattet er diese Lizenz von Beginn an mit Kautelen aus, die das noch paradoxere Kunststück fertigbringen, die rechtlich zugestandene rechtswidrige kollektive Arbeitsverweigerung ihrerseits nach Strich und Faden zu verrechten: Der lizenzierte *Wille* zum Widerstand gegen die Unternehmermacht wird in die Schranken eines bis ins Letzte elaborierten *Rechts* auf „Widerstand" eingeschlossen; der anerkannte oppositionelle Materialismus der Arbeitnehmerseite wird an die Bedingung genüpft, dass er sich doch nur im Sinne fortgesetzter Lohnabhängigkeit, also gemäß den Bedingungen rentabler Arbeit betätigt; damit wird der Gefahr einer Sprengung des Lohnarbeitsverhältnisses vorgebeugt. So ist erstens und vor allem jeder kämpferisch-destruktive Gebrauch des Streikrechts als Missbrauch verboten; „Vernichtungsstreiks" sind ebenso untersagt wie „politische", also solche Arbeitskämpfe, die sich gegen rechtliche Garantien der Eigentumsordnung richten oder sonstwie die öffentliche Ordnung beeinträchtigen könnten; die Wiederaufnahme der Arbeit muss das Ziel jeder Arbeitsunterbrechung sein, sonst ist sie pure Rechtsverletzung und folglich verboten. Das Urteil darüber behält der soziale Rechtsstaat sich vor; auch in seiner modernsten Ausgabe verfügt er über Regeln, nach denen, und über Mittel, mit denen er Streikmaßnahmen unterbinden kann, wenn es ihm darauf ankommt. Damit es zu Entgleisungen, gegen die dann eingeschritten werden müsste, gar nicht erst kommt, sind zudem für die Abwicklung des Konfliktfalls sinnreiche Vorkehrungen getroffen:[*] Erst einmal herrscht „Friedenspflicht"; dann müssen Verhandlungen stattgefunden haben und in vorschriftsmäßiger Form für gescheitert erklärt worden sein; dann werden Schlichter eingeschaltet, deren Schiedsspruch ebenfalls erst einmal formvollendet abgelehnt werden muss; schließlich wird eine reguläre demokratische Abstimmungsprozedur innerhalb der Gewerkschaft durchgezogen: dann erst darf immer noch

---

[*] Selbst innerhalb der sozialfriedlichen BRD herrscht hier ein gewisser Pluralismus, weil keine Branchengewerkschaft es sich nehmen lässt, sich für den Fall einer Kündigung des „sozialen Friedens" ihren eigenen Sittenkodex zu erarbeiten, mit dem sie sich bei ihrer demokratischen Obrigkeit für die Lizenz zu sozialpartnerschaftlichen Auseinandersetzungen bedankt.

nicht „wild" gestreikt, sondern von der befugten Gewerkschaftsführung zum Streik aufgerufen werden. Das durchgestylte Verfahren bindet die Wahrnehmung des Streikrechts ganz praktisch an Bedingungen, die es normalerweise gar nicht erst zum Arbeitskampf kommen lassen; wenn doch, dann dürfen die Kampfmaßnahmen selber nicht mehr sein als Elemente eines auf Einigung angelegten Verhandlunsgprozesses. So wird die Gewerkschaft gerade mit ihrer Lizenz zu kämpfen rechtsförmlich auf die Rolle des verständigungsbereiten Sozialpartners verpflichtet; praktisch wird sie in der schwachen Position der Partei festgehalten, die mit ihren Forderungen nur so weit zum Zuge kommen kann, wie das Interesse der Gegenseite sich befriedigt findet; wenn sie nicht von vornherein das erfolgreiche Geschäft mit der Lohnarbeit als Bedingung und Schranke für jede eigene Offensive anerkennt, stößt sie mit ihrer Gegenmacht unweigerlich an die Grenzen, die ihr mit der staatlichen Anerkennung ihrer „Konfliktfähigkeit" gezogen sind. Auf der Basis kann in autonom geführten Tarifverhandlungen kaum noch etwas schief gehen. Die professionell ums gemeine Wohl besorgte freie Öffentlichkeit bietet mit der kritischen Begleitung des Verhandlungsprozesses eine zusätzliche Gewähr dafür, dass nichts aus dem Ruder läuft. Die politisch Verantwortlichen finden hier überdies ein Forum, auf dem sie ihre Vorstellungen über einen passenden Tarifabschluss bekannt geben und geltend machen können; von den zahllosen „Kanälen" für informelle Direktiven ganz zu schweigen. In ihrer Eigenschaft als Arbeitgeber des öffentlichen Dienstes setzen die Chefs der Nation im Übrigen bisweilen selber die „Eckpunkte" für eine sach- und konjunkturgerechte allgemeine „Lohnfindung"; in anderen Jahren schließen sie sich dann wieder den in anderen Branchen erzielten Abschlüssen an – so „staatsfern" und „frei von politischer Einflussnahme" spielt sich die Tarifautonomie praktisch ab.

Über das materielle Ergebnis macht sich der Sozialstaat nichts vor. Keinen Moment lang geht er davon aus, dass er mit der Einrichtung eines ordentlichen, tarifautonom geführten Verteilungskampfes in seiner Klassengesellschaft seine sozialpolitische Agenda abschließen könnte, weil durch die vorgeschriebenen Prozeduren automatisch für eine allseits befriedigende Wohlstandsverteilung gesorgt wäre. Gerade auf der Grundlage hat er es nach eigener Einschätzung bei seinen vielen Lohnabhängigen mit lauter armseligen bis subsistenzunfähigen, ziemlich umfassend betreuungsbedürftigen Existenzen zu tun. Mit den Resultaten des permanenten Prozesses tarifautonomer „Lohnfindung" fängt jedenfalls sein sozialpolitischer Aufgabenkatalog erst richtig an.

b) Der Sozialstaat reglementiert den kapitalistischen Verschleiß der Arbeitskraft

Mit dem Lohnkontrakt erwirbt der Arbeitgeber ein privates Verfügungsrecht über die Arbeitskraft und die Lebenszeit seiner „Mitarbeiter". Das ist demnach das Erste, was die Staatsmacht zum kapitalistischen Betriebsleben beisteuert: die Ermächtigung des Eigentümers dazu, als Privatperson ganz nach eigenem Kalkül über Arbeit zu disponieren, das produktive Zusammenwirken „seiner" Leute zu organisieren, seiner Privatsphäre ein Stück gesellschaftlicher Arbeitsteilung einzuverleiben, so dass sein Eigentum den Nutzen davon hat.

Doch dabei bleibt es nicht. Dieselbe Staatsgewalt, die dem kapitalistischen Unternehmer alle „Betriebsabläufe" als seine Privatangelegenheit anheimstellt, lässt sich zu dem praktischen Eingeständnis drängen, dass ein so kapitalistisch privatisierter gesellschaftlicher Arbeitsprozess seine menschlichen Bestandteile ruiniert, dadurch den erfolgreichen Fortbestand des sozialen Ganzen gefährdet und insoweit auch mit dem Eigentumsrecht des Lohnarbeiters schwer zu vereinbaren ist. Ohne am Grundsatz der privaten Verfügungsgewalt des Lohnzahlers über Zeit und Kraft der „Beschäftigten" zu rütteln, erlässt sie für die Ausübung dieser Gewalt gesetzliche Normen, die Zeugnis ablegen von den zivilisatorischen Errungenschaften des kapitalistischen Erwerbslebens.

(1) Die Arbeitszeitordnung: Was von der Lebenszeit bleibt

Dass Marx den Tauschwert der Waren aus dem Quantum der für ihre Produktion gesellschaftlich notwendigen Arbeitszeit „abgeleitet" haben soll, davon hat mancher gebildete Zeitgenosse einmal läuten hören. Noch viel weniger bekannt ist – auch unter Marx-„Kennern" –, dass der Autor der „Kritik der politischen Ökonomie" sich sicher war, damit auch schon die vernichtende Kritik der kapitalistischen Produktionsweise geliefert zu haben. Ihm war nämlich aufgefallen, dass die Kapitalisten in ihrem Konkurrenzkampf die Lohnarbeit immer produktiver machen; so, dass der alte handwerkliche Zusammenhang zwischen aufgewandter Arbeitszeit und geschaffenen Gebrauchswerten völlig aufgelöst ist, die menschliche Arbeitsleistung sich zunehmend auf die Einleitung, das In-Gang-Halten und die Überwachung durchtechnisierter Produktionsprozesse zusammenkürzt, bei wachsendem gegenständlichem Reichtum also immer mehr Arbeitszeit überflüssig wird und damit eigentlich immer mehr Güter *und* immer mehr Lebenszeit frei verfügbar – *würden*, wenn es nicht eben so wäre, dass *Kapitalisten* mit ihren Berechnungen hinter all diesem schönen Menschheitsfortschritt stecken und nichts anderes damit bezweckt ist als die Steigerung der *Rentabilität* der Arbeit. Den kapitalistischen Urhebern steigender Arbeitsproduktivität kommt es bei all dem technischen Aufwand, den sie treiben, eben überhaupt nicht auf mehr Güter und Freizeit für die Allgemeinheit, sondern ausschließlich darauf an, aus der Arbeit, die sie bezahlen, ein Maximum an Erlös herauszuholen, also – nichts anderes heißt ja „rentabel"! – die Spanne zwischen der im Lohn an fremde Leute weggezahlten Geldsumme und dem Geldertrag aus der dafür gekauften Arbeit dieser Leute zu vergrößern. Es geht folglich um das Verhältnis zwischen dem – tendenziell verschwindenden – Arbeitsaufwand, der nötig ist, um Waren im Wert des gezahlten Lohns zu erzeugen, und der Gesamtdauer des Arbeitsprozesses, der verkäufliche Produkte, also ein in Geld bemessenes Betriebsergebnis erzeugt. Und *so* dreht sich dann wirklich alles um die notwendige Arbeitszeit: *so wenig* wie nur möglich im Verhältnis zum in Geld bezifferten Gesamterlös des Unternehmens, von *solcher* Arbeit jedoch, die sich schon in einem gegen Null tendierenden Bruchteil ihrer Anwendungsdauer bezahlt macht, *möglichst viel.* Denn *solche* Arbeit ist die *Quelle,* ihre *Dauer* daher das *Maß* des eigentlichen Betriebsergebnisses: der zustande gebrachten Vergrößerung des eingesetzten kapitalistischen Eigentums. Von *ihr* können die hart kalkulierenden Arbeitgeber gar nicht genug kriegen: Je mehr Arbeitsaufwand sie in der Fabrikation von verkäuflicher Ware *einsparen, um so länger* soll die so effektivierte Arbeit ihr ertragreiches Werk tun; je *sparsamer* bei der Arbeitszeit *pro Ware,* um so *verschwenderischer* sind sie bei der Arbeitszeit *pro Arbeitskraft.* Das gebietet ihnen ihr eigenes Interesse; und das machen sie mit ihrer Konkurrenz gegeneinander zur allgemein geltenden, zwingenden Erfolgsbedingung. So geht – paradox genug, aber völlig sachgemäß in der besten aller ökonomischen Welten – die Steigerung der Produktivkraft der Arbeit mit dem Drang und Sachzwang zu maximaler Verlängerung der Arbeitszeit einher.[*]

[*] *„Die entwickeltste Maschinerie zwingt den Arbeiter daher jetzt länger zu arbeiten als der Wilde tut oder als er selbst mit den einfachsten, rohsten Werkzeugen tat."* (Karl Marx, Grundrisse der Kritik der politischen Ökonomie, Moskau 1939, S. 596)

Die per Saldo eingesparte Arbeitszeit verwandelt sich folgerichtig überhaupt nicht in mehr freie Zeit für alle, sondern *ist* nichts als ein

Rechtlich ist daran nichts zu beanstanden; *politökonomisch* geht dieser Wahnsinn erst recht in Ordnung. *Sozial* gesehen sind beliebig lange Arbeitszeiten allerdings einfach nicht auszuhalten. Das sieht die bürgerliche Staatsgewalt ein und setzt deswegen Schranken gegen ein *Übermaß* an zeitlicher Beanspruchung von Arbeitskräften, wo immer das liegen mag. Sie schreibt gesetzlich vor, wie viele Stunden ein Arbeitstag und eine Arbeitswoche für den einzelnen Arbeitnehmer maximal dauern dürfen, und dass ein bezahlter Urlaub gewährt werden muss. Das ist eine empfindliche Einschränkung der unternehmerischen Freiheit, freilich weder eine Absage an das Interesse der Unternehmer an möglichst viel Arbeitszeit pro Arbeitskraft noch eine Zurücknahme der Ermächtigung, die Auszahlung von Lohn an die Ableistung eines geschäftsdienlichen Mindestquantums von Arbeitsstunden zu binden. Die gesetzliche Arbeitszeitordnung wird von den Unternehmern daher ganz sachgerecht als ein Rahmen genommen, den sie auf Basis ihrer ansonsten uneingeschränkten Verfügungsgewalt über die Produktionstechnik wie über das arbeitsteilige Zusammenwirken ihrer Angestellten mit der größtmöglichen Menge Arbeit auffüllen. Sie „verdichten" die Arbeitszeit, d.h. sie beschleunigen den Produktionsprozess, packen immer mehr Arbeit in die Stunden, über die sie gesetzlich verfügen, machen also *Leistung* – im Wortsinn: Arbeit pro Zeit – zur Bedingung des Lohns. Sie verdoppeln und verdreifachen ihre Belegschaften oder teilen sie entsprechend auf, um ihren Produktionsprozess rund um die Uhr in Gang zu halten und so in kürzester Zeit ein Maximum an rentabler Arbeit anzueignen sowie den Umschlag ihrer teuren Investitionen zu beschleunigen: Sie organisieren *Schichtarbeit*. Die Schranken der kollektivvertraglich festgelegten Arbeitszeit kaufen sie ihren Dienstkräften bei Bedarf billig ab: Sie ordnen *Überstunden* und *Sonderschichten* an, zahlen dafür ein kleines Zusatzentgelt und degradieren so am Ende die Normalarbeitszeit zur bloßen Bezugsgröße für die Berechnung von Zuschlägen zum Normallohn. Schließlich erfinden

Abfallprodukt des kapitalistischen Fortschritts und wird dementsprechend auch als solches behandelt: als nutzlos gewordene, für die Vermehrung des Kapitals unbrauchbare Restgröße an menschlicher Lebenszeit, deren Inhaber folglich von der Teilhabe an der immer leichter produzierten Warenmenge ausgeschlossen bleibt. Der ausufernden zeitlichen Inanspruchnahme rentabel produzierender Arbeitskräfte entspricht der Pauperismus als notwendiges Schicksal der überflüssig gemachten. Vom Umgang des Sozialstaats mit diesem Nebeneffekt handelt weiter unten der Abschnitt c) (5).

sie *Arbeitszeitmodelle*, die den rechtlichen Vorgaben per Durchschnitts-rechnung über längere Zeiträume hinweg gerecht werden, tatsächlich also jederzeitigen Zugriff auf jedes benötigte Quantum Arbeit gewähr-leisten; so sparen sie zudem die Kosten treibende Unterscheidung zwi-schen normaler und Sonder-Arbeitszeit, gleichen auch Phasen eines unterdurchschnittlichen Arbeitsanfalls kostensparend aus; kurzum: sie sorgen für *Flexibilität* im Betriebsleben.

Mit all diesen legalen Machenschaften treffen die Herren der gesell-schaftlichen Arbeit auf Arbeitnehmer, die sich mit ihrer Bereitschaft, mit Lohnarbeit über die Runden zu kommen, zu einer widersprüchli-chen Abwägung gezwungen sehen. Was sie mit der Verpachtung von Arbeitskraft und Lebenszeit an einen kapitalistischen Unternehmer bezwecken, ist der Zugriff auf ein hinreichend großes Stück der Waren-welt *und* frei verfügbare Zeit. Diesem Zweck kommt jedoch keinerlei gesellschaftliche Gültigkeit zu; er gehört in den Bereich der subjekti-ven Wünsche. Objektiv gilt, dass auch die Leute ohne Eigentum sich erst einmal etwas Eigenes erarbeiten müssen, um zu leben; mangels ei-gener Mittel im Dienste fremden Eigentums. Und dabei gilt auch für sie, freilich in zynischer Umkehrung, genau das Verhältnis zwischen Dauer der Arbeit und Menge des erworbenen Eigentums, von dem ihre kapitalistischen Arbeitgeber profitieren: Auch sie haben die Chance, durch Arbeit Geld zu verdienen, und zwar um so mehr, je länger sie ar-beiten; dies allerdings in Abhängigkeit von der Vermehrung fremden Eigentums, die sie mit ihrer Arbeit bewirken. Jedes Stück Verfügungs-macht über ihren notwendigen „Warenkorb" müssen sie sich durch ein Vielfaches der Arbeitszeit, die für dessen Herstellung notwendig ist, er-kaufen; jedes bisschen Teilhabe am gesellschaftlichen Reichtum kostet sie ein unverhältnismäßiges Opfer an Lebenszeit. Die gesetzliche Defi-nition eines Normalarbeitstags ändert daran so viel, dass nicht gleich das gesamte Leben des Lohnarbeiters für den unerlässlichen Gelder-werb draufgeht. Statt dessen darf der proletarische Bürger mit seinem Eigentumsrecht an der eigenen materiellen Existenz frei kalkulieren — eben im Sinne der schönen Gleichung, dass er einkommensmäßig um so besser fährt, je mehr Lebenszeit er seinem Arbeitgeber opfert. Er darf Lohn und freie Zeit *gegeneinander* abwägen; auf diese negative Art gilt auch für ihn, dass Arbeit im Maße ihrer Dauer Eigentum schafft.

Dabei ist er von sich aus noch nicht einmal dazu in der Lage, sich die Gelegenheit zu entsprechenden Kalkulationen zu verschaffen. Auswäh-len kann ein Lohnarbeiter allenfalls zwischen Alternativen, die der Ar-

111

beitgeber ihm bietet. Da ist allerdings einiges geboten; nämlich alles das, was Unternehmer sich haben einfallen lassen, um mit dem gesetzlich vorgeschriebenen Normalarbeitstag in *ihrem* Sinne gedeihlich klarzukommen: Leistungslohn, Schichtarbeitszulage, Überstundenzuschlag, „Flexibilität" als Ausstattungsmerkmal eines Arbeitsplatzes... Dabei verlassen die Arbeitgeber sich darauf, dass der in freien und friedlichen Tarifverhandlungen „ermittelte" Durchschnittslohn allemal niedrig genug ausfällt, um bei ihren Arbeitnehmern ein Interesse noch am kleinsten Zusatzverdienst und die Bereitschaft zu jeder gewünschten zusätzlichen Arbeit zu wecken. Und sie werden nicht enttäuscht. Die sozialstaatliche Normierung des Arbeitstags und ihr produktiver Umgang mit den Schranken, die ihrer Herrschaft über die Arbeitszeit ihrer Leute dadurch gesetzt sind, bringen den lohnabhängigen und folglich arbeitswilligen Menschen dahin, dass er gar nichts weiter dabei findet, sich sogar recht schlau vorkommt, wenn er sich auf die gebotenen Gelegenheiten zur Aufstockung seines Normallohns durch zusätzliche Arbeitszeit einlässt, Lebens*zeit* gegen Lebens*unterhalt* aufrechnet und nicht bloß tut, was das Eigentum von ihm verlangt, sondern sogar gegen seinesgleichen um die Ableistung von Überstunden konkurriert. Am Ende kommt es so heraus, dass die soziale Wohltat einer gesetzlichen Beschränkung der Arbeitszeit praktisch weniger die Arbeitgeber als die begünstigten Arbeitnehmer einschränkt, nämlich daran hindert, sich von ihren Dienstherren freiwillig in definitiv ruinöse Arbeitszeiten hineintreiben zu lassen.

Auf jeden Fall bleibt nicht viel übrig von der frei verfügbaren Lebenszeit, um deren bequeme Ausgestaltung nach selbst gesetzten Zwecken es eigentlich doch jedem arbeitswilligen Menschen zu tun ist. Sie gerät zur bloßen *Restgröße,* die nicht bloß arg beschränkt ausfällt, sondern außerdem funktional auf die Arbeitszeit bezogen ist. Es handelt sich um *Erholungszeit* in dem schäbigen Sinn, dass alle private Zwecksetzung sich erst einmal nach der Notwendigkeit zu richten hat, die so ausgiebig von anderen benutzte eigene Arbeitsfähigkeit wieder herzustellen. *Wie* der einzelne das schafft, bleibt ihm selbst überlassen; da herrscht in der Marktwirtschaft die große Freiheit, sich aus dem stereotypen Überangebot an Kompensationsmitteln das höchstpersönlich Passende herauszusuchen. Fest steht, *dass* die Freizeit vor allem andern eben dies leisten, nämlich den Menschen mit seiner Arbeitskraft regenerieren muss und entsprechend genutzt sein will. Für die große jährliche Auszeit vom betrieblichen Alltag schreibt der Sozialgesetzgeber sogar eigens „Erholung" als Zweck der Übung vor – weniger, um leistungsfeindliche Vergnügungsexzesse zu zügeln; vielmehr zieht er so dem durchaus erwünschten und herausgeforderten Bemühen seiner anpassungsbereiten Proletarier, sich durch immer mehr Arbeit und Opfer an freier Zeit Eigentum zu verschaffen, eine Grenze, damit ihre Arbeitskraft dem Arbeitgeber erhalten bleibt, der schließlich sogar für die Urlaubszeit Lohn zahlen muss...

Daneben hat die abendländische Staatsgewalt auch noch das höhere staatsbürgerliche Wesen im Lohnarbeiter im Auge, wenn sie dem zeitlichen Ausmaß seiner kapitalistischen Verwendung Schranken setzt. Für die Familie, die auch der moderne Sozialstaat noch als seine sittliche wie biologische Keimzelle schätzt, muss Zeit bleiben; ebenso für die eine oder andere Sorte idealer oder sogar praktizierender Teilhabe an der Nation und ihrem erhebenden Wir-Gefühl, ob es nun ein politischer, ein kirchlicher oder ein Sportverein ist, in dem der einzelne seine Anhänglichkeit ans Gemeinwesen kultiviert. So konkurriert schon seit den Tagen des Manchester-Kapitalismus und bis heute die Heiligkeit des Sonntags mit dem kapitalistischen Kalkül, das jeden Stillstand im Arbeitsprozess als Abzug vom Gemeinwohl und Eingriff in das Recht des Eigentums auf seine Vermehrung verbucht.

(2) Der Arbeitsschutz: Was beim Einbau des subjektiven Faktors in den Produktionsprozess zu beachten ist

Marx hat die Arbeit im Kapitalismus „abstrakt" genannt. Dass das – irgendwie – kritisch gemeint ist, haben viele Theoretiker der bürgerlichen Produktionsweise herausgehört und das Stichwort gerne aufgegriffen; für kulturkritische Räsonnements vor allem, über die „Sinnentleerung" des in Wahrheit doch „schöpferischen" Tuns werktätiger Menschen und dergleichen mehr. Vom Inhalt dieses Attributs und dem schlechten Zeugnis, das der Lohnarbeit damit tatsächlich ausgestellt ist, hat man nicht viel wissen wollen.

„Abstrakt" ist die Arbeit im Kapitalismus darin, dass ihre Zweckbestimmung und ihr eigentliches ökonomisches Produkt in dem Geld besteht, das sich mit ihr erwerben lässt. Die materiellen Bestimmungen der produktiven Tätigkeit – und das impliziert: die produktiv tätigen Arbeitskräfte selber sind zu bloßen Bedingungen und Mitteln des Gelderwerbs herabgesetzt. *Ihnen selbst* kann es bei ihrer Tätigkeit ökonomisch um gar nichts weiter gehen als um das Geld, das ihnen dafür gezahlt wird. Zugleich *sind* sie mit ihrer bezahlten Tätigkeit *selber* bloß *Mittel* zum Zweck des Gelderwerbs; durch einen Arbeitgeber, der sie arbeiten *lässt* und dafür *bezahlt* und ihre Tätigkeit konsequenterweise

so organisiert, dass *er mehr* Geld erwirbt, als er für ihre Arbeit weg-
zahlt. „Abstrakte" Arbeit bedeutet also, dass *Arbeiter als Produktionsfaktor* eingesetzt werden; durch einen Kapitalisten, der diesen „Faktor"
mit den ihm verfügbaren Produktionsmitteln als anderem „Faktor"
zweckmäßig im Sinne seines Geschäftserfolgs zusammenwirken lässt.
„Konkret" organisiert das kapitalistische Unternehmen die „abstrakte"
Arbeit daher so, dass es alles vorgibt – Technik, Maschinerie, Rohstof-
fe, den Produktionsablauf, die Arbeitsteilung, die produktiven Potenzen der angewandten Arbeit selber – und den „menschlichen Faktor"
als flexibles Höchstleistungsinstrument einsetzt. Darin ist eingeschlossen, dass der kapitalistisch durchorganisierte Betrieb den „Output" an
gegenständlichem Reichtum vom „Input" an menschlichem Interesse,
handwerklichem Geschick, Engagement und sogar Arbeitszeit weitest-
gehend emanzipiert, was ein reiner Segen für die werktätige Menschheit – *wäre,* wenn es denn darum zu tun wäre. Weil es tatsächlich aber
um alles andere als größtmögliche Bequemlichkeit beim Produzieren
geht, nämlich um das im Sinne des Unternehmens optimale Verhältnis
zwischen dem „Input" an *bezahlter* Arbeit und dem „Output" an *Gelder-
lös,* wird der Produktionsprozess darauf abgestellt, auch und vor allem
aus dem Arbeiter als dem flexibelsten „Faktor" im gesamten Verfahren
den größtmöglichen „Beitrag" herauszupressen.

Die angewandten Arbeitskräfte werden dadurch grundsätzlich mit
zwei Forderungen konfrontiert, denen sie zu genügen haben, wenn sie
den „abstrakten" Zweck, den *sie* mit ihrer Arbeit verfolgen, realisieren
und ein Geldeinkommen erzielen wollen. Sie müssen sich an die Funktionen *anpassen,* die die jeweils modernste Technologie des kapitalistischen Gelderwirtschaftungsprozesses für menschliche Arbeit vorsieht
und vorgibt, wobei ein Maximum an *Leistung,* in welcher Disziplin
auch immer, allemal zu den betriebswirtschaftlichen Vorgaben gehört;
und sie müssen die entsprechenden *Belastungen,* die von ganz anderer
Art sind, als die widrigsten natürlichen Lebensumstände sie je der
Menschengattung beschert haben, *aushalten.* „Abstrakte" Arbeit verlangt nie dagewesene Verrenkungen physischer, mentaler und intellek-
tueller Art; durchaus auch immer neue, kaum dass die zuvor geforderten zur Gewohnheit geworden sind; und diese a tempo. So gründlich
testet die kapitalistische Technologie Belastbarkeit und Anpassungs-
vermögen der Menschen aus, dass am Ende das entgegengesetzte Ex-
trem zum Wunsch nach Bequemlichkeit: das Kriterium der Aushaltbarkeit der Arbeit sowie der Leistungsfreundlichkeit der Arbeitsbedingungen, in die Technologie der „abstrakten" Arbeit Eingang findet. Die

ergonomisch durchstudierte Menschengattung lernt auf diese Weise am eigenen Leib lauter bislang verborgene Potenzen und neuartige Qualitäten ihres Arbeitsvermögens kennen. Bis ins kapitalistische Zeitalter hinein völlig unterentwickelt gebliebene Fähigkeiten treten zu Tage. Höchstgeschwindigkeit bei eigenartigen Verrichtungen, höchste Aufmerksamkeit über Stunden, Arbeitsrhythmen unabhängig vom natürlichen Tag und ohne Abwechslung im Jahresablauf oder auch mit ganz plötzlichem Rhythmuswechsel, Krach, Gifte aller Art, Verletzungsgefahren durch Maschinerie und Energiequellen, Verein-seitigung beim Kraft- und Nervenaufwand – das alles lässt sich tat-sächlich aushalten. Für ein wenig Lohn sogar freiwillig.

Dagegen einzuschreiten, ist grundsätzlich nicht Sache des Staates. Der respektiert erstens die private Natur des kapitalistischen Produk-tionsprozesses; und wenn er zweitens die Bemühungen privater Unter-nehmer um Fortschritte in der Technologie der Profiterwirtschaftung als öffentliche Angelegenheit begreift, dann in dem positiven Sinn, dass sie um des nationalen Konkurrenzerfolgs willen Förderung verdienen. Dennoch kann er sich auch hier nicht ganz der Einsicht verschließen, dass die einschlägigen Errungenschaften der Arbeiterklasse nicht gut bekommen; und als Rechtshüter erkennt er an, dass manche Wirkun-gen sich durchaus als Schädigung des Eigentums am eigenen Arbeits-vermögen auffassen lassen, das er seinen ansonsten eigentumslosen Bürgern doch konzediert. In dem dadurch abgesteckten Rahmen greift er also reglementierend ein: nicht ins System der „abstrakten" Arbeit, sondern bei bestimmten störenden Folgewirkungen. So hat eine um-sichtige Sozialpolitik es zu einer langen Latte von Vorschriften zum *Unfallschutz* gebracht, die allesamt mit größter Selbstverständlichkeit davon ausgehen, dass eine auf den Betriebserfolg hin optimierte Tech-nik unausweichlich mit dem in sie eingefügten menschlichen Faktor kollidiert; auch wo sie nichts verhindern, sind sie nicht umsonst, regeln nämlich immerhin die im Unglücksfall anstehenden eigentumsrechtli-chen Haftungsfragen. *MAK-Werte* sind festgelegt worden, die die Ver-giftung am Arbeitsplatz als Problem ins Auge fassen und einen Ver-dünnungsgrad definieren, in dem „Schadstoffe" zugemutet werden dür-fen. Auch bei bestimmten *Dauerbelastungen* werden Grenzen der Zu-mutbarkeit dekretiert, die gleichfalls klarstellen, dass die Macher der Marktwirtschaft von sich aus hier jedenfalls keine Grenzen kennen. Dabei zielt keiner dieser – und vieler ähnlicher – hoheitlichen Eingriffe in den freien Betriebsalltag darauf ab, die Maßstäbe, nach denen der organisiert ist, außer Kraft zu setzen oder womöglich so umzudrehen, dass die angewandte Technik den angewandten Arbeitskräften Lasten *erspart*. Nicht Schonung *statt* Verschleiß wird angeordnet, sondern Rücksichtnahme *beim* erlaubten Verbrauch menschlicher Arbeitskraft, Vorsicht *bei* deren zweckmäßiger Einpassung in den Produktionsablauf.

Dennoch: Auch solche Regelungen stehen in Gegensatz zur unternehmerischen Kalkulation und zu dem dadurch jeweils konkret definierten „abstrakten" Charakter der Lohnarbeit; selbst da, wo sie sich zu Recht aufs wohlverstandene Eigeninteresse der Unternehmer selbst berufen können, denen doch z.B. mit einer unfallbedingten Unterbrechung des Betriebsablaufs oder mit kostspieligen Folgeschäden auch nicht gedient sei – mit gesetzlichen Restriktionen und erst recht mit Sanktionen ist ihnen schließlich ganz sicher nicht gedient. Die Differenz zwischen den wirklichen Konkurrenzinteressen kapitalistischer Eigentümer und deren sozialpolitischer Verallgemeinerung ist eben nicht so einfach aufzulösen. *Mehr* als *diesen* Gegensatz zum produktiven Eigentum will der Sozialstaat aber auf keinen Fall eröffnen. Deswegen übertreibt er es weder mit seinen arbeitnehmerfreundlichen Schutzvorschriften noch mit deren praktischer Durchsetzung. Er hat Verständnis für die „Betriebsgefahr", die von modernen Produktionsmitteln offenbar unvermeidlich ausgeht, bezieht sich dabei auf den „Stand der Technik", den das Kapital vorgibt, und macht für Schädigungen, die sich daraus ergeben, den Betreiber haftbar, der seinerseits die Folgen seiner Haftpflicht gegen ein gewisses Entgelt auf eine Versicherung abwälzen kann und das sogar tun soll. Bei der Festlegung von Grenzwerten für eine gerade noch unschädliche „Schadstoff"-Konzentration greift die hoheitliche Aufsicht gerne auf den Sachverstand der betroffenen Unternehmen zurück. Was die Einhaltung von Regeln und Verboten betrifft, so gibt es einerseits eine Gewerbeaufsicht mit weitreichenden Befugnissen, andererseits aber so viel zu kontrollieren, dass der schöne Grundsatz der *Selbstkontrolle* des kapitalistischen Gewerbes in weitem Umfang zur Anwendung kommt. Angedrohte Sanktionen sind durchwegs so bemessen, dass in ihnen die Preisform, die dem Recht allemal innewohnt, deutlich zum Tragen kommt: Von vielen Verpflichtungen kann ein Unternehmer sich leicht freikaufen; ein Vergleich zwischen der eventuell fälligen Strafgebühr und dem Aufwand, der sicher nötig wäre, um sie zu vermeiden, lohnt sich allemal; schon gleich, wenn geschickte – dann freilich ihrerseits teure – Anwälte ihn vornehmen. Im Übrigen braucht das Meiste gar nicht behördlich reguliert zu werden, weil Unternehmerverbände und Gewerkschaften miteinander ein branchenspezifisch bis ins Detail ausgearbeitetes Regelwerk der „abstrakten" Arbeit geschaffen haben, das die erlaubten Anforderungen ans Leistungsvermögen der Arbeitskräfte bis zur letzten Sekunde Zeitaufwand und bis zum letzten Kilopond Kraftaufwand normiert, in Dezibel und Hitzegraden zumutbare Arbeitsbedingungen definiert und regelmäßig gleich das Extra-Entgelt mit beziffert, das die Arbeitgeber ihren „Mitarbeitern" für die Überschreitung der vereinbarten Grenzen zu zahlen haben. Es verhält sich da wie mit den Überstunden: Wo der Lohn nur niedrig genug ist, da tun die mickrigsten Sonderzahlungen wahre Wunder.

Und wie bei den Arbeitszeiten, so können die Unternehmer auch in der Frage der Leistungsanforderungen und Arbeitsbedingungen auf den Sachzwang hinreichend geringer Löhne bauen und damit rechnen, dass Arbeitskräfte, die sich den Eigentumserwerb durch Lohnarbeit zum Anliegen gemacht haben, sich gar nicht als Begünstigte des sozialstaatlichen Arbeitsschutzes sowie der darauf aufbauenden oder sie ersetzenden manteltarifvertraglichen Regelungen begreifen – außer in dem einen Sinn, dass sie sich einiges davon für ein bisschen bares Geld abkaufen lassen können. „Abstrakte" Arbeit, Verschleiß fürs Eigentum ist eben auch ihr Ding; nichts, wogegen man sich wehrt, sondern das, wovon man lebt, von dessen Härten der proletarische Lebenskünstler sogar zu profitieren versteht. Wenn dann eine Unternehmensleitung behördliche Vorschriften so umsetzt, dass ihre Einhaltung die gleichwohl verlangte Leistung bloß zusätzlich erschwert, so kann sie sich glatt sicher sein, dass ihre Beschäftigten eher den staatlichen Aufsichtsbehörden deren „Regelungswut" übelnehmen als ihren Chefs deren Leistungsanforderungen: Für deren Erfüllung kriegen sie schließlich ihr Geld!

Und dabei reicht das noch nicht einmal so weit, dass der Sozialstaat seine Arbeiterklasse mit dem Verdienten sich selbst überlassen könnte. Ganz im Gegenteil!

c) Der Sozialstaat verstaatlicht den Lohn und finanziert damit Bedingungen für die Subsistenz und die Reproduktion einer nationalen Arbeiterklasse

Der bürgerliche Staat führt seiner Gesellschaft den Haushalt; dabei be- und verwirtschaftet er – mittlerweile und immer noch – die größten Summen unter der Rubrik „Soziales". Einem verbreiteten Gerücht zufolge handelt es sich dabei um „soziale Wohltaten", die der öffentlichen Gewalt von vielen ihrer mündigen Bürger hoch angerechnet werden:

als Maßnahmen zur Beseitigung naturwüchsiger Mängel und Defekte einer „bloßen" Marktwirtschaft und zur Herbeiführung ausgleichender sozialer Gerechtigkeit. Andere sehen das anders, erinnern an die triviale Tatsache, dass der Staat nichts ausgibt, was er nicht zuvor oder hinterher seinen Bürgern abnimmt, und beklagen eine systemwidrige Umverteilung von den Tüchtigen zu den Untüchtigen, eine Bestrafung der Erfolgreichen und die Verwöhnung von Versagern. Tatsache ist, dass der Sozialstaat erhebliche Finanzmittel mobilisiert, um sie an anderer Stelle wieder auszugeben, also allemal „Geld umverteilt", so dass der Polemik ums rechte Maß und dem Bürgerrecht auf Neid und Missgunst, das sich darin betätigt, der Stoff nie ausgeht. Dabei ist es allerdings überhaupt nicht so, dass die Sozialpolitik mit ihren Interventionen die kapitalistisch zustande gebrachte Eigentums- und Einkommensverteilung in der Gesellschaft antasten, geschweige denn korrigieren oder gar revidieren würde. Sie leistet das weder, noch liegt etwas Derartiges in ihrer Absicht. Für seinen allgemeinen Haushalt zieht der Staat alle seine Bürger mit ihren Einnahmen und mit ihren Ausgaben als Geldquelle heran; das ist wahr. Wo er aber aus sozialen Gründen Geldeinkommen systematisch umwidmet, da hält er sich ganz an die Einkommens*art,* die immer so viel sozialpolitischen Betreuungsbedarf begründet, nämlich die Gattung der unselbständigen Arbeitseinkommen, und da an gewisse Grenzen bei der Einkommens*höhe,* bei denen nach seinem Ermessen der Betreuungsbedarf endet. *Umverteilung* organisiert er auf die Weise *innerhalb* der Klasse, die ihm mit ihrer Not auf die Nerven geht; übrigens ohne sich über eine schlüssige Klassentheorie den Kopf zu zerbrechen oder gar mit seinen ideologischen Dementis einer politökonomischen Klassenscheidung in seiner Gesellschaft ins Stolpern zu kommen; die gesetzliche Festlegung von Einkommensarten und -ziffern langt ihm schon für die Unterscheidung von Klassenlagen.

So ist sein Sozialhaushalt die systemgemäße Antwort des bürgerlichen Sozialstaats auf die „soziale Frage", die seine Lohnarbeiterklasse ihm aufmacht: Die umverteilten Gelder sind der Preis, den er die Arbeiterklasse für ihre betreuungsbedürftige Armut zahlen lässt.

(1) Brutto und Netto:
Wie der Staat den nationalen Lohn sozialisiert

Die Unternehmer zahlen für Arbeit den Preis, der ihnen abgerungen wird und sich mit ihren Konkurrenzkalkulationen verträgt – sonst zahlen sie nämlich gar nichts. Was sie wegzahlen, ist aber gar nicht die

Summe, die ihre Lohnarbeiter wirklich kriegen. Noch bevor sie ausgehändigt bzw. überwiesen werden, greift sich der Staat von Löhnen und Gehältern ein Drittel bis die Hälfte ab. Er tut nichts hinzu, verteuert auch nicht die „Arbeitskosten"*) – deren Festlegung bleibt „autonome"

*) Dieser Hinweis ist in der BRD zu Beginn des 21. Jahrhunderts nicht überflüssig. Das bundesdeutsche Sozialversicherungswesen hält nämlich an einem Verrechnungsverfahren fest, das die Bismarck'sche Sozialgesetzgebung am Ende des 19. Jahrhunderts eingeführt hat und das im Moment seiner Einführung auch diese praktische Bedeutung hatte: Arbeitgeber und Arbeitnehmer sollten je zur Hälfte die Beiträge zu den gesetzlichen Versicherungen zahlen, die ersteren *zusätzlich* zum gezahlten Lohn, die letzteren *von* ihrem verdienten Geld. Einmal eingeführt, zählt der zusätzliche „Arbeitgeberanteil" natürlich für jeden Unternehmer unterschiedslos zu den Arbeitskosten, mit denen er kalkulieren muss und um deren Höhe er – kollektiv in Tarifrunden sowie außerdem in seinem Betrieb – mit Gewerkschaft und Belegschaft streitet; die Unterscheidung zwischen dem Lohn und einem zusätzlichen Beitragsanteil oder auch einem Teil, der dem Lohnzahler, und einem anderen, der dem Lohnempfänger in Rechnung gestellt wird, ist eine rechnerische Formalie ohne ökonomische Bedeutung. Dennoch wird daran unverdrossen die Vorstellung festgemacht, die lohnabhängig Beschäftigten bräuchten bloß für die Hälfte ihrer Sozialversicherungsbeiträge aufzukommen; die andere Hälfte würden die Unternehmer quasi aus eigener Tasche, jenseits ihrer Kalkulation mit einem lohnenden Preis für Arbeit, als ihren speziellen Obulus beisteuern. Gewerkschafter legen Wert auf dieses Missverständnis, wenn sie bei einschlägigen Neuerungen der Rechtslage darauf pochen wollen, dass diese nicht allein zu Lasten der Nettolöhne gehen dürften – zu solchen sozialpolitischen Fortschritten mehr im übernächsten Kapitel –; vor allem argumentieren aber die vielen ideologischen Anwälte des Arbeitgeberinteresses an niedrigen Löhnen gerne mit dem Verweis auf eine Extra-Kost, mit der der Sozialstaat ausdrücklich und in aller Form das Arbeitgeben belasten und in höchst unzuträglicher Weise erschweren würde. Dabei geht es mittlerweile gar nicht mehr bloß um den speziell so ausgewiesenen „Arbeitgeberanteil" an den Versicherungsbeiträgen: Was der Staat den Lohn-*Empfängern* abzieht, wird gleich mit unter die *„Zusatzbelastungen"* gerechnet, die der Staat den Lohn-*Zahlern* aufbürdet, zusätzlich nämlich zum *eigentlichen* Preis der Arbeit; das alles wäre ein „zweiter Lohn", der neben dem wirklichen, nämlich dem Netto-Entgelt an den Staat statt an den Arbeiter zu entrichten wäre (zu dieser Lesart mehr in Abschnitt *(7)* dieses Kapitels). Weil diese Betrachtungsweise heutzutage ziemlich allgemeinverbindlich durchgesetzt ist, soll gleich hier deutlich festgehalten werden, dass kapitalistische Arbeitgeber nur ei-

Privatangelegenheit der Tarif-Kontrahenten. Er bedient sich am ausgemachten Arbeitsentgelt, also an der Geldsumme, für die der Produktionsfaktor Arbeit individuell und insgesamt auf alle Fälle geradestehen muss, indem er sie nämlich durch einen gehörigen Überschuss als zweckmäßigen Kostenfaktor rechtfertigt. Diesen Betrag behandelt der soziale Gesetzgeber als eine *ihm* verfügbare Summe, als finanziellen Rohstoff – „brutto" im wörtlichen Sinn –; davon zieht er sich unter verschiedenen Gesichtspunkten unterschiedliche Prozentsätze ab und verschafft sich so seine finanzielle Manövriermasse. Für den Lohn- resp. Gehalts-„Empfänger" wird damit die Geldsumme, die er sich durch erfolgreiche Bereicherung seines Arbeitgebers verdienen muss, zu einer bloß *nominellen* Größe, der *real* ein beträchtlich geringeres Netto-Einkommen gegenübersteht. Ein schöner Lohn für systemtreues Verhalten: Kaum kommt der Mensch ohne Eigentum der staatlichen Vorgabe nach und lässt sich auf den Erwerb von Geldeigentum als einziges legitimes Lebensmittel festnageln, kommt derselbe Staat, der ihn darauf festnagelt, daher und ent-eignet ihn gleich wieder.

Selbstverständlich tut er das nur im wohlverstandenen Eigeninteresse der Betroffenen.

Denn grundsätzlich, überhaupt und ganz allgemein brauchen alle Bürger *ihn,* die Recht setzende öffentliche Gewalt: als unerlässliche Bedingung dafür, als freie Personen nach Eigentum streben und sich welches verdienen zu dürfen und zu können. Freilich auch: *zu müssen;* doch *davon* gehört sich kein Aufhebens gemacht. Der Rechtsstaat will als Voraussetzung einer ordentlichen Marktwirtschaft *gewürdigt* sein. Und weil er damit die politökonomische Existenzbedingung für alle Klassen seiner Gesellschaft setzt, greift er auch bei allen seinen Untertanen zu. Auf die äußerst begrenzte Leistungsfähigkeit seiner proletarischen Klasse nimmt er dabei gleich zweifach Rücksicht: Bei niedrigen Einkommen fängt er mit niedrigen Steuersätzen an, lässt sogar ein Existenzminimum steuerfrei; doch was ihm nach der von ihm selbst ge-

nen Gesamtpreis für Arbeit zahlen und daran deren Rentabilität bemessen, ihre Leute also für einen gehörigen Überschuss über diese Gesamtsumme haftbar machen. Die beträchtliche Differenz zwischen dem Brutto-Entgelt und der Geldsumme, die dem einzelnen Arbeitnehmer tatsächlich – netto – zur Verfügung steht, geht vollständig zu Lasten der Lohn- resp. Gehalts-„Empfänger"; sie beeinträchtigt nicht die Tauglichkeit des Lohns als Bereicherungsmittel dessen, der ihn *zahlt,* sondern offenbart seine Untauglichkeit für die Leute, die ihn *„empfangen"* und davon leben müssen.

schaffenen steuerrechtlichen Lage von Löhnen und Gehältern zusteht, das zieht er gleich „an der Quelle" ein – in der realistischen Einschätzung, dass seine Steuereintreiber stets das Nachsehen hätten, wenn der durchschnittliche Lohnbezieher das „brutto" Verdiente wirklich in die Finger bekäme. So, und außerdem noch einmal bei jeder Geldausgabe, die der Mensch in seiner Eigenschaft als „Endverbraucher" tätigt, lässt der soziale Steuerstaat die Lohnarbeiter für die Herrschaft zahlen, die er über sie ausübt, und spendiert ihnen dafür das Privileg, ihm als persönlich haftende Finanziers seiner gesamten hoheitlichen Tätigkeit materiell verbunden zu sein.

Dies erledigt, greift der soziale Gesetzgeber noch einmal zu: gleichfalls „an der Quelle", noch viel massiver als bei der Lohnsteuer und ausschließlich bei denen, die es mit ihrem Gelderwerb nie zu wirklichem Eigentum bringen, nur immer wieder zu der erneuten Notwendigkeit, mit eigener Arbeit Geld zu verdienen. Mindestens ein Drittel des Verdienten lenkt er in seine „Sozialkassen" – und stellt damit drastisch klar, dass es mit dem Eigentumserwerb bei den Lohnabhängigen, denen er genau das als ihr Lebensmittel aufzwingt, nicht weit her ist: *Als Privateigentum* taugt ein Lohneinkommen *gar nichts*, noch nicht einmal für einen Lebensunterhalt. Wenn es *trotzdem* wenigstens fürs Allernötigste, *als Subsistenzmittel* reichen soll, muss es *sozialisiert* werden; was im bürgerlichen Gemeinwesen nichts anderes bedeuten kann als *Zwangsbewirtschaftung* durch die öffentliche Gewalt. Noch bevor die „unselbständig Erwerbstätigen" in die Lage kommen, ihr Verdientes privat als Eigentum zu verwenden – also auszugeben oder aufzuheben –, nimmt der soziale Staat ihnen daher einen Großteil davon vorbeugend weg, tut es in eine kollektive Kasse und bugsiert mit den eingesammelten Mitteln seine für Lohn arbeitende und davon abhängige Bevölkerung durch ihre klassenspezifischen Notlagen hindurch. So *macht* er mit aller gesetzlichen Gewalt aus dem national gezahlten und zusammengezählten *Preis der Arbeit* das *Lebensmittel*, das der Lohn von sich aus *nicht ist*: das zwangsweise zureichende Reproduktionsmittel für alle, die er kraft gesetzlicher Definition darauf festlegt. Denen diktiert er damit, nach ausgefuchsten Haushaltsregeln beim Einsammeln wie bei Ausgeben von Lohnbestandteilen, ihren national und klassen-spezifischen *Lebensstandard* zu – eine schöne Klarstellung, wie es um die materiellen Freiheiten bestellt ist, die die politische Ökonomie des Eigentums den Mitgliedern der entsprechend eingerichteten Erwerbsgesellschaft beschert. Das Proletariat jedenfalls *braucht* glatt sozialgesetzlichen *Zwang*, es *muss* sich *ent*-eignen lassen, *um* in der

Welt des privaten Eigentums überhaupt *als Klasse überleben* zu können. Dafür gibt der bürgerliche Staat sich auch glatt her: Er führt seiner nationalen Arbeiterschaft den Haushalt, gewährt ihr eine wohldefinierte materielle Existenz und macht ihr *Auskommen* mit ihrem hoffnungslos vom Kapital abhängigen Einkommen davon abhängig, wie *er seine* Finanzlage beurteilt, sich *seinen* Haushalt einteilt und die sozialen Kassen managt.

Die Arrangements, die er dabei und dafür trifft, zeugen Punkt für Punkt von den Nöten, die im bürgerlichen Gemeinwesen den proletarischen Alltag bestimmen. Genauer gesagt: Sie geben Auskunft über diejenigen Notlagen, denen die Sozialpolitiker, nie ohne Druck von „unten", ihre Aufmerksamkeit schenken. Und sie geben Aufschluss über das spezielle soziale Problembewusstsein, das der bürgerliche Sozialstaat in Bezug auf diese Notlagen entwickelt hat. Der handelt nämlich nach Maßgabe der Probleme, die *er mit* seinen von sich aus subsistenzunfähigen Leute hat; und die decken sich nur in einem sehr ironischen Sinn mit den Problemen, die diese Leute mit ihrer staatlich erwünschten und erzwungenen Existenzweise haben. Man erfährt also auch einiges über den materiellen Gehalt des Gemeinwohls, um das es dem Klassenstaat in seiner Sozialpolitik zu tun ist.

(2) *Familie und Bildungswesen: Was der Staat für den Nachwuchs an nationalem Arbeitskräftepotential tut*

Seit den ältesten Tagen des „Manchester-Kapitalismus" hat die bürgerliche Staatsgewalt ein Problem mit ihrer *verwahrlosenden Jugend*. Das ist kein Wunder. Denn auch die Angehörigen der lohnarbeitenden Bevölkerung paaren sich und machen Kinder – durchaus erwünschtermaßen: Ökonomie und Nation brauchen immer frisches Volk. Im Lohn ist der Unterhalt ganzer Familien aber weder vorgesehen noch enthalten: Er wird für Arbeit gezahlt, nicht für Liebschaften und deren biologische Folgen. Kein Arbeitgeber kommt für den Lebensunterhalt von Leuten auf, die gar nicht für ihn arbeiten. Da muss die Arbeitskraft schon selber zusehen, in ihrem frei gestalteten Privatleben, wie von ihrem Entgelt eine Mehrzahl leben kann. Ein Gemahl, der nicht selbst arbeitet, ist da auf alle Fälle ein materielles Problem; Kinder sind eine die materielle Existenz bedrohende Last und sogar nach den Maßstäben hartgesottener Sozialpolitiker ein „Armutsrisiko". Weil sie trotzdem nicht ausbleiben – und, wie gesagt, auch keinesfalls ausbleiben sollen –, droht das Proletariat materiell und dann auch in jeder anderen Hinsicht in dem Maße zu verkommen, in dem es sich biologisch reproduziert. Die Staatsmacht kommt nicht umhin gegenzusteuern.

Dabei nimmt sie einen bemerkenswert verfremdenden praktischen Standpunkt ein. Den Befund, dass *der Lohn*, weil Bezahlung für lohnende Arbeit, für den Unterhalt einer Familie nicht reicht, legt der Sozialstaat sich so zurecht, dass eine *Familie* für ihren „Ernährer" unter allen Umständen eine kostspielige *Last* darstellt. Die hilft er tragen – selbstverständlich ohne sie den glücklichen Familiengründern abzunehmen –, indem er ohne Ansehen von Person und Eigentumsverhältnissen Einkommenshilfen in Gestalt von Kindergeld und Steuernachlässen gewährt. Das Problem, das ihn zum Handeln veranlasst, macht zwar die *Armut*, in die paarungsfreudige und kinderliebe *Proletarier* sich hineinreiten; *als* Problem *anerkannt* und dementsprechend subventioniert wird aber nicht die proletarische Armut, sondern der per Liebschaft begründete und rechtlich sanktionierte „Mehrpersonenhaushalt": das *Ehe- und Familienleben*.

Daran ist also einer sozial denkenden und handelnden Staatsgewalt gelegen: an der Funktionstüchtigkeit des allerprivatesten Lebenszusammenhangs. Sie wird dafür schon ihre Gründe haben; und die legt sie mit ihrem grundgesetzlichen Bekenntnis zu Ehe und Familie als *ihrer* biologischen und sittlichen „Keimzelle" auch unbefangen offen: Es geht um die ordnungsgemäße Reproduktion eines ordentlichen, in naturwüchsiger zwischenmenschlicher Verantwortung verschweißten *Volkskörpers*. Im Sinne dieser höheren Zielsetzung abstrahiert eine soziale Familienpolitik von den materiellen Unterschieden, die sie an ihren intim verbandelten Bürgern vorfindet, behandelt im Prinzip alle Familien gleich und alle Kinder gleichermaßen als finanzielle Belastung ihrer Erzeuger. Und genau dadurch stellt sie zugleich sicher, dass ihre fürsorglichen Finanzhilfen auf keinen Fall in Gleichmacherei ausarten und die vorgefundenen Einkommensunterschiede verwischen oder gar revidieren. Wohlhabende Eltern sehen sich zwar gerne um ihr Menschenrecht auf finanzielle Besserstellung betrogen, wenn der Staat ihnen an Stelle einer weit überproportionalen Steuerersparnis durch Kinderfreibeträge den Empfang bloß des ortsüblichen Kindergeldes zumutet. Tatsächlich sorgt er aber gerade mit der Gleichbehandlung seiner gesellschaftlichen Klassen für die familiäre Reproduktion genau der *Klassengesellschaft*, die er regiert.

Nach dem gleichen Muster engagiert er sich dafür, dass aus Kindern, wenn sie denn schon mal da sind, „etwas" wird, nützlicher Nachwuchs nämlich, auch wenn bei der großen Mehrheit „von Haus aus" alle Mittel und Voraussetzungen dafür fehlen. Denn Erwerbsarbeit selber bildet nicht, weder die Eltern noch die heranwachsende Jugend; sie lässt noch nicht einmal Zeit und Energie zum Lernen übrig; und ein proletarisches Heim bringt den Nachwuchs erst recht nicht weiter, kostet im Gegenteil alle Beteiligten noch zusätzlich Nerven: Davon geht der Staat, politischer Veranstalter dieser idyllischen Verhältnisse, ganz illusionslos aus, wenn er getrennt vom Erwerbsleben seiner Gesellschaft wie vom Privatleben seiner Erwerbstätigen ein allgemein zugängliches öffentliches Ausbildungs- und Erziehungswesen organisiert. Den Besuch der elementaren Schulstufen macht er überdies verpflichtend – in realistischer Einschätzung des Umstands, dass für die große Masse seiner Gesellschaft jedes Ausbildungsjahr die Phase verlängert, in der Kinder für ihre Eltern ungeachtet aller staatlichen Beihilfen nicht bloß ein „Armutsrisiko" darstellen, sondern einen akuten Zwang zu allerhand Verzicht. Aus demselben Grund zahlt er bedürftigen Jugendlichen bzw. deren Eltern sogar Beihilfen und Stipendien, wenn sie sich den Zugang zu höheren Bildungsstufen erkämpft haben und „weiterkommen" wollen. Bei allen diesen Aktivitäten nimmt der soziale Staat dennoch nicht den Standpunkt ein, er müsste etwas gegen die Armseligkeit des proletarischen Lebensstandards tun, aus der ihm sein Problem mit einem unqualifizierten gesellschaftlichen Nachwuchs erwächst. Er legt sich einen denkbar allgemein gefassten *Bildungsauftrag* zurecht: *Jenseits* aller sozialen und Einkommensunterschiede in seiner Bevölkerung will er für Ausbildung und Erziehung zu sorgen. Er besteht sogar darauf, das von ihm in die Tat umgesetzte allgemeine „Recht auf Bildung" wäre gleichbedeutend mit der *Aufhebung* sozialer Ungleichheit in seinem Gemeinwesen, weil jeder daran teilnehmen kann und für die Absolvierung der amtlich eingerichteten Ausbildungsgänge nichts weiter zählt als der Unterrichtsstoff und die nachgewiesene, in Zeugnisnoten beurkundete individuelle Leistung. Er dekretiert Gleichheit vor den Lern- und Erziehungszielen, die er vorschreibt. Und jeder Schlaukopf aus dem Proletariat, der „was Besseres" wird, belegt leibhaftig die gelungene Abschaffung von Bildungs- und damit aller übrigen gesellschaftlichen „Privilegien": An deren Stelle ist das Prinzip der *Chancengleichheit* getreten.

Mit diesem viel berufenen Ideal bekennt sich der Sozialstaat allerdings auch schon dazu, dass – bei aller Abtrennung des Bildungssektors von der Konkurrenz im bürgerlichen Erwerbsleben und deren Resultaten – Gleichheit der *Ergebnisse nicht* in seiner Absicht liegt. Jeder soll „etwas" werden; aber ebenso soll das, *was* „ein jeder" wird, nicht bloß dem Inhalt nach verschieden sein: Das gesamte Schul- und Ausbildungswesen ist auf die Herstellung von *Niveau-Unterschieden* im Wissen und Können angelegt; eine spezielle *Leistungskonkurrenz* wird dafür als Mittel eingesetzt. Gesellschaftlich verfügbares Wissen wird gerade *nicht verallgemeinert,* Fähigkeiten werden nicht möglichst allseitig entwickelt; vielmehr kommt es auf Leistungsunterschiede bei der Aneignung des gebotenen „Stoffs" an, um – ausgerechnet! – die Leistungsschwächeren von weiterer Unterrichtung *auszuschließen* und weiterführende Fertigkeiten und Wissenselemente für diejenigen zu reservieren, die sich *durchsetzen.* Die zustande gebrachten Ausbildungs-Unterschiede werden dann an den Schulabgängern und Ausgelernten als das eigentliche Ergebnis der ganzen Veranstaltung in Zeugnisnoten verbindlich festgehalten. Und das wirklich nicht, um irgendeinem innerschulischen Selektionsbedürfnis Genüge zu tun: Es geht um eine *Sortierung* des gesellschaftlichen Nachwuchses, die zwar *getrennt* von den Zwängen des Geldverdienens und nach *anderen* als den für den kapitalistischen Alltag geltenden Konkurrenzkriterien vorgenommen wird, dann aber schlüssig und wie von selbst in die vorgegebene gesellschaftliche Hierarchie der Posten und Positionen *einmündet,* den Nachwuchs auf die vielen schlechteren und die wenigen wirklich besseren Karrieren verteilt, die die *kapitalistische Welt* bereithält. Ganz nebenbei gelingt dabei die nachdrückliche Demonstration, wie weit es das kapitalistisch produzierende Gemeinwesen mit der Abtrennung aller geistigen Potenzen, auch derjenigen, die die Produktivkraft der Arbeit begründen, von den lohnabhängig beschäftigten Subjekten gebracht hat – rentable Arbeitsplätze brauchen in der Tat Borniertheit, nicht Wissen. Die Jobs der Elite übrigens auch; die geistige *Leistungsfähigkeit,* mit der man sich für sie qualifiziert, kommt weitgehend ohne vernünftige Einsichten aus, verträgt sich bestens mit den dümmsten Weltanschauungen und gibt manchem Schulabbrecher die tröstliche Gewissheit, geistig doch nicht zu kurz gekommen zu sein.

Auf diese Art: klassenneutral als Leistungskonkurrenz eigener Art durchorganisiert, bewerkstelligt das sozialstaatliche Bildungswesen zielsicher genau die Elitebildung und Massendiskriminierung, von der es abstrahiert. Es relativiert nichts, sondern reproduziert die gesellschaftlichen Klassen des bürgerlichen Gemeinwesens. *Dabei* bietet es tatsächlich jedem einzelnen seine Aufstiegschance, so wie es auch jeden einzelnen im Falle seines Versagens mit Vorentscheidungen in Richtung auf einen sozialen Abstieg bedroht. Bei den Chancen treibt es der bürgerliche Sozialstaat allerdings mit der Gleichmacherei keineswegs so weit, dass er sich im Ernst dem Ziel verschreiben würde, die substanziellen Vorentscheidungen, die mit der sozialen Herkunft bereits über die soziale Zukunft der vielen einzelnen Klassen-Bürger getroffen sind, zu revidieren. Bei Bedarf fördert er zwar „Bildungsreserven" aus dem gesellschaftlichen Untergrund an die Oberfläche und führt den praktischen Beweis, dass Verstand und sogar schulisches Leistungsvermögen in der Tat ziemlich klassenunabhängig verteilt sind. Ist jedoch der Bedarf an Fachleuten gedeckt und der Unterhalt des „aufgeblähten" Bildungsbetriebs dementsprechend zu teuer, dann lässt der Kulturstaat solche Manöver auch wieder bleiben, verlangt die Rückzahlung von Stipendien oder sogar Studiengeld und findet es ganz in Ordnung, wenn der „soziale Hintergrund" manche egalitäre Entgleisung bei der Sortierung des Nachwuchses wieder zurecht rückt. Denn irgendwie muss schließlich auch im Bildungsbereich die Privatinitiative zu ihrem Recht und mit ihren Mitteln, also nach Maßgabe ihres Vermögens zum Zuge kommen.

(3) Linderung der Wohnungsnot:
Was sich der Staat die Koexistenz von proletarischer Armut und Grundeigentum kosten lässt

Lohnarbeiter mit ihrer Familie müssen irgendwo wohnen. Das ist im Kapitalismus ein Problem, weil schon diese elementare Notwendigkeit das Budget eines proletarischen Haushalts regelmäßig überfordert. Das liegt nicht bloß daran, dass ein Hausbau viel zu teuer ist und Einrichtung und Heizung auch schon teuer genug. Hinzu kommt, als entscheidender Faktor, das mit dem Privateigentum untrennbar verbundene Recht von Grundbesitzern, aus ihrem speziellen Vermögen auch ein spezielles Einkommen herauszuschlagen, nämlich für die Überlassung von Boden an fremde Benutzer einen Tribut zu kassieren. Wo kapitalistische Unternehmen sich ansiedeln, Lohnarbeit nachgefragt wird und Menschenmassen sich zusammenballen, da steigt dieser Tribut, ganz nach den Regeln der Bildung eines Monopolpreises; für Lohnempfänger in unerschwingliche Höhen.

Das für diese Kundschaft passende Angebot lautet seit mehr als 100 Jahren in erster Linie: *Mietskasernen.**) In geschäftlicher Symbiose oder gleich in Personalunion bieten Grundeigentümer und kapitalisti-

---

*) Gerade in diesem Punkt gibt es große nationale Unterschiede; England etwa hat eine Kultur des privateigenen Reihenhäuschens entwickelt, die in ihrer durchschnittlichen Trostlosigkeit mit zentraleuropäischen

scher Bauunternehmer – oder sonst ein spekulativer Bauherr – Unterkünfte, die das Wohnen aufs Äußerste rationalisieren; so nämlich, dass das Bedürfnis aufs funktionell Unerlässliche zurückgeführt wird, das dann noch Benötigte sich kostensparend hinstellen lässt und die erforderliche Grundstücksfläche pro Mietpartei minimal ausfällt; in der Kunst, kleine Behältnisse hoch aufzustapeln, hat die moderne Architektur es weit gebracht. Die sind dann schon für ein Drittel des durchschnittlichen Nettolohns oder sogar etwas weniger zu haben. Das bedeutet freilich, dass ein Mieter auch nicht viel mehr als eine Durchschnittswohnung benötigen und nicht viel weniger als einen Durchschnittslohn verdienen darf, um irgendwo geregelt zu Hause sein zu können. Jeder zusätzliche Bedarf, bei Gründung einer Familie etwa, und jeder Verdienstausfall, auch jedes Versagen in der Kunst, den Nettolohn richtig einzuteilen, stellt die durchschnittliche Erwerbsperson vor ein finanzielles Problem: Das Einkommen gibt nicht her, was Haus- und Grundbesitzer fordern dürfen und können und deswegen auch fordern.

Der Sozialstaat erkennt gleich, dass es sich hier nicht um eine vereinzelte Notlage handelt, sondern um ein allgemeines Problem. Er sieht sich herausgefordert; interessant ist allerdings *wozu*. Er konstatiert die Not, die größere Massen seiner Bürger damit haben, bezahlbaren Wohnraum zu finden. Das Faktum, auf das er stößt, ist ein unversöhnlicher Interessengegensatz zwischen einer bestimmten Eigentümerklasse in seiner Gesellschaft, der er mit dem Eigentum an Grund und Boden monopolistische Verfügungsgewalt über eine elementare Lebensbedingung zuerkennt, und seiner lohnarbeitenden Klasse, die den verlangten Tribut kaum zusammenbringt. Darauf reagiert er erst einmal *rechtsstaatlich:* mit einem ganzen Gesetzbuch voller Regelungen, die die Notdurft der einen, die Ansprüche der anderen Seite gerecht gegeneinander abwägen, die entgegengesetzten Interessen in Rechte und wechselseitige Verpflichtungen transformieren und so beide Seiten auf eine Koexistenz festlegen, ohne von dem Gegensatz zwischen ihnen auch nur das Geringste wegzunehmen. *Dessen Abwicklung* wird kodifiziert, und zwar so, dass jeder Partei das Ihre zukommt: Die lohnabhängige Menschheit alimentiert mit einem Drittel ihres netto Verdienten die ehrenwerte Klasse, die zum marktwirtschaftlichen Ge-

Hinterhöfen leicht mithalten können. Da tritt dann in der politischen Ökonomie des proletarischen Wohnens ein Kreditinstitut an die Stelle des Grundeigentümers.

meinwohl die Tatsache ihres Grundeigentums beisteuert. Die proletarische *Wohnungsnot* wird damit zur geltenden *Rechtslage,* also *verewigt.* Und davon rückt der Staat auch mit den *sozialen* Maßnahmen nicht ab, zu denen er sich genötigt findet: Die prekäre Lage seiner Lohnarbeiter behandelt er, völlig losgelöst von ihrem wirklichen politökonomischen Grund und Inhalt, als ein Problem, das sich auf dem „*Wohnungsmarkt*" stellt, nämlich als ein Ungleichgewicht zwischen Angebot und Nachfrage; seine Interventionen zielen auf eine Verbesserung dieser „Marktlage".

So hat er sich zeitweilig bereit gefunden – ein Akt ausgleichender Gerechtigkeit nach einem Krieg, in dem für die Ehre der Nation auch sehr viel Wohnraum draufgegangen ist –, selber als Bauherr aufzutreten und Billigwohnungen anzubieten bzw. private Bauherren mit Subventionen zur Errichtung von Wohnsilos zu ermuntern und im Gegenzug auf die Vermietung zu „sozialen" Niedrigpreisen und nur an anerkannt Bedürftige zu verpflichten; für die Feststellung der Bedürftigkeit und die Führung von Wartelisten wurden sogar eigene Ämter eingerichtet. Mittlerweile hat sich der Staat von solchen Formen der direkten Wohnraumbewirtschaftung verabschiedet; auch in der Hinsicht ist mit dem Ende des Jahrhunderts die Nachkriegszeit endgültig vorbei. Zur Entspannung der Lage wird außerdem der Eigenheimbau gefördert. Davon profitieren nicht bloß Baulöwen und deren Geldgeber; auch mancher proletarische Hausvater, der basteln kann und vielleicht sogar über eine geerbte Parzelle verfügt, hat mit viel Eigenbeitrag ein Eigenheim auf Schulden gebaut und sich der Lebensaufgabe verschrieben, keine Tilgungsrate schuldig zu bleiben. Das Problem einer starken Minderheit, die sich die unentbehrliche Unterkunft finanziell nicht leisten kann, ist dem Sozialstaat gleichwohl erhalten geblieben. So kommt mancher, für den die ortsübliche Miete nachweislich zu hoch ist, schließlich unter Umständen in den Genuss einer staatlichen Beihilfe, die der Mietpartei dabei hilft, den Vermieter zufrieden zu stellen. Seinen Haus- und Grundbesitzern nämlich mag kein marktwirtschaftlich aufgeklärter Wohnungspolitiker einen Verzicht auf Mieteinnahmen zumuten; *die* sollen schließlich nicht darunter leiden, dass es dem wohnungssuchenden Proletariat an Zahlungsfähigkeit fehlt. So springt die Obrigkeit schon mal selber ein und sorgt mit einer sozialen Tat dafür, dass diese gesellschaftliche Klasse auch mit einer minder bemittelten Kundschaft noch auf ihre Kosten kommt.

(4) Das Gesundheitswesen: Wie der Staat den massenhaften Verschleiß von Arbeitskraft therapiert

Lohnarbeit ist nicht gesund. Wo der Mensch als multifunktionales, besonders anpassungsfähiges Versatzstück in einem auf Effektivität und Geschwindigkeit hin optimierten Geldschöpfungsprozess eingesetzt wird, und das so ausgiebig wie nur möglich fürs bezahlte Geld, da zehrt der Einsatz die Arbeitskraft auf: „Abstrakte" Arbeit *ist Verschleiß*. Für Lohn verkauft der Mensch, umgekehrt gesehen, stückweise seine *Gesundheit*. Und weil er nur eine Physis hat, ist das ein heikles Geschäft.

Da trifft es sich gut, dass der Kapitalismus auch die Gesundheit oder jedenfalls ein ungefähres funktionelles Äquivalent – die weitgehende Heilung oder Reparatur von Gebrechen, die Unterdrückung von Krankheiten oder wenigstens ihren Symptomen, die vielleicht nicht immer ganz „physiologische" Wiederherstellung des Leistungsvermögens, ja sogar die Auffrischung des Arbeitswillens durch maßgeschneiderte Drogen – zur käuflichen Ware gemacht hat. Die reichliche Nachfrage wird überreichlich bedient, und nicht nur das: Wie auch sonst in der Marktwirtschaft, so schafft sich auch im Gesundheitssektor das Angebot an Mitteln, die Linderung versprechen oder Vorbeugung gegen den absehbaren und dann doch unausbleiblichen Verschleiß von Nerven, Knochen und Eingeweiden, seine Nachfrage.

Freilich hat die Sache einen Haken: Es hapert mit der Zahlungsfähigkeit; um so mehr, je gravierender der eingetretene Defekt ist und je anspruchsvoller deswegen die verfügbare Therapie. Denn die ist meistens teuer, liegt mit ihren Kosten rasch weit jenseits dessen, was aus dem Arbeitsentgelt zu bestreiten ist – das reicht ja noch nicht einmal annähernd hin, um dem wohlfeilen und unbesehen immer richtigen Rat, man solle sich schonen, nachzukommen. Ist dann die Arbeitsfähigkeit erst einmal wirklich lahmgelegt, ist überdies das reguläre Einkommen selber weg. Krankheit kann ein Lohnarbeiter sich gar nicht leisten; die Wiederherstellung abhanden gekommener Gesundheit erst recht nicht.

In dieser verzwickten Lage lässt der soziale Rechtsstaat seine lohnabhängigen Bürger nicht allein. Er achtet deren Gesundheit als persönliches Eigentum und Einkommensquelle derer, die sonst nichts haben; und er verfügt über ganz eigene handfeste Gründe dafür, sich auch praktisch zu engagieren: Keine moderne Staatsgewalt kann es sich leisten, ihren Volkskörper biologisch vor die Hunde gehen zu lassen; keine Nation mag es sich leisten, ihre diensttuenden Massen medizinisch viel schlechter in Schuss zu halten als der konkurrierende Nachbar. Schon mit Rücksicht auf die eigene militärische Macht sowie im Interesse eines problemlos funktionierenden „Arbeitsmarkts" achtet die bürgerliche Obrigkeit auf Hygiene, unterhält Krankenanstalten, fördert medizinische Forschung und Seuchenbekämpfung, so dass mittlerweile in den führenden Kapitalstandorten kaum noch jemand an anderen Krankheitskeimen als denen zugrunde geht, die ein mehr oder weniger erfülltes Arbeitsleben mitsamt seinen öffentlichen und privaten Begleiterscheinungen erzeugt hat. Zum ewigen Leidwesen seiner Kapitalistenklasse hat der bürgerliche Gesetzgeber überdies – in den meisten Ländern – zur Pflicht gemacht, was oft schon Gewerkschaften erkämpft haben: die Lohnfortzahlung im Krankheitsfall für eine Frist, die ihm für den zahlungspflichtigen Arbeitgeber zumutbar erscheint – dies die eine große Ausnahme von der eisernen Regel, dass mit dem Lohn Arbeit und nicht Nichtstun bezahlt wird; erst anschließend treten dann die Kranken-, später die Rentenkasse mit Ersatzleistungen ein. Was die Krankenversorgung betrifft, so ist manche Nation so weit gegangen, ihre Bürger von Staats wegen komplett medizinisch zu betreuen und dafür ihren allgemeinen Haushalt zu strapazieren. Nach heute maßgeblichem gesundheitspolitischem Verständnis grenzt das allerdings an Sozialismus, also obrigkeitliche Freiheitsberaubung. Eine marktwirtschaftlich aufgeklärte rechtsstaatliche Sozialpolitik verfährt da anders: In ihrem Interesse an einer leistungsfähigen Erwerbsbevölkerung konstruiert sie ohne Scheu vor allerhand verrückten Konsequenzen *Volksgesundheit als Gesundheitsmarkt.*

Ihrer Bürger mit dem großen Therapiebedarf und der dürftigen Finanzausstattung nimmt sie sich dafür in der Weise an, dass sie gesamthaushälterisch eine *kollektive Zahlungsfähigkeit* organisiert. Gesetzliche Kassen sammeln vom Lohn die nötigen Prozente ein, um ihren Mitgliedern im Notfall einen Lohnersatz – in der BRD 70% vom Nettolohn nach 6 Wochen gesetzlicher Lohnfortzahlung durch den Arbeitgeber – zahlen und das Nötige an medizinischer Versorgung „kaufen" zu können; eine Zeitlang ist am Ende sogar noch ein „Sterbegeld" ausgeschüttet worden, damit der Mensch wenigstens ordentlich unter die Erde kommt. Der Staat trägt damit der Armut seiner proletarischen Massen ebenso Rechnung wie dem Verschleiß, dem sie als kapitalistische Arbeitskräfte unterliegen und den sie weiter aushalten sollen. Er ändert nichts daran, weder am fortgesetzten Verschleiß noch an der Armut; vielmehr *sozialisiert* er *klassenbezogen* den *Bedarf* an medizinischen Dienstleistungen wie das verfügbare *Geldeinkommen,* das den Bedarf in keinem ernsthaften Einzelfall zu decken vermag. So lässt er das lohnabhängige Volk dafür zahlen, dass es den Verbrauch seiner Gesundheit durch die Lohnarbeit trotz mangelnder Mittel gut genug durchsteht, um immer wieder bedarfsgerecht zur Lohnarbeit antreten zu können – dies der klassenkämpferische *Inhalt* sozialstaatlicher Gesundheitspolitik. Im Vollzug dieser Politik hält sich der bürgerliche Staat jedoch in aller *Form* an den sein soziales Engagement insgesamt leitenden Gesichtspunkt, mit dem er vom politökonomischen Grund und Inhalt seiner Interventionen komplett abstrahiert und doch nichts anderes als das systematisch Erforderliche vollstreckt: an seine rechtliche Definition des Proleten als Eigentümer eines geschäftlich nutzbaren „human capital". *Als solcher* hat der versicherte Lohnarbeiter ein *Recht* darauf, ohne Ansehen der Person und seiner Klassenlage, ohne Rücksicht auf Grund und Zweck seiner Behandlung, in den Genuss von Glanzleistungen der modernen Medizin zu kommen. *Faktisch* geht es um nichts anderes, als dass Staat und Kapital über leistungsfähiges *Menschenmaterial* gebieten können und die benutzten Leute auch noch selbst kollektiv für die Bezahlung haften; *konstruiert* ist die Sache so, dass der zwangsversicherte Patient als kassenmäßig betreuter, letztlich aber selbstverantwortlicher *Kunde* eines klassenlosen Gesundheitswesens firmiert.

Das medizinische Versorgungswesen sieht dementsprechend aus. Die zwangskollektivierten Lohngelder gestatten es, aus jeder Arznei, jeder ärztlichen Dienstleistung, jedem Tag Krankenhausaufenthalt usw. einen Geschäftsartikel zu machen, an dem vom freiberuflichen Mittelstand bis zur pharmazeutischen Großindustrie eine ganze Branche verdient. Natürlich ist diesem Geschäftszweig seine eigentümliche Grundlage anzusehen; etwa wenn die gesetzlichen Kassen sich vom Standpunkt der knappen Finanzmittel ihrer Klienten am Geschäftssinn einer mit unkontrollierter Therapiefreiheit ausgestatteten Ärzteschaft abarbeiten, oder wenn umgekehrt eben diese Ärzteschaft gegen die Kassen für das Patienteninteresse an der gründlichen Ausheilung von Krankheiten und an schonenden Heilverfahren eintritt usw. *In der Sache* geht es da immer um den Widerspruch zwischen dem Bedarf, der aus dem Gesundheitsverschleiß durch Lohnarbeit erwächst, und dem mageren Ertrag, den die Lohnarbeit ihren verschlissenen Subjekten abwirft. Nur geht es *keinem der Beteiligten* tatsächlich *darum.* Dass sie im Auftrag des Sozialstaats einen Kampf um die Volksgesundheit im Kapitalismus führen, geht die Agenten des Gesundheitswesens nichts an; der Grund dieses Kampfes kommt in ihren medizinischen Diagnosen so wenig vor wie dessen Zweck in ihrer Therapie. Sie brauchen nichts anderes im Sinn zu haben als einerseits das bornierte „hippokratische" Ideal, Leiden zu lindern, und andererseits die Abrechnungsziffern bzw. Medikamentenpreise, um die sie sich untereinander streiten; wenn sie wollen, können sie außerdem gemeinsam mit ihren gesundheitspolitischen Auftraggebern stolz darauf sein, dass sie ihre Patienten klassenlos nach rein medizinischen Gesichtspunkten versorgen. Gerade wenn sie den Zweck, für den die Leute dauernd hinter ihrer Gesundheit her sind, ganz denen selbst überlassen, also die Lohnarbeit als Privatsache ihrer Patienten respektieren, und völlig getrennt davon die Finanzfrage als Verteilungskampf innerhalb der Branche und mit den gesetzlichen Kassen betrachten und abwickeln, erfüllen sie ihren sozialen Dienst am System der Lohnarbeit perfekt.

Auch hier übertreibt es der bürgerliche Sozialstaat allerdings nicht mit der Gleichmacherei. Die überdurchschnittlich gut verdienende Minderheit bezieht er in die Sozialisierung des Krankheits-„Risikos" seiner lohnabhängigen Mannschaft nicht mit ein; diese Bürgerklasse überlässt er privaten Versicherungen. Die verlangen vergleichsweise weniger, zahlen andererseits besser und sorgen so auf Seiten der kommerziellen Krankenversorgung für ein paar entgegenkommende Unterscheidungen; dies durchaus nicht nur, was die Bequemlichkeit des Krankenhauszimmers betrifft, sondern auch bei kostspieligen Therapien, die die gesetzlichen Kassen der „Solidargemeinschaft" nicht zumuten können. Denn irgendwo stößt das Ideal der Gleichbehandlung aller leidenden Menschen dann doch an seine finanziellen Grenzen.

(5) Sozialversicherung gegen Arbeitslosigkeit:
Wie der Staat überflüssige Arbeitskraft aufbewahrt

Lohnarbeit macht die Leute, die sie leisten müssen, nicht reich; sie macht sie kaputt. Von Lohnarbeit „freigesetzt" zu werden, ist jedoch keine Erleichterung, sondern macht die Lage nur schlimmer. Der Absturz ins Elend, der Lohnarbeitern ohne Lohnarbeit blüht, ist so brutal, dass nicht einmal besondere Unterwürfigkeit, sondern nur die alltägliche Lebenserfahrung und die entsprechende defensive Berechnung nötig sind, um eine ganze ausgebeutete Klasse dazu zu bringen, dass sie nichts mehr fürchtet als Arbeits*losigkeit* und nichts dringlicher verlangt als – ausgerechnet! – *Arbeit*.

Weder an dieser Sachlage noch an dem entsprechenden proletarischen Bedürfnis will die staatliche Sozialpolitik etwas ändern; im Gegenteil. Dass „Nicht-Beschäftigung" für die davon Betroffenen automatisch Elend bedeutet, gilt ihr als feste Gegebenheit, die sie selber einfach vorfindet; dass deswegen Leute, die sonst nichts zum Leben haben, unbedingt arbeiten wollen, ist erstens Anpassung ans Unvermeidliche und folglich praktische Vernunft, zweitens Fügung in die allgemein anerkannte Rechtslage und insofern eine Forderung des menschlichen Anstands. Alternativen wären systemwidrig, sind also „undenkbar". Weil das so ist und auch so bleiben soll, haben bürgerliche Sozialpolitiker jedoch ein Einsehen mit Lohnabhängigen, die ohne eigenes Verschulden arbeitslos werden und nicht gleich wieder eine „Beschäftigung" finden. Wer fähig und bereit ist, Lohnarbeit zu leisten, und mit diesem „human capital" allein an den Launen des freien kapitalistischen „Arbeitsmarkts" scheitert, der soll nicht gleich in einem Elend versacken, das ihn unweigerlich über kurz oder lang seine Revenuequelle selber kostet, nämlich seine Verwendbarkeit für die Zwecke eines Arbeitgebers. Zumindest die Chance, sich für eine eventuelle Neuverwendung bereit und in Stand zu halten, eine Überbrückungshilfe also, ist ein sozial gerechtes Gemeinwesen seinen existenzgefährdeten proletarischen Mitgliedern schuldig. Es erweitert daher die anstaltsmäßige Betreuung des „Arbeitsmarkts" um eine „Versicherung", die Arbeitsuchenden einen Lohnersatz zahlt. Die dafür benötigten Finanzmittel werden gesetzlich vom Lohn abgezweigt – ein recht unbefangenes Eingeständnis, dass es sich bei der Gefährdung der proletarischen Existenz durch Nicht-Gebrauch angebotener Arbeitskraft um ein allgemeines Berufsrisiko handelt, und ein ebenso unbefangener Akt ausgleichender sozialer Gerechtigkeit, die Bewältigung dieses Risikos denen zur Last zu legen, die im Grunde dauernd davon bedroht sind. Dass Lohnarbeiter aus Konkurrenzgründen laufend wegrationalisiert werden und auch die ersten Opfer von Konkurrenz-Niederlagen ihrer Arbeitgeber sind, zählt eben zu den Regeln des Betriebs; dementsprechend behandeln die zuständigen Sozialpolitiker das proletarische Existenzrisiko nicht als Ausnahme, sondern lassen die Betroffenen zwangsweise vorsorgen, solange sie noch nicht selbst betroffen sind, und ihre jeweils betroffenen Ex-Kollegen mit durchfüttern.

Der Staat löst durch diese sinnreiche Sozialleistung zugleich eine Zwickmühle auf, mit der die Arbeit*geber* andernfalls zwar kein großes, aber immerhin ein Problem hätten. Die benötigen nämlich genau so unabdingbar wie die Freiheit, überflüssig gemachte Leute zu entlassen, den freien Zugriff auf ein frei verfügbares passendes Arbeitskräftepotential, wann immer sie es für lohnend befinden, ihren Betrieb auch personell auszuweiten. *Wie* dieses Potential es schafft, auch ohne regulären Lebensunterhalt zu überleben und sich verfügbar zu halten, ist ihnen einerseits zwar völlig egal. Andererseits haben sie aber ein berechtigtes Interesse daran, *dass* es abrufbar vorhanden ist. Und dieses Interesse wird durch die Arbeitslosenversicherung optimal bedient. Sie fungiert als Sammelbecken, in das die Kapitalisten Arbeiter hinaussortieren und aus dem sie sich wieder bedienen können, ganz wie ihr individueller Geschäftsgang und der Konjunkturverlauf im Ganzen es jeweils erfordern. Fortschrittliche Sozialstaaten haben dieses System dahingehend noch perfektioniert, dass das Arbeitsamt den Unternehmern auch zeitweilig, ganz oder teilweise, die Lohnzahlung abnimmt, wenn diese nur partiell und befristet auf den üblichen Arbeitskräfteeinsatz verzichten wollen und *Kurzarbeit* anordnen. So behält das Kapital das uneingeschränkte Kommando auch über die Teile der Arbeiterklasse, die es jeweils gerade nicht lohnend benutzen kann – und das, ohne dafür etwas anderes zahlen zu müssen als den Lohn für lohnende Arbeit. Formell werden den Arbeitgebern die Dienste der staatlichen Arbeitslosenverwaltung zwar in Rechnung gestellt, die Beiträge nämlich – wie üblich – zur Hälfte als „Arbeitgeberanteil" ausgewiesen. Doch diese schöne Geste ändert nichts daran, dass es sich dabei um nichts anderes als einen Teil der Lohnsumme handelt, die die „Beschäftigten" mit rentabler Arbeit rechtfertigen müssen. Außer über Arbeit verfügen die Arbeitgeber somit, quasi als Gratisgabe der Ausbeutung, die sie ins Werk setzen, auch noch über eine *proletarische* „*Reservearmee*".

Streng genommen hat es dennoch etwas Systemwidriges an sich, grenzt geradezu an eine Ordnungswidrigkeit, dass die Arbeitslosenkasse arbeitsfähigen Leuten für *Nicht*-Arbeit *Geld* zahlt. Ihre Leistungen geben daher immer wieder – je dringender sie benötigt werden, um so mehr – Anlass zu einem gewichtigen und nie auszuräumenden Bedenken: Am Ende würde dem Lohnarbeiter die Chance eröffnet, sich nicht bloß für alsbaldige Wiederverwendung in Schuss zu halten, sondern auf ein arbeitsfreies Leben von Lohnersatzleistungen zu spekulieren. Der Verdacht enthält ein interessantes Eingeständnis. Er beruft sich zwar gern auf Fälle ungerechtfertigter Ausplünderung der Arbeitslosenkasse, von denen jeder schon mal gehört haben will, und reklamiert nichts weiter als ein bisschen Anstand. In seiner fraglosen Sicherheit beruht er tatsächlich aber auf der allgemeinen Lebenserfahrung, dass der Wille, Lohnarbeit zu leisten, in letzter Instanz eben doch nichts anderes als das Produkt einer Erpressung, nämlich mit dem andernfalls sicheren Elend ist, und drückt die Sorge aus, diesem Zwang könnte womöglich durch die zugesagte Unterstützung seine systemnotwendige Schärfe und sittliche Verbindlichkeit genommen werden. Andererseits ist nach Einschätzung kompetenter Sozialpolitiker die umgekehrte Befürchtung auch nicht von der Hand zu weisen, unverschuldete Arbeitslosigkeit und automatisch folgendes ungebremstes Elend könnten dazu führen, dass ansonsten kreuzbrave Leute notgedrungen die Kalkulation mit ehrlicher Arbeit als Subsistenzmittel aufgeben, für illegale Erwerbsmethoden anfällig werden oder womöglich noch grundsätzlicher, nämlich politisch aus dem Ruder laufen – dass Arbeitslosenelend der „Nährboden" für Radikalismus ist, gehört zu den Elementarweisheiten des bürgerlich-demokratischen Verstandes; er braucht dafür nicht einmal fähig zu sein, „rechts" und „links" auseinanderzuhalten. Auch das ist ein bemerkenswertes Eingeständnis: Die Mitglieder des marktwirtschaftlichen Ladens sind sich offenbar bewusst, dass ihr wunderbar freiheitliches Gemeinwesen von der Bereitschaft seiner proletarischen Bürger abhängt, dem Zwang zur Lohnarbeit zu entsprechen und nicht mehr zu verlangen als eine Gelegenheit dazu; deswegen darf dieses Bedürfnis nicht allzu gründlich enttäuscht werden. Eine Überbrückungshilfe für die Phase zwischen Entlassung und Neueinstellung ist, so gesehen, bei aller sittlichen und systematischen Fragwürdigkeit, der Preis dafür, dass Lohnarbeiter auch dann, wenn sie mit ihrer systemkonformen Lebenskalkulation am „Arbeitsmarkt" scheitern, keine prinzipiell abweichende Rechnung anstellen. Dass sie für diesen Preis selber aufkommen müssen, geschieht ihnen nur recht...

Gegen die „Gefahr", dass Lohnabhängige auf die Nothilfe für Arbeitslose als dauerhaftes Lebensmittel spekulieren könnten, trifft der Sozialstaat im Übrigen *praktische* Vorkehrungen. So bindet er Zahlungen aus den zwangsgesparten bzw. -sozialisierten Lohnprozenten an Bedingungen, die sich aus der von ihm deswegen so gewollten und arrangierten Analogie zu einer Risikoversicherung wie von selbst ergeben: Geld bekommt nur, wer vorher eingezahlt hat – Ausnahmen wie eine „originäre" Arbeitslosenhilfe z.B. für nicht gebrauchte Schulabgänger müssen eigens beschlossen werden, und im Prinzip muss dafür die allgemeine Staatskasse mit Zuschüssen zum Etat der Versicherung aufkommen –; Höhe und Dauer der Auszahlung richten sich nach vorangegangener Beschäftigungszeit und der Höhe des vorherigen Lohns. Der wird keineswegs in voller Höhe, sondern zu einem so knapp bemessenen Teil weitergezahlt – zwei Drittel gelten da als Richtgröße –, dass der heilsame Sachzwang, nach einer Entlassung baldmöglichst wieder eine Einstellung zu finden, vom ersten Tag an wirksam bleibt, auch wenn ihm die Schärfe unmittelbarer Existenznot erst einmal genommen ist. Ob der Abzug vom letzten Nettoverdienst auch groß genug ausfällt und dem von umsichtigen Sozialpolitikern für sich selbst aufgestellten und sorgfältig beachteten „Abstandsgebot" Genüge tut, wonach der Lohnersatz für Arbeitslose spürbar geringer sein muss als der geringste für sie in Frage kommende Arbeitslohn, ist natürlich dauernd umstritten. Unstrittig ist dagegen, dass ein Hilfsempfänger nachweislich jederzeit dem „Arbeitsmarkt" zur Verfügung stehen muss – Urlaub von der permanenten Einsatzbereitschaft muss angemeldet und bewilligt werden – und „Beschäftigungs"-Angebote nicht ablehnen darf – das gewährte Recht, im erlernten Beruf unterzukommen oder wenigstens nicht zu viel schlechteren Bedingungen als am letzten Arbeitsplatz, verfällt innerhalb kurzer Fristen –, um sein Recht auf Lohnersatz nicht zu verlieren.

Mit solchen Regelungen sorgt der Sozialstaat für Disziplin in der „Reservearmee"; doch das ist gar nicht einmal das Wichtigste daran. Er trifft damit zugleich systemkonforme Vorsorge für den Fall, dass die „Freisetzung" von Arbeitskraft durchs Kapital – sei es wegen bedeutender Fortschritte in den Techniken ihrer Ausbeutung, sei es infolge einer Krise des Geschäftsgangs – die Wieder- oder Neuverwendung von verfügbaren Leuten massiv und dauerhaft übersteigt. Dann wirkt sich nämlich die ganz auf den *einzelnen* zugeschnittene Begrenzung wohlerworbener Versicherungsleistungen automatisch als Sortierung innerhalb der betroffenen *Klasse* aus: Vom Heer der verfügbar gehaltenen Reservekräfte scheidet sich in dem Maße, wie es wächst, eine definitive *Überbevölkerung* ab, der kein Anteil am national verdienten Lohn mehr zugestanden wird. Den Übergang von dem einen in den anderen Elends-Status, aus dem Arbeitslosenheer ins Subproletariat[*], gestaltet der Sozialgesetzgeber dabei zu einer regelrechten individuellen Karriere aus, die bis zuletzt dem rechtsstaatlichen Imperativ folgt, auch noch im Pauper den selbstverantwortlichen Eigentümer des eigenen physischen Daseins und damit einer potentiellen Einkommensquelle zu würdigen.

[*] Auf dessen sozialstaatliche Behandlung geht Abschnitt *d)* dieses Kapitels ein.

(6) Die Altersrente: Quittung für ein ausgefülltes Arbeitsleben

Lohnarbeit zehrt die Arbeitskraft auf: Nach vier, spätestens fünf Jahrzehnten ist der durchschnittliche Lohnarbeiter den Anforderungen eines durchschnittlich rentablen Arbeitsplatzes endgültig nicht mehr gewachsen. Der Sozialstaat jedenfalls sieht es so und hat ein Einsehen. Er definiert – nicht allzu weit unterhalb der durchschnittlichen Lebenserwartung seiner abhängig beschäftigten Bevölkerung – per Gesetz eine Altersgrenze für Lohnarbeit, erspart so der einen Seite die Notwendigkeit, den ausgelaugten Alten wegen Unbrauchbarkeit zu kündigen, garantiert der anderen Seite einen arbeitsfreien Lebensabend und wendet sich sogleich der Frage zu, wovon die ausgemusterten Senioren eigentlich leben sollen. Denn dass der Lohn selbst über Jahrzehnte hinweg kein Vermögen schafft, von dem das restliche Leben zu bestreiten wäre, ist den sozialpolitischen Betreuern der Arbeiterklasse klar. Auf der anderen Seite steht aber ebenso fest, dass es für eigentumslose Arbeitnehmer eine andere Einkommensquelle als die verrichtete Lohnarbeit ein für allemal nicht gibt. Die bürgerliche Staatsgewalt jedenfalls denkt überhaupt nicht daran, für alte Lohnarbeiter einen alternativen Versorgungsweg zu eröffnen. Angesichts der *Unmöglichkeit,* als lohnarbeitendes Individuum – von der eventuellen Familie ganz zu schweigen – vom selbsterworbenen Eigentum ein komplettes Leben zu bestreiten, besteht sie auf dem *Sachzwang,* vom wohl abgewogenen Preis der Arbeit auch den proletarischen Ruhestand zu bezahlen. Und sie setzt diesen Zwang ins Werk, indem sie auch hier zum Mittel der Verstaatlichung des Verdienten greift und eine zweckmäßige Umverteilung des Lohns organisiert. Den aktiven Lohnempfängern wird „an der Quelle" abgezogen und in eine kollektive Kasse hineingetan, was der sozialpolitische Sachverstand an Rente für die ausgemusterten Alten nötig und ausreichend findet – generell so um die zwei Drittel dessen, womit eine aktiv ausgebeutete Arbeitskraft nach allen gesetzlichen Lohnabzügen auskommen muss.

Bevor es ans Auszahlen geht, macht der Verwalter des proletarischen Ruhestands seinen „Kostgängern" jedoch noch eine ganz andere, aufs rechtlich selbstverantwortliche Individuum bezogene Rechnung auf. Jeden einzelnen Arbeitskraftbesitzer konfrontiert er mit seiner ganz persönlichen „Renten-Biographie". Die enthält eine vollständige Bestandsaufnahme aller Wochen, Monate und Jahre, die der Mensch lohnabhängig und beitragspflichtig tätig war oder eben auch nicht, hält insbesondere fest, wieviel er in seinem gesamten Arbeitsleben der

Norm von 45 Arbeitsjahren für die Erfüllung eines vollständigen Rentenanspruchs schuldig geblieben ist; daraus ergibt sich der eine Faktor zur Berechnung der individuellen Altersbezüge. Ebenso penibel wird bilanziert, um wie viel der jeweils verdiente Lohn nach oben oder unten vom jeweiligen Durchschnittsentgelt abgewichen ist; daraus errechnet sich ein zweiter Faktor. So reißt auch im Alter und mit der Zwangssozialisierung von Lohnteilen keine Gleichmacherei ein, noch nicht einmal innerhalb der abgabepflichtigen und rentenberechtigten Klasse. Vielmehr wird jeder lohnabhängigen Arbeitskraft zum Ende ihres Arbeitslebens und zur Eröffnung ihres Lebensabends mit dem Rentenbescheid eine unerbittliche Abrechnung präsentiert: über die relative Lohnhöhe, bis zu der sie es gebracht hat; über alle Höhen und Tiefpunkte ihrer beruflichen Karriere; über jede Ausfallzeit, von der Ausbildung, die ihr vergönnt wurde, bis zu jeder Episode der Arbeitslosigkeit, von der sie betroffen war. Alle Bestimmungsgründe der bisherigen Geldknappheit kehren zusammengefasst in der Zumessung einer individuellen Altersarmut wieder. So befolgt der Rechtsstaat den Grundsatz der *Leistungsbezogenheit* des Altersruhegelds, den er schöpferisch aus seinem Konstrukt des Lohnarbeiters als eines freien Vermarkters der eigenen Arbeitskraft heraus entwickelt hat: Die Rente soll die in Versicherungszeiten und -beiträgen unbestechlich dokumentierte *individuelle Lebensleistung* widerspiegeln. Damit allein geht die Rechnung aber auch wieder nicht auf; es *ist* ja eben doch *nicht* ein privat akkumuliertes Eigentum, das der Rentner im Alter genießt. Deswegen wird die individuelle Lebensbilanz erst noch mit ein paar anderen Faktoren multipliziert, bevor ein Rentenbetrag feststeht. So wird vor allem der aktuell gezahlte Durchschnittslohn in Betracht gezogen: als Ausgangspunkt für die Festsetzung der Größe, von der der einzelne seinen individuell ermittelten Prozentsatz erhält. Das ist im Prinzip eine große Gnade, auf die der Sozialstaat sich bei der Einführung dieser Rechnungsart unter dem Titel „Dynamisierung der Altersrente" auch viel zugute gehalten hat: Weil ja bekanntlich immer alles teurer wird, das Leben vor allem, tendenziell aber auch die Arbeit, verarmt der „dynamisierte" Altersrentner nicht direkt im Maße der allgemeinen Geldentwertung. Dafür nimmt er aber auch andersherum bis an sein Lebensende praktisch Anteil am Schicksal der arbeitenden Klasse, der er nun einmal zugehört: Vermittelt über den amtlich errechneten Durchschnittslohn spüren auch die Ausgedienten noch alle Auswirkungen der kapitalistischen Konjunkturen auf Löhne und Arbeitslosenziffern. Ein zusätzlicher Faktor berücksichtigt zudem das Zahlenverhältnis zwischen aktiven Beitragszahlern und Rentenempfängern: Wenn letztere, zählebig, immer mehr werden, gleichzeitig womöglich die benutzten Arbeitskräfte in der Tendenz weniger, dann haften die Alten mit – ihre Rente wird geringer. Mit diesem Faktorenbündel in seiner Rentenberechnungsformel verwirklicht der Staat beim Umverteilen von *Lohn* seine Fiktion eines *Generationenvertrags;* mit der Kollektivhaftung, die er dekretiert, sorgt er für *Generationengerechtigkeit.*

Die gilt selbstverständlich genauso andersherum, nämlich mit umgekehrten Vorzeichen für die Beitrags*zahler.* Die werden *rechtsförmlich* für nichts als ihre eigene eigentumsähnliche Rentenanwartschaft zur Kasse gebeten und ausdrücklich damit vertraut gemacht, dass Defizite beim Gelderwerb und Beitrag-Zahlen sich bis ans Lebensende rächen. *Praktisch* werden sie mit ihrer individuellen Altersvorsorge jedoch für den aktuellen Finanzbedarf der Rentenkasse in Anspruch genommen. Und der ist eben ziemlich über-individuell durch kollektive Größen bestimmt: durch die Zahl der Rentner und die denen zugestandenen Ansprüche auf der einen Seite, durch die Zahl der Beitragszahler bzw. deren Gesamtlohn auf der anderen. Um beide Seiten zur Deckung zu bringen, sind auch auf Seiten der Aktiven, bei den Beiträgen, fortwährend „Anpassungen" vonnöten. Da kann es dann zu so schönen Effekten kommen, dass die Beitragslast steigt, wenn mehr Leute arbeitslos werden; oder dass sie sinkt, wenn Jahrgänge mit besonders lückenhafter Erwerbs-Biographie und entsprechend geringeren Ansprüchen ins Rentenalter kommen. Auf alle Fälle lernen die Arbeitnehmer im Beitragssatz der Rentenkassen nicht bloß den Preis ihres eigenen Lebensabends kennen, sondern gleichzeitig die Kosten ihrer sozialstaatlich verordneten „Solidarität" mit der Generation ausgedienter Klassengenossen.

Mit all diesen Arrangements macht der bürgerliche Sozialstaat das Unmögliche wahr, nämlich aus dem *Arbeits*lohn ein *lebenslanges* Subsistenzmittel – schlicht dadurch, dass er die ausgedienten Arbeitnehmer, die Lohnabhängigen oberhalb der von ihm festgelegten Altersgrenze, mit ihrem Lebensunterhalt hineinquetscht in den Gesamtpreis, den das Kapital national für lohnende Arbeitsleistung zahlt. So stellt er sicher, dass kein Bruchteil kapitalistischen Eigentums oder öffentlichen Reichtums verschenkt werden muss, bloß um die Unselbständigen noch nach Erschöpfung ihres Arbeitsvermögens, über den gesetzlich fixierten Zeitpunkt des Versiegens ihrer einzigen Einkommensquelle hinaus, am Leben zu erhalten.

(7) Das Kriterium der „Lohnnebenkosten" – oder: Warum Sozialkassen grundsätzlich „leer" sind

Der Sozialstaat widmet sich dem Geldmangel der lohnabhängigen Klasse. Nicht, um ihn abzuschaffen, sondern um ihn so einzuteilen, dass unausweichliche Notlagen, die die Lohnabhängigkeit mit sich bringt, mit den unzureichenden Mitteln des Lohns trotzdem bewältigt werden und jedes Mitglied der Klasse zu seinem Recht kommt – das darin besteht, sich ganz selbstbestimmt als menschlicher Produktionsfaktor zu verpachten. Es liegt in der Natur dieses Manövers, dass die Sozialpolitik nie aus dem Vollen schöpft. Schließlich wird Mangel umverteilt, nicht Überfluss; die Linderung von existenzieller Not verschärft die Geldknappheit an anderer Stelle. Eine andere Abhilfe ist nicht im Programm; kein Sozialpolitiker verlangt von den Arbeitgebern höhere Löhne, damit ihm das Umverteilen leichter fällt.[*]

Das Umgekehrte gibt es statt dessen schon. Seit die staatliche Sozialpolitik sich über den national gezahlten Lohn hermacht und ihn fürsorglich bewirtschaftet, ist sie in der Kritik derer, die für Arbeit zahlen. Die nehmen es bitter ernst, wenn der Staat die Verantwortung dafür übernimmt, dass der Preis der Arbeit die Arbeiterklasse ernährt. Nämlich in dem Sinn, dass sie ihn nicht bloß für die Verstaatlichung ohnehin gezahlter Lohnteile verantwortlich, sondern für den verstaatlichten Lohnanteil selber haftbar machen: Weil er abkassiert – und das auch noch direkt bei ihrer Lohnbuchhaltung! –, wäre er gewissermaßen mit seiner Klientel ein zweiter, kollektiver Lohnempfänger, der einen – wie es heißt – „zweiten Lohn" abkassiert. Und das eben nicht für nutzbringende Arbeit, sondern für lauter unnütze, dem Lohnarbeitsverhältnis äußerliche Dinge, die den Unternehmer eigentlich gar nichts angehen – in jedem Fall für *Nicht*-Arbeit. Für diese Sicht der Dinge können sich die Arbeitgeber sogar auf ihre Arbeitnehmer berufen: Die kriegen für die Arbeit, die sie leisten, ja wirklich bloß den Nettolohn ausgezahlt –

[*] Was es statt dessen gibt, ist die schon erwähnte Buchungstechnik, die einen Arbeitgeberanteil an der Finanzierung der Sozialkassen ausweist, sowie der daraus folgende Automatismus, dass eine Erhöhung der Beitragssätze nur zur Hälfte den Nettolohn verringert, zur anderen Hälfte die Lohnkosten steigert. Mit dem richtigen Interessenstandpunkt oder auch ein wenig Ironie kann man das als Dementi verstehen: Man sieht's doch, der Staat holt sich von den Arbeitgebern, was er für seine sozialen Wohltaten benötigt! Wie wahr! *Letztlich* zahlen im Kapitalismus die Kapitalisten überhaupt *alles!*

die paar Versicherungsansprüche, die nebenher mit „erworben" werden, kann man in dem Zusammenhang leicht unter den Tisch fallen lassen –; also geht doch wohl auch der Lohnzahler nicht fehl, wenn er im Nettolohn den wahren und eigentlichen Preis der Arbeit sieht. Den ganzen Rest, der in öffentliche Kassen abfließt, veranschlagen die Unternehmer folglich als Lohn*neben*kosten: nicht als Abzug von dem, was sie so oder so ihren „Mitarbeitern" schulden, sondern als von der Staatsgewalt aufgeherrschten *Zuschlag* zum Kostpreis des menschlichen Produktionsfaktors. In diesem Sinn gehen sie den Sozialgesetzgeber an: als Lohnkostentreiber, der ihnen noch zusätzlich zum Tarifpartner, den Gewerkschaften, das Geschäft schwer macht; somit als den anderen großen Adressaten ihrer immer gleichen und immer gleich dringlichen Forderung nach *billiger Arbeit.* Der Staat soll *ihnen erlassen,* was er *vom Lohn wegnimmt* und sozial herumschiebt.

Bürgerliche Sozialpolitiker, die sich ja tatsächlich als nicht bloß ideeller, sondern real haushaltender Gesamt-Lohnverbraucher betätigen, begegnen diesem Ansinnen prinzipiell mit Verständnis. Der interessierten Sichtweise, wonach die Kapitalisten für kapitalistisch Sachfremdes eine ansehnliche „Staatsquote" zahlen, geben sie formell Recht, indem sie die Deutung des nationalen Sozialhaushalts als „Nebenkost" wie ein feststehendes Faktum in den öffentlichen Sprachgebrauch übernehmen. Der darin enthaltenen Forderung nach Entlastung der Arbeitgeber von diesem Posten können sie zwar nicht so einfach nachkommen, weil sie mit dem ja lauter von ihnen anerkannte Notwendigkeiten zu finanzieren haben. Sie tragen der Unternehmerbeschwerde aber in der Weise Rechnung, dass sie ihre gesamte Sozialpolitik grundsätzlich unter einen ganz besonderen, nämlich ernst gemeinten Sparimperativ stellen.

Wie dieser Imperativ sich auswirkt, das hängt von verschiedenen Konjunkturen ab. Klar ist auf alle Fälle, wie eine vernünftige Sozialpolitik zu reagieren hat, wenn der nationale Geschäftsgang die Gesamtlohnsumme, sei es anteilsmäßig oder sogar absolut, sinken lässt und gleichzeitig die Zahl derjenigen vermehrt, die auf Unterstützung angewiesen sind und nach jeweils bestehender Rechtslage auch ein Anrecht darauf hätten. Je weniger die sozialstaatlich beschlagnahmte Summe reicht, um so mehr ist das nach der Logik des Lohnnebenkosten-„Arguments" der Beweis, dass sie schon längst viel zu hoch ist und – am besten vorauseilend – gesenkt werden muss, damit der Faktor Arbeit billiger wird und es mit dem Arbeitgeben wieder aufwärts gehen kann. Gesetzlich zugesagte Leistungen sind also um so härter zu beschränken, je dringlicher sie benötigt werden. So haftet der Sozialstaat aus purer marktwirtschaftlicher Vernunft und eigenem Beschluss mit seinem Sozialhaushalt für Arbeitslosigkeit und Lohndrückerei – das heißt: Er lässt seine Schutzbefohlenen mit organisierter Absenkung ihres Lebensstandards dafür haften, dass das Kapital erfolgreich an den Lohnkosten spart. Auf die Art zahlt es sich wenigstens mal aus, marktwirtschaftspolitisch, dass der moderne Staat die Lebenshaltung seines lohnabhängigen Volkes so umfassend betreut: Er hält etliche Hebel in der Hand, um bei konjunkturellem Bedarf *zweckmäßige Verarmung* zu inszenieren.*⁾

(8) Die Tugend der Solidarität und ihre Grenzen: Wie der Staat seine Arbeiterklasse als Ensemble von Interessensgegensätzen durchkonstruiert

Wenn die öffentliche Gewalt sozialpolitisch aktiv wird, dann geht sie streng rechtsstaatlich zu Werk. Sie bezieht sich auf ihre eigentumslosen Bürger als erwerbstätige Eigentümer ihres Arbeitsvermögens und unterstützt sie mit einem System von Vorsorgepflichten und Versorgungsansprüchen in dem Bemühen, das sie wie selbstverständlich unterstellt, auf das sie ihre Leute also alternativlos festlegt: je für sich mit dem Verdienten durchs Leben zu kommen. Klassen, ein Proletariat womöglich kennt der Sozialgesetzgeber nicht, bloß Einkommensarten und -grenzen. Mit dieser *praktizierten Abstraktion* kommt er den spezifischen Drangsalen seiner *Klassengesellschaft,* von deren Klassencharakter er nichts wissen will, perfekt bei. Gerade mit seinem auf den ‚Einzigen und sein Eigentum' zugeschnittenen Verpflichtungs- und Berechtigungswesen dekretiert und organisiert er tatsächlich eine *Kollektivhaftung* für klassenspezifische Notlagen; und zwar punktgenau so, dass deren Notwendigkeit reproduziert wird und dass dafür nicht die Gesellschaft als ganze haftet, sondern die potentiell Betroffenen selber: die *proletarische Klasse.* So macht ausgerechnet die *bürgerliche* Staatsgewalt, die formell nur von Privatpersonen mit ziemlich stereotypen Erwerbs- und Eigentumsproblemen weiß, praktisch ernst mit der *Klassensolidarität des Proletariats.* Und sie steht nicht an, ihren freien selbstverantwortlichen Bürgern als *staatsbürgerliche Tugend* sogar noch die Zustimmung zu dem abzuverlangen, was sie da dekretiert.

---

*⁾ Von entsprechenden Leistungen weitsichtiger Sozialpolitiker zu Beginn des 21. Jahrhunderts handelt weiter unten das *5. Kapitel.*

Mit Zusammenhalten aus Einsicht in die Härten der eigenen Klassenlage hat diese sittliche Großveranstaltung nichts zu tun. Was auch immer die betroffenen Lohnabhängigen einsehen: ihr kollektives Klassen-„Schicksal" soll es jedenfalls *nicht* sein. Und welche praktische Schlussfolgerung auch immer sie für sich ziehen: auf einen freien Entschluss zusammenzuhalten kommt es jedenfalls *nicht* an. Der Sozialstaat konfrontiert sie mit ganz anderen „Erkenntnissen" und Zumutungen: Er legt sie einerseits auf eine Lebensperspektive als lohnabhängige Pseudo-Eigentümer fest, stattet sie sogar noch im Zustand der Erwerbslosigkeit oder -unfähigkeit mit eigentumsgleichen Rechtsansprüchen aus; andererseits enteignet er sie zugunsten bedürftiger gesellschaftlicher Gruppen bzw. verweist sie darauf, dass sie ihr Dasein vom Einkommen anderer fristen. So schafft er auf der einen Seite die Figur des sozialpflichtigen Arbeitskraftbesitzers, der sich in seinem Bemühen um Eigentum dauernd behindert findet, auf der anderen Seite den Status des hilflosen Opfers mit staatlich gewährten Rechtsansprüchen gegen „die Allgemeinheit", der es dadurch gnadenlos zur Last fällt. Die beiden sozialen Charaktere stellt er einander gegenüber: den eigennützigen Beitragszahler und den anspruchsberechtigten Sozialfall.

Die *Klassensolidarität*, die der Sozialstaat erzwingt, besteht somit aus einem *gesetzlich gestifteten Widerstreit der Interessen.* Lauter aus Notlagen geborene und sie widerspiegelnde Geldinteressen setzt er gegeneinander ins Recht, beschränkt sie aneinander und bringt so die jeweils Betroffenen in Gegensatz zueinander. Ganz praktisch stellt er einen *proletarischen Klassenzusammenhang* her – in Gestalt eines einzigen *Gegeneinander* voneinander abhängig gemachter *partikularer Interessengruppen.* Unter denen tritt das gesamthafte Kollektiv der „aktiv Beschäftigten" gleich mehrfach auf: Als *Aktive* stehen sie, vermittelt über die Rentenkasse, gegen die ihre Rente verzehrenden *Alten,* also als Jüngere in einem „Generationenkonflikt". Der Überlebensbedarf der *Arbeitslosen* kollidiert über die Arbeitslosenversicherung mit den Geldbedürfnissen, die sie als *Erwerbstätige* haben und durch ihr Nettoentgelt mehr beschränkt als befriedigt finden. Als *gesunde* Beitragszahler sind sie über die Krankenkassen mit den *Kranken* und deren Nöten in einem objektiven Widerstreit der Interessen verbunden. Außerdem stehen Familien mit Kindern in Konflikt mit kinderlosen Paaren und Singles. Und weil es immer um Geld und letztlich um dieselbe beschränkte Geldsumme geht und Generationen von Sozialexperten ein Wunderwerk von Querverbindungen und Interdependenzen zwischen sämtlichen Unterabteilungen der sozialen Klientel eingerichtet haben, bestehen zwischen den verschiedenen Notfallabteilungen des Proletariats gleichfalls jede Menge Interessenkollisionen, die sich kein Lohnabhängiger je ausgedacht, geschweige denn bestellt hat: In seinem Namen konkurrieren in professioneller Borniertheit Kassen, Ressorts, Vertretungskörperschaften, Selbsthilfegruppen, wohltätige Vereine, Parteien...

Sich selbst bugsiert der Staat damit in die Position einer Entscheidungsinstanz *über* den Interessengegensätzen, die er überhaupt erst ins Leben gerufen hat; eines Schiedsrichters zwischen partikularen Interessengruppen, deren Konflikte allein auf seine sozialpolitischen Arrangements zurück gehen. Unter Berufung auf die Notwendigkeit, einen *Ausgleich* zwischen den vielen konkurrierenden Rechten – die doch niemand als er selber „gewährt" hat – zu schaffen, diktiert er allen von ihm unterschiedenen Abteilungen der Arbeiterklasse ihr je besonderes Maß an Verzicht und Opfern zu und übt damit *soziale Gerechtigkeit.* Dass mit deren praktischen Resultaten keine der betroffenen „Parteien" glücklich wird, ist für erfahrene Sozialpolitiker kein Grund, selber unglücklich zu werden, sondern Erfolgsausweis und Rechtfertigung des Geleisteten nach dem Motto: ‚Wenn alle unzufrieden sind, ist wohl die gerechte Mitte zwischen allen berechtigten Ansprüchen getroffen!'; nach Bedarf „schließen" sie aber auch auf einen unwidersprechlichen Auftrag zu genau den Reformbemühungen, die sie für nötig halten. Die einzige Unzufriedenheit, die sie dabei wirklich ernst nehmen und die sich trotzdem nie bedient findet, ist die der Arbeitgeber am sozialhaushälterischen Aufwand insgesamt. Aber sogar damit kommen sie gut zurecht: Sie erklären es zum definitiven Gütesiegel ihrer Sozialpolitik, dass sie ein nie abschließbares Ringen um soziale Gerechtigkeit, ein immerwährendes Reformwerk sei. Auf die Art konstruiert sich der bürgerliche Staat tatsächlich ziemlich abschließend, aber auch immer wieder neu im Sinne der jeweils aktuellen Anforderungen an Preis und Leistungsstärke des humanen Produktionsfaktor, seine Arbeiterklasse zurecht.

d) Der Sozialstaat legt seiner Gesellschaft den unausbleiblichen Pauperismus zur Last

Der bürgerliche Sozialstaat organisiert ein System der proletarischen Armut. Genau das lässt er sich allerdings nicht nachsagen. Wo er mit so großen Summen hantiert und seiner bedürftigen Gesellschaft den Haushalt führt, da mag es zwar zu der einen oder anderen sozialen Ungerechtigkeit kommen. Im Prinzip ist aber für jeden gesorgt, gerecht nach Maßgabe seines individuellen Vermögens. Da verbietet sich prinzipielle Kritik, schon gleich die, die in dem Wort „Armut" steckt. Eher lassen die Zuständigen sich den Vorwurf machen und hören auch darauf, sie würden es mit den sozialen Wohltaten übertreiben und den Bürger durch ein obrigkeitliches „Rundum-Sorglos"-Paket entmündigen.

Wenn das mal feststeht, sind bürgerliche Sozialpolitiker allerdings durchaus bereit, zur Kenntnis zu nehmen, dass inmitten ihrer wohlgeordneten und wohl situierten Gesellschaft doch noch ziemlich viel gebettelt, obdachlos herumgelungert, bis zur völligen Verwahrlosung gefixt und gesoffen sowie in aller Bescheidenheit gehungert wird. Es wird sogar mit einigem Aufwand studiert, inwieweit man mit weniger als der Hälfte des Durchschnittseinkommens wirklich vom normalen bürgerlichen Leben ausgeschlossen ist und wieviel Bevölkerung denn nun genau am Rande des steuerlich anerkannten Existenzminimums herumkrebst bzw. schon unter dieses Niveau abgestürzt ist.

Richtig Arme gibt es bei allem Wohlstand also doch auch: Leute, die es definitiv nicht – mehr – schaffen, auf legalem Wege das Lebensnotwendige zu erwerben. Solche Armut, der auch die bürgerliche Sozialpolitik dieses hässliche Etikett zuordnet, existiert jedoch eindeutig *außerhalb* des Systems der Lohnarbeit, als Ausnahme von dessen Regeln, mitnichten als dessen fester Bestandteil. So jedenfalls wird die Sachlage nicht bloß schönfärberisch interpretiert: So ordnet der Sozialstaat seine anerkanntermaßen armen Leute *praktisch* ein. Als arm gilt nur, wen er nicht – mehr – als notwendigen Teil seiner Lohnarbeiterschaft behandelt, dem ein gerechter Anteil am insgesamt verdienten Lohn zusteht. Für solche Leute konstruiert er ein vom normalen Sozialhaushalt abgetrenntes System der Sozialhilfe und mobilisiert dafür statt Lohngeldern einiges an öffentlicher und privater Mildtätigkeit. Vor allem nimmt er, quasi als Organe einer außerstaatlichen Nachbarschaftshilfe, seine Kommunen in die Pflicht. Deren Sozialämter bekommen den Auftrag, Bedürftigen ein „Leben in Menschenwürde" zu ermöglichen. Dabei scheut das christliche Abendland vor keiner Klarstellung darüber zurück, was diese Würde wert ist – wie dreckig es nämlich einem Menschen ergeht, der als Erwerbsperson versagt und auf keinem anderen Eigentum als dem sowieso unveräußerlichen an seiner *meta*physischen Natur bestehen kann: Es gibt ein Geld, darauf hat er sogar ein Recht; aber wenig; auch das nur nach Erschöpfung aller eigenen Hilfsmittel einschließlich eines eventuellen Vermögens der Familie; außerdem immer nur befristet oder fallweise, zur Überbrückung der jeweils akuten Notlage; nach Ermessen der zuständigen Amtsperson; wobei auch die Bereitschaft des Antragstellers zur Ableistung von Arbeitsdiensten gleich welcher Art in Anschlag zu bringen ist – selbst der letzte schäbige Rechtstitel, den die bürgerliche Welt zu vergeben hat, die Menschenwürde, hat sein Kriterium in dem Anstand, der sich an dem Nutzen zu beweisen hat, der sich aus dem Inhaber dieser Würde allenfalls noch herausholen lässt. Immerhin gibt diese Gleichung von Menschenwürde und Benutzbarkeit sogar noch einen weiterführenden Gesichtspunkt her, unter dem der Sozialstaat bereit ist, aus eigener Kasse ein paar Mittel flüssig zu machen: Über seine Arbeitsämter finanziert er Arbeitsbeschaffungsmaßnahmen und Umschulungen für dauerhaft Arbeitslose, die sonst niemand mehr haben will. Wer damit nichts anfangen kann oder will oder diese „letzte Chance" nicht bekommt, der wird sozialpolitisch der Betreuung durch öffentliche Einrichtungen, die gerne ausgerechnet den Titel „Wohlfahrt" im Namen führen, oder auch durch private Wohltätigkeitsvereine überantwortet. An ausgewählten Einzelfällen kann sich dann alljährlich zu Weihnachten die Tugend des Mitleids austoben. So trennen sich von der gesetzlichen Armenhilfe das traditionsreiche Gewerbe der Bettelei sowie ein eigenes Almosenwesen ab. Die Ausgrenzung der anerkannten Armut aus dem normalen Erwerbsleben – bzw. die Gleichung, dass nur der Ausnahmefall als Armut gelten kann – ist damit vollendet.

In der Verelendungs*karriere,* die der Sozialstaat seinen armseligen Ausnahmeerscheinungen vorzeichnet, wird allerdings deutlich genug, dass es sich bei den offiziell anerkannten Randexistenzen des marktwirtschaftlichen Erwerbslebens eben doch um alles andere als eine Ansammlung erratischer Sonderfälle handelt; vielmehr um die Produkte einer negativen Laufbahn, die zur Welt des Geldverdienens notwendig dazugehört, mindestens so normal ist wie der allgemein erhoffte Aufstieg vom Computerspieler zum „Start-up"-Unternehmer, auf jeden Fall deutlich häufiger stattfindet. Die Staatsgewalt selber bezieht ihre Sozialhilfe-Arrangements genau auf das „Milieu", das fortwährend Nachschub an hilfsbedürftigen Leuten liefert: *positiv* mit ihren großherzigen An-Geboten an diese Leute, sich in wie erbärmlicher Position auch immer ins proletarische Erwerbsleben wieder einzuklinken; *negativ* mit ihrer Maxime, den Abstand zwischen Mindestlohn und Sozialhilfe so groß, die öffentliche Unterstützung also so gering zu halten, dass damit ihr eigener immerwährender Verdacht beschwichtigt ist, da könnte sich einer vom Sozialhilfeempfang eine Besserstellung gegenüber einer noch so miesen Lohnarbeiterexistenz erwarten. Bewusst und planmäßig organisiert der bürgerliche Staat sein Armutswesen also als abschreckende Alternative zum proletarischen Broterwerb und gesteht damit ein, dass diese Alternative ein Leben von der Lohnarbeit dauernd begleitet; wenn auch in Wahrheit nicht als eine Option, zu der ein Lohnabhängiger sich leichten Herzens entschließen könnte, vielmehr als dauernd präsente Absturzgefahr, für deren Vermeidung er sich permanent anstrengen muss.

Es braucht ja tatsächlich nicht viel, um aus dem Durchschnitt, der nach maßgeblicher Lesart den Tatbestand der Rundum-Versorgung erfüllt, „in die Sozialhilfe" abzurutschen. Es müssen nur zwei bis drei „negative Faktoren" zusammenkommen, die je für sich sozialstaatlich noch voll in Ordnung gehen – ein unterdurchschnittliches Einkommen etwa bei überdurchschnittlicher Kinderzahl; es braucht bloß zweimal zu wenig Geld für die fällige Miet- oder Ratenzahlung auf dem Konto zu sein oder einmal die nötige Vorsicht beim Schuldenmachen zu fehlen – ein gestrichenes Weihnachtsgeld und ein Monat Kurzarbeit können dafür schon reichen; es müssen nur ein paar der Bedingungen greifen, an die der Sozialstaat seine Leistungen, bei der Arbeitslosenunterstützung etwa oder bei den Mietbeihilfen, gebunden hat – die Überschreitung vorgeschriebener Fristen langt vielleicht schon. Es braucht überhaupt nur einer der vielen „Wechselfälle des Lebens" einzutreten, die das proletarische Dasein ohnehin ständig begleiten, und schon kommt einer der viel beklagten „Teufelskreise" in Gang, die einen Lohnabhängigen zum Sozialfall machen – nicht schicksalhaft, sondern ganz nach dem sozialrechtlichen Drehbuch, das jede Etappe der fälligen Abwärts-Karriere vorweg definiert und die Bedingungen für die nächste Stufe des Abstiegs festlegt. Dieser selbst geht nach denkbar schlichtem Muster vonstatten: Wenn das Geld erst einmal für die Fortführung eines regulären Erwerbslebens nicht mehr reicht, und davon ist einer, der vom Lohn leben muss, niemals weit weg, dann genügt es erst recht nicht für den Neuaufbau einer „bürgerlichen Existenz". Von Staats wegen ist die Sache aber eben so eingerichtet, dass für jede Lebenslage gesetzliche Konditionen aufgestellt werden, an denen der einzelne sich bewähren muss, vor denen er aber auch versagen kann, wodurch er sich letztlich selber jeden weiteren Abstieg einbrockt. So führt der Sozialstaat auch da noch Regie, wo der Kapitalismus einen „Bodensatz" von definitiv nicht mehr gebrauchten Leuten produziert. Einen solchen menschlichen Ausschuss hält er nach festgelegten Fristen auch nicht mehr brauchbar, sortiert ihn statt dessen planmäßig aus seiner allgemeinen Lohnverwaltung hinaus. Er tut das aber in der Weise, dass er ohne Ansehen der Person jedem das Seine zukommen lässt – genau das, was ein jeder sich in freier Selbstbestimmung verdient hat.

Früher oder später erlahmt bei den Betroffenen dann natürlich der Wille, sich auch in hoffnungsloser Lage noch systemkonform, d.h. nach den Regeln des legalen Eigentumserwerbs aufzuführen. Das folgerichtige Endprodukt sozialstaatlich präformierter Verelendung ist eine unübersehbare Verwahrlosung. Die wiederum dient dem sittlich denkenden und empfindenden Gemeinwesen als denkbar bequemer Beweis für das genaue Gegenteil: Das sittlich verwahrloste Individuum wäre ersichtlich selber an seinem Elend schuld, und wenn Produkt, dann jedenfalls nicht der unerbittlichen Regeln der sozialstaatlich verwalteten Lohnarbeit, sondern einer extraordinären „Verkettung unglücklicher Umstände". So tut die „richtige" Armut dem bürgerlichen Gemeinwesen noch einen moralischen Gratisdienst: Sie beweist, dass sie nur als mehr oder weniger selbst verschuldete Ausnahme von einer Regel vorkommt, die für Armut – *eigentlich* – keinen Raum mehr lässt. Das *Sub*proletariat bezeugt leibhaftig, dass die mit einem Sozialstaat gesegnete Arbeiterklasse *kein Proletariat* mehr ist. Und als *arm* braucht sie sich schon gar nicht beschimpfen zu lassen.

4. Der moderne Arbeitnehmer und seine Besitzstände

Wer heute, im dritten kapitalistischen Jahrhundert, behauptet, in den Zentren der globalisierten Marktwirtschaft gäbe es noch so etwas wie ein *Proletariat,* das *nichts zu verlieren* hätte *als seine Ketten,* der macht sich lächerlich. Nicht zuletzt vor den Leuten, von denen da die Rede ist – denn um wen es geht, das ist bei aller unendlichen Differenz zwischen der Arbeiterklasse von einst und dem mündigen Arbeitnehmer von heute ja doch gleich klar; eine gewisse Identität scheint trotz allem noch vorzuliegen. Und so viel wird ja auch immer noch wahrgenommen: Lohnarbeiter tragen, wenn schon nicht all ihr Hab und Gut, so doch ihre *Einkommensquelle* nicht als gegenständlichen Besitz in ihrem Portefeuille spazieren, sondern in ihrer *eigenen Person* mit sich herum, haben insofern also nichts zu verlieren, wovon sie leben könnten. Und eine rechte Einkommensquelle ist das, worüber sie höchstpersönlich verfügen können, auch nicht; denn mit ihrer Arbeitskraft sind sie auf einen Arbeitgeber angewiesen, der sie ausnutzen kann und will; an dessen Kommando sind sie dann schon ziemlich fest *angebunden.* Doch von „Ketten", wie sie das ‚Kommunistische Manifest' mit seiner antiquierten Metaphorik beschwört, kann im Zeitalter der Demokratie und des weltweit triumphierenden Rechtsstaats wohl kaum die Rede sein: Lohnarbeiter sind frei in ihrer Lebensgestaltung; sie haben die Wahl, sogar in Personalfragen der politischen Beaufsichtigung und Detailfragen der Ausgestaltung ihrer gesellschaftlichen Lebensbedingungen; eine pluralistische Öffentlichkeit bietet ihnen Meinungen, Einstellungen und Urteile zur Auswahl an, und alternative Volksparteien bemühen sich um ihre Zustimmung. Zu verlieren haben sie mittlerweile auch einiges – die demokratischen Medien jedenfalls berichten täglich von den neuesten Verlusten –: eine Lohnzahlung nach gewerkschaftlich ausgehandeltem Flächentarif zum Beispiel und Mitbestimmung im Betrieb; allerhand sozialstaatliche Fürsorge; einen Lebensstandard, von dessen Ausstattung mit „langlebigen Konsumgütern" frühere Arbeiter-Generationen nicht einmal zu träumen gewagt hätten; schließlich und nicht zuletzt das höchste aller für sie in Frage kommenden Güter: den Arbeitsplatz...

Solche „Besitzstände" stellen den Verhältnissen, unter denen die lohnabhängige Mehrheit der Gesellschaft in kapitalistisch erfolgreichen Nationen lebt, ein einwandfreies Unbedenklichkeitszeugnis aus: So *möchte* zwar durchaus nicht jeder leben, genaugenommen sogar eigentlich niemand; nach herrschender Auffassung *lässt sich* so aber leben. Und zwar so prachtvoll, dass eben diese herrschende Meinung sich mittlerweile kaum mehr des Eindrucks erwehren kann, hier wäre längst zu viel des Guten geschehen; einer Mehrheit der Gesellschaft würde erlaubt, ja sie würde geradezu dazu gedrängt, *über ihre* – und damit über „unser aller" – *Verhältnisse* zu leben. Natürlich will niemand die „Besitzstände" der „kleinen Leute" einfach liquidieren; soweit „wohlerworben", gehen sie schon in Ordnung. Die fraglose Festigkeit eines echten *Besitzes* kommt ihnen aber nicht zu; immer ist mitgedacht, dass es sich um *Zugeständnisse* handelt, die im Prinzip jederzeit widerrufen werden können – im Unterschied zu wirklichem Eigentum, dessen Unumstößlichkeit bekanntlich zu den menschenrechtlichen Grundpfeilern einer gesitteten Zivilgesellschaft gehört –; eine kritische Überprüfung, inwieweit sie überhaupt noch „in die Landschaft passen", müssen sie sich schon immer wieder einmal gefallen lassen. Dass es für den „Wohlstand" der lohnabhängigen Massen und die „sozialen Wohltaten", in deren Genuss man sie kommen lässt, eine quasi natürliche *Grenze* gibt und geben muss: das ist gerade jenen demokratisch-marktwirtschaftlichen Meinungsbildnern völlig selbstverständlich und geläufig, die andererseits mit „Begriffen" wie „Proletariat", „Armut" oder gar „Ketten" überhaupt nichts anfangen können und auch dann von einer „Klassenlage" weit und breit nichts entdecken können, wenn sie mal wieder um die Feststellung einfach nicht herum kommen: Die Grenze ist *überschritten. Überversorgung* ist eingerissen – nicht bei den Reichen und „Superreichen" unserer freiheitlichen Leistungsgesellschaft; die schaffen es wirklich nicht, über ihre Verhältnisse zu leben; sondern bei denen, denen das ganz leicht passiert: bei den lohnabhängigen Massen. Und das ist, das „Über-" sagt es schon, kein Grund zur Freude, sondern muss skeptisch stimmen. Denn damit halten Genuss und Luxus in einer Sphäre Einzug, in der sie nichts zu suchen haben; weil dort der Mensch schon gut bedient ist, wenn er überhaupt einen Arbeitsplatz „besitzt", und sich schon zu einer ziemlich privilegierten Minderheit rechnen darf, wenn er mit seinem Einkommen auskommt und mit Anstand alt werden kann. Mehr jedenfalls als *das Lebensnotwendige,* worin auch immer das im einzelnen bestehen soll, kann sich eine lohnabhängige Erwerbsperson auch heutzutage eigentlich nicht erwarten; davon gehen all die sachkundigen Ermittlungen zum Thema „Überflussgesellschaft" felsenfest aus, in denen kritisch nachgerechnet wird, wieviel Geld ganz normale Zeitgenossen – und sogar schon die Kinder! – für allerlei Plunder ausgeben, den sie „im Grunde" *gar nicht wirklich brauchen.*

Was sie „wirklich brauchen", das wird ihnen natürlich vorurteilsfrei gegönnt; das ist ein Gebot der sozialen Fairness, die ein sozial gerechtes Gemeinwesen und anständige Arbeitgeber diesem Menschenschlag schulden. Mehr aber auch nicht: Das gebietet umgekehrt die Fairness, die „die Wirtschaft", die ihn einen Lohn verdienen, und der Sozialstaat, der ihn davon leben lässt, „die Allgemeinheit" also von einem Menschen ohne wirkliche Besitztümer wohl erwarten kann und die so einer auch seinesgleichen schuldet, nicht zuletzt den Arbeitslosen, mit denen er schließlich seinen Anteil am gesellschaftlichen Wohlstand teilen muss, weil die auch etwas davon haben wollen. Was „die Leute" als ihren „Besitzstand" genießen, geht nur dann wirklich in Ordnung, wenn sie es sich auch immerzu redlich *verdienen,* durch verantwortlichen Umgang mit Arbeitsplatz, Lohn, sozialen Einrichtungen usw. Zur materiellen *Freiheit,* die das Arbeitsentgelt dem Arbeitnehmer von heute verschafft, gehört anständigerweise die fortdauernde *Notwendigkeit,* nicht zu viel zu verlangen und dafür stets von neuem arbeiten zu gehen, bis zur staatlicherseits vorgesehenen Altersgrenze oder bis ans natürliche Ende; sie schließt die *Pflicht* ein, dieser Notwendigkeit freiwillig nachzukommen. Die öffentliche Anerkennung, die die Lohnarbeit genießt, die sozialstaatliche Betreuung derer, die sie leisten, das verlangt als selbstverständliche Gegenleistung die Bereitschaft, sich an den damit gesetzten „Rahmen" reibungsfrei *anzupassen.* All die großartigen Errungenschaften in Sachen Lebensstandard und politische Selbstbestimmung, hinter denen so etwas Vorsintflutliches wie eine proletarische Klasse überhaupt nicht mehr auszumachen ist, fordern von den damit beglückten „einfachen Menschen", quasi als gerechtes Äquivalent, dass sie sich auch so aufführen, wie es sich für sie gehört: dass sie ihr Leben aufteilen zwischen Arbeit in fremden Diensten und Freizeit im Dienste der Regeneration für die Arbeit, und dass sie es sich im Übrigen von ihrem „Wohlfahrtsstaat" einteilen lassen, ohne sich mit übertriebenen Ansprüchen unbeliebt zu machen. Der *Glückwunsch,* die Proletarier von gestern könnten mit dem Arbeitnehmerleben von heute voll zufrieden *sein,* will eben als *Ermahnung* verstanden sein, damit hätten sie sich aber auch gefälligst zufrieden zu *geben.* – Und das soll es jetzt sein, das Happy End für die Arbeiterklasse?!

Anders gesagt: Der moderne Arbeitnehmer fährt durchschnittlicherweise ein eigenes Auto, verdient einen gewerkschaftlich ausgehandelten Tariflohn, wählt Politiker, die ihn umgekehrt sozialpolitisch betreuen, und besitzt an Stelle eines „Klassenstandpunkts" eine eigene freie Meinung. Seit er auch noch mit dem Handy telefonieren und übers Internet einkaufen kann, haben seine Lebensumstände ihr historisches Optimum erreicht – wenn alle Welt davon überzeugt ist, wird es schon so sein. Doch wenn es *besser* gar nicht mehr kommen kann: *wie gut* steht es dann? *Was taugt* das Optimum? Wenn die Bilanz für die Masse der Arbeitnehmer nicht mehr zu verbessern ist, wie die Apologeten der weltweiten Marktwirtschaft nicht müde werden zu versichern und die betroffene Menschheit selber auch zu glauben scheint, dann kann eine kleine Zwischenbilanz jedenfalls nicht schaden.

a) Besitzstand Nr. 1: Ein Lebensstandard wie noch nie

(1) Vom „Wohlstand für alle"

Dem modernen Arbeitnehmer steht eine Fülle von Konsumgütern zu Gebote, wie es sie zu Zeiten des „klassischen" Industrieproletariats noch gar nicht gab, schon gar nicht *für* die werktäglich in graue Fabrikhallen strömenden Arbeitermassen. Und das gilt nicht bloß im Vergleich über die Jahrhunderte: Viel von dem, was noch vor Jahrzehnten oder Jahren für durchschnittliche Lohnempfänger unerschwinglich war, ist heute ein gewöhnlicher Konsumartikel: der Fernseher in der Wohnung, eventuell auch schon der PC, das Mobiltelefon für die Kinder, das Auto der unteren Mittelklasse... Und das gilt allgemein als bewundernswerte Leistung – nein, nicht der Leute, die das Zeug so billig produzieren, sondern des *freien Marktes* höchstpersönlich. Doch mal im Ernst: Sollen moderne Arbeitnehmer dem „Sachzwang" zur „Mobilität" zu Fuß nachkommen? Sollen die VW-Chefs ihre Golfs und Polos selber fahren? Und sollen Autos überhaupt für Arbeiter unerschwinglich bleiben, selbst wenn in der Autobranche rechnerisch jeder Arbeiter pro Woche eins produziert? Tatsache ist: Auch Lohnarbeiter haben Anteil an dem „modernen Leben", dessen materielle Ausstattung sie produzieren; nicht bloß an ihren Arbeitsplätzen sind sie mit den neuesten Errungenschaften des technischen und sonstigen Fortschritts konfrontiert, auch privat kommen sie in den Genuss immer neuer und wahnsinnig innovativer Produkte. In die Würdigung dieses Fortschritts sollte man allerdings die folgenden Gesichtspunkte mit einbeziehen.

Erstens hat die Vergrößerung und fortwährend veränderte Zusammensetzung des „Warenkorbs", von dem nach Feststellung der Statistik-Ämter der durchschnittliche Arbeitnehmerhaushalt lebt, nichts mit Überfluss, geschweige denn mit einem Zuwachs an Freiheit und Lebensgenuss zu tun. Selbst jene Freunde eines bescheidenen „Wohlstands für alle", die am Lebensstandard ihrer lohnarbeitenden Zeitgenossen das Meiste ziemlich überflüssig finden, könnten wohl kaum angeben, wie den Anforderungen eines weltrekordmäßig rentabel gestalteten Arbeitsplatzes, sei es in der auf äußerste Geschwindigkeit und Flexibilität getrimmten Produktion, sei es im durch-digitalisierten Großraumbüro oder am online verbundenen heimischen PC, sach- und fachgerecht zu entsprechen wäre *ohne* entsprechende Ein- und Herrichtung des dazugehörigen Privatlebens. Ständige Verfügbarkeit für jede gerade benötigte Tätigkeit, jederzeit abrufbare volle Leistung, bis zum Stumpfsinn gewohnheitsmäßiger Umgang mit elektronischem Gerät, uneingeschränkte Einsatzbereitschaft...: Schon solche Grundvoraussetzungen für einen zeitgemäßen Arbeitsdienst an einem konkurrenzfähigen Kapitalstandort wären massenhaft, zuverlässig und auf Dauer gar nicht zu haben, wenn die Lohnarbeiter des 21. Jahrhunderts im bäurischen bzw. mietskasernenmäßigen Elend der ersten Industriearbeiter-Generationen hocken geblieben wären oder sich mit den Überlebensnöten eines drittweltlichen Slumbewohners herumschlagen müssten. Was eine kapitalistisch nützliche Arbeitskraft außerhalb ihres Erwerbslebens treibt und sich leistet, das muss – übrigens seit jeher – Schritt halten mit den beständig fortentwickelten Ansprüchen ihrer Arbeitgeber, und mit den entsprechend weiter verfeinerten Anforderungen der Staatsmacht an ihre selbstverantwortlichen Bürger außerdem auch. Ohne festen Wohnsitz hat der Mensch von vornherein keine Chance; jederzeit erreichbar und mobil muss er sein; ohne einen halbwegs geordneten Haushalt mit „gesunder Ernährung" im Kühlschrank und Medien zur „Entspannung" kommt er bestimmt nicht zurecht und kaum noch ohne durchtechnisierten Ausgleichssport zur Wiederherstellung der im Job beanspruchten physischen und psychischen Kondition; usw. Da kommt schon ohne Familie einiges an unerlässlicher Grundausstattung zusammen, bei familiärem Anhang gleich noch viel mehr – und die *Freiheit* des lohnarbeitenden Individuums, ganz nach seinen persönlichen Bedürfnissen und Vorlieben auf die Warenwelt zuzugreifen, findet einen ganzen Haufen an gesellschaftlichen *Notwendigkeiten* vor, an denen sie sich erst einmal abarbeiten darf. Was sich dann an Besitztümern ansammelt, zeugt mehr von der durchgreifenden Funktionalisierung des Privatlebens für die Sachzwänge einer rentabel gemachten Lohnarbeit als von Freiheit und Abenteuer.

Mit dem Stichwort „rentabel" ist schon der zweite in Sachen Lebens-standard bedenkenswerte Gesichtspunkt angesprochen, nämlich der Grund dafür, dass das, was in den notwendigen Konsum einer auf der „Höhe der Zeit" befindlichen Arbeitskraft Eingang findet, für einen durchschnittlichen Lohnempfänger auch tatsächlich erschwinglich ist. Das ist ja keine Gratisgabe der kapitalistischen Warenproduzenten und -anbieter an ihre Kunden oder sonst ein menschenfreundlicher Zug der Marktwirtschaft, sondern der Effekt eines gnadenlosen Kon-kurrenzkampfes um den am Markt zu realisierenden Profit. Dieser Kampf wird von den konkurrierenden Firmen letztlich auf dem Feld der *Produktionskosten* ausgetragen, und darin kommt die *Senkung der Lohnstückkosten* als wichtigste Waffe zum Einsatz. Die Verbilligung der Arbeit, vor allem aber die Steigerung ihres Wirkungsgrads und eine entsprechende relative oder sogar absolute Einsparung von be-zahlter Arbeit sind die Mittel des Unternehmens, um mit relativ oder sogar absolut geringeren Warenpreisen größere Marktanteile und mehr Gewinn zu erobern. Was – andersherum betrachtet – eine Ware billiger macht, so dass sie am Ende auch für eine weniger betuchte Kundschaft erschwinglich wird, ist die erfolgreiche Minimierung des betrieblichen Kostenaufwands für Arbeit im Verhältnis zum Arbeitser-trag, der Masse an verkäuflichem Produkt, die dem Unternehmen ge-hört; die gesteigerte Ausbeute also aus dem kapitalistischen Gebrauch des „Faktors Arbeit". *Dessen Ausbeutung* ist vorangekommen, wenn Gebrauchsartikel für Reiche allmählich zur Massenware werden und in die Reichweite der Zahlungsfähigkeit durchschnittlicher Lohnemp-fänger gelangen. Dass deren Normalausstattung ein gewisses Quan-tum früher „unbezahlbarer" Konsumgüter umfasst, zeugt daher mehr von einer enormen Verschiebung im durchschnittlichen Lohn-Leis-tungs-Verhältnis zu Lasten der Arbeiter als von gewachsener Bequem-lichkeit einer durchschnittlichen Arbeiterexistenz.

Damit ist drittens auch schon klar, worum es geht, wenn Kapitalis-ten die erfolgreich gedrückten Produktionskosten für eine Warengat-tung dazu benutzen, sich neue Käuferschichten, auch unter Lohnemp-fängern, zu erschließen, also gegen andere Fabrikanten die Konkur-renz um das Geld der weniger kaufkräftigen Massen zu eröffnen – um *Versorgung* jedenfalls nicht; schon deswegen kann von *Über*versorgung erst recht nicht die Rede sein. Eine Firma will *verkaufen,* was und an wen auch immer; sie lässt arbeiten, um mit dem Verkauf der Ware ein Maximum an gesellschaftlicher Zahlungsfähigkeit für die Realisierung des Profits in Beschlag zu nehmen, den ihre Arbeitskräfte in ihre Produkte hinein fabriziert haben. Da wird kein gesellschaftlicher Reichtum *verallgemeinert* oder eine Teilhabe daran konzediert, sondern umgekehrt auch noch die armseligste Lohnsumme mobilisiert, um immer mehr gesellschaftlichen Reichtum in seiner allein allgemeingültigen Existenzweise, in Geldform, in den Händen der Firmen-Eigentümer zu *konzentrieren*. Der Lohn, für den die unternehmende Klasse insgesamt sich rentable Arbeit kauft, darf so für einen Teil dieser Klasse noch einen zweiten Dienst tun, nämlich im Tausch für benötigte und hinreichend verbilligte Massenware in deren Kassen „zurück" fließen und damit den Zweck vollenden helfen, für den er überhaupt verausgabt wird: die monopolisierte Verfügungs- und Kommandomacht des Eigentums über die Arbeit immer weiter zu steigern.

Dass es beim Verkauf von Autos, Flugreisen, Einbauschränken usw. an jedermann, auch an schlichte Lohnempfänger, um die „Abschöpfung" von Kaufkraft zwecks Vollendung des Kapitalumschlags in bestimmten Branchen geht und ganz bestimmt nicht um die Erfüllung eines irgendwie gearteten gesellschaftlichen „Versorgungsauftrags", das ist der Grund dafür und zeigt sich umgekehrt darin, dass viertens die Erschwinglichkeit etlicher „höherwertiger Konsumgüter" für Durchschnittsverdiener alles andere bedeutet, als dass sie von einem Durchschnittsverdienst problemlos zu bezahlen wären. So wenig der Lohn sich an Menge und Preis der Güter bemisst, die üblicherweise davon eingekauft werden müssen – dazu Näheres unter Punkt b) –, so wenig bemessen sich die Preise, die der kapitalistische Warenhandel für Güter des Massenkonsums berechnet, an der Summe, die ein Arbeitnehmer im Durchschnitt verdient und nach Abzug aller sonstigen Zahlungspflichten noch in der Hand hat. Die ist und bleibt hoffnungslos überfordert. Eben deswegen tobt ein so erbitterter Konkurrenzkampf um die „Massenkaufkraft": Der Verkauf eines jeden Artikels geht auf Kosten nicht nur von konkurrierenden Anbietern der gleichen Ware, sondern der Absatzchancen aller anderen Artikel des Massenkonsums. Und der Konsument ist pausenlos in seiner Entscheidungsfreiheit gefordert: Angesichts der großen Warenvielfalt, die ihm *im Prinzip* zu Gebote steht, muss er sich das verdiente Geld „vernünftig" einteilen, eine „kluge Auswahl" treffen und den Kompromiss finden zwischen unabweisbaren Ausgaben und unvermeidlichem Verzicht.

Immerhin findet er in der entwickelten Marktwirtschaft von heute für die Bewältigung dieses Dauerproblems jede Menge Hilfen vor – dies der fünfte und letzte Gesichtspunkt, den man bei der Bewunderung des erreichten allgemeinen Massenwohlstands nicht völlig vergessen sollte:

Zu allen Gebrauchsgütern, die das moderne Leben so unschlagbar fortschrittlich gestalten, haben findige Produzenten und Kaufleute besonders *billig* herstellbare Varianten entwickelt, die das schöne Zeug erst wirklich erschwinglich machen. Damit verschwindet das Problem der klugen Einteilung und der Zwang zu geschicktem Verzicht aber nicht; vielmehr kommt zu den banalen Geldsorgen noch eine weitere hinzu: Das Billige taugt dann doch nicht viel, überlebt häufig seinen Gebrauch nicht lange, ist seinen billigen Preis also gar nicht einmal wert. Den praktischen Beweis führt die besserverdienende Kundschaft, die genug Geld hat, um sich an wirklich preiswerte Ware zu halten, sichere Autos fährt und voller Verachtung auf den Billigtourismus herabblickt, der zugleich vom übertriebenen Wohlstand der armen Leute zeugt. Denn das bereitet dem bürgerlichen Verstand keine Probleme, das unverkennbar *Billige* am proletarischen Lebensstandard als Beweis dafür zu nehmen, dass der *Standard,* der da „gelebt" wird, einfach eine Nummer *zu hoch* ist: zu hoch gegriffen für den Menschenschlag, der da meint, Luxus könnte für ihn erschwinglich sein und trotzdem noch genießbar.

Die Lebenshaltung der lohnabhängigen Mehrheit, das ist nicht zu übersehen, geht also mit der Zeit. Ihre beständige *Modernisierung* schließt allerdings die – natürlich völlig unbeabsichtigte – Nebenwirkung ein, dass der so prächtig und schon verdächtig „überversorgte" Arbeitnehmerstand denkbar umfassend und perfekt für die Belange der Arbeitgeberseite *funktionalisiert* wird: Gesteigert wird die Arbeitsproduktivität, die dem kapitalistischen Eigentümer bei geringeren „Faktorkosten" für Arbeit mehr verkäufliche Ware in die Hand gibt, also ganz im Dienst am Unternehmensgewinn aufgeht; das Privatleben wird mit Konsumgütern ausgestattet, die ihren stolzen Besitzer gerade mal dazu befähigen, so flexibel, mobil, einsatzbereit und dienstwillig zu sein, wie ein moderner Arbeitgeber das von seinen Arbeitskräften muss verlangen können; die Massenkaufkraft, die dafür verausgabt wird, lässt den gesellschaftlichen Reichtum zuverlässig dort hin strömen, wo er im Kapitalismus hin gehört, nämlich als Geld in die Bilanzen der Geschäftswelt; den Massen, die ihre Kaufkraft so zweckmäßig verausgaben, verbleibt ein nicht unkompliziertes Einteilungsproblem – dem freilich niemand den Namen *Armut* geben darf. Denn das alles wird dem modernen Arbeitnehmer ganz im Gegenteil als sein *post-proletarischer Wohlstand* angerechnet. Das ist einerseits ein Hohn. Verräterisch ist es aber auch: Es bedarf stets eines albernen Vergleichs mit „schlechten Zeiten" – oder mit Landstrichen, in denen das Verhungern zur Nor-

malität gehört –, um auf den Spruch zu kommen: ‚Heute geht es dem –
deutschen, britischen, polnischen...? – Arbeiter gut!‘*) Dritterseits enthält das Dementi aber auch eine ehrliche Auskunft: *Mehr ist nicht
dran* am Reichtum der armen Leute vom Lohnarbeiterfach.

(2) Von den Konsumentenbedürfnissen

Von all dem kann man natürlich auch absehen und sich einfach an
die kaum zu bestreitende abstrakte Tatsache halten, dass – Funktionalisierung des Lohns für Umschlag und Mehrung des Kapitals hin oder
her – massenhafte Bedürfnisbefriedigung stattfindet. Sogar ein Argument lässt sich daraus verfertigen, das die Freunde der Massenkaufkraft für durchschlagend und unschlagbar halten: „Die Leute wollen es
so!" Es braucht nicht einmal viel intellektuelles Geschick, um die Sache
vollends auf den Kopf zu stellen und das gesamte kapitalistische Warenangebot aus den Bedürfnissen und der freien Ermessensentschei-
dung seiner Käufer abzuleiten.

Vielleicht ist es aber auch bloß so, dass „die Leute" ihr Leben lang
ganz nebenher damit beschäftigt sind, sich alle Bedürfnisse – nach einem *wirklich* „stress-" und sorgenfreien Leben z.B. – abzuschminken,

---

*) Wer die Erscheinungsweisen moderner Lohnarbeit am Pauperismus
misst, wird notgedrungen keine Armut entdecken können; denn deswegen stellt er seinen Vergleich ja an. Der Zweck der Übung besteht einzig und allein in der Beglaubigung der Frechheit, die Versorgung eines
Arbeiters mit dem *Nötigen* als *Wohltat* der Marktwirtschaft und ihres
demokratischen Staates hinzustellen und alle Ansprüche für vermessen
zu erklären, die über dieses Notwendige hinausgehen. Der Anteil des
Arbeiters am gesellschaftlichen Reichtum wird nicht an diesem gemessen und schon gleich nicht an den Bedürfnissen, die sich mit dem jeweils erreichten Niveau der Produktion als notwendige Ansprüche einstellen; vielmehr erscheint dem interessierten Vergleichsstandpunkt
bereits die bloße *Reproduktion* der Arbeiterschaft als *Wohlstand* und
damit auch schon als Anlass für ein heißes Lob des Kapitalismus. Wo
diese Betrachtungsweise vom Arbeitsmann höchstpersönlich als Urteil
über seine Lage aufgefahren wird – „Mir könnte es schlechter gehen",
„Mir geht's (relativ) gut" –, wird sie auch nicht zum objektiven Urteil,
sondern bedient sich gewöhnlich eines Vergleichs aus der näheren Umgebung: Der schlechter verdienende Kollege, der ungelernte Mann an
der schlechten Maschine und ähnliche negative Vorbilder führen da zu
einem positiven Resultat, das nichtsdestoweniger als Ausdruck seiner
Unzufriedenheit kenntlich ist – wie anders käme man darauf, *den eigenen Bedarf am Mangel anderer zu relativieren?*

die sich „sowieso" nicht realisieren lassen, weil sie zum funktionellen „Besitzstand" eines Lohnarbeiters einfach nicht passen. Mit *den* Bedürfnissen, die „der Markt" so billig bedient, dass sogar Lohnempfänger sie sich leisten können, verhält es sich auf alle Fälle so, dass die Marktwirtschaft da schon heftig hingearbeitet hat, bis der „subjektive Faktor" genau die und keine anderen verspürt. Denn das ist überhaupt nicht marktwirtschaftliche Art, einfach Bedürfnisse zu ermitteln und das Benötigte produzieren zu lassen und feilzuhalten – das wäre ja fast schon Versorgung, wenn nicht sogar Planwirtschaft, und auf alle Fälle für kapitalistische Unternehmer erstens viel zu primitiv und zweitens eine viel zu unsichere Berechnungsgrundlage für das Risiko, dem sie ihr kostbares Eigentum aussetzen, wenn sie es „arbeiten lassen". Wer mit kapitalistisch produzierter Ware sein Geschäft machen will, der geht offensiver ans Werk. Der geht von dem Gebrauchswert aus, den das Produkt, welches auch immer, für ihn als kapitalistischen Produzenten und Kaufmann hat, nämlich: Umsatzträger zu sein. Von da her werden die Bedürfnisse ins Visier genommen, die sich das Publikum, notgedrungen oder freiwillig, bereits angewöhnt und in seinem Kaufverhalten realisiert hat; seine Zahlungsfähigkeit wird taxiert; und nach diesen Prämissen werden Gebrauchswerte konstruiert, die das Zeug dazu haben, Zahlungsbereitschaft auf sich zu ziehen. Mit dem Angebot wird den Leuten das Bedürfnis danach vorbuchstabiert und definiert, an welchen Konsum sie sich als nächstes zu gewöhnen haben. So kommt die kapitalistische Geschäftswelt in ihrem Interesse, alle Einkommen und den Lohn ganz speziell als Kaufkraft nutzbar zu machen und in der Konkurrenz darum nichts dem Zufall zu überlassen, einem selbstgestellten *Bildungsauftrag* nach: Sie erzieht die Massen zum rechten Gebrauch der Freiheit, die sich im Konsum verwirklicht. Darüber prägt sie das Bild, das die moderne Welt von sich hat und abgibt.

Dabei ist die Weckung von Nachfrage durch ein appetitliches Angebot für sich genommen das kleinste Problem und überhaupt kein besonderes Kunststück. Denn was ein Mensch mit seinen paar gattungseigenen *Trieben* an *Bedürfnissen* verspürt, hat er sich allemal aus dem gesellschaftlichen Vorrat an Gebrauchsgütern angeeignet; die *Objekte* der Begierde bringen dem Normalverbraucher bei, was er braucht und was lieber nicht. In der Marktwirtschaft gerät dieses geradlinige Verhältnis allerdings ein wenig doppelbödig. Denn da wird der gesellschaftliche Erfindungsgeist, der auf immer neue Bedarfsartikel und die entsprechende Kultur der Bedürfnisse verschwendet wird, von einer Zwecksetzung dirigiert, die mit Ökonomie im Sinne eines möglichst rationell eingerichteten Verhältnisses zwischen gesellschaftlichem Arbeitsaufwand und einem gepflegten Dasein für alle nun wirklich nichts zu tun hat. Statt dessen mobilisieren die Produzenten alle gesellschaftliche Erfindungskraft eben für die Konstruktion von Angeboten, mit denen sich an sämtlichen vorfindlichen Lebensumständen, ganz gleich, wie absurd und wie brutal sie sind, Geld verdienen lässt. Jeder Schaden und jede Not, die das System der Lohnarbeit mit sich bringt, jede Notdurft, die die Sitten der Konkurrenz hervortreiben, ist ihnen recht, wenn darüber Kaufkraft zu mobilisieren ist – die bekannte Angebotspalette reicht dann vom privaten Gefährt, ohne das der moderne „Sachzwang" zur „Mobilität" kaum zu bewältigen ist, über das weite Feld der medizinischen und sonstigen Körperpflege, ohne die sich auch der restliche Alltag nicht mehr durchstehen lässt, bis zur industriell gefertigten „geistigen Ablenkung", ohne die der beständig strapazierte Wille zur Anpassung schwerlich auskommt. Nach dem Vorbild der kostspieligeren Vergnügungen, die den Reichen auf ihrer anstrengenden Suche nach einer unverwechselbaren „Identität" angetragen werden, bietet man auch dem Rest Lebensgenuss in einer wohlfeilen Variante, die Entschädigung sowie Schonung des Geldbeutels verspricht, tatsächlich gar nichts kompensiert und dabei doch immer zu viel kostet. Dieses wunderbare Angebot zielt bei den als Kundschaft verplanten Massen auf eine Bedürfnisnatur, die sich aus verspürter Notwendigkeit, vermutetem Vergnügen und der Reflexion aufs begrenzte eigene Budget zusammensetzt und beides ganz bestimmt nicht ist: weder ein wirklich naturwüchsiges Bedürfnis noch ein vernünftig reflektiertes Interesse.

Die Erzeugung einer so komplexen Bedarfslage bleibt aber ohnehin weder der Natur noch der Vernunft überlassen. Den Geschäftsleuten, die da zu Diensten sein wollen, geht es nämlich darum, dass die Menschheit in sich ein Urbedürfnis nach einem Ding, von dessen Unentbehrlichkeit sie bislang noch gar nichts gemerkt hat, nicht im Allgemeinen, sondern in der *von ihnen* angebotenen besonderen Ausprägung entdeckt und ausgerechnet ihren Schrott mit Zahlungswilligkeit honoriert. Damit ist die menschliche Natur in ihrer Bedürftigkeit zwar endgültig überfordert, der kapitalistische Unternehmer aber erst richtig herausgefordert. Er sieht die Notwendigkeit, den Leuten sein Interesse an deren Geld als ihr eigenes Bedürfnis nahezubringen, und er weiß auch gleich ein Mittel dafür: sein Geld. Er kauft eine spezielle Sorte Erfindungsgeist, die sich seines speziellen Bedürfnisses nach Verkaufserfolgen annimmt und es mit dem entsprechenden Produkt bedient: mit *Werbung*. Dabei handelt es sich um eine Propagandaveranstaltung, die zusammen mit der Ware ein unabweisbares Bedürfnis danach oder besser noch: einen total idealisierten Genuss daran in Szene setzt, damit der Adressat unverzüglich den entsprechenden Bedarf empfindet. Ihr ideales Endziel hat sie dann erreicht, wenn hinreichend viele Kunden sich als Fanclub der beworbenen Ware fühlen. Das klappt tatsächlich; sogar schon bei Kindern, die ihre Kameradschaften nicht selten von der Marke der Schulmappe abhängig machen; später bilden sich dann Männerfreundschaften über die bevorzugte Motorradmarke. Freilich bedarf so viel Verrücktheit andauernder Pflege. Insbesondere muss die auf dauerhafte Verkaufserfolge bedachte Firma einen ‚moralischen Verschleiß' ihres Artikels: das Veralten seiner eben noch gepriesenen Merkmale, den Triumph einer Innovation und die Kreation einer neuen Mode, selber herbeiführen, zugleich aber das nötige Moment von Kontinuität im Wandel beimischen, um sich eine „markentreue" Anhängerschaft zu sichern. Andere Unternehmen setzen den unverblümten Appell an den Geldmangel ihrer Kundschaft dagegen, die doch „nicht so blöd" sein wird, für den nutzlosen Luxus eines Markenartikels auch nur einen Cent extra hinzulegen. Und so weiter. Alle marktwirtschaftlich versierten Kaufleute bemühen sich darum und lassen es sich einiges kosten, den *Gegensatz* zwischen dem ökonomischen Zweck, den sie mit ihrem Warenangebot verfolgen, und der begrenzten Zahlungsfähigkeit, die sie okkupieren wollen, durch die gehirnwäschemäßige Kultivierung einer passenden gesellschaftlichen Bedürfnisnatur zu ihren Gunsten aufzulösen.

So wird der Lohnarbeiterstand – und der ganze Rest der Gesellschaft gleich mit – von der Geschäftswelt in seine Bestimmung eingewiesen, in seinem Privatleben, und zwar bis in die höchstpersönliche Freiheit der materiellen Lebensgestaltung hinein, bis hin zum individuell nach ureigenstem Geschmack zusammengestellten Warenkorb, eine funktionelle marktwirtschaftliche Größe und sonst gar nichts zu *sein*, nämlich als abrufbare Kaufkraft zu fungieren.

(3) Vom Sparen und Schuldenmachen

Das klappt offenbar so gut, dass es dabei gar nicht bleiben kann. Nettolohnempfänger und kapitalistische Dienstleister bekommen noch auf einer zweiten Ebene miteinander zu tun: im Massengeschäft der Banken und Sparkassen. Denn das ist die systemgemäße Antwort des Finanzkapitals auf die Tatsache, dass für einen modernen Arbeitnehmer das Leben in der Marktwirtschaft bei allen Schnäppchen und Billigangeboten doch immer haarscharf zu teuer ist, also das Geschäft mit ihm dauernd an enge Grenzen stößt: In Finanzfragen hilft, dazu ist es sich keineswegs zu schade, das *Kreditgewerbe*.

Noch dem ärmsten Mitglied räumt es die Macht ein, Geld beiseite zu legen und „arbeiten zu lassen", nämlich Zinsen einzuspielen wie ein richtiges kapitalistisch angelegtes Vermögen. Ohne diskriminierende Vorurteile verschafft es jedem Sparbuchbesitzer eine Ahnung davon, was Eigentum im eigentlichen Sinn ist und leistet. Das allerdings nur in dem Maße, wie der sparsame Lohnempfänger *Verzicht* übt; und deswegen wird, wo schon der Lohn nicht reich macht, aus dem aufgesparten Bruchteil erst recht nie wirkliches Eigentum in dem Sinn, dass es als Lebensmittel taugen, nämlich quasi selbsttätig einen Lebensunterhalt abwerfen würde. Eine größere Anschaffung wird am Ende daraus oder eine für Notfälle aufbewahrte Geldreserve – also nie mehr als *aufgeschobener Konsum:* Verzicht, um irgendwann auf etwas Besonderes nicht länger verzichten zu müssen oder um eine Zwangslage zu erleichtern. Ein Stück finanzielle Freiheit wird durch vorherige Einschränkung erkauft und überschreitet nie deren Maß; der durchschnittliche Sparer kann schon froh sein, wenn die angesparten Zinsen wenigstens die gleichzeitig eingetretene Teuerung wettmachen. Über die sittlich hochwertige Kunst, aus der Not eine Tugend zu machen, kommt der sparsame Arbeitnehmer jedenfalls nie hinaus. Für die Bank hingegen fungieren die eingesammelten Spargroschen wie eigenes Kapital: Sie steigern ihre Potenz, Kredit zu schöpfen und daran zu verdienen.

Wer als Lohnarbeiter unbedingt etwas braucht und kaufen will, was er nicht zahlen kann, dem gewährt seine Sparkasse – ein festes Einkommen vorausgesetzt – umgekehrt die Macht, einen Kredit aufzunehmen und damit einmal kräftig über die eigenen Verhältnisse zu leben; fast so wie ein richtiger Kapitalist, der geliehenes Geld investiert und damit noch viel mehr Geld „macht" als mit seinem Eigentum allein, und zwar – wenn er sich nicht vertan hat und der Markt mitspielt – so viel mehr, dass Verzinsung und Tilgung des Geliehenen aus dem Gewinnzuwachs abfallen. Darin liegt allerdings auch schon der wesentliche Unterschied: Ein – nicht zufällig so genannter – „Konsumentenkredit" an Leute aus dem Lohnarbeiterstand trägt zum Lohneinkommen überhaupt nichts bei, zwingt im Gegenteil dazu, aus der Summe, die für die glücklich getätigte Anschaffung schon nicht gelangt hat, Zins- und Tilgungszahlungen abzuzweigen. In dem Fall sind die Zinsen dann auch allemal so bemessen, dass auf eine Kompensation oder gar Überkompensation dieser Last durch nominelle Lohnerhöhungsprozente ganz sicher nicht zu rechnen ist. So entsteht aus der finanziellen Freiheit, die ein moderner Lohnarbeiter sich leihweise verschaffen kann, ganz direkt der Zwang zu einem Konsumverzicht, der per Saldo höher ausfällt als beim umgekehrten Weg des Sparens und unter Umständen sehr viel dauerhafter ist als das gute Stück Gebrauchswert, das man immerhin gleich in Händen hat. Ein gewisses Risiko, auf unbezahlbaren Schulden sitzen zu bleiben – im Falle einer Lohnsenkung z.B., etwa wegen einer ganz normalen Abstufung, und erst recht bei Entlassung –, ist in der kleinen Freiheit des Kredits für jedermann ganz nebenbei auch noch enthalten; so mancher wird sein mit viel Verzicht und Eigenarbeit errichtetes Eigenheim schon vor seiner Fertigstellung an seine Bausparkasse los oder weiß jedenfalls, wofür er für den Rest seines Lebens zu schaffen hat. Die Finanzinstitute ihrerseits gehen das komplementäre Risiko, verliehenes Geld nicht komplett verzinst wieder eintreiben zu können, auch ohne gegenständliche „Sicherheit" ziemlich bedenkenlos ein: Im Ganzen verdienen sie nicht schlecht an ihrer minder bemittelten Kundschaft.

So bedient das Kreditgewerbe in umfassender Weise das massenhafte Bedürfnis, mit den für ein durchschnittliches Dasein in der Marktwirtschaft immer viel zu engen Schranken des Nettolohns zurechtzukommen, ohne seine proletarische Kundschaft auch nur ein Stück reicher zu machen – wer auf Bereicherung aus ist, kann gleich sein Lottoglück versuchen; denn immerhin gibt es im Kapitalismus sogar das Glücksspiel in einer für jedermann erschwinglichen Billigausgabe. Mit seinen Schulden und Sparanstrengungen trägt das lohnarbeitende Publikum zur Akkumulation von Kapital an anderer Stelle bei; und darin liegt der eigentliche Zweck und Grund seiner zuvorkommenden Bedienung durch seine Sparkassen. Ausgerechnet mit ihrer *Beschränktheit* dient die proletarische Kaufkraft der *Schrankenlosigkeit* des Kreditgeschäfts – eine letzte kleine Ironie der Geschichte vom Nettolohn und der Kunst des modernen Arbeitnehmers, damit einen zeitgemäßen Lebensstandard zu finanzieren.

Man sieht: Die Marktwirtschaft lässt den Nettolohnempfänger mit seiner stolzen materiellen Entscheidungsfreiheit nicht orientierungslos im Regen stehen. Mit ihren Billigangeboten, deren Charme der von allerhand modernen Lebensnotwendigkeiten geplagte Arbeitnehmer sich kaum entziehen kann, einschließlich interessanter Offerten zur Finanzierung des Benötigten verfügt sie schon über eine breite Palette sämtlicher Lebens- und Genussmittel, die zu seinem Geldbeutel passen; und sie tut alles für die Heranbildung einer privaten Bedürfnisnatur, die zu den verfügbar gemachten Bedarfsartikeln passt. So richtet sie sich ihr lohnabhängiges Fußvolk zu einem Haufen „konsumfreudiger Citoyens" her, die mündig und selbstbewusst ihr Geld dorthin abliefern, wo es wieder als Kapital fungieren kann. Und wie zum Hohn schicken manche politische Verwalter des allgemeinen Lebensstandards der vollendeten Funktionalisierung der Leute für den Kreislauf des Kapitals noch die Lüge hinterher, ausgerechnet als Konsumenten wären sie die wahren Herren der Marktwirtschaft, hätten mit ihren Kaufentscheidungen die gesamte Warenproduktion im Griff, wären insofern allerdings auch an Atomstrom und BSE-Rindfleisch letztlich selber schuld. So kriegt der moderne Arbeitnehmer in seinen marktwirtschaftlichen Warenkorb, aus dem Auto, Eigenheim, Schinken und Sparbuch herausquellen, auch noch die Legende eingepackt, das alles hätte er sich mit der unwiderstehlichen Macht seines Nettolohns ganz frei und selbständig herausgesucht – und verfügt damit über seinen *ersten* und *wichtigsten Besitzstand:* einen freiheitlichen Lebensstandard.

b) Besitzstand Nr. 2: Ein umfassend geregeltes Einkommen und eine Standesvertretung, die die Regelung garantiert

Grundlage des Lebensstandards, den der moderne Arbeitnehmer sein eigen nennen darf – und dessen Nebenwirkungen immer wieder den Stoff für tief besorgte nationale Armutsberichte hergeben –, ist die allgemein verdiente Geldsumme: *der Lohn.* Um den kümmern sich, als längst anerkannte Kollektivvertragspartner, *die Gewerkschaften.* Und das schon seit Jahrzehnten; mit dem Erfolg, dass Höhe und Bedingungen der Entlohnung zum Gegenstand eines derart umfänglichen Regelwerks geworden sind, dass längst nur noch Fachleute des Tarifrechts durchblicken. Dabei sorgen die Festlegungen in all ihrer Kompliziertheit im Endeffekt bloß dafür, dass der Finanzbedarf der Beschäftigten überhaupt keine Rolle spielt, die unternehmerische Lohnkostenkalkulation dagegen jede Menge Handhaben findet.

(1) Vom Sinn und Zweck der Vielfalt bei den Entgelt-Tarifen

Wer in einer kapitalistisch erfolgreich entwickelten Nation den Lohnarbeiterberuf ergreift, der findet sich einsortiert in eine enorm vielschichtige Entlohnungs-*Hierarchie.* Genügend Geld für alle, die mit Lohnarbeit ihren Lebensunterhalt verdienen müssen – das gibt es nicht, und das fordert auch niemand. Löhne und Gehälter *unterscheiden* sich; und das erstens nach der *Branche,* der das Unternehmen des Arbeitgebers zugehört bzw. nach nicht immer leicht fasslichen Vereinbarungen zwischen verschiedenen Gewerkschaften sowie zwischen denen und der Arbeitgeberseite zugerechnet wird; auch Haustarifverträge kommen vor, sind mancherorts sogar die Regel. So kommt der arbeitende Mensch ganz ohne eigenes Zutun zu einer Tradition: Es verschlägt ihn in irgendeine Firma – und schon „erbt" er die Ergebnisse einer ganz speziellen Historie des Kräftemessens und Verhandelns zwischen Arbeitgeber- und Arbeitnehmerseite. Über seinen Verdienst ist bereits damit einiges vorentschieden – völlig jenseits aller Gesichtspunkte der Zuordnung von Lohn und *Arbeitsleistung,* die dann innerhalb der branchenspezifischen resp. hauseigenen Tarifverträge zur Anwendung gelangen.

Für diese Zuordnung gilt – übrigens ganz firmen- und branchen*un*spezifisch – die Faustregel: Je primitiver, einseitiger, eintöniger und insofern belastender die Tätigkeit und je mehr auf bloßen Dienst nach Vorschrift – sei es des Vorgesetzten, sei es der Maschinerie – reduziert, desto geringer der Lohn. Diese primitive Maßregel wiederum ist im Zuge ihrer universellen Anwendung mit geradezu grotesker Sorgfalt elaboriert und ausgefeilt worden, bis in die „arbeitswissenschaftliche" Würdigung einzelner Momente von einzelnen Handgriffen hinein. Darum haben vor allem die Gewerkschaften mit ihrem ausgeprägten Gerechtigkeitssinn sich verdient gemacht und ein „Sachgesetz" der angemessenen Entlohnung durchgesetzt, das ohne seine umständliche tarifvertragliche Fixierung weder als Sache existieren noch als Gesetz gelten würde: Löhne werden so abgestuft, als nähme der Arbeitgeber gar nicht den kompletten unterhaltsbedürftigen Menschen in seinen Dienst, sondern immer bloß mehr oder weniger große Teile seiner Arbeitskraft, und als dürfte ihm daher gerechterweise auch bloß die Bezahlung des jeweils wirklich benutzten Anteils am rechnerisch zugrundegelegten Gesamt-Arbeitsvermögen des Beschäftigten zugemutet werden – eine erste sehr kapitalfreundliche Nutzanwendung des „Leistungsprinzips". Auf diese Weise kommt, wenn auch im engen Rahmen der unternehmerischen Gesamtlohnkostenkalkulation, eine Lohnspreizung zustande, die den Tatbestand einer echten Hierarchie erfüllt: ein System von *Lohngruppen,* in dem nicht etwa schlechtere Arbeit zum Ausgleich besser vergütet wird, sondern die schlechtere, also solche Arbeitstätigkeit, die den Menschen funktionalistisch vereinseitigt und die meisten seiner Fähigkeiten durch zweckdienliche Brachlegung ruiniert, schlechter entgolten wird und bessere, vergleichsweise angenehmere Arbeit besser. Wenn der einzelne Mitarbeiter diese Hierarchie persönlich nimmt, als Drohung wie als Chance auf sich bezieht und sich auf seinem jeweiligen Posten ganz besonders anstrengt, um ihn baldmöglichst hinter sich zu lassen, dann liegt er im Sinne des Zwecks der Veranstaltung, nämlich des Firmenwohls richtig, ohne dass er *für sich* irgendetwas in der Hand hätte, womöglich gar seinen innerbetrieblichen Aufstieg selbst gestalten könnte – dafür muss schon ein betrieblicher Bedarf vorliegen; und dessen Sachwalter würdigen in aller Freiheit die Bemühungen ihrer Leute, in Konkurrenz zueinander positiv auf sich aufmerksam zu machen. Der Arbeitnehmer mit all seinen Anstrengungen ist eben nicht Herr und Nutznießer seiner Lohn-Karriere, sondern Anhängsel eines Entgelt-Systems, das es den Unternehmern gestattet, ihre Lohnkosten durch zweckmäßige Verteilung ihrer Belegschaft auf definierte Lohn- und Gehaltsstufen zu dämpfen.

Immerhin, auch das steht in den Tarifverträgen, kann der einzelne auf seiner Entgeltstufe unter Umständen mehr verdienen, wenn er – zweite Nutzanwendung des „Leistungsprinzips", hier fast im Sinn der physikalischen Gleichung – eine überdurchschnittliche Arbeitsleistung bringt, also mehr produktive Tätigkeit pro Zeiteinheit abliefert oder auch zusätzlichen, unproduktiven Verschleiß seiner Arbeitskraft durch besonders widrige, will sagen: als besonders widrig anerkannte Arbeitsbedingungen erträgt. Freilich hat er auch hier so gut wie nichts selber in der Hand: Der Durchschnitt der verlangten Leistung liegt ebenso als Vorgabe fest wie die Umstände, unter denen mehr Leistung mehr Lohn einbringt; vergütungswürdige Extradienste müssen vom Unternehmen angefordert, also nach dessen Rechnung lohnend sein, ehe sich dem Mitarbeiter die Chance bietet, mit mehr Einsatz auch mehr zu verdienen.

Mit Lohngruppenhierarchie, Leistungslohn und Zuschlägen für besondere Belastungen, alles tarifvertraglich bis ins Letzte geregelt, stehen also dem Unternehmen griffige Instrumente zur Verfügung, um mit herunterdividierten Lohnkosten und harten Leistungsanreizen lauter *rentable Arbeitsplätze* zu schaffen. Was auf der anderen Seite die tarifvertraglich rundum-versorgte Arbeitnehmerschaft betrifft, so sind mit den entsprechenden Regelungen die Kriterien einer gerechten Entlohnung vollständig erfasst, also sämtliche überhaupt denkbaren Lohnansprüche abschließend geregelt – ohne dass noch irgendwo der Geldbedarf der Lohnempfänger als Gesichtspunkt vorkäme. Wer unzufrieden ist und mehr will, der findet unter seinen Interessenvertretern ebenso wie in der Gehaltsbuchhaltung jederzeit einen Experten, der ihm im geltenden Lohntarifbuch zeigen kann, ob seine Wünsche berechtigt sind oder inwiefern nicht und unter welchen Bedingungen eine Lohnerhöhung oder Höhergruppierung drin ist; sollte sich wer beschweren, dass sein Lohn *nicht reicht*, so wird er mit der Antwort beschieden, dass es mit dem Lohn seine *tarifliche Ordnung* hat. Für ein Lohninteresse in dem Sinn, dass die Ansprüche eines anständigen Lebens in Geld beziffert und die benötigten Summen eingefordert würden, lässt das System der differenzierten tariflichen Entgelte überhaupt keinen Raum. Es ist umgekehrt: Lohninteressen sind, noch bevor der moderne Arbeitnehmer sie überhaupt hat, vom tariflichen Regelwerk her definiert; sie richten sich auf das und *nur* auf das, was es nach dessen Maßgaben zu verdienen gibt. So schließen sie auch von vornherein ganz selbstverständlich die Anerkennung aller Arbeitsbedingungen und Leistungsanforderungen mit ein, über die die Tarifparteien sich einig geworden sind. Den bestehenden Abmachungen *entnimmt* der Mensch, an wie viel Lohn er sinnvollerweise überhaupt nur interessiert sein kann und was er dafür zu leisten hat. Nach beiden Seiten hin ist er das *Derivat* des in seinem Namen ausgehandelten Vertragssystems.

(2) Vom Grund und Ertrag periodischer Tarifrunden

An diesem Verhältnis ändert sich auch nichts durch die Lohnforderungen, die die Gewerkschaften im Rahmen ihrer *Tarifpolitik* periodisch aufstellen. Sie reagieren damit bloß auf die fortwährenden quasi automatischen *Verschiebungen* im Lohn-Leistungs-Verhältnis, über das sie sich mit den Arbeitgebern einig geworden sind. Nämlich zum einen auf das „Phänomen" der allgemeinen Teuerung, mit dem ziemlich zuverlässig zu rechnen ist. Denn die moderne staatliche Kreditgeldwirtschaft weitet die gesellschaftliche Zahlungsfähigkeit beständig aus, über die Grenzen des tatsächlich Verdienten hinaus; und das beschert den Unternehmern einige Freiheit, ihren Konkurrenzkampf um Marktanteile auch mit differenzierten Preisanhebungen zu bestreiten. So wird der Faktor Arbeit im Verhältnis zu den generell durchgesetzten Warenpreisen wie von selbst immer billiger, und der verdiente Lohn gibt tendenziell immer weniger Lebensunterhalt her. Zum andern verfügen die Unternehmer über alle Freiheiten, technologische Fortschritte von der Art in Auftrag zu geben bzw. zu kaufen und die entsprechenden betrieblichen „Abläufe" in dem Sinn zu modifizieren, dass weniger entlohnte Arbeit mehr Ertrag abwirft, also billiger und intensiver gearbeitet wird. Diese Freiheit wird ihnen von ihrem Tarifpartner auch mit all den zahllosen Festsetzungen über Lohn und Leistung keineswegs bestritten, sondern ausdrücklich garantiert. Und sie wird sachgerecht genutzt; nicht bloß für Lohnkosten sparende Entlassungen, sondern auch zur Umverteilung der Belegschaft auf preiswertere Lohngruppen sowie zur Kappung von Extravergütungen der verschiedenen Art. Wie von selbst steigen also die Leistungsanforderungen im Betrieb und sinken die „realen" Löhne: Weniger Leute verdienen weniger.

Mit diesem „Trend" haben die modernen Gewerkschaften sich auch schon seit Jahrzehnten abgefunden und eingerichtet. Periodisch, meist jährlich bemühen sie sich um Zugeständnisse beim Lohn, gelegentlich auch bei den Arbeitszeiten und anderen Leistungsanforderungen. Die sollen erwartete Verschlechterungen auffangen – und rücken in der Regel kaum die eingetretenen Änderungen wieder zurecht. Das ist auch kein Wunder. Denn mit ihren immer wieder neu gestellten Anträgen auf Kompensation akzeptieren die Gewerkschaften grundsätzlich die Preis- und Leistungspolitik der Unternehmer, und sie anerkennen die dadurch geschaffene eigentümlich paradoxe Verhandlungslage: *Sie* müssen jedes Mal eine Revision der geltenden Verträge verlangen, eine Auseinandersetzung anzetteln, am Ende sogar als Störfaktor im friedlichen Wirtschaftsleben der Nation auftreten, nur um das im jeweils letzten Tarifabschluss für korrekt befundene Verhältnis von Arbeitsleistung und Entlohnung wiederherzustellen und beide Seiten nicht immer weiter auseinanderlaufen zu lassen, also für ein in der Sache total konservatives Anliegen. Umgekehrt können die Unternehmer rentabilitätssteigernde Änderungen im Umgang mit der Lohnarbeit im Betrieb durchsetzen und von den Änderungen im allgemeinen Preisniveau profitieren, ohne erst umständlich Änderungen im Tarifgefüge beantragen und aushandeln zu müssen.[*] Die jeweils geltende Vertragslage gibt ihnen das Recht und die Freiheit, ihre Belegschaften laufend mit neuen vollendeten Tatsachen zu konfrontieren.

Die quasi automatische Schlechterstellung der Belegschaften ist für die Gewerkschaft freilich kein Ärgernis, sondern eine gute, nämlich vor allem dauerhafte Geschäftsgrundlage für ihr Engagement. Unverdrossen tritt sie immer wieder an; im Interesse des zu bewahrenden resp. wiederherzustellenden Interessenausgleichs. Dabei kommt sie, ganz im

---

[*] Auch das steht ihnen selbstverständlich frei. Und sobald ihr Konkurrenzkampf eine *nationale* Offensive verlangt bzw. die *nationale Standortverwaltung* eine flächendeckende Verbesserung der Konkurrenzbedingungen zu benötigen meint, gehen auch die Arbeitgeber mit dem Anspruch auf vertragliche Zurücknahme überlieferter „Besitzstände" der Arbeitnehmer in die Tarifverhandlungen hinein. Von diesem Fortschritt handelt das 5. Kapitel.

Sinne ihres konservativen Standpunkts, nie auf die Banalität zurück, dass die Lohnarbeiter, die sie vertritt, mehr Geld und eine Entlastung bei der Arbeit gut brauchen können und einfach *haben wollen.* Vielmehr bemüht sie sich in ihren Verhandlungsmanövern um den Nachweis, dass es ihr um mehr als die ungefähre Wiederherstellung des „Status quo" vom letzten Mal wirklich gar nicht geht und dass die Kompensations- und Korrekturwünsche, die sie in aller bescheidenen Entschiedenheit anmeldet, auch wirklich nicht zu viel verlangt sind, sondern vor dem Kriterium des allgemeinen kapitalistischen Geschäftserfolgs Bestand hätten: Erstens ließe „die Wirtschaftslage" nominelle Lohnerhöhungen im Umfang des rechnerischen Produktivitätsfortschritts sowie der Inflationsrate zu, und zweitens wären solche Erhöhungen nützlich, wenn nicht sogar nötig für die Versilberung der produzierten Ware, also im wohlverstandenen Interesse des „gesamtwirtschaftlichen Kreislaufs" und insofern der Arbeitgeber selber.

Beide allgemeinwohlgefälligen Begründungen für etwas mehr Geld in Arbeitnehmerhand sind eine klare Absage an den Geldbedarf, den der moderne Arbeitnehmer wirklich verspürt und der ihn wirklich an seinen Arbeitsplatz treibt. Der geht nicht arbeiten, damit sein Lohn als Kaufkraft fungiert; er erwartet von seinem Einkommen nicht, dass es die Konjunktur ankurbelt und der nationale Standort daran gesundet; und er nimmt Lohnzettel resp. Gehaltsabrechnung nicht entgegen, um zu erfahren, wie so ganz im Allgemeinen die Produktivität und die Preise gestiegen sind. Genau so denkt und verfährt aber allen Ernstes die Gewerkschaft, wenn sie in eine wieder einmal für fällig erachtete Tarifrunde hineingeht. Schon bei der Formulierung ihrer Forderungen nimmt sie das Interesse an einer Lohnkorrektur auf das Maß dessen zurück, was die Geschäfts- und Interessenlage der Unternehmer ihren Berechnungen zufolge ohne Weiteres hergeben könnte; was sie dann an Geldbedarf geltend macht, das begründet sie mit dessen vorgestellter gesamtwirtschaftlicher Funktionalität, löst das vorgetragene *Lohn*interesse also auf in das Interesse *kapitalistischer Kaufleute an* der geforderten Geldsumme. Und das ist nicht einmal bloß der moralische Überbau zu ganz anders gearteten wirklichen Forderungen, also Heuchelei, sondern tarifpolitische Leitlinie: Die Gewerkschaft kennt tatsächlich kein anderes Lohninteresse. Lohn *ist* für sie die abhängige Variable innerhalb der Lohn-Leistungs-Kalkulation des Kapitals[*]

---

[*] Diese selbstverständliche Prämisse gewerkschaftlicher Tarifpolitik kommt noch viel radikaler zur Geltung, wenn in den Verhandlungen

und, was die periodische Anpassung dieser Variablen betrifft, die funktionelle Restgröße im nationalen Wirtschaftskreislauf. Nichts anderes vertritt sie jedenfalls – stets von neuem, Tarifrunde um Tarifrunde.

Viel Eindruck auf ihren Tarifpartner macht sie damit nicht. Kein Unternehmer sieht ein, warum er *mehr* Lohn zahlen sollte, bloß und ausgerechnet deswegen, weil er und womöglich mittlerweile sogar die Konkurrenz es geschafft hat, die in Rendite bemessene Produktivität der benutzten Arbeit zu steigern, also für seinen Profit relativ und vielleicht auch absolut *weniger* Lohn wegzahlen zu müssen. Und dafür, dass irgendwelche anderen Kaufleute Kaufkraft abschöpfen können oder der Standort gedeiht, zahlt kein Arbeitgeber auch nur einen müden Euro – die beschränkte Zahlungsfähigkeit der Gesellschaft ist Gegenstand ihres Konkurrenzkampfs, und den bestreiten sie noch allemal mit den Mitteln ihrer innerbetrieblichen Kostenstruktur, also vor allem mit dem billig eingekauften Kommando über ein Maximum an Arbeitsleistung. Dennoch lassen sich die Unternehmervertreter in den Tarifverhandlungen auf die wohlmeinenden Kapitalverträglichkeitsrechnungen der Gewerkschaft gerne ein. Denn mit solchen Rechnereien wird auf alle Fälle anerkannt, dass von ihrem Geschäftserfolg alles abhängt, auch der Lohn, und dass folglich ihr Gewinninteresse *unbedingte* Geltung beanspruchen darf. Umgekehrt ist die Gewerkschaft grundsätzlich schon zufrieden, wenn die Arbeitgeberseite ihr mit dem Austausch blödsinniger Rechnungen das Zugeständnis macht, dem Lohninteresse eine überaus *bedingte* Gültigkeit zuzubilligen. Einem tarifpolitischen Erfolg steht dann kaum noch etwas im Weg.

Und eine moderne Arbeitnehmerschaft weiß wieder, woran sie ist. In den sorgfältigen Prozentrechnungen ihrer gewerkschaftlichen Tarifex-

„die Arbeitslosen mit am Tisch sitzen" und alle Bedingungen für Arbeit und Entgelt, die die Gewerkschaften zuvor herausverhandelt haben und eigentlich gerne weiter fortschreiben würden, an den Bedingungen zuschanden werden, die die Arbeitgeber für die „Schaffung von Arbeitsplätzen" geltend machen. In ihrem Kalkül mit Arbeit als abhängiger Größe kennen die Gewerkschaften da keine Hemmungen: Für die Gnade der „Beschäftigung" opfern sie jederzeit die Rücksichtnahme und den Nutzen, auf die ein „Beschäftigter" nach bis dahin gültiger Vertragslage hat Anspruch machen dürfen.

Die einschlägigen Fortschritte, mit denen die fortschrittlichsten Kapitalstandorte ihr neues kapitalistisches Jahrhundert eröffnen, sind Thema des 5. Kapitels.

perten findet sie ihre maximale Anspruchshaltung vorgegeben; in den Promillesätzen, die am Ende herauskommen, lernt sie das bis zur nächsten Runde geltende Maß ihrer finanziellen Bedürfnisse kennen.

(3) Vom Kampf einer Standesvertretung um Anerkennung

Mit ihren tarifvertraglichen Gesamtkunstwerken und ihrer periodisch aktivierten Tarifpolitik betätigt und bewährt sich die moderne Gewerkschaft als *Korporation der armen Leute.* Sie sagt die Bedürfnisse auf, zu denen der Stand der Lohnabhängigen in der Welt des kapitalistischen Eigentums durch seine nützliche Funktion berechtigt ist: Den Betroffenen sagt sie sie vor, kraft ihrer Befugnis als kollektiver Vertragspartner praktisch verbindlich; den Arbeitgebern und den sonstigen wichtigen Instanzen des Gemeinwesens legt sie sie zur gefälligen Beachtung vor, mit der Kompetenz des zuständigen Generalvertreters. Nach der einen Seite hin *betreibt,* nach der anderen Seite hin *definiert,* insgesamt und überhaupt *repräsentiert* sie die „Sache" der Arbeitnehmer.

Das ist kein leichtes Geschäft. Gerade dann, wenn das System der Lohnarbeit reibungslos funktionieren soll, gibt es zwischen den lohnabhängigen Arbeitskräften und ihren Arbeitgebern viel zu regeln, also für Gewerkschaften immerzu zu tun. Auch Interessenkonflikte sind dabei nicht zu vermeiden; schon deswegen nicht, weil die Unternehmer das, was über Lohn und Leistung jeweils vereinbart worden ist, keineswegs als unantastbaren „Besitzstand" ihrer Belegschaft respektieren, sondern als Ausgangspunkt für immer neue Konkurrenzanstrengungen zu Lasten des Faktors Arbeit hernehmen; davon war schon die Rede. Dass *sie* deswegen aber auch nie der eigentliche Urheber von Auseinandersetzungen ist, auch wenn sie sich genötigt findet, alte Verträge zu kündigen und auf neue Vereinbarungen zu drängen, darauf besteht die Gewerkschaft um so nachdrücklicher. Und sie gibt sich alle Mühe, das an ihrer modernen Streitkultur auch sichtbar zu machen: Sie begehrt nur auf, wo ihr Kontrahent sie dazu zwingt; Arbeitskampf-„Maßnahmen" werden mit zeitraubender Umständlichkeit und möglichst theatralisch inszeniert, um keinen Streik durchführen zu müssen – dass Kämpfe letztlich „uns allen" schaden, braucht man ihr nicht zu sagen; Sinn und Zweck aller Manöver bis hin zum eventuell doch unumgänglichen Warn- oder sogar einem richtigen Streik ist es, die Gegenseite an den Verhandlungstisch zu zwingen. „Gegenmacht" will sie sein, also als Bevollmächtigter der nationalen Arbeitnehmerschaft, ohne die schließlich auch nichts vorangeht, die als selbstverständliche

170

Gegebenheit anerkannte Privatmacht des Kapitals ausbalancieren, ein ausgeglichenes Kräfteverhältnis herbeiführen, ein geregeltes Beratungsverhältnis installieren – und damit jedes „Gegeneinander" überflüssig machen.

Ob die arbeitsamen „kleinen Leute" ausgerechnet solchen stellvertretenden Einsatz brauchen, ist für die Gewerkschaft keine Frage: *Sie* braucht dafür die *Arbeitnehmer;* damit sind alle Fragen beantwortet. Als Gegenleistung für ihre Tätigkeit als „Gegenmacht" verlangt sie von denen gar nicht viel – so um 1 Prozent vom Bruttolohn –, das aber ganz dringend und nachdrücklich: ihre *Mitgliedschaft.* Ein hoher Prozentsatz organisierter Arbeitnehmer ist nämlich unerlässlich, um die Gewerkschaft zu dem zu machen und als das zu beglaubigen, was sie einzig und allein sein will: exklusiver generalbevollmächtigter Sachwalter der gerechten Belange aller Lohnabhängigen. Sie benötigt die Legitimation durch eine absolut und relativ große Mitglieder-Kartei; zu keinem andern Zweck als für ihren selbstgewählten Lebenszweck, dafür aber unbedingt: um sich neben der Unternehmer-Lobby und all den anderen Vertretungsorganen wichtiger und anerkannter gesellschaftlicher Interessen sowie vor der Regierung und den übrigen machthabenden Instanzen des Gemeinwesens als quasi öffentlich-rechtliche Körperschaft, als – wie der DGB sich selbst gelegentlich gerne genannt hat – „*Parlament* der Arbeit" aufzubauen und wirksam einzufordern, was den Arbeitnehmern und folglich ihr zusteht: eine tarifvertragliche Regelung der Arbeitswelt, öffentliches Gehör vor allem in Fragen der Sozialpolitik, Rücksichtnahme auf ihr Votum überhaupt in allen Arbeitnehmerbelangen...

Wo der Gewerkschaft davon etwas verweigert wird, da verlangt sie von ihren Mitgliedern dann doch noch einen weiter gehenden Dienst, der wie eine Ironie der Geschichte an jene alten Zeiten erinnert, als Lohnarbeiter sich gewerkschaftlich organisiert haben, um Arbeitskämpfe führen und bestehen zu können: Sie setzt Kampf-„Maßnahmen" auf die Tagesordnung. Die Initiative dazu geht unter geordneten Bedingungen ausschließlich von der Gewerkschaftsführung aus; und zwar dann und nur dann, wenn diese sich um ihr Recht auf Respektierung ihrer kapitalfreundlich durchgerechneten Vorschläge für einen gerechten gesellschaftlichen Interessenausgleich betrogen findet. In so einer Lage fasst sie dann schon mal den Beschluss, ihrer Mitgliedschaft bekannt zu geben, dass Arbeitnehmerrechte mit Füßen getreten werden. Materielle Forderungen sind meistens mit im Spiel; einerseits als Anlass der Auseinandersetzung, andererseits als griffiger Beleg für die skandalöse Rücksichtslosigkeit, mit der da wieder einmal zutiefst berechtigte Belange der organisierten Arbeiterschaft übergangen worden sind; ihr genauer Inhalt ist in der Regel ohnehin nur einem engen Kreis von Tarifexperten verständlich. Appelliert wird jedenfalls, auch wo polemisch von einem längst überfälligen „Schluck aus der Pulle" die Rede ist, weniger an den Materialismus als an den Stolz einer wackeren Mitgliedschaft, von dessen Beleidigung durch arrogante Verhandlungspartner bis dahin kein Arbeitnehmer etwas gemerkt hat; geschädigte Interessen werden in Erinnerung gebracht, um recht eindringlich spürbar zu machen, wie sehr man als Gewerkschafter im Recht und in seinem guten Recht verletzt ist. Mit den bekannten Vorräten aus dem gewerkschaftlichen Fundus, vorzugsweise Trillerpfeifen, schwarzen Fahnen und Särgen, die die Missachtung heiliger Arbeitnehmerwerte durch einseitig profitgierige Gegner symbolisieren, wird Empörung organisiert und auf die Straße getragen. Und für diese Sorte Rollenspiel ist die „Basis" gefordert: Sie muss die Statistenmasse hergeben, die nötig ist, um Eindruck zu machen. Das verlangt dem Veranstalter nicht wenig Überredungskraft ab; und so hängt die weitere Entwicklung auch davon ab, wie es um die „Mobilisierungsbereitschaft" der Mitglieder bestellt ist. Umgekehrt muss auch gleich wieder darauf geachtet werden, dass die berechnend in Aufruhr versetzte Basis nicht über die Stränge schlägt: Der „Druck", der als Argument für und in Verhandlungen eingesetzt werden soll, darf sich nicht gegen den Kompromissfindungsprozess verselbständigen. Hin und wieder muss sogar ein Streik sein. An dem merken dann Mitglieder wie Nicht-Mitglieder ganz praktisch, dass die Organisierten ihren nicht-organisierten „Trittbrettfahrern" doch noch etwas voraus haben, die Streikkasse nämlich als Rückversicherung gegen die finanziellen Kollateralschäden einer gewerkschaftlichen Verhandlungsstrategie. Vor allem muss ein Streik aber auch wieder 'rum sein, wenn die Gewerkschaftsspitze sich wieder so respektiert sieht, wie es ihr als Standesvertretung des Faktors Arbeit in einem ordentlichen Kapitalismus zusteht.

Dass sie auf diese Art ihre Mitglieder für *ihr* repräsentatives Auftreten, für die Respektierung *ihrer* Verhandlungspositionen und für *ihre* Glaubwürdigkeit als wichtige bis unentbehrliche Ordnungskraft im Staat funktionalisieren, finden die Spitzen der heutigen Gewerkschafts-„Bewegung" völlig in Ordnung. Denn umgekehrt ist genau das die Leistung, die sie ihren Mitgliedern als Lohn für Mitgliedschaft, Beiträge und sonstige Mühen versprechen und auch wirklich bieten: *Einfluss* in und auf Staat und Gesellschaft. Soweit das Gros der Arbeitnehmer ihren exklusiven Vertretungsanspruch durch Mitgliedschaft ins Recht setzt, erwirbt die Gewerkschaft sich tatsächlich allgemeine Anerkennung und wird genau so ernst genommen, wie es dem von ihr repräsentierten Arbeitnehmerstand zukommt. In manchen Ländern geht das bekanntlich so weit, dass das arbeitende Volk in Gestalt seiner führenden Gewerkschaftsfunktionäre an der Aufsicht über große Industrieunternehmen beteiligt wird, so dass sogar noch das unternehmerische Konkurrenzinteresse an hoher Arbeitsleistung für wenig Geld gewerkschaftlicher Mitbestimmung unterliegt, also im Namen der nach Recht und Gesetz angehörten Belegschaft bedarfsgerecht durchgesetzt zu werden pflegt. Auch hat die bürgerliche Staatsmacht es bisweilen für zweckdienlich befunden, den Unternehmen die Zulassung und Unterstützung von Betriebsräten vorzuschreiben, die sich, von der Belegschaft frei gewählt und in deren Namen, um die vorbeugende Entschärfung und nachsorgende Abwicklung aller anfallenden Konflikte zwischen Kapital und Arbeit zu kümmern, insbesondere Überstunden und Entlassungen zu genehmigen und deren Durchführung „sozialverträglich" zu betreuen haben; und da sind die Gewerkschaften vollends in ihrem Element. Ganz im Sinne des staatlichen Erfinders wie ihres eigenen Bemühens um korporative Einflussnahme nutzen sie das betriebliche Rätewesen als optimale Gelegenheit, ihrer Basis im Arbeitsalltag nahe zu sein, den Beschäftigten ihre berechtigten Interessen zu erklären und sich, also auch den ausgebeuteten Mitarbeitern den Respekt der Unternehmensleitung zu verdienen. Mit ihrem Standpunkt der standesgemäßen Betreuung der lohnabhängigen „kleinen Leute" beschränken sich die DGB-Vereine im Übrigen längst nicht mehr auf die „Welt der Arbeit" im engeren Sinn: Alternative Versicherungen, zeitweise sogar eine eigene „Bank für Gemeinwirtschaft" und eine Wohnungsbaugesellschaft mit dem vielversprechenden Namen „Neue Heimat", außerdem Bildungs-, Kultur- und Unterhaltungseinrichtungen sowie ein Reisebüro haben sie ihrem Laden angegliedert, weil der Proletarier doch auch einen Sinn fürs Höhere hat und gelegentlich „nix wie weg" will von seiner gemütlichen Wirkungsstätte; bei der Jugend werben sie mit Disco, Raverparty und einer Love-Parade für Arbeitsplätze zum 1. Mai, damit das Recht des Arbeitnehmerstandes auf öffentliches Lob an diesem Feiertag nicht vollends in Vergessenheit gerät; die Alten werden zu gewerkschaftlichen Kaffeefahrten versammelt...

So findet der moderne Arbeitnehmer eine Arbeitswelt vor, in der über seine Arbeitsbedingungen, seine Arbeitszeiten, sein Arbeitsentgelt und sogar über die Modalitäten seiner Entlassung, insgesamt über ihn als Inhaber des zu schonungslosem Gebrauch vorgesehenen „Faktors Arbeit" immer schon umfassend *verfügt ist;* und zwar nicht allein durch Staat und Kapital, sondern in seinem Namen und seinem „wohlverstandenen", nämlich Gemeinwohl-kompatibel zurechtdefinierten Interesse durch eine Körperschaft, die einen ziemlich anerkannten Alleinvertretungsanspruch auf ihn und seinesgleichen erhebt. Er trifft auf Gewerkschaften, die mit den Unternehmern längst detailliert ausgemacht haben, wie die Ausbeutung seiner Arbeitskraft für den Unternehmenserfolg vonstatten zu gehen hat und was er dafür bekommt, und die ihm eben dies als die optimale Bedienung seiner Gelderwerbsbedürfnisse vorbuchstabieren, so dass er sich besser erst gar keine anderen ausdenkt; er braucht sich nur noch frei zu entscheiden, ob er ihnen das mit einem Beitritt danken will oder nicht – dem Regelwerk selber entkommt er so wenig wie der Definition seiner berechtigten Anliegen als Arbeitnehmer durch kompetente Repräsentanten. Denn das alles ist, ob er es weiß und will oder nicht, der *zweite wichtige Besitzstand,* der ihn über den Status des bedauernswerten Proleten früherer Jahrzehnte so unendlich weit erhebt, dass es eine wahre Freude ist.

c) Besitzstand Nr. 3: Eine nationale Heimat

Was ein moderner Arbeitnehmer nach allen Regeln der tariflichen Gerechtigkeit am Ende verdient, das gehört keineswegs einfach ihm. Er ist nicht Herr der Geldsumme, die Unternehmer und Gewerkschaften für seinen Arbeitsplatz für passend befunden haben. Das zeigt ihm der Blick auf den Lohnstreifen resp. seine Gehaltsabrechnung: So zwischen einem Drittel und der Hälfte seines ideellen Gesamteinkommens geht unter verschiedenen Titeln an den Staat. Das ist ärgerlich, weil der verbleibende Rest keineswegs so geartet ist, dass sich die Differenz zwischen „brutto" und „netto" verschmerzen ließe. Es kommt hinzu, dass die moderne Staatsmacht ihre erwerbstätigen Bürger mit dem Nettobetrag, der ihnen verbleibt, noch einmal zur Kasse bittet, sobald sie sich davon etwas kaufen. Und außerdem macht sie sie indirekt, aber mit direkt durchschlagender Wirkung für alle finanziellen Abenteuer haftbar, in die sie sich mit ihrem nationalen Haushalt stürzt: Mit ihrer notorischen Verschuldung und ihren hochmodernen Methoden der Kreditgeldschöpfung verschafft die Finanzpolitik der Unternehmerschaft die Freiheit zu Preiserhöhungen, die dem arbeitenden Fußvolk des Tariflohnsystems nicht zur Verfügung steht; so mindert sie – in Abhängigkeit von ein paar weiteren Bestimmungsgrößen, insbesondere von den Erfolgen und Misserfolgen des nationalen Kapitalstandorts in der internationalen Konkurrenz – den Wert des Geldes im Allgemeinen und des jeweils gezahlten Arbeitsentgelts im Besonderen. Die mehrschichtig angelegte Enteignung der Leute, die über gar kein Eigentum in dem Sinn, nur über ein Arbeitsentgelt als Lebensmittel verfügen, packt auf die Mühseligkeiten der Lohnarbeit noch eine zweite Last oben drauf: Der Gelderwerb wird für die Bedürfnisse und Belange des nationalen Herrschaftsapparats funktionalisiert; neben dem Dienst an anderer Leute Eigentum hat der arbeitende Staatsbürger auch noch einen nicht zu knapp bemessenen Dienst am öffentlichen Reichtum zu erbringen, damit die Staatsmacht über eine ordentliche materielle Basis verfügt. Die Gewalt, die ihm ein Dasein unter dem Regime des Kapitals aufzwingt, lässt ihn genau dafür auch noch zahlen. Die *Zumutung,* die, ganz nüchtern gesehen, zynisch zu nennen wäre, bleibt jedoch, mehr sittlich betrachtet, nicht ohne Lohn: Sie *ist selber* schon die passende *Vergütung.*

(1) Von der sittlichen Bedeutung staatlicher Zwangsabgaben: Der alltägliche ‚Dienst fürs Vaterland‘

Die Steuer- und Abgabenlast, die der Staat seiner arbeitenden Bevölkerung auferlegt, stellt erstens zwischen der Macht und ihrem Fußvolk ganz praktisch und handfest, und ohne sich um subjektive Einstellungen zu kümmern, eine höchst *positive Verknüpfung* her; und sie schweißt zweitens die Einzelbestandteile der nationalen Klassengesellschaft, ungeachtet ihrer konkurrierenden und einander widerstreitenden Interessen, materiell zusammen: zur *materiellen Basis* der öffentlichen Gewalt. Als *Revenuequelle ihrer Herrschaft* bilden Lohnarbeiter mit Unternehmern, Bauern mit Bankern und Arme wie Reiche *ein Kollektiv;* die Staatsgewalt, die diese Leistung erzwingt, steht als *dessen Werk* da. Natürlich ändert diese Inanspruchnahme aller Klassen und Stände für den einen Zweck, die Wohlfahrt der politischen Macht, überhaupt nichts an den höchst gegensätzlichen Lebensbedingungen, auf denen das allgemeine Wohl im kapitalistischen Gemeinwesen beruht und für deren alternativlose Geltung die politische Macht einsteht – wozu bräuchte es sie sonst! Von diesen Gegensätzen sieht die bürgerliche Staatsgewalt aber ganz entschieden und ganz praktisch ab, wenn sie für *ihren* Bestand und Erfolg *alle* ihre Bürger – im Prinzip unterschiedslos, einen jeden nach seinem Einkommen und seinen Ausgaben – abkassiert. Auch und gerade ihre proletarischen Massen würdigt sie dieser *machtvollen Abstraktion:* Deren „Klassencharakter“ lässt sie großzügig zurücktreten hinter der materiellen Beziehung *zu sich,* hinter der ehrenvollen Indienstnahme für *ihren hoheitlichen Geldbedarf.* Die finanzielle Last, die sie allen Einkommensbeziehern und Geschäftemachern auferlegt, ist der *praktizierte Egalitarismus des Klassenstaats:* Sie stellt den Arbeitnehmer als *Finanzier der öffentlichen Gewalt* mit seinen Arbeitgebern und allen anderen Mitgliedern der bürgerlichen Klassengesellschaft auf eine Stufe, nämlich die des nützlichen und als nützlich anerkannten Staatsbürgers, und erhebt ihn so in den Rang des *vollwertigen Citoyen.*

Davon kann der sich zwar nichts kaufen. Dafür wird ihm mit jedem Stück Geld, das die Staatsmacht ihm wegnimmt, bewiesen, dass Kaufen auch nicht alles ist. Weil es nämlich noch ein zweites, höheres bürgerliches Dasein gibt, neben und über dem Kreislauf von Arbeit und Konsum, Geldverdienen und Geldausgeben: den Kreislauf von privatem Gelderwerb und staatlichem Materialismus. Rein materiell betrachtet geht es zwar nach wie vor bloß darum, dass der Staat seine Landesbewohner als seine Manövriermasse behandelt: als *Volk,* das unbedingt und exklusiv ihm zu Gebote steht. Dafür bewohnt das Objekt dieses hoheitlichen Interesses, der „kleine Mann", als Steuerzahler und haftendes Mitglied des nationalen Kreditvereins aber nicht mehr nur die Niederungen der marktwirtschaftenden Klassengesellschaft, in der er die wenig ruhmreiche Rolle des ausgebeuteten Produktionsfaktors spielt. Er gehört ab sofort zu einem Ensemble gleicher, nämlich nach gleichmäßig geltender Vorschrift in Anspruch genommener „Beitragszahler"; zur Gewalt, die über ihn herrscht und ihn schröpft, steht er in einem Verhältnis der *sittlichen Verpflichtung;* und mit allen anderen Steuerzahlern zusammen bildet er *eine* große Volks*gemeinschaft.**)

---

*) Die Rede ist hier nicht von der patriotischen Gesinnung und ihren Täuschungen, sondern von der materiellen Grundlage des falschen Bewusstseins, das sich affirmativ auf die Gewalt des Staates als den Garanten der unentbehrlichen Existenzbedingungen eines bürgerlichen Erwerbslebens bezieht. Die fatale Abstraktion, die die staatsbürgerlichen Gemüter beherrscht – von den Klassenverhältnissen *ab-,* statt dessen auf deren gewaltsame Klammer wie auf eine große gemeinsame Sache *hin* zu sehen –, hat ihre Grundlage in der Staatsgewalt selbst: *Die* kodifiziert in ihren Gesetzen zwar nichts als lauter Klassengegensätze, lässt *im Bezug auf sich* jedoch keine klassenspezifischen Interessengegensätze gelten; schon gar nicht da, wo sie die Akteure ihrer „Volkswirtschaft" für ihren Bedarf an pekuniären Machtmitteln haftbar

Der klassenspezifische „*Sozial*charakter", der den Leuten anhängt und sie so drastisch unter-*scheidet*, tritt damit hinter ihrer „*nationalen Identität*" zurück. Dieses wertvolle Merkmal findet im Staatsbürgerausweis seinen bürokratischen Ausdruck und eine rechtliche Gewähr dafür, dass es für den Menschen tatsächlich auf nichts so sehr ankommt wie auf seine Eigenschaft als Völkskörper – und in dieser Eigenschaft auf *eine* ganz andere Unterscheidung als auf das bisschen Lohnabhängigkeit und staatliche Dienstverpflichtung, die seinen Alltag prägen. Zuerst und vor allem gehört der moderne Arbeitnehmer „seiner" Nation an, so wie umgekehrt deren Institutionen ihm als Steuerzahler und gesamthaftendem Shareholder des Gemeinwesens „gehören". Die alles entscheidende zwischenmenschliche Scheidelinie liegt demnach zwischen dem nationalen Kollektiv, in dessen Namen jeder anständige Bürger mit vollem Recht in der 1. Person Plural reden darf, und „den anderen": den Bürgern auswärtiger Staatswesen, die umstandslos als „Fremde" gelten, auch wenn dem halbwegs bei Trost gebliebenen Lohnarbeiter seine Chefs, seine Politiker oder seine nationalen Geistesgrößen, wenn er ehrlich ist, zehnmal fremder vorkommen dürften als ein halbwegs bei Trost gebliebener Lohnarbeiter von anderswo, an dem die gewöhnungsbedürftige Sprache tatsächlich noch das Fremdeste wäre.

Freilich sind mit dem staatlichen Zwangszusammenhang, der den modernen Arbeitnehmer – im Gegensatz zum recht- und heimatlosen Proleten des 19. Jahrhunderts – in den Stand der Mitgliedschaft in einer sittlichen Vereinigung erhebt, die sozialen Unterschiede keineswegs wirklich belanglos geworden oder gar annulliert; schon gar nicht die zwischen ihm und den ‚Volksgenossen', die die Ehre haben, „die Wirtschaft" zu heißen. Sie verändern bloß ihren Charakter – das aber gründlich. Die Arbeit für einen Lohn, von dem der Staat sich einen Großteil abgreift, rangiert als *sittlicher Dienst* an einer gemeinsamen „nationalen Sache"; die Leute, die diese Arbeit verrichten, genießen *Anerkennung* als ein aller Ehren werter *Stand,* eben weil sie einen ganz eigenen, unverwechselbaren und zugleich unverzichtbaren Beitrag

macht. Deswegen ist es auch wieder kein Wunder, dass die Vorstellung, die politische Herrschaft wäre ihren Untertanen *verpflichtet,* sich durch nichts anderes so unumstößlich beglaubigt findet und zu einer so nachdrücklichen Anspruchshaltung berechtigt sieht wie durch die *Steuern,* die man bezahlen muss: Sie verbürgen den klassenübergreifenden Wert, den die eigene Person für das Gemeinwesen besitzt.

zum Bestand und zum erfolgreichen Fortkommen des nationalen Ganzen leisten. So können sie sich gleichrangig neben allen anderen gesellschaftlichen Kollektiven und Einzelpersönlichkeiten sehen lassen, von denen freilich einige, schon wegen der in Geld bemessenen Größe ihres Beitrags, doch noch etwas wichtiger und ehrbarer aussehen als ausgerechnet die lohnabhängige Masse. Doch ohne deren Dienste stände es auch um die Elite nicht so gut; insofern verdient der „kleine Mann" dann doch auch wieder genau so viel Respekt wie diejenigen, deren enorme Verdienste ums Vaterland mit der enormen Größe der Summen, die sie verdienen, ja nicht bloß als zweifelsfrei nachgewiesen, sondern auch schon ein Stück weit als abgegolten gelten können...

(2) Vom Dienst des Vaterlands an seinem ehrbaren Arbeitnehmerstand: Klassengesellschaft als Volksheimat

Die Frage, was der moderne Arbeitnehmer davon hat, dass seine Dienste für Wirtschaft und Staatsgewalt ihm die Anerkennung des Vaterlands sichern, wird nicht gestellt – außer in dem Beschwerdeton, der keinen Zweifel zulässt, dass nicht gefragt, sondern *mehr* Anerkennung eingeklagt wird. Dafür fällt die Antwort um so eindeutiger aus, die der lohnabhängige Stand und seine berufenen und anerkannten Vertreter praktisch erteilen: *Ganz viel* haben sie davon; quasi alles, was ihnen wichtig ist.

Moderne Gewerkschaften, das wurde schon erläutert, agieren als Standesvertretung der nationalen Arbeitnehmerschaft. Die Interessen, die sie geltend machen, leiten sie aus deren Stellenwert im „sozio-ökonomischen" Lebensprozess des Gemeinwesens ab. Und sie täuschen sich nicht, wenn sie, um überhaupt „etwas bewirken" zu können, auf ihrer Beglaubigung durch eine massenhafte Mitgliedschaft und auf öffentlicher Anerkennung als Repräsentanz einer ebenso unentbehrlichen wie hochanständigen Abteilung der Gesellschaft bestehen: Darauf beruht tatsächlich alles, was sie an Wirksamkeit entfalten. Dass Gewerkschaften in einem früheren Leben für die Lohninteressen ihrer Mitglieder Klassenkampf-Aktionen organisiert und *damit* Eindruck gemacht haben, ist die längst abgeschlossene *Vor*geschichte zu dem Respekt, den sie heute als zuverlässiger Tarifpartner der Unternehmer genießen und der ihnen das richtige Maß von Einfluss auf die immer wieder nötige „Lohnfindung" sichert. Auf derselben Grundlage wird auch der bürgerliche Sozialstaat sich mit ihnen stets von neuem darüber handelseinig, wieviel öffentliche Betreuung dem lohnabhängigen Volk in all den Lebenslagen zusteht, die von den Betroffenen ohne organisierte Unterstützung nicht zu bewältigen sind: Um Arbeitsschutz, Rentenversicherung oder Lohnfortzahlung im Krankheitsfall wird nicht mehr klassengekämpft, sondern in allseitiger Verantwortung vor den Bedürfnissen des Gemeinwesens mit der Staatsmacht und den anderen „gesellschaftlichen Kräften" konstruktiv verhandelt. Dass es so weit gekommen ist, anerkannte Arbeitervertreter an der umfassenden Indienstnahme der Lohnarbeiter durch Kapital und Staat gleichberechtigt mitwirken, verbucht die zeitgenössische Gewerkschaftsbewegung als ihren epochalen Erfolg.

Von Seiten der so vertretenen *kleinen Leute* sind allerhand materielle Ansprüche zu vernehmen, durchaus auch gegen Arbeitgeber und Staat; allerdings keine, die sich nicht aus Gerechtigkeitsvorstellungen darüber herleiten würden, was man sich durch redliche Dienste an „der Allgemeinheit" moralisch verdient hätte. Das allgemeine materielle Interesse, das die Marktwirtschaft der Menschheit aufnötigt, nämlich an Geld, trägt sich stereotyp im Gewand eines Rechtsanspruchs vor. Und der zielt, wie das Rechtsansprüchen nun einmal eigen ist, darauf ab, gerecht behandelt zu *werden;* durch die Instanzen, die der zu Ansprüchen berechtigte Mensch für die zuständigen hält – es müssen nicht einmal die wirklich zuständigen sein. Alle geltend gemachten Nöte und Bedürfnisse münden so zielsicher in die eine Forderung ein, Macher und Machthaber sollten ihre Kompetenzen richtig gebrauchen und „Gerechtigkeit üben gegen jedermann". Was mit Beschwerden über ständigen Geldmangel beginnt, hört regelmäßig und durchaus folgerichtig mit Anträgen auf, die *gute Herrschaft* reklamieren – für den Übergang benötigt der moderne Arbeitnehmer nicht die leiseste Ahnung vom wirklichen Zusammenhang zwischen Recht und Klassenherrschaft.

Und er bekommt, was er verlangt. Nämlich eine Herrschaft, die alles, was sie für die verschiedenen gesellschaftlichen Klassen und eine gut abgesicherte kapitalistische Ausnutzung von Land und Leuten tut, *als* rechtliches und gerechtes nationales Gemeinschaftswerk organisiert. Das geht nicht ohne gewisse Widersprüche ab; doch die beflügeln nur das allseitige Bemühen um soziale Gerechtigkeit:

Den *aktiv erwerbstätigen Bürgern,* denen der Staat ihr Einkommen verkürzt, wird in diesem Sinne eine doppelte Rechnung aufgemacht. Auf der einen Seite wird ihnen für ihre Abgaben ganz viel unentbehrlicher, gerade für sie nützlicher öffentlicher Dienst in Aussicht gestellt; haarklein spezifizierte individuelle Anspruchsberechtigungen erwachsen ihnen speziell aus ihren Beiträgen zu den gesetzlichen Sozialkassen. Ob sich der Aufwand für sie wirklich lohnt, dürfen sie zwar nie nachrechnen; das brauchen sie andererseits aber auch gar nicht. Unter dem viel entscheidenderen Gesichtspunkt der gerechten Behandlung aller Beteiligten bietet der Staat ihnen eine Genugtuung ganz anderer Art, indem er sich bei seinen sozialen „Gegenleistungen" gerade nicht freigebig oder gar großzügig verhält, sondern schwer zurückhält. Das ist ein schönes Angebot insofern, als *aktuell* ja immer *andere* Figuren in den Genuss der eingesammelten Gelder kommen als die Leute, von denen sie eingesammelt werden. Den letzteren schuldet der sozial gerechte Staat daher vor allem und als erste „Gegenleistung" äußerste Sparsamkeit und unnachsichtige Restriktionen bei der Einlösung der Anspruchsrechte, die er früheren Generationen von Beitragszahlern zugestanden hat, sowie ein konsequentes Einschreiten gegen missbräuchliches Absahnen. So wird der steuerlich und sozialgesetzlich beanspruchte Lohnempfänger mit materiellen Zusagen für seine Zukunft und zugleich mit einem mehr ideellen Trost bedient: Das staatliche Zuteilungsverfahren verweist ihn mit seiner Unzufriedenheit an diejenigen, für die diese Zukunft dummerweise schon eingetreten ist, *so als wären die nicht seinesgleichen:* an die unproduktive Klientel des von ihm alimentierten Sozialhaushalts; die staatlichen Haushälter tun ihrerseits ihr Bestes, um die „Kostgänger" knapp zu halten, und verdienen dafür den Beifall derer, die sie zum Zahlen verpflichten. Im Übrigen macht sich die öffentliche Gewalt bei ihren Steuerzahlern beliebt mit Härte im Kampf gegen Unsittlichkeit und Verbrechen sowie gegen Ausländer, die „uns" bloß „auf der Tasche liegen", was nicht durch irgendwelche Recherchen bewiesen wird, deswegen auch durch keine Expertise zu widerlegen ist, sondern glasklar aus der Gewissheit folgt, dass Nicht-Eingeborene eigentlich gar kein Recht dazu haben, „uns" Arbeitsplätze und Lebensraum „wegzunehmen". – Solchen Lohn braucht das steuerzahlende Rechtssubjekt im modernen Proletarier.

Spiegelbildlich behandelt der Staat in seiner Eigenschaft als Heimat für alle anständigen Klassen und Schichten diejenigen Arbeitnehmer, für die der *soziale Fall eingetreten* ist. In der Notlage, für die der Sozialstaat eine Umverteilung der nationalen Lohnsumme vorgesehen hat, bekommt er nicht einfach Geld, schon gar nicht die benötigte Summe, sondern ein gerecht bemessenes Quantum zugewiesen. Und er bekommt noch mehr: Er wird eingewiesen in den Status des staatlich anerkannten Versorgungsempfängers; einen Stand, der in ziemlich umfassender Weise vorgibt, welche Interessen ihm noch zustehen und was er dafür umgekehrt „der Allgemeinheit" schuldet. So werden auch die planmäßigen Sozialfälle des kapitalistischen Erwerbslebens keineswegs aus dem Gemeinwesen ausgemustert, sondern unter den Auspizien des allgemeinen Wohls und der ausgleichenden Gerechtigkeit in das Ensemble ehrenwerter Stände hineindefiniert, als welches der Klassenstaat sich seinen Insassen präsentiert. Das proletarische Elend nimmt auf die Art anständige staatsbürgerliche Formen an.

– Wer heutzutage *entlassen* wird, der ist nicht einfach Arbeit und Lohn los und auf staatliche Unterstützung angewiesen. Dass er in einen neuen sozialen Stand eintritt, wird ihm vom ersten Tag an klargemacht. Er findet sich und sein Leben gleich ziemlich verplant, ganz unabhängig von den Plänen, die er sich selber zurechtgelegt haben mag. Ihm wird ein Geld zugeteilt – natürlich erst, wenn er sich an der richtigen Stelle gemeldet, die nötigen Anträge ausgefüllt und Nachweise erbracht hat, die ihm zuvor nie wichtig waren; natürlich nicht die Summe, die er fürs Leben braucht – die hat ihm ja schon vorher die Arbeit nicht so recht eingebracht –, sondern ein nach allen Regeln der jeweils geltenden Gerechtigkeit heruntergerechneter Ersatz-Lohnteil; auch der nur befristet, so dass die Entlastung von der täglichen Arbeit sofort durch das nötige Maß an Existenzangst kompensiert wird. Darauf immerhin hat der versicherungspflichtig gewesene Mensch ein Recht, so dass er sich nicht als Almosenempfänger vorkommen muss. Daraus erwachsen ihm aber wiederum Pflichten, um deren pünktliche Erledigung er sich zu kümmern hat, wenn er weiterhin als – nur noch, aber immerhin – potentiell nützliches Glied der Gesellschaft will gelten können. Er muss prinzipiell verfügbar und für sein Arbeitsamt jederzeit greifbar sein, darf weder nebenher etwas zuverdienen noch auf eigene Faust in Urlaub fahren, hat sich von sich aus und auf Anweisung bei möglichen Arbeitgebern zu bewerben und vorzustellen, darf Umschulungen beantragen, muss aber auch pünktlich absolvieren, was ihm an „Maßnahmen" verordnet wird; und je länger die Arbeitslosigkeit andauert, um so weniger zählt die bisherige Berufskarriere bei der Verpflichtung auf eine neue Stelle. Ganz im Allgemeinen rechnet er zwar zu den „Millionen menschlicher Schicksale", die „hinter den dürren Zahlen der Statistik stehen"; tatsächlich und praktisch hat er jedoch fortwährend den Verdacht zu entkräften, er wollte es sich mit seiner Unterstützung gemütlich machen. Deswegen muss er auch aufpassen, dass er sich nicht mit Pflichtversäumnissen eine strafweise Stornierung seines Ersatz-Lebensunterhalts einhandelt. Wenn er Glück hat, wird er zeitweilig auf einem staatlich subventionierten „zweiten Arbeitsmarkt" für kapitalistisch nutzlose, weil unrentable Beschäftigungen untergebracht; denn damit erwirbt er sich neue Anrechte auf Alimentierung im Pseudoberuf der nationalen Arbeitskräftereserve. Danach kommt dann der Abstieg in Sphären, in denen der Mensch keine Standesehre mehr zu verlieren hat. Auf diese Weise ergänzt der bürgerliche Sozialstaat die Vernunft des Kapitals, das alles tut, um sich von Lohnkosten und folglich von bezahlten Lohnarbeitern zu entlasten, um ein Zwangsregime, das die Entlassenen der Möglichkeit eines jederzeitigen Zugriffs eines neuen Arbeitgebers unterwirft. So bleiben sie der Klassengesellschaft als Manövriermasse erhalten – und damit der Volksgemeinschaft als zweifelhafte, in dem Maße jedoch ehrbare Mitglieder, wie sie diesen absurden Status bereitwillig auf sich nehmen.

– Die Freiheit, die dem Arbeitslosen mit allen Mitteln verwehrt wird, fängt für den modernen Arbeitnehmer mit der definitiven *Arbeitsunfähigkeit* an. Das endlich erreichte Rentenalter, ausnahmsweise auch eine vorher eingetretene irreversible Zerstörung der Arbeitskraft, macht den Zwängen der Erwerbsarbeit einschließlich der Drangsalierung durchs Arbeitsamt ein Ende. Für viele ist das Rentnerdasein daher der Zielpunkt ihres Arbeitslebens, jedenfalls sobald sich die erste Frische verloren hat; die Gelegenheit, „vorzeitig" aus dem Erwerbsleben auszusteigen, bisweilen aus übergeordneten Gründen der Pflege des Arbeitsmarktes und der Einsparung von Arbeitslosengeld geboten, wird nicht ungern wahrgenommen. Deutlich gebremst wird die Begeisterung freilich durch den Umstand, dass das Einkommen mit der Rente sowieso schlagartig kräftig zusammenschrumpft; die zusätzlichen Abzüge bei vorgezogenem Ruhestand sind da kaum zu verkraften. Auf alle Fälle schließt das Rentnerdasein den Sachzwang ein, deutlich billiger zu werden; und damit haben die Alten in all ihrer neu gewonnenen Freiheit ganz ordentlich zu tun. Da trifft es sich immerhin gut, dass die altersbedingte Arbeitsunfähigkeit regelmäßig die Unfähigkeit zu vielen anderen – hoffnungsfroh aufgeschobenen – Betätigungen einschließt und mit der Fähigkeit auch gewisse Bedürfnisse schwinden. So braucht der Rentner bloß darauf zu verzichten, sich für seinen Lebensabend irgendwelche neuen Vorlieben und Genüsse zuzulegen, die ins Geld gehen würden. Andererseits ist doch auch schon ein halbwegs pfleglicher Umgang mit der verschlissenen Physis und ihren „alterstypischen" Gebrechen nicht umsonst zu haben. Die ein Arbeitsleben lang geübte Kunst der disziplinierten Selbstverleugnung bleibt also gefragt; sie muss sich nur, statt aufs Aushalten der Arbeit, auf die Kunst richten, mit wenig Geld intakt zu bleiben. Das Idealbild vom *rüstigen Rentner* fasst diese letzte Lebensaufgabe passend zusammen: Es verweist auf den realen Normalfall, dass die Freisetzung vom Sachzwang zu weiterem Verschleiß durch Arbeit mit dem vollendeten Verschleiß der Arbeitskraft zusammenfällt, und gibt das schöne Ziel vor, den Restbestand an Lebenskraft zu mobilisieren, um mit den gewährten Mitteln die Frist bis zum finalen Siechtum – für dessen marktwirtschaftliche Unkosten trifft in der sozial fortschrittlichen BRD eine eigene Pflichtversicherung Vorsorge – und Tod mit Anstand und ohne Verdruss zu überbrücken. Wer das schafft und nicht „zur Last fällt" – jedenfalls nicht mehr als sachlich notwendig und sittlich zugestanden –, der bleibt dann auch im Genuss des ideellen Lebenslohns, seinem Gemeinwesen als respektabler „Senior" zu gelten, und bekommt zum 90. Besuch vom Bürgermeister.

Und so weiter. An jeder der schicksalhaften Wendemarken, die in so langweiliger Regelmäßigkeit das durchschnittliche Erwerbsleben prägen, trifft der moderne Arbeitnehmer auf den Sozialstaat, der sein weiteres Schicksal bereits in die Hand genommen hat. Über seine Existenzbedingungen ist immer schon verfügt, und zwar einschließlich aller materiellen Ansprüche, die ihm in seiner jeweiligen Lage zustehen, so dass „die Allgemeinheit" im Prinzip niemandem etwas schuldig bleibt. Interessen, die in das wohldefinierte Maß der jeweils standesgemäßen Anspruchsberechtigungen nicht hineinpassen, sind eben damit ins Reich der frommen Wünsche verwiesen, umgekehrt alle berechtigten Bedürfnisse befriedigt. Insbesondere das eine: nach Anerkennung und gerechter Behandlung durch die höchsten Gewalten, die sich selber an keinem höheren Anspruch messen und messen lassen als demjenigen, jedem Stand in ihrem wohlgeordneten Gemeinwesen das zukommen zu lassen, was *sie als „das Seine" definieren.*

So wird die sozialstaatlich dirigierte und reglementierte Klassengesellschaft zur *Volksheimat* des modernen Arbeitnehmers. Das ist sein *dritter bedeutender Besitzstand,* ob er das weiß und zu schätzen weiß oder nicht. Und das ist noch immer nicht alles!

d) Besitzstand Nr. 4: Das demokratische Menschenrecht auf konstruktives Mitwirken

(1) Vom Sinn des freien Wählens

Was der freie Markt für die Subsistenz des modernen Arbeitnehmers, das leistet die Demokratie für seine staatsbürgerliche Persönlichkeit: Sie bietet seiner Freiheit ein Betätigungsfeld. Und sie tut das, ohne seine Entscheidungskompetenz zu überfordern. Sie gibt nämlich dem staatsbürgerlichen Freiheitsdrang seinen Inhalt schon gleich mit auf den Weg: Eine *Ermächtigung* hat der demokratisch mündige Bürger auszusprechen, an der Berufung von Bewerbern in politische Ämter mitzuwirken, die über ihn ausgeübte Herrschaft damit als von ihm gewollte Veranstaltung zu beglaubigen; und das alles in der kaum jemanden intellektuell überfordernden Form eines Wahlkreuzes. Von dem Amt, das da vergeben wird, von der politischen Macht, die an dem Amt hängt, von den herrschaftlichen Zwecken, denen diese Macht dient: von all dem braucht er nichts zu wissen; denn darüber braucht und hat er gar nicht zu entscheiden. Der Inhalt, über den er als freier und gleicher Staatsbürger geheim und unkontrolliert zu befinden hat, nämlich die Auswahl von Herrschaftsfiguren, Funktionären der politischen Gewalt, wird ihm in Form leicht fasslicher Alternativen vorgelegt: Eine überschaubare Auswahl bereits mehr oder weniger arrivierter Politiker konkurriert um seine Stimme; und zwar in der von der marktwirtschaftlichen Werbung her vertrauten Form, dass ihm gleich das Bedürfnis nach „Führung" ausgerechnet durch den jeweils beworbenen Kandidaten vorgespielt wird. Da kann dann jeder mit gleicher Kompetenz mitmachen – die moderne Demokratie grenzt niemanden aus und mutet niemandem zu, sich selber auszudenken, wie und wozu er seine politische Freiheit gebrauchen soll. Über deren angemessene Verwendungsweise ist längst schon verfügt.

Verwenden muss freilich ein jeder seine Freiheit selber. Und es *soll* beim Wählen auch jeder mittun; das verlangt die Demokratie als kleine Gegenleistung für das gewährte Freiheitsrecht, weil die Herrschaft in diesem politischen System genau und nur dadurch legitimiert sein will, dass das gehorsamspflichtige Volk ihre Funktionäre wählt. Das geht, wie gesagt, einerseits ganz leicht; Wahlzettel markieren ist nicht schwierig. Andererseits muss ein Mensch sich auch dazu erst einmal entschließen; er muss vom Wählen etwas halten und darf sich nicht z.B. totlachen oder schwarz ärgern über ein Freiheitsrecht, das nur dazu da ist, die staatliche Herrschaft samt Inhabern bedingungslos ins Recht zu setzen, oder auch nur einfach so zu Hause bleiben, wenn Wahltag ist. Also wird ihm die Sache *erklärt*. Und zwar gleich in der denkbar sachgerechtesten Weise: Die Bewerber um die zu vergebenden Posten im staatlichen Gewaltapparat liefern den wahlberechtigten Massen in ihren Wahlkämpfen mit der eigenen Werbebotschaft auch gleich das nötige Rüstzeug, nämlich die Gesichtspunkte dafür, überhaupt, und die Kriterien dafür, richtig zu wählen. Sie laden die Regierten ein – das gilt für alle Parteien, jenseits aller parteilichen Differenzen –, sich ideell auf den Standpunkt der Regierenden zu stellen, sämtliche Ansprüche, Interessengegensätze und Konflikte innerhalb der Nation, aber auch zwischen dem eigenen Staat und dem Rest der Welt, als Problem für und Herausforderung an die öffentliche Gewalt zu betrachten, sich in lauter Ordnungsaufgaben und Beherrschungsfragen einzufühlen, die im Interesse des nationalen Ganzen zu lösen sind. Dabei lassen die demokratischen Wahlkämpfer keinen Zweifel darüber aufkommen – auch darin sind alle sich einig –, dass der Mensch als Wähler den Standpunkt der über ihn ausgeübten Herrschaft selber einnehmen soll, *nicht* um ihn den Regierenden und deren gleichgesinnten Konkurrenten streitig zu machen und sein gesellschaftliches Schicksal selber in die Hand zu nehmen, sondern um ihn den konkurrierenden Kandidaten zu überlassen und sich nicht mehr und nicht weniger als eine einfühlend-abschätzende Meinung über deren mutmaßliche Eignung zu bilden, das „Staatsschiff" zu „steuern". Auf ein solches Urteil wollen sie alle hinaus, und zwar auf ein günstiges über sich und ein abschätziges über ihre politischen Gegner. Die für die gewünschte Einschätzung nötigen und passenden Maßstäbe bringen die demokratischen Parteien ihren wahlberechtigten Bürgern bei, indem sie in ihrer Wahlwerbung ihre Protagonisten als Energiebündel vorführen, die alle Drangsale des Gemeinwesens kompetent auf den Punkt bringen, tatkräftig anpacken, dabei – dies das Allerwichtigste – „Führungskraft" beweisen und überhaupt leibhaftig garantieren, dass die Nation unter ihrer Regentschaft unweigerlich „zukunftsfähig" wird. Damit ist nämlich klargestellt, dass es nicht darauf ankommt, dass der Wähler kapiert, was „nationaler Erfolg" in der imperialistischen Welt von heute ist und wie er wirklich zu Stande kommt, und schon gar nicht, was er die Insassen der Nation – von denen anderer Nationen ganz zu schweigen – kostet, sondern dass er ihn *will,* und dass er sich dementsprechend keinen Begriff davon macht, was eine Staatsführung wirklich treibt und was für Typen sich um diesen „Job" reißen, sondern dass er den Willen dieser Typen zur Macht *billigt* und einer Führungscrew ihre Selbstanpreisung als machtgeilste Mannschaft *honoriert.* Welche er *in dieser Hinsicht* für die *glaubwürdigste* ansehen will: Das ist die Entscheidungsfrage, die ein Mensch sich stellen muss, um sich für die demokratische Freiheit des Wählens zu qualifizieren.

Für die entsprechende Erziehung und Befähigung des Volkes zu einer sachgerechten Urteilsbildung kommt den Problemen eine besondere Bedeutung zu, die die Masse der Wähler in ihrer sozialen Eigenschaft als materiell weniger gut situierte Arbeitnehmer selber mit den herrschenden Verhältnissen und den Unternehmungen ihrer erfolgstüchtigen nationalen Standortverwaltungen hat. Da entscheidet sich nämlich, ob die Betroffenen sich tatsächlich bereit finden, ihre politische Freiheit im Sinne des demokratischen Herrschaftssystems zu gebrauchen, das sie ihnen gewährt. Schließlich müssen sie ihre materiellen Drangsale, mit denen sie alltäglich fertig werden müssen, *daneben politisch* auffassen, d.h. als Probleme betrachten, die der Standort *mit ihnen* hat, als Drangsale, die sie und ihresgleichen den Regierenden bereiten; und sie müssen beide Seiten dieser paradoxen Gleichung so bedingungslos in Eins setzen, dass sie, wann immer sie sich eine Verbesserung ihrer eigenen Lage wünschen, diesen Wunsch in die Forderung nach erfolgreicherer Führung, nach größerer Effektivität der *über sie* ausgeübten politischen Herrschaft und nach imposanteren Herrschaftsfiguren übersetzen. Für die Durchsetzung dieser im Wortsinn verrückten, politisierten Problemsicht im Arbeitnehmervolk hat – Ehre, wem Ehre gebührt – die Sozialdemokratie Entscheidendes geleistet. Sie ist als Vorkämpfer des Standpunkts angetreten, dass eine bruchlose Gleichung zwischen den dauernd untergebutterten materiellen Bedürfnissen, auf die die Staatsmacht ihre Lohnarbeiter festnagelt, und den Belangen der Staatsmacht, die ihre Lohnarbeiter auf lauter Beschränkungen festnagelt, doch herzukriegen sein müsste. Für den praktisch doch nicht aus der Welt zu schaffenden Gegensatz hat sie die freundliche Deutung entwickelt und propagiert, es handelte sich da letztlich bloß um den nie abzuschaffenden allgemeinmenschlichen „Widerspruch" zwischen der guten politischen Absicht und ihrer allemal defizitären Verwirklichung, zwischen Idealen, auf denen zu bestehen das Recht der Jugend, und Realität, der sich zu beugen die Weisheit des Alters wäre, und dergleichen mehr. Sich selbst hat die Sozialdemokratie wahlkämpferisch als Garanten dafür präsentiert, dass unter den Bedingungen, die „nun einmal" – *leider!"* – herrschen, gute Herrschaft *das Einzige* ist, was sich für die geschädigten Interessen der Beherrschten tun lässt; das wäre aber auch *das Beste,* was den Betroffenen passieren kann, auch wenn – nochmals „*leider!"* – nichts ungeschehen noch wirklich wieder *gut* zu machen ist. Die sozialdemokratische Partei- und Wähler-„Basis" wird von ihrer Führung auf diese Weise abwechselnd mit Erwartungen gefüttert und enttäuscht, ohne dass die Täuschung über den heimatlichen Kapitalstandort und dessen auch von Sozialdemokraten verfochtene Staatsräson jemals ein Ende fände. Statt dessen sorgen über Jahrzehnte eingeschliffene Sprachregelungen dafür, dass alle Enttäuschungen politikgerecht verarbeitet werden. Ein arbeiterparteilich gebundener oder auch nur zur sozialdemokratischen Stammwählerschaft zählender Arbeitnehmer ist geübt darin, in seinen politischen Betrachtungen Mittel und Zwecke, Bedingung und Bedingtes zweckmäßig zu verwechseln. So wird aus staatlich erwünschter Lohnzurückhaltung, wenn nur ein „Genosse" regiert, die notwendige, wenn nicht sogar hinreichende Bedingung für die Schaffung neuer Arbeitsplätze und aus einer Politik, die uneingeschränkt die Interessen „der Wirtschaft" bedient, ein Mittel für künftige Lohnerhöhungen, weil ohne Wachstum bekanntlich gar nichts gezahlt werden kann. „Eingriffe" in den sozialstaatlich regulierten Lebensstandard der Massen werden von unabweisbaren Sachzwängen herbeiregiert oder von der ausländischen Konkurrenz auf die Tagesordnung gesetzt und von regierenden Sozialdemokraten nur vorgenommen, um Schlimmeres abzuwehren. Immer will die Partei *eigentlich* etwas anderes als das, worüber sie sich als loyale Opposition mit der Regierung einig wird oder was sie als verantwortliche Regierung *wirklich* betreibt und durchsetzt. Unmutsäußerungen aus der linken Ecke werden als Beiträge zum arbeiterfreundlichen Ethos der Politik und Bekräftigung der alten Parteiideale eingeordnet, unter Umständen sogar geschätzt und nur, wenn sie ganz anders gemeint sind und sich ihre Degradierung zum schmückenden Beiwerk nicht gefallen lassen, mit innerparteilicher Disziplin und notfalls auch geheimdienstlich und mit gesetzlichen Mitteln unterdrückt. So jedenfalls hat die herkömmliche Sozialdemokratie agiert[*] und damit nicht bloß Maßstäbe für ihre bürgerliche Konkurrenz gesetzt, sondern ein eifrig und mit Erfolg nachgeahmtes Vorbild abgegeben. Längst pflegen alle Parteien für ihre Wahlwerbung unter Arbeitnehmern das Bild vom Politiker als Anwalt aller Sorgen und Nöte der Schlechterverdienenden, der erstens genau weiß, „wo der Schuh drückt", zweitens aber als ehrliche Haut den Betroffenen „reinen Wein einschenken" muss über die Bedingungen, die einer Abhilfe „sachgesetzlich" entgegenstehen; denn mit sowieso unhaltbaren „Wahlversprechen" wäre doch auch niemandem gedient. Als vertrauenswürdige demokratische Führungspersönlichkeit beweist man sich mit einer Kombination aus wohlmeinender, einfühlsamer Volksnähe und unerbittlicher Fachkompetenz, die „soziale Wohltaten" ausschließt. Politiker jeder Couleur bringen es daher jederzeit fertig, die materiellen Drangsa-

---

[*] Zu Beginn des neuen Jahrtausends trennt sich Europas Sozialdemokratie von diesem historischen Ballast. Auch dieser Fortschritt wird noch in Kapitel 5. gewürdigt.

le der regierten Menschheit zu zitieren, sich mit den Betroffenen zu solidarisieren, Abhilfe zu versprechen und ohne Punkt und Komma zu den Lösungen überzuwechseln, die sie für die sozialen Ordnungsprobleme der Staatsgewalt *mit* ihren langlebigen Rentnern, langfristig Arbeitslosen, verschuldeten Arbeitnehmerhaushalten, gewerkschaftlichen Lohnforderungen, verarmten Familien usw. auf Lager haben. Die zeugen dann von ihrer zupackenden Entschlossenheit, die Klassengesellschaft mit all ihren systemeigenen Funktionsbedingungen, den Kapitalstandort mit seinen ökonomischen Bedürfnissen und mittendrin das in allen Ehren drangsalierte Fußvolk mitsamt seinen Sorgen *erfolgreicher* zu *beherrschen*. Für eine solche einfühlsame Ansprache ist der moderne Arbeitnehmer also längst nicht mehr auf seine sozialdemokratischen „Genossen" angewiesen: Als Wähler hat er die Qual der Wahl zwischen lauter Klonen der Verschmelzung eines unbedingten demokratischen Herrschaftswillens mit berechnender Arbeiterfreundlichkeit.

Das per Wahlpropaganda verabreichte Bildungsangebot der Demokratie an ihre wahlberechtigten Bürger ist damit aber noch nicht zu Ende. Wo die Gleichung verankert ist, dass alle materiellen Anliegen des Wahlvolks im Herrschaftsprogramm einer nationalen Obrigkeit ihren angemessenen Platz finden, da wird der mündige Bürger auch umgekehrt ohne Einschränkung und Vorbehalt an den materiellen Anliegen beteiligt, die seine demokratische Obrigkeit mit ihrem Herrschaftsprogramm verfolgt; selbstverständlich unter dem gleichen Gesichtspunkt des Erfolgs der *Nation* sowie der Führungskraft ihrer *Führer*. Für alles, was die Nation an Kämpfen zu bestehen hat, an Erfolgen erringt und an Rückschlägen erleidet, darf und soll er sich interessieren, so als wäre das alles wirklich Gegenstand seiner eigenen Interessen, und als wäre er nicht bloß materiell die Manövriermasse, sondern ideell *Herr* der fälligen politischen Entscheidungen und Aktionen; als solcher ist er nämlich zu engagierter Beurteilung der Lage und ihrer Sachwalter aufgerufen. Ein ganz neues und ziemlich weites Feld politischer Anliegen tut sich damit auf. Kein Gegenstand und keine Affäre von irgendeinem nationalen Belang bleibt ausgespart. Dafür sind sie alle recht übersichtlich angeordnet. Thema ist wieder nur das Eine: ob die Regierung bzw. die jeweils geforderte Abteilung der regierten Nation Erfolg hat oder verspricht oder ob sie vor ihren Aufgaben versagt. Die Einschätzungen mögen kontrovers ausfallen; allen gemeinsam ist die Prämisse, dass der Nation, der „eigenen", Erfolg *gebührt* und alle ihre Vertreter sich, jeder an seinem Platz, an diesem Rechtsanspruch zu bewähren haben. Die Gewohnheit, derartige Urteile zu fällen, macht aus dem vorausgesetzten Maßstab ein persönliches Anliegen und aus der nationalen Sache ein „vaterländisches" Bedürfnis, das der politisierte Prolet am Ende so echt verspürt wie das nach Geld und Gut.

In Wahlkämpfen wird dieses Bedürfnis überreichlich bedient, also erzeugt und gepflegt. Schließlich hängt für die Macher des demokratischen Gemeinwesens nichts Geringeres davon ab als ihr politisches Lebensziel, selber ungefähr haargenau das machen zu dürfen, was sonst die Konkurrenz tut: über den ganzen Laden zu herrschen. Enttäuschung wird regelrecht evoziert, um sie auf den politischen Gegner zu fokussieren und sich selber als Abhilfe zu empfehlen. An Kritik wird das Wahlvolk nicht gehindert, sondern es wird herausgefordert, sein gesamtes Urteilsvermögen aufzubieten – für den einen Zweck, die Glaubwürdigkeit der konkurrierenden Figuren in puncto *Führerschaft* vergleichend zu prüfen. Am Wahltag wird das Prüfungsergebnis dann schließlich praktisch wirksam. Um an die Wirkung der eigenen Stimme glauben zu können, muss der einzelne Wähler sie allerdings schon zu einer Summe von Millionen seinesgleichen hochrechnen, die seine Entscheidung teilen. Deswegen ist er auch bis zum Schluss einem ganz besonderen Wahl-„Argument" zugänglich, das alle anderen Abwägungen letztlich in den Schatten stellt: Mehr als alles übrige überzeugt das Versprechen, mit der Wahl einer Partei oder Figur richtig zu tippen, nämlich den Erfolgreichsten zu wählen und so der eigenen Stimmabgabe einen tatsächlichen Erfolg zurechnen zu können. Wenn er sich verrechnet hat und die anderen gleichen und geheimen Wahlbürger ihm einfach nicht den Gefallen getan haben, seine Kalkulation aufgehen zu lassen – wozu er im Übrigen von sich aus nichts tut, weil so etwas zum Wählen nicht gehört; als Parteimitglied finanziert er wenigstens die Reklame seiner Chefs –, dann hat er trotzdem erst recht nichts zu meckern. Denn nun hat er gewählt, aber falsch, ist also mit seinen Erwartungen, welchen auch immer, in der Minderheit geblieben und folglich im Unrecht; und als „fairer Verlierer" – eine Pose, die ihm sein Kandidat auch noch vormacht – muss er seine neuen Herren sowieso genau so bedingungslos akzeptieren wie die anderen, die gleich richtig gewählt haben. Hat er nicht gewählt, hilft es ihm übrigens auch nichts: Wer auf sein Millionstel „Einfluss" verzichtet, hat schon gar kein Recht, mit dem Wahlergebnis unzufrieden zu sein. Seine frisch gewählte Obrigkeit allerdings, die regierende wie die opponierende, ist umgekehrt *mit ihm* unzufrieden, redet den Nicht-Wählern ins Gewissen.

Und alle Parteien fangen gleich nach erfolgter Wahl von neuem an, dem regierten Volk zu erläutern, woran sie sich gerade bewähren müssen, was ihr politischer Gegner falsch macht und was man deswegen an ihnen hat und von ihnen zu halten hat...

(2) Beruf und Berufung einer freien Öffentlichkeit

Dass die politische Botschaft ankommt, und zwar richtig und nachhaltig, das bleibt in einer funktionierenden Demokratie nicht dem Zufall überlassen. Da gibt es öffentlich-rechtliche Institutionen und außerdem geschäftstüchtige private Medien-Unternehmer, die das politisierte Volk umfassend bedienen. Sie präsentieren das große und kleine Weltgeschehen als Objekt sorgender Anteilnahme und nehmen dabei, stellvertretend für ihr Publikum und zugleich dessen Meinung bildend, verschiedene Standpunkte idealer Verantwortung für den Gang der Dinge ein, die allesamt den einen Haupt- und Generalstandpunkt der *Sorge um den nationalen Erfolg* variieren. Ihre für Lohn arbeitenden Profis erstatten Bericht über die Politik, erläutern ihre Absichten und Ergebnisse ganz so, wie die professionellen Politiker es tun, nämlich aus der Perspektive der Macht und ihrer Inhaber und mit einem weiten Herzen für die Betroffenen. Ganz überparteilich, aber engagiert und deswegen am Ende doch recht entschieden wägen sie das Für und Wider sowie die Glaubwürdigkeit der nationalen Führung und aller anderen Verantwortlichen ab und sagen dem Publikum Bescheid, welche Einschätzung sie für angesagt halten. In aller Öffentlichkeit veranstalten sie also genau das, was idealerweise im Kopf eines mündigen Wahlbürgers vorgehen sollte. Der braucht sich bloß noch zu bedienen, tut das auch und zahlt sogar Geld dafür.

Die demokratieförderliche Leistung dieser aus staatlicher Grundversorgung und einem umfangreichen Sektor des marktwirtschaftlichen Geschäftslebens zusammengesetzten Branche ist bedeutend. Wo eine freie Öffentlichkeit wirkt, da bleibt nichts, was die politische Elite treibt – im Amt vor allem, aber auch geschäftlich und privat –, unbeobachtet und unkommentiert. Jede ökonomische Entwicklung wird in gesamtwirtschaftlicher Verantwortung mit Sorgen begleitet. Kultur und Sport unterliegen beständiger kritischer Kontrolle, ob die Nation damit Ehre einlegt. Aus aller Welt werden Auskünfte darüber zusammengetragen, was an den Machenschaften fremder Staaten die Belange des eigenen stört und folglich nicht gefallen kann. Wie es um die Sitten und den Anstand in der Gesellschaft steht, darüber berichten vermischte Nachrichten aus dem nationalen Freizeitpark und aus der

Welt des Verbrechens. Um richtige und gerechte Einschätzungen wird gerne gestritten, nicht selten mit Hingabe und insgesamt sehr fruchtbar, weil sich alle Widersprüche unter dem unstrittigen höchsten Kriterium des nationalen Wohls versammeln, für das nie geworben und von dem niemand erst überzeugt werden muss: *Mit* ihm wird argumentiert – sogar in der Frage, worin die „nationale Sache" überhaupt besteht... – und für die jeweils vorgetragene Sicht der Dinge plädiert; alle Überzeugungsarbeit und Überredungskunst baut darauf auf. Jeder Bürger kann sich völlig frei heraussuchen, welche Meinung zu welchem Thema ihm am meisten zusagt. Schief gehen kann dabei nichts, weil – und solange – kein Angebot aus der selbstverständlichen Parteilichkeit für das heimatliche Gemeinwesen, den Inbegriff aller Sittlichkeit, und sein Wohlergehen herausfällt. Und wie sollte das passieren – wo dieses Gemeinwesen doch so großherzig ist, jedem seine eigene ungeschminkte Meinung zu erlauben!

In ihrem tagtäglichen Meinungsbildungswerk hat sich die demokratisch-marktwirtschaftliche „4. Gewalt" nie damit begnügt, ihre Mitteilungen zum Weltgeschehen und seinem nationalen Bedeutungsgehalt nur einfach so ins Angebot zu stellen. Ihre Produzenten konkurrieren um Verkaufsziffern für Gedrucktes und Einschaltquoten für Elektronisches und haben als Konkurrenzmittel die Kunst entwickelt, ihre Botschaften als *Genussmittel* darzubieten. Die kompetente Unterscheidung zwischen gut und böse, auf die es in der Information über das Weltgeschehen eigentlich immer ankommt, bedient sich der ansprechenden Methode der „Schwarz-Weiß-Malerei", meist in der dialektischen Form einer groben Etikettierung, die dann als „zu einfach" problematisiert wird, um am Ende, mit einem „irgendwie" versehen und unanfechtbar gemacht, genau so grob stehenzubleiben. Das kitzelt das Gerechtigkeitsempfinden, auf dem der Gefühlshaushalt jedes anständigen Bürgers beruht, und macht für ihn schlechterdings alles *interessant,* auch wenn es aus dem Umkreis seiner *Interessen* noch so weit herausfällt. Die Spezialangebote für den modernen Arbeitnehmer, die auf diesem Markt zu haben sind, zeichnen sich daher auch keineswegs durch Berichte und Kommentare aus der Welt der Arbeit aus; eher ist das Gegenteil der Fall. Die Informationsauswahl und -präsentation stellt formell das eng begrenzte Zeitbudget und den durchschnittlichen Verschleiß von Konzentrationsfähigkeit und anderen Verstandeskräften durch Lohnarbeit in Rechnung. Inhaltlich verknüpft sie Fallstudien über allerlei Ungerechtigkeiten, nicht zuletzt in der Welt der großen Politik, sowie entsprechende Einblicke in die sonst so verschlossenen Sphären der „besseren Gesellschaft", in denen es letztlich doch nicht so viel anders zugeht als im eigenen Milieu, mit der schrankenlos affirmativen Wiedergabe von jedem Mist, mit dem die Marktwirtschaft ihren weniger bemittelten Kunden die Zeit vertreibt, und mit einer ebenso positiven Vorzugsbehandlung des dazugehörigen Geisteszustands, die von purer Verachtung des damit unterhaltenen Publikums geprägt ist. Am Ende wird der moderne Arbeitnehmer mit einem *Proletkult* bedacht, der nicht etwa – wie frühere Varianten dieser Dummheit – falsche Hoffnungen auf die besonderen charakterlichen Qualitäten oder gar auf eine historische Mission des Arbeiterstandes bebildert, sondern die Hoffnungslosigkeit einer angepassten Arbeiterexistenz in Szene setzt, als gäbe es daran etwas zu *feiern*.

So hält die Demokratie ihre Lohnabhängigen mit Wahlrecht, Wahlkämpfen und öffentlichem „Infotainment" *bei der Stange* und *bei Laune* – ein *vierter Besitzstand,* von dem die entrechteten Proletarier früherer Generationen nie zu träumen gewagt hätten.

e) Der moderne Arbeitnehmer: Besitzstand der demokratischen Staatsmacht und ihrer Marktwirtschaft

Von den guten Gründen, die Lohnarbeiter haben, das System der Lohnarbeit zu kündigen und die Welt planwirtschaftlich zu revolutionieren, hat sich seit Marx und Engels nichts erledigt. Auch moderne Arbeitnehmer arbeiten für Geld, nämlich vor allem für dessen Vermehrung in der Hand der Unternehmer, die beträchtliche Teile der erwirtschafteten Profitmasse dafür einsetzen, aus ihren Belegschaften immer mehr immer effektivere Leistung herauszuschinden; eine ganze eigene Welt tarifvertraglich ausgemachter „Sachzwänge" reguliert dieses Verhältnis, das ausgerechnet deswegen niemand mehr *Ausbeutung* nennen mag, obwohl nichts anderes damit zementiert wird. Ihre materielle Freiheit verwenden lohnabhängige Zeitgenossen nach wie vor darauf, sich ihr Leben lang die verbleibende Zeit, die verschlissenen Kräfte und das verdiente Geld einzuteilen – in Abhängigkeit davon, wie Arbeitgeber und Sozialstaat ihnen ihr Leben bereits eingeteilt und was sie ihnen an Verfügungsmasse zugeteilt haben. Moderne Arbeitnehmer haben Anteil an der modernen Warenwelt – an welcher auch sonst; sie produzieren ja keine andere –; und dieser Anteil ist von solcher Art, dass von all den urteilskräftigen Meinungsbildnern, die ihnen zu ihrem Wohlstand gratulieren, keiner mit einem durchschnittlichen Lohnarbeiter tauschen möchte. Eine unantastbare Menschenwürde hat er

auch und eine freie politische Meinung; die erfüllt sich in der Wahrnehmung des Rechts, seine materiellen Interessen mit Willen und fal-
schem Bewusstsein als Wählerauftrag an diejenigen zu delegieren, die
die Nation regieren und dabei ihren Massen erstens das Interesse an
Lohnarbeit und zweitens lauter Beschränkungen dieses Interesses aufnötigen.

Damit ist allerdings auch schon klar, was sich an der ‚Lage der arbeitenden Klasse' in den Zentren des Weltkapitalismus seit ‚Manchester' geändert hat. Die Proletarier von einst sind als Arbeitnehmer zu
einem anerkannten Stand im bürgerlichen Gemeinwesen avanciert.
Ihre Existenzbedingungen sind unter Einsatz von viel staatlicher Gewalt so zurechtgebogen, ihre Ansprüche ans Leben durch die Macht der
Fakten und mit einigem Aufwand an angebotsorientierter Überredungskunst so zurechtdefiniert worden, dass sie perfekt funktionieren.
Und wie zum Hohn werden ihnen alle Beiträge zu ihrer Einfügung in
die politische Ökonomie „ihrer" Nation als *Besitzstände* gutgeschrieben
– wo in Wahrheit *sie selber* zum gesicherten, nützlichen und ausgiebig
genutzten Besitzstand des demokratischen Staates und seiner kapitalistischen Wirtschaft hergerichtet worden sind.

Die Unterwerfung der Arbeiterklasse unter ihren sozialen und nationalen Beruf ist komplett; von einer Revolte gegen die Kosten ihrer freiheitlich-marktwirtschaftlichen Dienstbarkeit ist nichts zu merken. Es
ist die Staatsgewalt und es sind die Arbeitgeber, die es dabei nicht bewenden lassen. *Die* haben schon immer an den lohnabhängigen Leuten
und deren Existenzbedingungen herumgezerrt und immer wieder alles
auf den Kopf gestellt, damit sich an der Herrschaft des Geldes und der
mit Geld exekutierten Herrschaft des bürgerlichen Staates nichts zu
ändern brauchte – sogar mit den Kriegen, die sie für nötig befunden
haben, haben sie ihren Laden per Saldo vorangebracht. Jetzt, zu Beginn des 21. Jahrhunderts, dekretieren *sie* einen neuen gesellschafti-
chen „Aufbruch", und zwar einen besonders gründlichen – „Globalisierung" lautet eines der dafür gängigen Etiketten. Staat und Wirtschaft
haben ihren Klassenkampf gewonnen; nun gehen sie daran, die „Frie-
densdividende" einzukassieren: Sie sammeln wieder ein, was sie einmal für nötig befunden und eingeführt haben, um ihre Arbeiterklasse
als lebens- und funktionsfähigen Bestandteil ihres Systems in dasselbe
zu „integrieren". Den Aufwand, den sie für die Funktionali*sierung* dieser Klasse getrieben haben, kritisieren sie als den letzten und deswegen um so mehr störenden Rest an *Dys*funktionalität in ihrer perfekt
geordneten politischen Ökonomie.

Der rechtsförmlich praktizierte Rückruf ist in Arbeit, der moralische Vorlauf dazu schon ziemlich weit gediehen. Immerhin ist bereits alles, was die „soziale Marktwirtschaft" sich je als arbeiterfreundliche Errungenschaft zugute gehalten hat, als weder haltbare noch erhaltenswerte, viel zu kostspielige und im Grunde kontraproduktive, überdies den freien Bürger bevormundende und schon insofern fast menschenrechtswidrige Überversorgung in Verruf gebracht worden. Das so viel und gern beschworene „Arbeitnehmerinteresse" ist zum Synonym für längst überholte „verkrustete Strukturen" geworden. Damit ist jedenfalls so viel klar: Die Karriere des Arbeitnehmerstandes im bürgerlichen Gemeinwesen ist an ihr Ende gekommen. Seit sie überhaupt nicht mehr stört, sondern bloß noch funktioniert, ist die Arbeiterklasse *fertig* – so fertig, dass es sie als speziell zu betreuende Abteilung der Gesellschaft *ideell* schon gar nicht mehr gibt. *Materiell* wird dieser Befund gerade in die Tat umgesetzt.

5. Die vollendete Arbeiterklasse: Perfektes Instrument im weltumspannenden Konkurrenzkampf der Kapitalisten und Nationen

Die „soziale Frage" ist gelöst: Der moderne Arbeitnehmer ist die Antwort. Jahrzehnte lang haben Sozialpolitiker und Unternehmer, Gewerkschaften und Parteien, Volksseelsorger und Sozialforscher ans Proletariat hingearbeitet, damit es nicht dauernd störend im Weg herumsteht, wenn die kapitalistische Produktionsweise und die dafür zuständige politische Gewalt ihren fortschrittlichen Gang gehen. Sie haben es geschafft. Das lohnabhängige Volk hat sich daran gewöhnt, genau den Lebensstandard zu brauchen, der ihm zugemessen wird, um allen Anforderungen an seine Arbeitskraft zu entsprechen; seine Lebensbedürfnisse sind nach Art und Umfang funktionsgerecht hergerichtet. Interessen, die dem System der Lohnarbeit zuwiderlaufen, und erst recht alle umstürzlerischen Absichten hat es sich abgewöhnt; einen „proletarischen Klassenstandpunkt" gibt es nicht mehr; die Arbeiterbewegung hat ihren Betrieb eingestellt. Kapital und Staatsmacht verfügen in ihren Lohnarbeitern über eine gesellschaftliche Produktivkraft, die sie uneingeschränkt nach Bedarf und Ermessen einsetzen können.

Und das tun sie auch nicht zu knapp. An den Machtmitteln und dem universellen Einfluss, die den erfolgreichen kapitalistischen Nationen zu Gebote stehen, sowie an der Finanzmacht, die in den Händen global agierender Konzerne konzentriert ist, lässt sich klar genug ablesen, welcher Reichtum und wieviel Gewalt aus einem perfekt funktionierenden Proletariat herauszuwirtschaften geht. Die verheerenden Konsequenzen der kapitalistischen Bewirtschaftung des Globus, die politisch für nötig befundenen Kriege, die Kollateral-Schäden der demokratischen Beaufsichtigung des Weltgeschehens geben die gleiche Auskunft. Und das alles ist erklärtermaßen erst der Anfang. Mit dem Weltmarkt, wie US-Präsidenten, europäische Banker und japanische Konzerne ihn sich immer gewünscht haben: dem Konkurrenzkampf der Unternehmen und der Staaten über alle Grenzen hinweg um den Reichtum der Welt, geht es mit Beginn des dritten christlichen Jahrtausends und kapitalistischen Jahrhunderts gerade richtig los. Die produktive menschliche Manövriermasse, die sich bislang so prächtig bewährt hat, wird der „Lage" entsprechend neu in Anspruch genommen. Ihr wird theoretisch und praktisch mitgeteilt, dass sie noch immer zu teuer ist und zu wenig leistet fürs Geld, dass sie zu lange lebt und überhaupt zu zahlreich ist, um so richtig lohnend zu sein. In Gestalt neuer Dienstvorschriften für eine zeitgemäße Lohnarbeit und neuer Sparvorgaben fürs lohnabhängige Privatleben bekommt das moderne Proletariat die Quittung für seine unerschöpfliche Dienstbarkeit; ausgestellt durch Politiker und Arbeitgeber, die sich durch ihre Arbeiterklasse an gar nichts mehr gehindert sehen.

a) Der vollkommene Prolet:
Was Staat und Kapital am modernen Arbeitnehmer haben
(1) Verelendung auf Ansage

Der Umgang moderner Firmenmanager und Sozialtechniker mit der Belegschaft ihres nationalen Betriebs ist von einer bemerkenswerten Offenheit geprägt. Niemand macht ein großes Geheimnis aus der Tatsache, dass die lohnabhängige Mehrheit einem Interesse dienstbar ist, das sich mit ihren materiellen Bedürfnissen schlichtweg nicht verträgt. Großunternehmen z.B., die unter öffentlicher Beobachtung stehen, drücken nicht mehr bloß heimlich, still und leise die ausgezahlte Lohnsumme, wo sie können, sondern verlangen geradeheraus und mit demonstrativer Offenheit von ihren Betriebsräten die Zustimmung zu untertariflicher Bezahlung von neu eingestellten Arbeitslosen oder zu 10- bis 20-prozentigen Lohnsenkungen als „Gegenleistung" für die Stornierung von Entlassungen; und dabei begnügen sie sich nicht einmal mit der defensiven Drohung, andernfalls müsste der Betrieb überhaupt eingestellt werden, sondern begründen ihre Forderungen auch schon mal ganz offenherzig mit dem Unternehmensziel, ihre Ware in einheimischen Fabriken mindestens so billig zu produzieren wie an den weltbekannten Billiglohn-Standorten von Osteuropa über Südostasien bis Südamerika. Entlassungen werden nicht mehr möglichst heimlich abgewickelt, sondern weltöffentlich angekündigt, auch und gerade dann, wenn sie die Größenordnung vormals so geächteter „Massenentlassungen" erreichen; die demokratischen Medien sind voll von entsprechenden Mitteilungen. Der tägliche Börsenbericht popularisiert die sachlich dazugehörige marktwirtschaftliche Gleichung, nach der solche Entlassungsaktionen und schon ihre öffentliche Ansage gut sind für den Aktienkurs des Unternehmens, sinkende Arbeitslosenziffern hingegen einen akuten Vermögensschaden für die Shareholder bedeuten können, weil ein allgemeiner Lohnanstieg daraus folgen könnte. Arbeitnehmerfreundliche „Errungenschaften" wie Kündigungsschutz, Lohnfortzahlung im Krankheitsfall, die Behinderung einer freien betrieblichen Lohngestaltung durch Flächentarifverträge, Zuschläge für Nachtschichten und Überstunden usw. werden als Hindernis fürs kapitalistische Geschäft, also Nachteil für die Nation angeprangert und bekämpft. Ein spezieller Billiglohn-Sektor wird abwechselnd gefordert und als überflüssig bezeichnet, weil es ihn doch längst gebe; klar ist in jedem Fall, dass die Unternehmer mehr unternehmen sollen mit dem nationalen Arbeitskräftepotential, und dass das auf dessen Kosten geht. Lohnforderungen sind überhaupt und sowieso von Übel, weil sie, je nach Konjunkturphase, entweder die Baisse verschlimmern oder den Aufschwung abwürgen; das gehört längst zu den anerkanntesten volkswirtschaftlichen Weisheiten. Mit gleicher Selbstverständlichkeit wird mittlerweile Tag für Tag kundgetan, dass gerade die reichsten und mächtigsten Länder der Welt sich ihre Rentner, ihre Arbeitslosen und die Gesundheit ihrer sozialversicherungspflichtig Beschäftigten nicht mehr leisten können. Und so weiter: Unter allen denkbaren Aspekten und in allen seinen Abteilungen wird das Leben der Lohnabhängigen als *Preisfrage* behandelt, die offen und ehrlich *gegen sie* entschieden werden muss.

Wo so zynisch dafür argumentiert und agitiert wird, den Lohnarbeitern Geld vorzuenthalten bzw. wegzunehmen und mehr Leistung abzuverlangen, damit die Kapitalisten sich leichter bereichern können und die Nation davon profitiert, da hat das kapitalistische Gemeinwesen einen *Standpunkt überwunden,* der immerhin eine ganze Epoche lang in Kraft gewesen ist. Von Staats wegen auf die Arbeiterklasse Rücksicht zu nehmen, damit sie für den kapitalistischen Dauerbetrieb tauglich wird oder bleibt: *damit* ist es vorbei. Die pflegliche Behandlung des lebenden Instrumentariums der Kapitalakkumulation – so die neuerdings maßgebliche sozialpolitische Sichtweise – mag unumgänglich und vielleicht sogar nützlich gewesen sein; doch wenn es so war, dann hat sie heute ihren Dienst getan, und der erzielte Nutzen hat sich daran zu beweisen, dass man auf „soziale" „Ergänzungen" des Systems der Lohnarbeit verzichten kann. Die offenen Plädoyers für eine Verschlechterung der proletarischen Arbeits- und Lebensbedingungen, die unbeschönigten Ansagen einschlägiger Maßnahmen sind selber die Probe aufs Exempel. Sie gehen davon aus, dass der moderne Arbeitnehmer keine sozialen Verheißungen braucht, um sich jede zweckmäßig schlechte Behandlung gefallen zu lassen; dass er im Gegenteil sogar die polemische Aufklärung über die Unvereinbarkeit der Klasseninteressen als sachliche Information über seine Lebenslage zur Kenntnis nimmt und keinesfalls als Anstiftung zu „sozialer Unruhe" missversteht; dass er überhaupt alles akzeptiert, was ihm von den Inhabern der betriebswirtschaftlichen und sozialpolitischen Kommandogewalt als notwendige „Anpassung" an „die Gegebenheiten" zugemutet wird. Auch in moralischer Hinsicht, ebenso wie in Angelegenheiten der materiellen sozialen Betreuung der Lohnabhängigen, verwirft die fertige Klassengesellschaft ihr eigenes früheres Bedürfnis, sich ihrer dienenden Klasse *anzunehmen* und zu *empfehlen*.

Bei alledem beherrscht *ein* sozialer Ton die Szene – und der sagt schon alles darüber, was in der modernen Marktwirtschaft „sozial" ist:

(2) Der letzte soziale Imperativ: „Beschäftigung!"

Alle Welt nimmt Partei für *die Arbeitslosen* – von wegen, die hätten „keine Lobby". Je mehr Lohnabhängige ohne Arbeit und Einkommen sind, um so entschiedener tritt jeder, der etwas zu sagen hat, dafür ein, dass sie eine „Beschäftigung" finden. Vor lauter Engagement für die gute Sache mag niemand groß nachfragen, wodurch eigentlich fortwährend so viele Leute ihren Arbeitsplatz verlieren oder warum sie erst gar keinen finden: Das gehört zu den allgemeinen Lebensumständen, zu denen der aufgeklärte Mensch sich wie zu unabänderlichen Naturphänomenen stellt – wie zum Winterwetter z.B., das immer für ein paar Prozentpunkte in der Arbeitslosenstatistik gut ist, ohne dass irgendein erklärender Zwischenschritt, über die Gewinnkalkulation der Arbeitgeber womöglich, extra in Betracht gezogen werden müsste. Statt solche „unnützen Schuldzuweisungen" vorzunehmen, wird entschlossen „nach vorne" gedacht und bedingungslos für mehr „Beschäftigung" plädiert.

Bedingungslos jedenfalls nach der einen Seite hin: Wer Arbeit braucht, um vom dafür gezahlten Lohn zu leben, hat keine Ansprüche und schon gar keine Bedingungen zu stellen, weder hinsichtlich der Arbeit noch für die Höhe der Entlohnung. Bei aller Parteilichkeit für die Arbeitslosen gilt da ein klares Abstraktionsgebot: Dass die armen „beschäftigungslosen" Leute eine Arbeitsstelle brauchen, um vom dort verdienten Lohn zu leben, und dass sie nur deswegen eine Arbeit wollen, damit sie einigermaßen anständig über die Runden kommen, kann und darf beim Ruf nach „Beschäftigung" *keine* Rolle spielen. Eben wegen der Not der Leute kann bei der notwendigen „Arbeitsbeschaffung" auf die Behebung dieser Not grundsätzlich nicht geachtet werden. Die Parteinahme für die Arbeitslosen sieht von *deren* einzigem *materiellen* Interesse nicht bloß ab; sie *schließt es aus.* Ganz unbedingt *einge-*schlossen ist hingegen das Interesse der anderen Seite, die Lohnarbeit benötigt, um dadurch ihr Eigentum vermehren zu lassen: Für einen Arbeitgeber lohnend muss Lohnarbeit schon sein; sonst findet sie erst gar nicht statt. Das sozialstaatlich anerkannte und durchorganisierte Monopol der kapitalistischen Arbeitgeber auf „Beschäftigung" begrün-det nicht etwa, sondern verbietet jede Kritik, sowohl an der massenhaf-ten „Nicht-Beschäftigung" als auch an den „Beschäftigungs"-Bedingun-gen, die sie diktieren. Massenhafte Arbeitslosigkeit setzt im Gegenteil alle Bedingungen ins Recht, von denen die Unternehmer den Gebrauch von Lohnarbeitern abhängig machen; die Not, die sie verursachen, und das daraus folgende existenzielle Bedürfnis der Betroffenen nach einer „Beschäftigung" bestätigt und bekräftigt bloß deren hoffnungs- und be-dingungslose Abhängigkeit auf der einen, die Alleinherrschaft des Ka-pitalinteresses über die Arbeit auf der anderen Seite.

Nichts anderes jedenfalls bringt der Ruf nach „Beschäftigung" zum Ausdruck, auf den das soziale Gewissen der modernen Klassengesell-schaft sich zusammenzieht. Die einzige Forderung, die darin enthalten ist, richtet sich an die Arbeit*nehmer,* mit wie ohne Arbeitsplatz. Denen wird aufgegeben, sich dem Interesse der Geschäftswelt bedingungslos zu unterwerfen und sich an deren berechnende Maßregeln für lohnen-de Arbeit sowie an die Direktiven der staatlichen Standortverwaltung anzupassen *wie* an eine sachliche Gegebenheit, an der es nichts zu deu-teln gibt. Und so ist es ja tatsächlich: Die *Herrschaft des Kapitals* kommt als ein Komplex sozialstaatlich geregelter, in lauter festen Ein-richtungen vergegenständlichter *„Beschäftigungs"-Bedingungen* daher. Deren Rück-Übersetzung ins Geschäftsinteresse der herrschenden Klasse verbietet sich schon wegen ihrer festen institutionellen Ausge-staltung. Die Unterwerfung unter fremde private und öffentliche Geld-interessen stellt sich als Abhängigkeit von Sachzwängen und Regel-werken dar. In eben diesem Sinne werden daher auch die allfälligen Verschlechterungen der Verhältnisse offenherzig angekündigt: als sachlich erforderliche Anpassungen der geltenden *Konditionen* an neue *Gegebenheiten.* Auf die werden die Betroffenen zuvorkommenderweise aufmerksam gemacht – nicht in provokativer Absicht und erst recht nicht, damit sie etwas dagegen unternehmen können, sondern damit sie sich auf das ohnehin Unvermeidliche *rechtzeitig einstellen* können. *Darauf* haben *sie* ein Recht!

(3) Der definitive proletarische Klassenstandpunkt: Anpassungsbereitschaft

Auf Widerstand stoßen die Manager des modernen Kapitalismus mit ihren offen erklärten Angriffen auf überkommene „Besitzstände" der nationalen Arbeitskraft nicht. Nie handeln sie sich mit ihren „Beschäftigungs"-Angeboten die Antwort ein, Arbeitsplätze, die die ganze Person fordern, aber nicht ernähren, könnten sie selber behalten. Keine Firmenbelegschaft lehnt es ab, mit vermehrter Anstrengung bei verringertem Lohn Kollegen in Tschechien oder Mexiko niederzukonkurrieren. Nirgends erklärt eine Arbeiterschaft ihr entschiedenes Desinteresse daran, mit intensiverem Arbeitseinsatz Teile ihrer selbst überflüssig zu machen, nur damit die Spekulation von großen Geldanlegern aufgeht, die Fondsmanager Recht behalten und die Standortverwaltung zufrieden ist. Dass Lohnarbeiter auch einmal von ihrer Seite aus auf der Unvereinbarkeit ihrer Lebensbedürfnisse mit den Ansprüchen von Arbeitgebern und Politikern bestehen könnten, die ihnen in Wort und Tat so drastisch klar gemacht wird, und so entschieden Einspruch gegen ihre Ausnutzung einlegen, wie sie ihnen zugemutet wird: Das kann ein moderner Arbeitnehmer sich höchstens als Kantinenscherz vorstellen. Einen Kampf von dieser Art hält er ganz einfach nicht für eine realistische Option.

Die kapitalistischen Ausbeutungsverhältnisse werden vom dienstbaren Fußvolk also genau so genommen, wie sie ihm ideell präsentiert und praktisch aufoktroyiert werden: als ein Ensemble fester Einrichtungen, die als Gegebenheiten einfach hinzunehmen sind. Zwar wird diese affirmative Sicht der Dinge beständig widerlegt: von Unternehmern und Politikern, die überhaupt keine „Gegebenheiten" anerkennen, wenn irgendeine noch so „feste Einrichtung" ihren fortentwickelten Ansprüchen im Wege steht. Moderne Arbeitnehmer stellen sich aber auch zu den Änderungen, die ihnen unter dem Zustimmung heischenden Titel „Reformen" aufs Auge gedrückt werden, wie zu sachlich offenbar notwendigen Korrekturen an einem Regelwerk, das ihren eigenen Interessen und Kalkulationen unverfügbar *voraus*gesetzt ist; bei dem es sich daher gar nicht lohnt und letztlich überhaupt keinen Sinn macht, nach den *politökonomischen Zwecken* zu fragen, denen dieses Regelwerk zu praktischer Geltung verhilft, oder gar in praktischer Absicht daran herumzukritisieren. Was ihnen als gültige Arbeits- und Lebensbedingung vorgegeben wird, das beziehen sie nicht als feindseligen oder zumindest prüfenswerten materiellen Anspruch der Gegenseite auf sich als politökonomisch definiertes und benutztes Kollektiv, sondern als sachliche Bedingung auf ihre private Lebensplanung, die sie danach einzurichten haben. Auch durch schärfste Eingriffe in ihre Finanzen und ihren Arbeitsalltag finden mündige und selbstbewusste Arbeitnehmer sich nicht zu gemeinschaftlicher Gegenwehr, sondern einzig und allein dazu herausgefordert, sich mit ihrer Lebensführung und ihrer Arbeitsleistung *daran anzupassen.*

Mit derart pflegeleichten „Mitarbeitern" ist der moderne Kapitalismus unverschämt gut bedient. Und entsprechend unverschämt bedient er sich seiner Arbeiterklasse auch.

b) Vom „Systemvergleich" zur „Globalisierung": Wofür Staat und Kapital ihr perfektes Proletariat brauchen und benutzen

(1) Die erste historische Bewährungsprobe des modernen Arbeitnehmers: Der Sieg über den ‚realen Sozialismus'

Mehr als ein halbes Jahrhundert lang haben die kapitalistischen Weltmächte ihre Proletarier für einen Konkurrenzkampf der ganz besonderen Art in Anspruch genommen – am Ende mit Erfolg: Das weltkriegsträchtige Ringen mit dem sowjetischen Staatenblock haben sie für sich entschieden. Ihren Unternehmern und Politikern ist der praktische Nachweis gelungen, dass sie den mit Abstand gewaltigsten privaten und öffentlichen Reichtum aus ihrem proletarischen Fußvolk herauszuwirtschaften verstehen und damit auch am meisten anzufangen wissen: Den größten Teil des Globus haben sie in *ihren „Markt",* in einen Kampfplatz ihrer ökonomischen Konkurrenz und eine ihnen zuarbeitende Kapitalvermehrungsmaschinerie verwandelt; die politischen Herren der dafür zuständigen Staaten haben gegen die widerspenstigen Abweichler im „Imperium" des ‚realen Sozialismus' eine gigantische Aufrüstung einschließlich ausgefeilter Atomkriegs-Planung ins Werk gesetzt und den Rest der Welt der Kontrolle ihres Abschreckungsregimes unterworfen. Ihre demokratisch emanzipierten Proletarier haben daran nichts weiter auszusetzen gefunden, weder an der für sie ziemlich strapaziösen und wenig lohnenden Produktion wachsender Kapitalmassen und deren imperialistischer Verwendung noch an den wüsten Weltkriegs-Szenarien, die die ‚westliche Welt' zur „Verteidigung", nämlich weltweiten Durchsetzung ihrer freiheitlich-marktwirtschaftlichen „Lebensart" vorzubereiten für nötig befand. Dabei hätten sie sich gar nicht *für* Stalin oder Chruschtschow erwärmen und zum ‚realen Sozialismus' sowjetischer Machart bekennen müssen, um *diesen* „Systemvergleich" zurückzuweisen und sich dem unerbittlichen

Drang ihrer Chefs zur militärischen Beherrschung und ökonomischen Benutzung der Staatenwelt zu widersetzen. Ein *Materialismus von unten,* der einmal einen anderen ökonomischen Sachzwang anmeldet, auf einem anständigen Leben besteht und die absurden Unkosten globaler Abschreckung mit Atomwaffen ablehnt, hätte schon genügt. Doch dazu waren die Lohnarbeiter der kapitalistischen Großmächte offensichtlich *zu beschäftigt;* mit der *Notwendigkeit* nämlich, mit ihrem Arbeitsdienst in der kapitalistischen Erwerbsgesellschaft zu bestehen, und mit der *Freiheit,* durch geschickte Anpassungsleistungen aus einer schlechten Lage das relativ Beste herauszuholen. Statt in ihrer Freizeit die Stichhaltigkeit ihrer trostlosen pro-„marktwirtschaftlichen" Kalkulationen zu überprüfen, haben sie sich auch noch ideologisch gegen die große Ausnahme von der demokratisch-marktwirtschaftlich-imperialistischen Regel in Stellung bringen lassen und jede Unzufriedenheit im Lande mit einem ideellen Ausweisungsbescheid bestraft – „nach drüben", ins Reich der anderen Sorte Knechtschaft. Im Bedarfsfall, nämlich wenn es den Führern der westlichen Welt aus Gründen einer weltumspannenden „Vorwärtsverteidigung" unvermeidlich erschienen wäre, hätte die demokratisierte Arbeiterklasse sogar einen mit Atombomben ausgetragenen Weltkrieg über sich ergehen lassen; wirksame Einwände gegen die über Jahrzehnte andauernde Anstrengung, das sowjetische „Reich des Bösen" „tot zu rüsten", hat sie jedenfalls nie erhoben.

Die Probe aufs Exempel ist ihr denn auch nicht aus eigenem Verdienst erspart geblieben. Die sozialistischen Machthaber „drüben" haben ihr Kapitalismus- und Demokratie-widriges Wirtschafts- und Herrschaftssystem erst zu Grunde, dann weg-„reformiert"; aus Unzufriedenheit darüber, dass es ihnen Konkurrenzerfolge auf den beiden Gebieten schuldig blieb und sie genau da hoffnungslos in die Defensive geraten waren, wo sie ihren großen Gegner, das Bündnis der kapitalistischen Weltwirtschaftsmächte, *überbieten* wollten: ausgerechnet bei der Erwirtschaftung immer größerer *Geldüberschüsse* aus „planmäßig" angewandter Lohnarbeit sowie auf dem Feld der strategischen *Gewaltmittel* und des darauf gegründeten weltpolitischen Einflusses. Am Ende haben die zuständigen Staatsparteien sich zu einer großen Wegwerfaktion entschlossen und ihr Heil im Anschluss ans erfolgreichere Ausbeutungs- und Herrschaftssystem gesucht – mit den bekannten, fürs betroffene Arbeitsvolk verheerenden Folgen. Doch auch diese „Wende" hat weder die ex-‚realsozialistischen' Werktätigen noch die seit jeher freiheitlich regierten und marktwirtschaftlich kommandierten Arbeitnehmer über die Kriterien belehrt, nämlich über die Erfolgsmaßstäbe von Geschäft und Gewalt, die die moderne Welt so total beherrschen wie nur je ein „totalitäres Regime". Die Liquidierung der ,realsozialistischen' Alternative, dieser Proletarier-freundlich gemeinten Korrektur des nie richtig kritisierten kapitalistischen und bürgerlich-demokratischen Originals, ist nirgends zum Anlass genommen worden, der allein übrig gebliebenen siegreichen Partei um so mehr kritische Aufmerksamkeit zu schenken. Im Gegenteil: Seit es keine abweichende Art des Wirtschaftens und der Ausnutzung von Lohnarbeitern mehr gibt, gilt es allgemein auch schon als bewiesen, dass etwas anderes als purer Kapitalismus und politische Herrschaft per Parteienkonkurrenz nichts taugt und letztlich auch gar nicht funktionieren kann. Auch ideologisch triumphiert seither das Zwillingspaar ,Demokratie & Marktwirtschaft' und schmückt sich mit dem einen besonders dämlichen Versatzstück aus der Erbmasse des alten ,realsozialistischen' Theoriegebäudes, in dem der bürgerliche Verstand seinen eigenen parteilichen Opportunismus in verklärter Form und verabsolutierter Fassung wiedererkennt: Das Dogma, wonach der – wie auch immer errungene – *Erfolg* auch gleich die *Richtigkeit* der erfolgreichen Sache und, mehr noch, ihr *historisches Recht* auf Erfolg verbürgt, rechtfertigt nun unwidersprechlich die Sache des ,Westens'.

Durch die Verelendung der vom „kommunistischen Joch" befreiten ehemaligen Sowjetmenschen ist dieser Standpunkt so wenig zu widerlegen wie durch den Preis, den auch deren westliche Kollegen für den Sieg „ihres" Systems zu zahlen haben. Die bekommen nämlich ihrerseits die Quittung für ihre jahrzehntelang erprobte und bewährte Bereitschaft, alles auszuhalten und mitzumachen, was ihre Firmen- und Staatschefs auf die demokratisch-marktwirtschaftliche Tagesordnung setzen: Nach dem „Systemvergleich" dürfen sie nun die „Globalisierung" zur historischen Erfolgsnummer machen.

(2) Das neue Einsatzfeld für perfekte „Mitarbeiter": Der Konkurrenzkampf der Konzerne und Nationen um rentable Arbeitsplätze

Nach ihrem geschenkten Sieg über den sowjetischen Machtblock und dessen verkehrtes Herrschafts- und Wirtschaftssystem, in ihrer glücklich vollendeten „einen Welt", treffen die kapitalistischen Weltwirtschaftsmächte nur noch und in aller Härte auf einen einzigen Gegner: *auf einander*. Konkurriert haben sie natürlich auch schon in den Jahrzehnten zuvor, als sie im amerikanisch geführten imperialistischen Kollektiv angetreten sind, um ihre Freiheit zu „verteidigen". Jetzt haben sie, was sie immer wollten: den *totalen Weltmarkt.* Mit überlegener Abschreckungsgewalt und einem ganzen Netzwerk inter- und supranationaler Rechtsbeziehungen haben sie die „Völkerfamilie" zum Geschäftsfeld für ihre *Kapitalistenklasse* hergerichtet und zum Kampfplatz des *polit*ökonomischen Interesses, das eine jede von ihnen mit dem schrankenlos freigesetzten Weltgeschäft verbindet.

Dieses Interesse, ebenso wie dasjenige ihrer kapitalistischen Unternehmer, hat denselben Inhalt wie der Imperativ, in dem sich auch schon der ganze *soziale* Ehrgeiz der modernen Klassengesellschaft zusammenfasst: Es geht um *Arbeit – rentable,* versteht sich.

– *Kapitalistische Arbeitgeber* sind ohnehin bedingungslose Anhänger dieses höchsten aller Wirtschaftsgüter. Das gerät leicht ein wenig in Vergessenheit, weil sie dem „*Faktor* Arbeit" höchst kritisch gegenüberstehen: Immerzu gibt er ihnen zu wenig her; andauernd wenden sie zuschüssiges Kapital auf, um ihn ergiebiger zu machen und sich die Bezahlung von Arbeits*kräften* zu ersparen, die auf diese Weise überflüssig werden. Dieses ehrgeizige Bemühen um „Arbeit sparenden Fortschritt" bringt gerade den fortschrittlichsten Arbeitgebern immer wieder den Vorwurf ein, sie ließen es an sozialem Pflichtbewusstsein fehlen und würden, entgegen ihrem eigentlichen Beruf und „bloß" um der Rendite willen, mehr Arbeitsplätze ab- als schaffen; und die so wohlmeinend kritisierten Kapitalisten geben dem Vorwurf auch noch halb Recht, wenn sie sich in dem Gestus gefallen, die Ausbeutung von Arbeitskräften wäre eine Gnade, um die man sie anzubetteln hat. Tatsächlich ist es aber noch allemal so, dass auch und gerade dann, wenn die Belegschaften mal wieder „ausgedünnt" und sogar ausdrücklich „Massen" entlassen werden, der Unternehmensgewinn nicht durch die 'rausgeworfenen Arbeitskräfte zustande kommt, sondern von denen fabriziert wird, die der Betrieb noch braucht. Und auf den „Abbau" *solcher* „Beschäftigung" ist kein Unternehmen scharf, im Gegenteil: *Davon* können kapitalistische Arbeitgeber gar nicht genug kriegen. Ihr Konkurrenzkampf zielt gerade darauf ab, mit einem *Optimum an Rentabilität* ein *Maximum an Arbeit* unter ihr Kommando zu bekommen.

Dieses Anliegen ist einerseits so alt wie der Kapitalismus. Andererseits gibt es auch dabei Fortschritte; und einer davon vollzieht sich mit der Vollendung des Weltmarkts gegen Ende des 20. Jahrhunderts. Seither treffen nämlich nicht bloß im Exportgeschäft, sondern grundsätzlich überall, am Ende in jedem Warenhaus, konkurrierende „Multis" aufeinander: Weltunternehmen, die einander rund um den Globus Marktanteile streitig machen und auf diese Weise ganz praktisch die

Schlagkraft und Ergiebigkeit ihrer Geschäftsmittel „vergleichen". Dabei lässt ein multinationaler Konzern des 21. Jahrhunderts sich nicht von irgendwelchen Standortvorteilen seiner Konkurrenten überraschen und ausmanövrieren, sondern hat seine Betriebe und Filialen „strategisch" über alle geschäftlich attraktiven Standorte auf der Welt verteilt und lässt die eigenen Unternehmensteile – einschließlich abhängiger Zulieferer und formell verselbständigter Abteilungen – gegeneinander um die niedrigsten Kosten und die höchsten Profitraten konkurrieren. So werden die lohnabhängigen „Mitarbeiter" des Kapitals quer durch alle „Industrie-" und „Schwellenländer" einem durchorganisierten Lohn- und Leistungsvergleich unterworfen.*) Der bekommt außerdem dadurch eine besondere Schärfe, dass der definitiv weltumspannende „Wettbewerb" kaum noch neue Geschäftsfelder zu erschließen findet, so dass sich den konkurrierenden Firmen zusätzliche Sphären des Wachstums bieten würden. Was eine Firma an Kapitalakkumulation zustande bringt, geht mehr oder weniger direkt und über alle Grenzen hinweg auf Kosten anderer. Der Leistungsvergleich der kapitalistischen Arbeitgeber zielt geradewegs auf die Ausschaltung von Konkurrenten, also auf die *Monopolisierung* des Kommandos über „notwendige", nämlich weltmarktwirtschaftlich lohnende Arbeit. Für den Einsatz lohnabhängiger Arbeitskräfte ergibt sich daraus unerbittlich ein deutlich angehobenes Anspruchsniveau – gerade damit es dem Konzern gelingt, sein Kommando über profitbringende „Beschäftigung" auszuweiten.

– *Die Staaten,* die ihre Kapitalistenklasse so erfolgreich zu diesem Verdrängungs-„Wettbewerb" ermächtigt und angestachelt haben, begleiten dessen Gang mit ihrer eigenen Arbeitsplatz-Rechnung: Die

---

*) Um die „deutsche Wertarbeit", die keine ausländische Firma mit ihren nicht-deutschen Arbeitskräften jemals so perfekt hinkriegen würde, ist es konsequenterweise ziemlich still geworden. Das Kompliment passt einfach nicht mehr, wenn kapitalistische Unternehmen Proletarier auf dem ganzen Globus mit prinzipiell den gleichen Mitteln und Techniken dem Diktat der „abstrakten Arbeit" unterwerfen und *praktisch* mit der Frage konfrontieren, welcher Standort die verlangte Ware am preiswertesten herstellt. Wer sich so vergleichen lassen muss, dem wird auch der ideelle Lohn gekürzt und die Lüge erspart, ausgerechnet in seiner Eigenschaft als Produktionsfaktor des Kapitals wäre an ihm eine besonders hervorragende nationale Besonderheit dran.

Monopolisierung lohnender „Beschäftigung" durch die Konzerne mit der rentabelsten Lohn-Leistungs-Bilanz soll gefälligst *bei ihnen* stattfinden. Dies schon allein aus dem banalsten *haushaltspolitischen* Grund: Die bürgerliche Staatsgewalt schöpft die Mittel ihrer Herrschaft in Geldform von ihren Bürgern ab, aus den „Masseneinkommen" sogar gleich doppelt, „an der Quelle" sowie bei jedem Einkauf, den ein „Endverbraucher" sich leistet; nur folgerichtig, dass sie sich als Anhänger „wertschaffender" „Beschäftigung" betätigt und auf möglichst vollzähligen Gebrauch ihrer arbeitsfähigen Bevölkerung drängt. Dies um so mehr, als die nach überkommenen *sozialpolitischen* Regeln registrierten und betreuten Arbeitslosen als Geldquelle weitgehend entfallen und statt dessen sogar Haushaltsmittel kosten. Außerdem bedeutet die elementare kapitalistische Gleichung, wonach der gesellschaftliche Reichtum nur Bestand hat, wenn er wächst, folglich immer größere Profitmassen aus den nationalen Ressourcen herausgewirtschaftet werden müssen, damit die ökonomische Basis der nationalen Macht intakt bleibt, für moderne Regierungen eine *wirtschaftspolitische* Herausforderung. Sie begnügen sich daher keineswegs damit, den Gang der Geschäfte, den sie über ihre nationalen Schranken hinaustreiben, sorgenvoll auf seine nationalen Erträge hin zu begutachten, sondern versuchen alles, um Profit schaffende „Beschäftigung" in ihrem Zuständigkeitsbereich zunehmen zu lassen.

Dabei bedienen sie sich in großem Stil eines ganz systemeigenen Hilfsmittels, von dem längst das gesamte kapitalistische Geschäftsleben abhängt und das bei seinem staatlichen Gebrauch dieselbe Dialektik entfaltet wie bei seiner privaten Benutzung, nämlich die Erfüllung des damit verfolgten Interesses zum politökonomischen Sachzwang macht: Die moderne Staatsgewalt betätigt sich als *Kreditschöpfer*. Sie garantiert auf der einen Seite vermittels ihrer Notenbank die „Liquidität" und damit die Kreditvermehrungsaktivitäten des Finanzkapitals. Sie verschafft auf der anderen Seite sich selbst auf dem Weg der hoheitlichen Schuldenaufnahme die Macht, die Geschäftswelt Geld verdienen zu lassen und zur Kapitalakkumulation zu ermuntern. Von einem hinreichend erfolgreichen Kapitalwachstum, der Verwandlung des geschöpften Kredits in lauter gelingende Geschäfte, hängt die ökonomische Qualität ihres hoheitlich garantierten Geschäftsmittels dann allerdings auch ab; am Wert des nationalen Umlaufsmittels, der von den Notenbanken emittierten Währung, ist das Ergebnis abzulesen. Auch diese staatliche Schuldenwirtschaft ist keine neue Errungenschaft des ausgehenden 20. Jahrhunderts. Einen bedeutenden Fortschritt hat sie aber mit ihrer gerade erst vollendeten Internationalisierung vollbracht. In der marktwirtschaftlich geeinten Welt ist staatlich geschöpfter Kredit eine Geschäftschance für jedes Kapital, ganz gleich, wo es ursprünglich „zu Hause" ist. Und als Angebot an die internationale Geschäftswelt ist er auch gemeint: Die *soll* sich der Kreditmittel bedienen, mit denen die Staaten „ihre" Nationalökonomie re- und ihren eigenen Haushalt finanzieren. Denn indem, und in dem Maße, wie sie das tut, verwandelt sie die Kreditvermehrung in Kapitalwachstum, beglaubigt das als Kreditzeichen emittierte nationale Geld als wirklichen und wahrhaftigen Repräsentanten kapitalistischen Reichtums, rechtfertigt ökonomisch die politökonomische Handlungsfreiheit, die die regierenden Weltökonomen sich mit ihrer doppelseitigen Schuldenwirtschaft herausnehmen, und ermächtigt sie zur Schöpfung um so größerer neuer Finanzmittel.

Damit eröffnet sich ein ganz neues Feld der *Konkurrenz der Nationen* um ihren besonderen Nutzen aus der weltweiten Kapitalakkumulation. Die Staaten „vergleichen" sich ökonomisch als Kreditschöpfer: Sie messen sich aneinander unter dem Gesichtspunkt der Kredit*masse*, die sie in die Welt setzen, und deren erfolgreicher *Verwendung*. Praktisch vorgenommen wird dieser Vergleich, so begriffslos wie wirksam, *durch* die von ihnen selbst dazu ermächtigte „Instanz", „die Finanzmärkte", und zwar *an* dem Geschäftsmittel, mit dem sie dem internationalen Kapital dienstbar sein und es sich dienstbar machen wollen, der nationalen Währung. Die wird im Geldhandel unablässig bewertet: Im Verhältnis zu anderen nationalen Geldern wird praktisch entschieden, wieviel das darin abgewickelte Geschäft zählt, was folglich die Nationalökonomie des Staates, der die betreffende Währung ausgibt, insgesamt wert ist und inwieweit der nationale Inbegriff allen Reichtums überhaupt als Geld im eigentlichen Sinne taugt. Dabei ist den meisten „ideellen Gesamtkapitalisten" auf dem Globus längst der Bescheid zugegangen, dass ihr Geld für real existierende und reell rechnende Kapitalisten ganz unbrauchbar und folglich überhaupt *kein Geld* ist, bestenfalls ein lokaler Geldersatz und allenfalls so viel wert, wie die dafür haftende Staatsmacht an verdienten oder geliehenen Devisen zu bieten hat. Umgekehrt gibt es eine kleine Hand voll Gewinner, die in ihrer nationalen Währung über die letztgültigen Repräsentanten des kapitalistischen Reichtums verfügen, an dessen Vermehrung die ganze „eine Welt" sich zu schaffen macht.

Nun haben ausgerechnet diese paar Nationen, die ein „gutes" Weltgeld und damit buchstäblich *das Geld der Welt* ihr eigen nennen, noch vor Ende des alten Jahrhunderts eine denkwürdige Konkurrenz-Offensive gestartet. Sie haben einen – drohenden oder schon so gut wie eingetretenen – *finanzwirtschaftlichen Notstand* ausgerufen. Die Kreditschöpfung, die sie sich über Jahrzehnte hinweg geleistet und mit der sie das Volumen des Weltgeschäfts zu ihrem Vorteil vervielfacht haben, hat sich – behaupten sie – zu einem Verschuldungsproblem ausgewachsen, das auf Dauer ihre politische Handlungsfähigkeit gefährdet. Das ist einerseits absurd. Aus der Position des hoheitlichen Kreditgaranten und Schuldners treten diese Staaten gar nicht heraus; nach wie vor gründet darin die politökonomische Handlungsfreiheit der zuständigen Regierungen; tatsächlich wird die auch weiterhin so wahrgenommen, wie es einer Staatsmacht zusteht, die ihrer kapitalistischen Gesellschaft den Haushalt führt. Um so aufschlussreicher ist es andererseits, wenn so nachdrücklich die Sorge um ein drohendes Übermaß staatlicher Schulden an die Spitze der wirtschaftspolitischen Agenda gerückt wird. Das wirft nämlich ein Schlaglicht auf die *Konkurrenz ums solideste Weltgeld,* die die erfolgreichen Weltwirtschaftsmächte *einander* machen. Wenn ausgerechnet sie, noch dazu ohne akute Not, rein selbstkritisch, Zweifel anmelden, ob die Kreditvermehrung, die sie betreiben, durch das Wirtschaftswachstum, das sie damit erreichen wollen, noch gerechtfertigt ist, dann teilen sie keinen Befund mit. Dann proklamieren sie ihr Ziel, das Verhältnis zwischen Schulden und Wachstum so zu verbessern, dass ihr jeweiliges Kreditmittel, die von ihnen verantwortete Währung, sich als erstrangiges globales Geschäftsmittel behauptet bzw. durchsetzt; zu Lasten des Anteils am Weltgeschäft, den der Konkurrent auf seine gesetzliche Geldware vereinigt. Den Spitzenmächten der Weltwirtschaft geht es um einen Spitzenplatz in der Rangfolge der umsatzstärksten und kapitalkräftigsten Nationalökonomien; denn der ist entscheidend für ihre Position als maßgebliche Quelle des Geldes, das die Welt benutzt: als Ausgangs- und Endpunkt, als unanfechtbar beglaubigter Kredit-schöpferischer Urheber und Teilhaber der von ihnen in Schwung gebrachten Kapitalakkumulation rund um den Globus. Um diesen Status geht es ihnen nur um so mehr, wenn dieser Schwung, ausgerechnet zu Beginn des neuen Jahrhunderts, wieder einmal entschieden abwärts zeigt. Dann schlägt ihr „Wettstreit" um den maximalen Nutzen aus der weltweiten Geldverwendung um in einen Kampf um die Vereinseitigung des Schadens, der weltweit aus der massenhaften Annullierung von Kredit erwächst – zu Lasten der jeweiligen Bündnispartner in der „wiedervereinigten" Staatenwelt.

Was eine Regierung dafür zu tun hat, dass das Kapital sich in die richtige Richtung orientiert und *ihre* Kreditschöpfung beglaubigt, steht im allgemeinen fest: Mehr gelungene Geschäfte am eigenen Standort, mehr Kapitalakkumulation durch mehr rentabel ausgebeutete Arbeit – das zeichnet einen Staat als kompetenten Arrangeur „wirtschaftsfreundlicher" Verhältnisse aus; das ist die Tüchtigkeit, die Finanzkapitalisten bei der vergleichenden Bewertung der übrig gebliebenen konkurrierenden Weltwährungen honorieren. Die Ausrufung eines nationalen Verschuldungsproblems gibt darüber hinaus einen Hinweis auf die besondere Strategie, die die kapitalistischen Führungsnationen angesichts der Vollendung ihres „Weltmarkts", nämlich unter den Bedingungen rücksichtslos freigesetzter Konkurrenz einzuschlagen für ratsam halten. Mehr Kreditschöpfung, um dadurch mehr Wachstum zu erzielen, lehnen sie als Methode ab – was nicht bedeutet, dass die Kreditvermehrung nachlassen müsste. Wichtiger jedoch, um sich im Weltvergleich als seriöseste Geld- und Kreditquelle zu bewähren, erscheint ihnen die erfolgreichere Umsetzung des überreichlich vorhandenen Kredits in bessere, lohnendere Geschäfte; und das gebietet auf alle Fälle Zurückhaltung bei der Finanzierung garantiert unproduktiver Posten im nationalen Haushalt. Mit diesem Imperativ werden die politischen Standortverwalter erst recht zu *Fanatikern rentabler Arbeit:* Es soll sich unbedingt lohnen, die nationale Arbeitskraft bis zum Letzten auszunutzen. Dafür nehmen sie sich selbst als Herren des nationalen Bürgervolks in die Pflicht und richten ihren ganzen wirtschaftspolitischen Elan darauf, am „Faktor Arbeit", soweit er ihrer Verfügung unterliegt, die Bedingungen für seine rentable Verwendung durchgreifend zu verbessern sowie gleichzeitig am Aufwand für die sachgerechte Herrichtung des Standorts zu sparen. In diesem Sinne werden alle Konditionen, die der Sozialstaat für die Abwicklung von Lohnarbeit sowie für das Überleben seiner Arbeiterklasse aufgestellt hat, verdächtigt, einer hinreichend effektiven und hinreichend kostengünstigen Bewirtschaftung der nationalen Arbeitskraft im Wege zu stehen – hinreichend für den Konkurrenzkampf ums solideste Wachstum, in dem sich der Streit ums Geld der Welt entscheiden soll. Unter dem Druck dieses hohen Anspruchs erklärt der moderne Sozialstaat sich selbst zu einem „Tabu", das keinen Bestand haben darf, und unterzieht alle seine früher als so segensreich gepriesenen Einrichtungen Stück um Stück einer gründlichen Revision.

(3) Ein neuer Titel für den neuen Dauerauftrag ans moderne Proletariat: „Globalisierung"

Das Konkurrenzprogramm der namhaften Weltwirtschaftsmächte wie ihrer Konzerne fällt mit ihrem letzten großen sozialen Anliegen zusammen; und damit ist eigentlich auch schon ideologisch alles geregelt: Die gesteigerten Ansprüche von Staat und Wirtschaft ans lohnabhängige Volk gehen in Ordnung, weil es allen Verantwortlichen um „Beschäftigung" zu tun ist und das neue Ausbeutungsniveau daherkommt wie die sachlich längst fällige Erneuerung der einschlägigen Konditionen, als ginge es bloß um eine zweckmäßig revidierte betriebliche Arbeits- und Entlohnungs- und sozialstaatliche Verwaltungstechnik. Dennoch tun die regierenden „Reformer" ein Übriges und bieten ihrem mündigen Volk als gute Demokraten eine Zustimmung heischende Begründung an, weshalb alles, was sie unternehmen, historisch notwendig und außerdem gut und sinnvoll wäre. Der gute Grund heißt „Globalisierung" – eine Anspielung auf das große kapitalistische Weltgeschäft, so wie es durch die machtvollen Entscheidungen der führenden Weltwirtschaftsnationen in Gang gekommen ist, nämlich als ein einziger Kampf um Geld und Kredit, bei dem es für die einen um ihre weltweite Macht, für die andern ums ökonomische Überleben geht. Dass die kapitalistischen Weltmächte ein *neues imperialistisches Kampfprogramm* auf die Tagesordnung setzen, wird damit unmissverständlich angedeutet;*) allerdings in der verlogenen Form, dass eine anonyme

---

*) Das Programm definiert aus der Sicht der großen Konkurrenten der USA die „Weltlage" nach dem Ende des „kalten Krieges" gegen die Sowjetmacht; die Ansage neuer Lasten und Notwendigkeiten ist der dazugehörige ideologische Ersatz für den Antikommunismus der vorangegangenen vier bis sieben Jahrzehnte. Was dem Nachfolgeprogramm wie der Nachfolgeideologie freilich abgeht, ist die *militärische* „Komponente"; es wird sogar so getan, als wäre die Konkurrenz um eine „führende Position" in der Welt nach dem Sieg über den „roten" Hauptfeind überhaupt nurmehr eine friedliche, zivile Angelegenheit. Mit ihrem neuen Weltkrieg „gegen den Terrorismus", die von ihnen postulierte Hauptgefahr für die anständige Menschheit, haben die USA mittlerweile die Täuschung korrigiert und die strategische Basis für die „globalisierte" Konkurrenz der Nationen nachgeliefert: Bevor und damit es um die Vermehrung und Aneignung von Dollars und/oder/statt/gegen Euros – und umgekehrt – gehen kann, müssen die USA ihre Alliierten und den Rest der Welt gegen die exklusiv von ihnen definierte „Achse des Bösen"

Herausforderung beschworen wird, die – ausgerechnet! – auf die sechs kleineren unter den „großen 7" der Weltwirtschaft zukäme, ungewollt und so unausweichlich wie das zum Substantiv erhobene Raum-Zeit-Kontinuum selber. Deren Führungen wären mit der gebieterischen Notwendigkeit konfrontiert, ihre jeweilige Nation, koste es, was es wolle, zu Konkurrenzerfolgen gegen den Rest der Welt zu führen; dafür hätten ihre freien Völker sich alles das und genau das gefallen zu lassen, was die Zuständigen an Veränderungsbedarf daraus „ableiten". Die betonen – je nach ideologischer Bedarfslage – teils mehr den unabänderlichen Zwang, dem sie mit ihren Entscheidungen unterliegen; zur Rechtfertigung der Zwänge, die sie ausüben, kokettieren sie sogar mit der Vorstellung staatlicher Ohnmacht angesichts „globaler Entwicklungen" und geben den ernsthaftesten Theorien über die fortschreitende Entmachtung, ja das nahende oder schon eingetretene Ende des „nationalstaatlichen Paradigmas" um so lockerer Recht, je härter sie die Kapital-konforme Zurichtung ihres Standorts betreiben. Damit wollen sie dann aber auch nicht so verstanden sein, als hätten sie die Lage der Nation überhaupt nicht im Griff. Deswegen setzen sie teilweise auch wieder mehr den komplementären Akzent und pochen auf die potentielle Fruchtbarkeit des Sachzwangs zu mehr „Effektivität", auf den allgemeinen Nutzen, der sich aus dem blinden Selbstlauf der „globalisierten Märkte" herauswirtschaften lässt, wenn man es nur richtig anpackt, also auf das Geschick und die Führungskraft, mit der *sie* aus der Herausforderung eine *Chance* zu machen verstehen. Deren Inhalt ist dann schon wieder exakt das, was sie ihrem lohnabhängigen Wahlvolk an „Reformen" zumuten.

So leisten die politischen Macher ihren Eingriffen ins Erwerbsleben ihrer Gesellschaft enorm viel ideologischen Vorschub. So viel, dass sich ihre Eingriffe selber dann fast schon wieder zurückhaltend ausnehmen. Zu Unrecht. Die komplette Versozialstaatlichung der Arbeiterklasse gibt ihnen alle Instrumente in die Hand, und die nutzen sie auch, um deren Arbeits- und Lebensverhältnisse zweckdienlich umzukrempeln.

in Stellung bringen und auf Gefolgschaft festlegen. Das ist erst der komplette Ersatz für den Kreuzzug gegen das sowjetische „Reich des Bösen", ideologisch wie weltordnungspolitisch.

c) „Deregulierung":
Politiker und Unternehmer „revolutionieren" die Arbeitswelt

An die Tatsache, dass die Ableistung von Lohnarbeit gesetzlich geregelt ist, haben die Arbeitgeber sich gewöhnt; sie sind schließlich die eigentlichen Nutznießer der Rechtssicherheit, die vom Abschluss eines Dienstvertrags bis zu seiner Kündigung und vom Dienstantritt der bestellten Arbeitskräfte bis zu ihrem Feierabend die Arbeitswelt beherrscht. Den Staatsleuten ist es auch sehr bald höchst vernünftig vorgekommen, das Lohnverhältnis rechtlich durchzugestalten; schließlich haben sie damit dem Lohnsystem auf die Sprünge geholfen und Dauerhaftigkeit verliehen. *Davon* will auch niemand abrücken. Insofern ist es nicht ganz ehrlich, wenn Unternehmerlobby und demokratische Standortpolitiker ihr Bedürfnis nach einer durchgreifenden Effektivierung ihres Zugriffs auf Lohnarbeiter unter dem Titel *„De*-Regulierung" bekannt geben: Anarchie wollen sie nicht beantragen. Ideologisch ist der kleine Etikettenschwindel aber nützlich. Denn wenn schon jedes kleine Rädchen im kapitalistischen Getriebe dazu erzogen und angehalten wird, sich unter lauter vorgegebenen Bedingungen ganz selbstverantwortlich um sein Auskommen zu kümmern und sich wie der autonome Urheber seiner paar stereotypen Funktionen vorzukommen, dann steht es Maßnahmen, mit denen die Staatsgewalt sich neu und anders als zuvor ins Leben ihrer Untertanen einmischt, gut an, wenn sie als Ausmischung der Bürokratie aus einem Leben in bürgerlicher Selbstbestimmung deklariert werden. Vor allem aber ist die arbeitnehmende Bevölkerung durch jahrelange Massenarbeitslosigkeit daran gewöhnt worden, ihre Benutzung durch kapitalistische Unternehmer als höchste Sozialleistung zu schätzen, die zu gewähren den lieben Arbeit*gebern* das Letzte abverlangt; deswegen kann alles auf Beifall rechnen, was denen mehr Freiheit für ihr verantwortungsschweres Geschäft gewährt.

Denn dass es darum geht, den Unternehmern die Ausbeutung des „Faktors Arbeit" zu erleichtern, das ist, auch wenn davon vornehm abstrahiert wird, jedem aufgeklärten Zeitgenossen gleich klar. Für den enthält das zurückhaltende Stichwort „Deregulierung" auch schon einen hinreichend klaren Hinweis, wie die beantragte *Neu*-Regulierung der Arbeitswelt so in etwa aussehen soll. Die ganze Sphäre wird einer methodischen Maßregel unterworfen; des Inhalts, dass alle „Regulierungen", die den Arbeitgeber in irgendeiner Hinsicht zu Rücksichtnahme auf seine Arbeitnehmer verpflichten, überprüft gehören. Sie unterliegen ab sofort dem Generalverdacht, dass es sich um „Verkrustungen" handelt, die eine gedeihliche Verwendung der nationalen Arbeitskraft mindestens be-, wahrscheinlich verhindern. Um sie „aufzubrechen", muss der regulierende Staat auf diejenigen hören, die vom Arbeitgeben noch allemal am meisten verstehen. So kommt ein „Innovationsprozess" in Gang, der keinen Aspekt des Lohnarbeitsverhältnisses unberührt lässt.

(1) Von der Ausnahme zur neuen Regel: Der Lohn muss kein Subsistenzmittel sein

Der Sozialstaat hat seine lohnabhängigen Bürger darauf festgelegt, mit ihrem Arbeitseinkommen lebenslänglich auszukommen, und einige gesetzliche Vorkehrungen dafür getroffen, dass diese Gleichung aufgegangen ist, ein regulärer Arbeitsplatz seinen „Besitzer" ernährt hat. Dabei kann es nicht mehr bleiben.

Das betrifft zum Einen das Recht auf ein Stück Existenzsicherheit, das dem Arbeitnehmer in den Vorschriften zum *Kündigungsschutz* sowie speziellen Regelungen über zeitlich befristete Arbeitsverhältnisse – etwa mit dem Verbot von „Kettenverträgen" – zugestanden wird. Zwar reicht dieses Recht ohnehin nie weiter als bis zu der Festlegung, dass die Entlassung einer Arbeitskraft „nur" von ihrem betrieblichen Nutzen abhängig gemacht werden darf, nicht von kapitalistisch „sachfremden" Gesichtspunkten, und dass Fristen eingehalten werden müssen, damit ein gekündigter Arbeitnehmer sich rechtzeitig beim Arbeitsamt melden und auf den Wegfall seines bisherigen Einkommens einstellen kann. Selbst Willkürverbot und Fristenregelung gelten im Zeitalter der „Globalisierung" jedoch als Blockierung des Arbeitsmarkts, weil umgekehrt ein uneingeschränktes Dispositionsrecht des Arbeitgebers über sein Personal als entscheidende Bedingung dafür anerkannt ist, dass – „überhaupt noch", heißt es in leichter Übertreibung der Sachlage – Leute eingestellt werden. Folgerichtig wird allen aktiven und zukünftigen Arbeitnehmergenerationen vorsorglich angekündigt, dass sie sich die Aussicht auf so etwas wie eine Lebensstellung gar nicht mehr einzubilden brauchen: Eine geradlinige „Berufskarriere" ohne Entlassungen, Zeiten der Arbeitslosigkeit, Umschulungen, Stellen- und Berufswechsel gibt es in Zukunft nicht mehr. Wenn man unbedingt will, kann man sich diese Perspektive lebenslanger Existenzunsicherheit als Chance zurechtlegen und sich – unter Absehung von sämtlichen Erfahrungen einer durchschnittlichen Lehrzeit – auf ein „lebenslanges Lernen" freuen. Unter Gewerkschaftern gibt es ein solches Bedürfnis: Die fingieren gerne einen Fortschritt bei der proletarischen Lebensqualität, wo tatsächlich wieder ein Stück davon geopfert wird.

Zum Durchschnitts-Lebenslauf eines „deregulierten" Lohnarbeiters gehören auf der anderen Seite in vermehrtem Umfang Arbeitsstellen, von deren Entgelt ein Mensch eingestandenermaßen nicht leben kann. Eine neue Errungenschaft sind solche Stellen nicht; Teilzeit-Beschäftigung oder auch Vollzeit-Arbeitsplätze mit Löhnen unterhalb jedes Existenzminimums, „630-Mark-Jobs"[*] und Ähnliches gehören längst zur breiten Grauzone zwischen „regulärer" Lohnarbeit und Aushilfsbeschäftigung, „normalem" Lebensstandard und Pauperismus. Solche Arbeitsverhältnisse werden nun vom Odium des Irregulären, der bloßen Verlegenheitslösung oder des kleinen Zusatzverdienstes befreit und als fester Bestandteil des nationalen Erwerbslebens ausdrücklich ins allgemeingültige Besteuerungs- und Sozialversicherungssystem eingeordnet. Arbeitsmarktpolitiker sinnen zudem auf „Modelle", wie Vollzeitlöhne unterhalb des Sozialhilfesatzes so aufgestockt werden könnten, dass daraus ein neuer regulärer Beschäftigungssektor – erst einmal, aber auf Dauer keineswegs bloß für langfristig arbeitslose Sozialhilfeempfänger – entsteht, und finden gar nichts weiter dabei, den neuen Status mit dem längst vertraut gewordenen Terminus „working poor"[**] zu belegen: Schließlich machen sie sich um den alles entscheidenden Unterschied verdient, dass aus unproduktiver kapitalistisch produktive Armut wird.

Solche Korrekturen ändern freilich noch nicht allzu viel an der Masse der – bislang für normal erachteten – Arbeits- und Entlohnungsverhältnisse; kaum dass hie und da ein paar Vollzeit-Arbeitsplätze durch „630-Mark-Jobs" wirklich ersetzt worden sind. Für einen gesamtnationalen Rentabilitätsgewinn, der die Position des Standorts im globalen

[*] Es handelt sich hier um den fortschrittlichen Einfall bundesdeutscher Steuerrechts- und Sozial-Experten gegen Ende des 20. Jahrhunderts, Arbeitsstellen, an denen nicht mehr als 630 Mark gezahlt werden, durch eine vereinfachte Abgabenregelung zu begünstigen und so zu einem anerkannten Sektor der nationalen Lohnarbeit zu befördern.

[**] Die Übernahme dieses Ausdrucks aus dem Amerikanischen markiert einen Fortschritt: An einem Vollzeit-Arbeitsplatz nicht einmal mehr den überlebensnotwendigen Tagelohn zu verdienen, gilt auch diesseits des Atlantik nicht mehr als Skandal, sondern als Teil der marktwirtschaftlichen Normalität. Wer mit seiner Arbeit seinen Lebensunterhalt verdient, rückt bereits damit automatisch in die gesellschaftliche Mittelklasse auf.

214

Wettbewerb, auch mit den weniger schönen Randzonen der weltweiten „Industriegesellschaft", spürbar verbessert, sind Fortschritte an anderer Stelle nötig:

(2) Das „starre" Tariflohngefüge wird aufgelöst

Das System der Tarifverträge in seiner ganzen Ausdehnung und Kompliziertheit schreibt Tausende von Gesichtspunkten einer gerechten Lohnzumessung fest, gibt damit den Lohnkosten-Experten der Arbeitgeber ebenso viele Hebel zur Minderung dieses Kostenfaktors an die Hand, schließt auf der anderen Seite die Geldbedürfnisse der Beschäftigten in die engen Schranken einer sorgfältig ausgehandelten und anschließend von den Unternehmern souverän gehandhabten Lohnhierarchie ein. Daran stört die Unternehmer in ihrem weltweiten Konkurrenzkampf ganz empfindlich das Eine: Ihre Belegschaft verfügt über einklagbare Rechtsansprüche auf ein bestimmtes Entgelt. Gegen diesen Missstand gehen sie mit einem ganzen Bündel von Abwehrmaßnahmen vor und finden dafür mal mehr, mal weniger, auf alle Fälle aber grundsätzlich Verständnis bei einer rechtlich gesinnten Öffentlichkeit sowie die Unterstützung der Politik.

So haben viele Unternehmensleitungen den Nutzen einer betrieblichen Arbeitnehmervertretung entdeckt, wie sie in etlichen Ländern der Sozialstaat seiner Kapitalistenklasse aufs Auge gedrückt hat. Die ist nämlich mit dem „Argument" drohender Entlassungen relativ leicht dahin zu bringen, dass sie im Interesse der Firma und im Namen der Identität von Firmen- und Belegschaftsinteresse Lohnverzicht übt bzw. der vertretenen Belegschaft zumutet. Die offiziellen Lohnvereinbarungen werden auf die Art wirksam unterlaufen. Freilich bleiben solche innerbetrieblichen Absprachen grundsätzlich Ausnahmen von einer fortbestehenden Regel. Abhilfe schaffen hier erst Tarifverträge, die in ihrem Kleingedruckten bereits ausdrücklich das Recht auf Abweichungen nach unten bei der Lohnzahlung enthalten; die rechtliche Ausgestaltung entsprechender Öffnungsklauseln, die die unternehmerische Freiheit an Bedingungen binden, ohne sie wirklich einzuschränken, hat sich zur Spezialdisziplin in der Tarifverhandlungskunst entwickelt. Unternehmern, denen das nicht genügt, weil irgendein Standard immer noch festgelegt ist, bleibt die Wahl, aus dem Tarifverband auszusteigen, sich insgesamt einem anderen anzuschließen oder auch einzelne Betriebsteile formell aus dem Unternehmen herauszulösen – „Outsourcing" nennt sich dieser betriebswirtschaftliche Kunstgriff, der die Verbilligung zuvor unternehmensintern erstellter Dienstleistungen oder

Zwischenprodukte zum Ziel hat – und in den Zuständigkeitsbereich preiswerterer Tarifverträge zu verschieben. Beliebt ist in manchen Branchen auch das Verfahren, Teile der Belegschaft aus dem Stand der Lohnabhängigkeit mit kollektivvertraglich verbrieften Entgeltansprüchen zu befreien und als freiberufliche Honorarkräfte zu beschäftigen. Damit spart das Unternehmen sich überdies den „zweiten Lohn", die an die staatlichen Sozialkassen abzuführenden „Nebenkosten" – zwar nur noch zum Teil, seit der Sozialstaat beschlossen hat, sich den Entzug von Beiträgen durch die „Scheinselbständigkeit" von eigentlich ganz normalen Arbeitnehmern nur noch begrenzt gefallen zu lassen; damit ist dieser neue Status aber auch als weiterer Normalfall von „Beschäftigung" politisch anerkannt. Eine ähnlich wohltuende Wirkung auf die Lohnkosten hat der Einsatz von Leiharbeitern neben der aufs Allernotwendigste zusammengekürzten Stammbelegschaft; die verfügen nicht über längst überholte tarifliche Besitzstände und lassen sich außerdem problemlos und ohne Kostenaufwand bei nachlassendem Bedarf wieder loswerden.

Was die Tarifpartner an Lohn vereinbaren, nimmt so den Charakter einer eher unverbindlichen Preisempfehlung an. In dieser Eigenschaft, als nationale Richtgröße, von der bedarfsweise nach gewissen Regeln abgewichen werden darf, bleiben Flächentarifverträge immerhin auch für die Unternehmer interessant: Mit solchen Generalvereinbarungen können sie über ihre Verbände mäßigend aufs allgemeine Lohnniveau einwirken; und außerdem verfügen sie für ihre nationalen und internationalen Konkurrenzkämpfe wie für ihre Standortentscheidungen über eine gewisse Kalkulationsgrundlage, was den ortsüblichen Preis der Arbeit betrifft – zumindest steht der Höchstpreis fest, der ihnen abverlangt werden kann. Deswegen drängen die Arbeitgeberverbände auch auf möglichst langfristige Abschlüsse; die passenden Abweichungen kriegen ihre Mitglieder dann schon selber hin. Moderne, zeitgemäße Tarifverträge leisten aber noch mehr: Sie verknüpfen nicht bloß beim Lohn Orientierungsgrößen mit Öffnungsklauseln, sondern eröffnen den Arbeitgebern außerdem einige zusätzliche Freiheiten in der Verfügung über die Ware, die sie sich einhandeln:

(3) Die Arbeitszeiten werden „flexibilisiert"

Was eine Firma aus ihrer Belegschaft herausholt, ist grundsätzlich ihre Sache. Die Produktivkräfte der gesellschaftlichen Arbeit gehören dem Kapital; sogar das Maß ihrer Anstrengung wird den lohnarbeitenden Kräften von ihrem Arbeitgeber vorgegeben. In einer wichtigen

216

Hinsicht haben sich aber auch hier Gesetzgeber und Tarifpartner reglementierend eingemischt: Die Dauer der Arbeitszeit des einzelnen Arbeitnehmers liegt fest, ihre Verteilung über den Tag, die Woche und das Jahr unterliegt verschiedenen Restriktionen. Das ist eine Zumutung für ein kapitalistisches Unternehmen, das darum ringt, das eingesetzte Kapital so rasch wie nur möglich umschlagen zu lassen: Es leidet einerseits unter jedem Stillstand der Produktion, verbucht andererseits aber auch jede Vorratshaltung für den Produktionsprozess ebenso wie die Zeitspanne zwischen Fertigstellung und Verkauf des Produkts als Zeitverlust und folglich als Geldeinbuße. Dem Ideal, ununterbrochen, zugleich aber in genauester Abhängigkeit von der Marktlage produzieren zu lassen, stehen überkommene Arbeitszeitregelungen entgegen. Die lassen sich zwar mit Nacht- und Sonderschichten, Überstunden und Kurzarbeit umgehen, doch das kostet wiederum Zuschläge zum Normallohn.

Hier setzt der Reformeifer an. Es wird „dereguliert", und das gleich gründlich. Die Betriebszeiten sind immer so lang, wie die Unternehmenskalkulation es verlangt; das steht sowieso fest. Die individuellen Arbeitszeiten werden dementsprechend angepasst: nach Bedarf abgerufen, ausgedehnt oder auch wieder reduziert; dass auf die Art die Lebenszeit der Arbeitskräfte weit über die nominelle Arbeitszeit hinaus mit Beschlag belegt wird, spielt keine Rolle und wird schon gleich nicht vergütet. Überstunden und Extraschichten werden nicht bezahlt, schon gar nicht mit Zuschlägen besonders entgolten, sondern auf einem „Arbeitszeitkonto" gutgeschrieben, auf das zum Ausgleich von Fehlzeiten des Beschäftigten sowie in umsatzschwachen Zeiten von der Firma zugegriffen werden kann. Die Fristen für einen „Konten-Ausgleich" werden großzügig bemessen; ein lebenslanges „Arbeitszeitkonto", das die Verschiebung von freier Lebenszeit ins leistungsschwache Vorruhestandsalter erlauben würde, kommt ins Gespräch und damit natürlich auch die Frage, was mit nie abgefeierten Überstunden passieren soll, wenn der „Kontoinhaber" den Betrieb wechselt oder stirbt. Die Antwort wird, in etwas begrenzterem Rahmen, in der Praxis längst gegeben: Der mittel- bis langfristige Arbeitszeit-Ausgleich „geht nicht so einfach"; irgendetwas kommt immer „dazwischen", wenn ein Angestellter seine Überstunden abfeiern will; am Ende bleibt ein Haufen verfallener Ansprüche. Nur folgerichtig, dass die über das nominell geschuldete Maß hinaus geleistete Arbeitszeit oft schon gar nicht mehr erfasst wird. Der einstige Inbegriff kapitalistischer Kleinlichkeit bei der Inanspruchnahme der entlohnten Arbeitszeit, die Stechuhr, wird abgeschafft, weil sie nach Lage der Dinge, nämlich im Rahmen eines modernen Arbeitszeit-Managements nach Arbeitsanfall, doch nur Überstunden registrieren und zur Akkumulation uneinlösbarer Ansprüche gegen den Arbeitgeber führen würde. Manche Firma propagiert den Übergang zur – in ganz unbefangenem Zynismus so genannten – „Vertrauensarbeitszeit", was so viel heißen soll wie: Der Betrieb nimmt sich so viel Zeit von seinen Dienstkräften, wie er aktuell benötigt, und die Arbeitnehmer vertrauen darauf, dass sich das irgendwann und irgendwie schon ausgleichen wird.

Der Inhalt der „abstrakten Arbeit" in der Fabrik wird dabei selbstverständlich auch gründlich verändert. Höchstleistungen am Fließband genügen den Anforderungen eines modernen Produktionsbetriebs längst nicht mehr. Viel davon lässt sich ohnehin durch immer weiter fortschreitende Automatisierung überflüssig machen. Um so wichtiger wird die Programmierung, die Einstellung, die Überwachung, die Wartung, die Reparatur, die ihrerseits programmierte Beschickung, die bedarfsgerechte Umprogrammierung usw. der Produktionsautomaten, die Ergebniskontrolle samt Nachbearbeitung fehlerhafter Produkte und so fort. Für die prompte, schnelle, dabei zuverlässige und präzise Erledigung solcher Tätigkeiten werden zunehmend Arbeitsgruppen haftbar gemacht. Zur Freude aller Ideologen einer menschengerechten Lohnarbeit wächst so die „Eigenverantwortlichkeit" des „Mitarbeiters"; die Gruppe darf sich ihr vorgegebenes Arbeitspensum „eigeninitiativ" einteilen; „Selbstbestimmung" ist nicht bloß erlaubt, sondern verlangt, von der fortwährend „optimierten" „Kommunikation" zwischen den Gruppenarbeitern und Arbeitsgruppen bis hin zur völlig autonomen Übernahme des Arbeitspensums erkrankter Kollegen durch die anwesenden gesunden; die betrieblichen Hierarchien werden darüber immer „flacher"... Dabei geht es tatsächlich doch bloß darum, im technisch immer perfekter hergerichteten Betrieb, in dem beinahe die gesamte physische Arbeit maschinell erledigt wird, aus den Arbeitskräften ein Maximum an den Tätigkeiten herauszuholen, für die doch immer noch Menschen nötig oder jedenfalls praktischer sind; es geht darum, neue Methoden der lohnenden Arbeitshetze zu entwickeln und durchzusetzen, wo der Rhythmus der Maschinerie schon nicht mehr automatisch dafür sorgt, dass die menschlichen Anhängsel sich auch optimal und bis an die Grenze verausgaben. Damit nur ja von möglichst wenigen Leuten zu möglichst geringen Tarifen möglichst viel produktiver Dienst vereinnahmt wird, beglückt das fortschrittliche Unternehmen seine „Mitarbeiter" mit so viel Diversifizierung ihrer borniertsten Tätig-

keit, dass sie an einem einzigen „Arbeitsplatz" gleich mehrere Jobs erledigen.

So gelangt der Kapitalismus in seiner allerneuesten Entwicklungs-
phase dahin, in aller Form genau das geltend zu machen, was sein –
von Marx denunziertes – „Geheimnis" ausmacht: Er lebt von der Verausgabung fremder Arbeit, eines größtmöglichen Quantums purer
Arbeitsmühe *durch* und *für* das Eigentum; sein ganzer Reichtum besteht in nichts anderem als der Differenz zwischen der Dauer der ver-
einnahmten Arbeit – höchste Produktivitätsstandards als selbstverständlich unterstellt – und den paar Augenblicken, in denen der Gegenwert des Arbeitslohns hergestellt wird. Das ist der systematische
Grund und tiefere Sinn der Gier, mit der kapitalistische Unternehmer
hinter jeder Minute und jeder Arbeitsstunde her sind, die sie innerhalb
der vereinbarten Arbeitszeit noch mit nützlicher Tätigkeit ausfüllen
und die sie sich noch über die vereinbarte Arbeitszeit hinaus aneignen
können.

Das alles ist im Übrigen noch steigerungsfähig:

(4) Ein kleiner Jahrhundert-Fortschritt:
Deutsche Autofirma entdeckt eine neue Lohnform

Seit die Lohnarbeit von Staats wegen als bürgerliche Einkommensquelle anerkannt ist und Gewerkschaften in diesem Sinne um einen
„gerechten Lohn für ein gerechtes Tagewerk" rechten, wird das Lohnarbeitsverhältnis von dem falschen Schein beherrscht, Arbeitsleistung
und Arbeitsentgelt würden – oder müssten eigentlich – in einem ge-
nauen Entsprechungsverhältnis zueinander stehen. Weil *nach Stunden*
bezahlt wird, in die allerdings das Unternehmen so viel Arbeit hinein-
packt, wie sich eben durchsetzen lässt, oder *nach Anzahl* der gefertigten Stücke oder absolvierten Arbeitsschritte, wofür allerdings auch
schon wieder die Firma das fortwährend veränderte Normalmaß vorgibt, gehen Lohnzahler wie Lohnempfänger, wenn sie sich um Lohn
und Leistung streiten wie wenn sie sich darüber einigen, von der verkehrten Prämisse aus: Bezahlt würde im Grunde *die Arbeit selbst,*
gemessen nach ihrer Dauer bzw. nach ihrem Output – und nicht ihr
Dienst an der Bereicherung des Arbeitgebers. Tatsächlich haben die
klassischen Formen der Entgelt-Berechnung – Akkord- und Stundenlohn – ökonomisch zwar gar keinen anderen Inhalt als eben den, das
Verhältnis zwischen Lohnaufwand und Verkaufsertrag, den das Unternehmen insgesamt erwirtschaften will, noch für die letzte Arbeitsstun-

de und für jeden einzelnen Handgriff speziell festzuschreiben, um so den Zweck des Ganzen, die Ausbeutung des „Faktors Arbeit", bis ins Detail und darüber insgesamt wahr werden zu lassen. Zugleich verkehren sie aber diese ökonomische Sachlage in ihr genaues Gegenteil, kalkulieren die Unkosten der Kommandomacht des Kapitals über menschliche Arbeitskraft als *Preis der Arbeit* und begründen so den Schein, dem Arbeiter würde mit dem Lohn ganz gerecht das ausgezahlt, was seine Arbeit wirklich wert ist, nämlich an Wert schafft.

Diese Art der Lohnzumessung, einschließlich der darin enthaltenen Vorstellung von Lohngerechtigkeit, ist irgendwann gegen Ende des 2. Jahrtausends ziemlich grundsätzlich in die Kritik geraten; die Lohnkosten-Manager des niedersächsischen Automobil-Multi VW haben sich da besonders hervorgetan. Diesen innovativen Geistern kommt eine Lohnberechnung, die sich auf den Aufwand der Arbeiter an Arbeitsstunden und Anstrengung bezieht, nicht bloß im Endeffekt zu teuer, sondern irgendwie und überhaupt im Ansatz verfehlt vor. Sie finden den *Zweck* der Lohnzahlung durch diese *Art* der Lohn*berechnung* noch längst nicht hinreichend sichergestellt, so als müssten sie Sorge haben, bei dieser Rechnungsart geriete der Gewinn des Unternehmens, um den es schließlich geht, zur abhängigen Variablen des Lohns. Entsprechend radikal fällt die Abhilfe aus, auf die sie verfallen sind: Ihnen ist die Erfindung einer *neuen Lohnform* gelungen, die das Arbeitsentgelt, statt auf betriebsnützliche Merkmale der Arbeitsleistung, direkt auf den Betriebsnutzen selbst, die gewünschte Umsatzrendite, bezieht und daraus „ableitet". In einem eigens neu eingerichteten quasi-selbständigen Unternehmensteil wird dieses „innovative Modell" an 3500 Arbeitslosen ausprobiert: Die Firma verlangt, dass ein neues Automodell in vorgegebener Frist zur Serienreife gebracht wird und anschließend in Gruppenarbeit soundsoviel hundert oder tausend Exemplare pro Woche mängelfrei ausgeliefert werden, in „Flautezeiten" schon mal weniger, bei entsprechender Nachfrage aber auch bis zu einem Drittel mehr, damit zwischen Bestellung und Auslieferung eines Fahrzeugs garantiert nie mehr als 15 Tage vergehen. Alles Weitere, nämlich alles, was nach den herkömmlichen Methoden der Lohnbemessung einzeln erfasst und abgerechnet werden müsste, ergibt sich aus dieser Vorgabe: Gearbeitet wird in drei Schichten an sechs Tagen pro Woche; Dauer und Verteilung der individuellen Arbeitszeit richten sich nach dem aktuellen Arbeitsanfall, also der Zahl der abzuarbeitenden Bestellungen, der Menge der Mängel am Produkt, die Nachbearbeitung erfordern, den Fehlzeiten der Kollegen, dem Zeitaufwand für die jeweils nötigen organisatorischen Vorkehrungen und Absprachen in und zwischen den Arbeitsgruppen usw. Dafür bekommt jeder einheitlich pauschal 4500 Mark „Grundentgelt" pro Monat – vorausgesetzt, „das für den Monat vereinbarte Programm" ist „erfüllt" und die in punktgenauer „Feinabstimmung" festgelegte Stückzahl fehlerlos ausgeliefert worden. Hinzu kommen dann ein garantierter „Mindestbonus" in Höhe von weiteren 1.500 Mark pro Vierteljahr sowie nach dem Jahresabschluss ein „persönlicher Leistungsbonus" in Abhängigkeit von dem Gewinn, den das Unternehmen gemacht hat; außerdem eine „Ergebnisbeteiligung", wenn die „programmatisch" vorgegebene Rendite tatsächlich erwirtschaftet worden ist. Alles in allem sollte dann im mehrjährigen Durchschnitt das Niveau des maßgeblichen Flächentarifvertrags erreicht werden... Mit diesem so genannten *Programmentgelt* will der Autokonzern natürlich vor allem den armen Arbeitslosen etwas Gutes tun, ganz nebenbei aber erklärtermaßen sicherstellen, dass er mit dem gezahlten Lohn nicht *„bloß" Arbeit* kauft, sondern den daraus herausgewirtschafteten *Gewinn*. Ausdrücklich – als wollte er in einem Anfall kapitalistischer Ehrlichkeit nach dem Exitus des ‚realen Sozialismus' mit der ganzen Autorität seines produktiven Kapitals Marx Recht geben – bekennt er sich dazu, und ohne jeden Anflug einer Sorge, irgendein klassenbewusster Proletarier könnte sich dadurch zu einer ebenso offenen und ehrlichen Gegenrechnung provozieren lassen, stellt sein Management klar, wofür Lohn überhaupt bloß bezahlt wird: eben nicht für Arbeit, sondern für deren Dienst am Eigentum des Arbeitgebers. Praktisch angewandt, zahlt diese unverschämte Ehrlichkeit des Kapitals sich aus in einer Lohnsenkung um mindestens ein Fünftel gegenüber dem VW-Haustarif, mit dem das Unternehmen zuvor schon bestens gefahren ist.

Bei der Regierung findet das „Programmentgelt" ungeteilten und uneingeschränkten Beifall. Und zwar ausdrücklich unter dem Gesichtspunkt, dass der halb staatseigene Konzern damit exemplarisch vorführen will, wie rentabler Autobau in deutschen Werken „noch eine Zukunft" haben kann und wie es mit der Industrieproduktion im Land überhaupt weitergehen sollte. Man erhofft sich einen durchschlagenden Standort-Vorteil von Tarifverträgen, die nicht mehr bloß in Ausnahmefällen bei besonders schlechter Ertragslage untertarifliche Bezahlung gestatten, sondern generell und von vornherein die Bemessung des Lohns vom Arbeitsaufwand der zu bezahlenden Kräfte abtrennen und statt dessen direkt vom kapitalistischen Ertrag der Arbeit, der Umsatzrendite des Unternehmens, abhängig machen.

Auf der anderen Seite stellt sich natürlich die kritische Frage, wie sich der Tarifpartner zu der neuen Lohnform stellt. Denn dem wird ja nicht bloß die Zustimmung zu einem deutlichen Lohnverzicht abverlangt. Im Grunde wird der Gewerkschaft die Verhandlungs*materie* entzogen, über die sie sich mit den Arbeitgebern bislang gestritten und geeinigt hat, nämlich die Zuordnung von Merkmalen der Arbeitsleistung und Lohnbestandteilen; und damit wird ihre traditionelle Verhandlungs*position,* das Rechten um die Angemessenheit der Lohntarife, selber hinfällig. Genau so ist die Sache auch gemeint: Die Unternehmensvertreter möchten einen von herkömmlichen gewerkschaftlichen Forderungen freien Raum in ihren Werken schaffen, wo statt dessen die betriebseigene Arbeitnehmervertretung sich als Sub-Management auf der Ebene der Gruppenarbeit betätigt und bezahlt machen kann. Die Gewerkschaft ist aufgefordert, von ihrem Standpunkt des *gerechten* Arbeitslohns Abstand zu nehmen und sich mit den Arbeitgebern und den „Globalisierungs"-Politikern überhaupt über die „Deregulierung" ihrer bisherigen Errungenschaften ins Benehmen zu setzen – eine paradoxe, für erprobte Funktionäre der Arbeiterbewegung jedoch keineswegs unlösbare Aufgabe:

(5) Die Gewerkschafts-„Bewegung" vor der „Herausforderung", ein Problem zu lösen, dessen Teil sie – noch – ist

Mit ihrer herkömmlichen Politik der detailliert ausgehandelten tarifvertraglichen Regelwerke und der periodisch angezettelten Auseinandersetzungen um die Sicherung resp. Wiederherstellung der Reallöhne gelten die Gewerkschaften als Urheber und Repräsentanten, geradezu als Inbegriff der „Verkrustungen" des Lohnarbeitsverhältnisses, die unbedingt „aufgebrochen" werden müssen, wenn es jemals wieder dazu kommen soll, dass gesamtnational mehr rentable Arbeit geleistet wird. Dennoch werden sie von den entscheidenden Instanzen bei der Durchführung der fälligen „Reformen" nicht einfach ausgebootet. Es gibt ja eine fundamentale Interessensidentität, bei der sie sich packen lassen: Mindestens ebenso dringlich wie Staat und Kapital wollen die Gewerkschaften *mehr Arbeitsplätze.* Und weil sie schon längst eingesehen und akzeptiert haben, dass diese feine Sache nur von kapitalistischen Arbeitgebern und nur zu deren Bedingungen zu haben ist, werden sie eingeladen, bei der Befreiung des Geschäfts mit der Lohnarbeit von restriktiven Regelungen genauso konstruktiv mitzutun wie in der Vergangenheit bei seiner proletariergemäßen Regulierung. Als prinzipiell einsichtiger, also gleichgesinnter Vertragspartner soll die Gewerkschaft alle Konditionen zur Disposition stellen, die sie für die Verrichtung der Lohnarbeit herausverhandelt hat, und für eine vertraglich *geordnete Zersetzung* des Regelwerks geradestehen, in dessen Ausarbeitung und Fortschreibung ihr Daseinszweck bisher bestanden hat. Sie soll das Problem beseitigen helfen, als dessen Teil sie definiert ist.

Diese Zumutung wäre wieder einmal geeignet, eine an schwerer Geschmacksverirrung leidende Arbeiterbewegung zur Besinnung zu bringen: zur Besinnung auf die materiellen Interessen, auf deren prinzipieller Unvereinbarkeit mit kapitalistischer Geschäftemacherei und bürgerlicher Herrschaft die Gegenseite so radikal besteht. Tatsächlich zeigt sich nur einmal mehr, dass moderne Gewerkschaften mehr Standes- als Interessenvertretung sind, mehr auf den funktionellen Dienst der Lohnarbeiter im und am kapitalistischen Gemeinwesen bedacht als um deren materielles Auskommen besorgt: Im Zeichen des allgemeinen Rufs nach „Arbeit!" – mit der selbstverständlich eingeschlossenen Zusatzbedingung: „rentabel!" – sind sie zu jedem Entgegenkommen und jeder „Innovation" bereit. Sogar den Widerspruch, an der Ausschaltung ihrer eigenen Verhandlungsposition konstruktiv mitzuwirken, nimmt die organisierte Arbeitervertretung auf sich. Sie schließt Tarifverträge zum Nachteil der eigenen Klientel ab, nimmt die gewünschten Öffnungsklauseln und Flexibilisierungsforderungen darin auf, lässt sich mit großem Interesse auf die in Wolfsburg erfundene neue Lohnform ein, bei der es im Sinne des alten Gewerkschaftsstandpunkts der Lohngerechtigkeit gar nichts mehr zu verhandeln gibt, schlägt sogar von sich aus die generelle Aufteilung der Tariflöhne in einen fixen Grundbetrag und einen ertragsabhängigen Teil vor, womit der originelle Grundsatz, die Lohnberechnung direkt am Unternehmenserfolg auszurichten, systematisch verallgemeinert wird. Für alle Einschnitte ins überkommene Tarifsystem und die Zurückweisung ihres bisherigen Engagements für geordnete Klassenverhältnisse scheinen moderne Gewerkschafter ganz gut dadurch entschädigt zu sein, dass sie gebeten werden, im Rahmen von „Bündnissen für Arbeit" mit Regierung und Wirtschaftslobby diese Einschnitte mit zu organisieren.

Dabei ist etlichen Funktionären durchaus bewusst, dass sie mit dieser einerseits sehr konsequenten Fortentwicklung der Generallinie konstruktiven Mitmachens andererseits doch auch eine gewisse Abkehr vom „Leitbild" des Lohnarbeiters vollziehen, der in organisierter Solidarität darauf achten muss, dass er zu dem kommt, was ihm gerechterweise zusteht. Nicht wenige empfinden das als Bruch mit ihrer gewerkschaftlichen Tradition – und werden von ihren Vorständen mit dem interessanten Hinweis auf Linie gebracht, das überkommene Ideal der konstruktiven Gegenmacht und der solidarischen Aktion, letztes Rudiment eines proletarischen Klassenbewusstseins, finde einfach keinen Anklang mehr. Vom Standpunkt ihres borniertes Organisationsinteresses entdeckt die Gewerkschaft – wahrscheinlich mehr im ideologischen Überbau als in der Realität der Arbeitswelt – die Figur des *modernen Arbeitnehmers,* der den Betriebserfolg bedingungslos bejaht, weil er sich bedingungslos davon abhängig weiß; der daher mit einer betriebs-externen Organisation, die zu seinen Gunsten Bedingungen für seine „Mitarbeit" durchsetzen will, nichts anfangen kann; der sich dadurch sogar viel eher „bevormundet" vorkommt als durch seinen Arbeitgeber, dessen flexible Leistungsanforderungen schließlich von der Gewerkschaft selbst als durchaus positive Herausforderung an die kreative und wissbegierige Persönlichkeit im Proleten gedeutet werden... Und in dieser Figur sieht sie nicht etwa den idealtypischen proletarischen Gewerkschaftsfeind, so wie Kapitalisten ihn sich seit jeher wünschen und eine parteiliche Öffentlichkeit ihn schätzt, sondern das neue „Leitbild" für ihre eigene Mitgliedschaft und folglich das Paradigma für ihre werbende Selbstdarstellung: Diesen Arbeitnehmer-„Typus" will sie für sich gewinnen. Das funktioniert natürlich endgültig nicht mehr so, dass sie die Leute auf ihre politökonomische „Lage" anspricht, sondern über den guten Eindruck, den sie als wichtige und anerkannte demokratisch-marktwirtschaftliche Fortschrittskraft zu erwecken vermag, und im Übrigen mit Dienstleistungsangeboten, die Hilfe für die ganz individuelle Berufskarriere versprechen.

Ob die gewerkschaftlichen Traditionsvereine mit diesem Angebot ihre Mitgliedschaft an sich zu binden vermögen, ist mehr als zweifelhaft. Unzweifelhaft tragen sie aber viel dazu bei, dass der unbedingte Anpassungswille tatsächlich zur normalen Geisteshaltung unter modernen Arbeitnehmern wird. So ein ausgereiftes falsches Bewusstsein passt immerhin haargenau zur Situation des in jeder Hinsicht freien Lohnarbeiters, wie die Gewerkschaft sie in tarifpartnerschaftlicher Kooperation mit den Arbeitgebern und als verlässlicher Erfüllungsgehilfe der staatlichen Standort-Pflege herbeiführen hilft. Denn damit restauriert sie selber als letztes Ergebnis und krönenden Abschluss aller sozialen Betreuung des Proletariats, quasi als Quintessenz seiner bürgerlichen „Emanzipation", ungefähr den Zustand privater Ohnmacht, gegen den der gewerkschaftliche Zusammenschluss einmal helfen sollte und auf seine Art auch geholfen hat.

*

Die großen nationalen Anstrengungen, die Arbeit rentabler zu machen, haben Erfolg. Wer zu Beginn des 3. Jahrtausends als Arbeitskraft benötigt und bezahlt wird, leistet immer billiger immer mehr. Die lohnabhängige Erwerbsgesellschaft in den Metropolen der Weltwirtschaft erledigt, was ihr zugemutet wird, damit sich das Kapital der Welt in den Händen ihrer Arbeitgeberklasse vermehrt und konzentriert und das Kreditgeld ihrer Nation diesen wachsenden Reichtum repräsentiert. So war und so ist sie gemeint – die „Globalisierung".

Fertig wird die arbeitende Klasse mit ihrem Auftrag allerdings nie. Kein Weltkonzern und kein Kapitalstandort hat ein sicheres Abonnement auf dauerhafte Konkurrenzerfolge, geschweige denn eine Gewähr fürs Monopol auf größere Abteilungen der weltmarktwirtschaftlich lohnenden Lohnarbeit. Daraus ziehen die Zuständigen und Verantwortlichen eine einzige ganz eindeutige Schlussfolgerung: Um so mehr kommt es auf die permanente flächendeckende Steigerung des firmeneigenen wie des nationalen Rentabilitäts-Niveaus an. Das Ideal, die Freiheit des kapitalistischen Geschäfts so perfekt herbei zu „de"-regulieren, dass der globale Erfolg gar nicht ausbleiben kann, bleibt unerfüllt – und deswegen dauerhaft im Programm.

Und außerdem hat der moderne Sozialstaat mit seiner Herrschaft über den Bruttolohn noch einen ganz bedeutenden zweiten Beitrag zur Optimierung der herrschenden Ausbeutungsbedingungen zu leisten.

d) Die „Krise des Sozialstaats":
Haushaltspolitiker verbilligen die Arbeiterklasse

Mit jedem Fortschritt, den sie dem „globalisierten" Kapitalismus eröffnen, wird den Sozialpolitikern der großen „Industrienationen" das Eine immer klarer: Der Sozialstaat in seiner überkommenen Gestalt ist schlechterdings *nicht mehr finanzierbar*. Den Beweis liefert die „angespannte Lage" der öffentlichen Haushalte. Und Gründe gibt es mehr als genug, für jeden Unterhaushalt einen besonderen: Die Menschen werden immer älter, kosten also immer mehr Rente; der medizinische Fortschritt kostet die Krankenkassen enorm viel Geld; immer mehr oder jedenfalls dauerhaft viele Arbeitslose kosten Lohnersatz und zahlen nichts mehr ein...

Nun ist es in der besten aller Welten, der von der marktwirtschaftlichen Vernunft geleiteten, tatsächlich so, dass Fortschritte in der Medizin die Menschen nicht gesünder machen – wie auch: sie werden ja dazu befähigt, mehr auszuhalten! –, dafür aber ärmer – ihre kollektivierte Kaufkraft muss schließlich einen der bedeutendsten Wirtschaftszweige in Schwung halten. Die Sache mit dem Alter ist für Lohnabhängige absichtsvoll und sinnreich so geregelt, dass jedes Lebensjahr über den Eintritt des Rentenalters hinaus aus dem Gesamtlohn mitbezahlt werden muss und damit ein Finanzierungsproblem aufwirft. Und die Folgen der profitsteigernden Einsparung von Arbeitern sind so eingerichtet, dass der beitragspflichtige Rest mit seinem verringerten Einkommen für die anfallenden Unkosten haftet. Trotzdem gehört zur Feststellung der *Unfinanzierbarkeit* aller traditionsreichen Einrichtungen der Sozialpolitik noch ein wenig mehr als der ins System eingebaute „Sachzwang" knapper Kassen. Nämlich der *politische Beschluss*, keine weiteren Finanzmittel, schon gar nicht solche aus anderen Quellen als dem Lohn, in die Sozialversicherungen hineinzuschleusen, sondern im Gegenteil deren Haushalte „abzuschmelzen". Dass diese Entscheidung sich auf ihre eigenen Wirkungen beruft, ist verlogen und zugleich die unmissverständliche Ansage, dass die Regierung die sozialen Unkosten ihres Systems „dämpfen" will und Alternativen ausschließt: So wie bisher *soll* „es" nicht weiter gehen.

Der Grund für diese Entscheidung liegt in den verschiedenen Seiten des „Verschuldungsproblems", das ausgerechnet die potentesten Weltwirtschaftsmächte in ihrer Haushaltsführung ausgemacht haben wollen. Mit den Staatsschulden im engeren Sinn hat der staatlich reglementierte Lebensunterhalt der Arbeiterklasse zwar ganz bestimmt nichts zu tun; deren soziale Betreuung ist das Letzte, wofür ein kapitalistischer Staat seinen Kredit strapazieren würde. Doch so eng sehen die politisch Verantwortlichen das nicht. In ihrem Ehrgeiz, die Konkurrenz um nichts Geringeres als das Geld der Welt für sich zu entscheiden, stellen sie den nationalen Haushalt insgesamt, einschließlich der Kassenlage ihres Sozialwesens, auf den Prüfstand. Sie kritisieren die Lohnsumme im Allgemeinen und deren sozialstaatliche Verwendung im Besonderen unter dem anspruchsvollen Gesichtspunkt, ob der Standort damit überhaupt richtig bewirtschaftet wird; nämlich einerseits so sparsam, was die unproduktiven Kosten des kapitalistischen Wachstums betrifft, andererseits so effektiv, was die Wachstumsraten des nationalen Kapitals angeht, dass der Erfolg im Konkurrenzkampf mit den anderen Nationen im Endeffekt alles rechtfertigt, was sie an selbstgeschaffenem Kredit in ihre Nationalökonomie hineinstecken.

Und wenn erst einmal so kritisch geprüft wird, dann steht die Antwort auch schon fest:

(1) Das Volk ist zu teuer!

Wenn die Einnahmen ihrer Sozialkassen stagnieren und die Ausgaben steigen, dann registrieren die Zuständigen die Auswirkungen jenes kapitalistischen Konkurrenzkampfs um immer rentablere Arbeit, die sie selber mit ihren Maßnahmen zur „Deregulierung" des Arbeitsmarktes so nachdrücklich fördern: Weil „der Fortschritt" so viel „Arbeit spart" und das Lohnniveau sinkende Tendenz aufweist, fehlen dem Staat und seinen gesetzlichen Versicherungen Steuern und Beiträge; auf der anderen Seite steigt die Anzahl derer, die – einfach arbeitslos oder in den Vorruhestand abgeschoben – nach überkommener Rechtslage noch Anspruch auf soziale Leistungen haben. Die Sozialpolitik ist mit der Tatsache konfrontiert, dass *Arbeit insgesamt zu billig* ist, *zu wenig* bezahlt wird für den gesellschaftlich notwendigen, weil lohnenden nationalen Arbeitsaufwand, als dass der Lebensunterhalt der gesamten lohnabhängigen Klasse davon noch wie gewohnt zu bestreiten wäre.

Diese schlichte Sachlage stellt sich allerdings ziemlich genau umgekehrt dar, wenn moderne Sozialreformer sie als Herausforderung „begreifen". Sie entdecken dann nämlich als erstes, gemeinsam mit der Unternehmerlobby, dass in ihrem Laden noch immer die *Arbeit zu teuer* ist – Beweis sind die Arbeitslosen, denen niemand erst umständlich einen unbesetzten Arbeitsplatz nachweisen muss, um gegen sie den Standpunkt geltend zu machen, dass sich bei ein wenig Lohnverzicht für sie schon einer finden würde; dass die Arbeitgeber sich mit Entlassungen Lohnkosten sparen, langt schon für den unanfechtbaren Umkehrschluss, dass die Entlassenen dann ja wohl zu kostspielig gewesen sein müssen und Arbeitslose überhaupt die Folge überteuerter Löhne sind. Andererseits ist mit noch so vielen Entlassungen das Problem des zu hohen Gesamtpreises für Arbeit noch gar nicht gelöst. Denn als Arbeitslose mit Anspruch auf Lohnersatz belasten die Entlassenen ja doch wieder, auf dem Umweg über die Versicherungen, die Lohnsumme, um deren Senkung die Arbeitgeber „kämpfen".[*] Der Preis der nationalen Arbeit bleibt also – der „Schluss" drängt sich den verant-

---

[*] Diese verkehrte Gleichung, wonach Sozialabgaben in Wahrheit nicht das Einkommen der Lohnarbeiter dezimieren, sondern den Preis der Arbeit in die Höhe treiben, brauchen die Sozialreformer nicht erst zu erfinden. Sie können sich auf ihre allgemein durchgesetzte Geltung verlassen und bauen sie in ihre Beweisführung ein, derzufolge jede Inan-

wortlichen Kassenwarten ganz unweigerlich auf – unvertretbar hoch, weil die dazu gehörige *Armut zu teuer* ist – und umgekehrt: Die Armut ist nicht mehr zu bezahlen, weil ihre Finanzierung aus dem Lohn den Preis der Arbeit in unzumutbare Höhen treibt, zu Entlassungen führt und so gewissermaßen sich selbst das Wasser abgräbt...

Hat man sich die Sachlage erst einmal so zirkulär zurechtgelegt, dann bezeugt der nationale Sozialhaushalt in allen seinen Unterabteilungen immerzu dasselbe „Dilemma": Jeder eingelöste Rechtsanspruch auf Unterstützung an einer Stelle erzeugt Mangel und erzwingt Abstriche anderswo; jeder Versuch, etwas zu bessern, verschlimmert die Sache; Verelendung stellt sich ein als Folge ihrer Bekämpfung. Diesem „Teufelskreis" ist – offenkundig! – nicht mehr auf herkömmliche Weise beizukommen, mit ein bisschen Sparsamkeit hier und ein paar umsichtig verteilten Belastungen da. Eine grundlegende Umkehr der sozialpolitischen Blickrichtung tut not: Ist man früher davon ausgegangen, dass der Sozialstaat Beiträge einkassieren und Geldmittel auszahlen muss, *weil die Leute arm sind* und ohne organisierte Unterstützung verelenden, so heißt das maßgebliche „Paradigma" heute: Die Leute sind arm und von Verelendung bedroht, *weil der Sozialstaat sie ernährt* und dafür Lohnteile „sozialisiert".

Diese neue soziale Versicherungsmathematik wird den betroffenen Arbeitnehmern und einer aufgeweckten Öffentlichkeit in Gestalt leicht nachvollziebarer Kalkulationen plausibel gemacht. Die Pflichtbeiträge zur Rentenkasse z.B., früher als Garantie für ein sorgenfreies Alter gepriesen, überfordern die Beitragszahler, ohne ihnen als Rentnern wirklich zu nützen; statt dass man die armen Leute nach dem Vorbild reicher Rentiers, die mit ihren privaten Rentenfonds prächtig fahren, allein durchs Leben kommen lässt, verpflichtet der fürsorgliche Sozialstaat sie auf ihren Schaden – heißt es nun, so als läge der Unterschied in der Methode der „Alterssicherung" und nicht im vorhandenen Vermögen und in der Höhe des Einkommens. Die gesetzlichen Krankenkassen garantieren nicht mehr, sondern gefährden die notwendige Gesundheitsversorgung, weil sie – nach neuesten Ermittlungsergebnissen – für jedes Gebrechen ihrer minderbemittelten Klientel aufkommen und *deswegen* für die „wirklich Bedürftigen" kein Geld übrig haben.

spruchnahme von Sozialleistungen automatisch das nationale Verschuldungsproblem vergrößert, das sie aus allerwichtigsten standortpolitischen Gründen definitiv „in den Griff bekommen" müssen.

Und die Arbeitslosen werden sowieso durch jedes Stückchen Lohnersatz daran gehindert, sich wieder einen richtigen Lohn zu verdienen; das Stichwort „Sozialschmarotzer" liefert dazu die moralische Einsicht. Früher mag man gemeint haben, wer arm dran ist und vor dem nackten Elend steht, bräuchte eine Unterstützung und bekäme sie, um damit einigermaßen zurechtzukommen. Heute dagegen weiß man: Wer Hilfen bekommt, um zurechtzukommen, der ist erstens nicht arm, weil er ja versorgt wird; der ist zweitens überhaupt nur deswegen unterstützungsbedürftig, weil es die Unterstützung gibt, denn sonst könnte er sich seine Bedürftigkeit gar nicht leisten; der will also drittens gar nichts anderes als staatliche Beihilfen – nicht *weil* er sie braucht, sondern *um* sich damit sein Leben einzurichten. Wer *mit* Sozialleistungen kalkulieren *muss,* der rechnet in Wahrheit *auf* billige Versorgung; und wer es schafft, mit Kassenleistungen über die Runden zu kommen, dem kommt es genau darauf an.*) Das ist sie: die endgültige Antwort auf die „soziale Frage" im Zeitalter der „Globalisierung".

So wird das kapitalistische Gemeinwesen mit seiner hundertjährigen sozialpolitischen Erfahrung auf den Standpunkt eingeschworen, dass es sich die Armut, die mit der Lohnarbeit systematisch mit-produziert wird, einfach nicht mehr leisten kann, aber auch selber daran schuld ist, weil es sie sich trotzdem leistet. Niemand kann das viele Elend bezahlen: die Arbeitgeber nicht, weil deren Geschäft weder die Lohnkosten im Allgemeinen noch die Lohnnebenkosten im Besonderen aushält; der Sozialstaat nicht, weil seine Sozialkassen ohnehin immer weniger hergeben; die aktiven Arbeitnehmer nicht, weil sie sowieso kein Geld für ihresgleichen übrig haben. Und jeglicher finanzielle Aufwand, um Marx' „Verelendungstheorie" zu widerlegen, ist kontraproduktiv, letztlich sogar die Ursache für das bekämpfte Übel: weil die Arbeitgeber eben deswegen auf bezahlte Arbeit verzichten; weil der Sozialstaat mehr Mangel stiftet als kompensiert; und weil die Lohnabhängigen über der vielen Armut, die sie mit zu versorgen haben, selber immer ärmer werden. Fast ist es die Wahrheit über die bürgerliche Sozialpolitik, was da propagiert wird – nur dass die *wirkliche* Ursache des gan-

---

*) Und natürlich kennt immer einer jemanden, bei dem das haargenau zutrifft – so wie auch jeder einen weiß, bei dem es doch ganz anders ist... Wer auf eine moralische Würdigung der Sachlage aus ist, findet eben allemal leicht das passende Beispiel. Ein Erkenntisgewinn ist dadurch nicht zu erzielen.

zen Elends ganz prächtig dabei wegkommt: Den Schluss von der sozialstaatlichen Bewirtschaftung des proletarischen Geldmangels auf das
Lohnsystem, dem eben diese Sozialpolitik erst zu seiner Funktionsfä-
higkeit und Leistungstüchtigkeit verholfen hat, mag und soll niemand
ziehen. Statt dessen einigt sich der demokratisch-marktwirtschaftliche
Sachverstand auf die Lehrmeinung, dass der soziale Überbau sich mit
seiner Grundlage, dem System der rentablen Arbeit in seiner „globalisierten" Fassung, einfach nicht mehr verträgt – und dass das gegen das
System der sozialen Leistungen spricht. Am besten wäre es, das Lohnsystem mit gar keinen sozialen Leistungen mehr zu befrachten. Der effektivste Kampf gegen die Armut bestände darin, ihn zu unterlassen.

In ihrer Grundsätzlichkeit eilt diese neue soziale Dogmatik der sozialpolitischen Praxis voraus. Das heißt allerdings nur, dass die sozialpolitische Praxis in aller rechtsförmlichen Umständlichkeit nachzieht:

(2) Die Unkosten der proletarischen Armut werden gesenkt!

Der Sozialstaat des neuen Jahrhunderts nutzt seine Hoheit über den
nationalen Lohn zu dessen systematischer Senkung. Dabei trifft er auf
wenig Widerstände, schon gar nicht seitens der Betroffenen, allerdings
auf ein größeres Hindernis: Mit seiner bisherigen Sozialpolitik hat er
eine sehr komplexe Rechtslage geschaffen. Den lohnabhängigen Beitragszahlern hat er eigentumsähnliche, also ziemlich hochwertige Ansprüche gewährt; deren Streichung bedarf rechtsstaatlicher Sorgfalt.
Die verschiedenen sozialen Rechte und Pflichten sind zu einem System
verflochten; bei Streichungen an einer Stelle sind Rückwirkungen auf
zahllose andere Rechtsverhältnisse zu beachten. Und insgesamt will
man den Dienst, den das System als Ganzes geleistet hat, nicht mit
wegwerfen: Das Abbruchunternehmen soll konstruktiv sein. So versuchen sich die Regierungen an der produktiven Zerstörung bisheriger
Standards und Gewohnheiten, das – wie Marx es genannt hat – „historische und moralische Element im Wert der Ware Arbeitskraft" betreffend. Das tun sie in der sehr moralischen freiheitlich-demokratischen
Form eines fortwährenden Streits der jeweils zuständigen Ressortmi-
nister, einer scharfmacherischen Auseinandersetzung zwischen Admi-
nistration und Opposition sowie im Meinungsaustausch mit der Öffentlichkeit, die unentwegt hier wie an jedem politischen Stoff die Haupttu-
gend der Regierenden: ihre Durchsetzungsfähigkeit kritisch prüft. So
kommt nach der demokratischen Methode, die bekanntlich alle Zwecke
und Ergebnisse heiligt, ein ansehnlicher Maßnahmenkatalog zur „Rettung des Sozialstaats" und zur Sanierung seiner Finanzen zu Stande:

– *Die Arbeitslosigkeit* wird verbilligt; zuerst und vor allem auf dem direkten Weg der sofort wirksamen Kostendämpfung: Der Prozentsatz für Lohnersatzleistungen wird herabgesetzt, der Zeitraum für den Bezug von Arbeitslosengeld verkürzt, die Bedingungen dafür werden verschärft. Solche Eingriffe passen noch problemlos zum überkommenen System, das schon darauf angelegt war, gesetzliche Leistungen in dem Maße zu reduzieren, in dem sie benötigt werden. Damit lassen sie aber auch noch den Grundsatz bestehen, von dem die herkömmliche Arbeitslosenversicherung ganz selbstverständlich ausgegangen ist, der mittlerweile jedoch mit gleicher Selbstverständlichkeit als nicht zu tolerierendes Ärgernis eingeordnet wird: dass „Arbeitslosigkeit statt Arbeit finanziert" wird. Was auch sonst, wenn Lohnabhängige arbeitslos geworden sind – möchte man im Sinne alter Gewohnheiten fragen und hätte damit voll die sozialpolitische Bedeutung der kleinen semantischen Verschiebung verpasst, der zufolge nicht die Arbeitslos*en* mit Zuschüssen über Wasser gehalten werden, wofür man ja noch menschliches Verständnis haben mag, sondern deren *Status* aufrecht erhalten wird: die Arbeitslos*igkeit,* was nun wirklich niemand wollen kann. Die Ausgaben der Arbeitslosenkasse werden folglich dem vorrangigen Ziel gewidmet, die Betroffenen wieder oder überhaupt ans Arbeiten zu bringen. Vom Tag der Entlassung an, nach Möglichkeit schon vorher, soll der Arbeitslose am Gängelband seines Betreuers vom Arbeitsamt ein Programm der Wiedereinschleusung ins Berufsleben durchlaufen. Diese „Hilfe zur Selbsthilfe" verschärft auf alle Fälle die amtliche Kontrolle über die viele Freizeit des Kandidaten, beschäftigt ihn mit „Qualifizierungsmaßnahmen", die weder ein Nachlassen der Arbeitsdisziplin noch einen unerlaubten Zusatzverdienst durch Schwarzarbeit zulassen, dafür die Voraussetzungen für eine neue Karriere auch in niedrigeren Sphären der proletarischen Job-Hierarchie herstellen, also mit der „Zumutbarkeits-Klausel" praktisch ernst machen; dabei ergeben sich wie von selbst lauter Gelegenheiten, den Menschen bei einer Pflichtverletzung zu erwischen und von weiterem Leistungsbezug auszuschließen. Auf der anderen Seite kümmern sich die Arbeitsämter mit Nachdruck und viel Geld darum, dass sich Arbeitgeber zur „Beschäftigung" eines Arbeitslosen bereit finden: Lohnkosten werden anteilig erstattet, Sozialabgaben übernommen, damit billige Arbeit noch billiger wird und der Sozialstaat vielleicht kaum Geld, aber jedenfalls unproduktive Kosten spart. Statt Lohnabhängigen ein Geld zuzuschieben, weil sie keine Arbeit finden, von deren Entgelt sie leben könnten, leistet eine moderne Sozialpolitik Zuschüsse, damit Arbeitgeber Arbeitslo-

se für ein Entgelt arbeiten lassen, von dem sie gar nicht leben können.*) Was der noch versicherungsmäßig betreuten „Reservearmee"
des Kapitals recht ist, das ist im Übrigen der auf „Hilfe zum Lebensunterhalt" heruntergestuften Überbevölkerung, dem pauperisierten Bodensatz unter den Arbeitslosen, billig. Auch die werden nach Möglichkeit nicht „fürs Nichtstun bezahlt", sondern mit der Drohung, den Lebensunterhalt andernfalls ganz zu streichen, zu Arbeitsdiensten heran-
gezogen. Auch dann bleibt selbstverständlich das „Abstandsgebot" in
Kraft, wonach die gewährte Sozialhilfe spürbar hinter den schlechtes-
ten Löhnen zurückbleiben muss, die von privaten Arbeitgebern gezahlt
werden: Wenigstens im Vergleich zu öffentlicher Pflicht-Arbeit soll
Lohnarbeit sich lohnen!
– Die Verbilligung des *Ruhestands* funktioniert auch erst einmal nach
der direkten Methode: Die Rentenberechnungsformel wird auf einen
niedrigeren Prozentsatz vom Durchschnittslohn der individuellen lebenslangen Erwerbstätigkeit eingestellt; die Dauer des Rentenbezugs
wird durch Anhebung des Renteneintrittsalters beschränkt, alternativ
die Höhe der Rente durch Abschläge bei vorzeitigem Ruhestand abge-
senkt. Doch auch hier kommt den maßgeblichen Sozialpolitikern diese
konventionelle Art, die Lohnabhängigen für tendenziell sinkende Beitragszahlungen und ihre zunehmende Langlebigkeit finanziell büßen
zu lassen, ganz unzureichend vor. Eine besonders fortschrittliche Frak-

---

*) Großes Interesse findet hier das „Modell" eines „Kombilohns", der einen
besonders niedrigen Nettolohn, den der Arbeitgeber zahlt, mit der
Übernahme der eigentlich fälligen Sozialabgaben durch den Staatshaushalt „kombiniert". Diese Lohnform macht auf neue, radikale Weise
praktisch Ernst mit der Kritik der Lohn*neben*kosten, mit denen der Sozialstaat die Kosten für Arbeit unverantwortlich in die Höhe treiben
würde. Sie *trennt* grundsätzlich den Preis für Billigarbeit, der so niedrig
sein soll, dass damit noch Gewinn zu machen ist, der Lohnempfänger
aber kaum von Tag zu Tag über die Runden kommt, von der immerhin
noch als sozialer Anspruch anerkannten Not des „Beschäftigten", doch
irgendwie ein ganzes Leben finanzieren zu müssen. So wird der Lohn
von der Leistung entlastet, die der Lohnarbeiter ihm abgewinnen muss,
nämlich mit dem Verdienten seinen kompletten Lebensunterhalt zu bestreiten; was zur lebenslangen Reproduktion fehlt, wird von der öffentlichen Hand gewährt – in der doppelten Berechnung, dass die dafür zu-
zuschießende Summe geringer ausfällt als die sonst fällige Sozialhilfe
und dass außerdem richtiges nationales Kapitalwachstum zu verbuchen
ist, wo bislang gar nicht oder bestenfalls „schwarz" gearbeitet wird. –
Dem „Modell" wird eine große Zukunft vorausgesagt.

tion verkündet dem werktätigen Volk deswegen gleich eine unschöne Wahrheit über ihre gesetzliche Rente: Wer meint, an deren Finanzierung hätten sich die Arbeitgeber, die nominell die Hälfte der Beiträge zahlen, jemals wirklich beteiligt, ist einer Täuschung aufgesessen; in Wirklichkeit schleppt der Arbeitnehmer ganz allein – kindgemäße Schaubilder machen es sinnfällig – einen halben oder demnächst einen ganzen Ruheständler auf seinem Buckel mit durch. Wer außerdem geglaubt haben sollte, sein Rentenanspruch wäre ein heiliges Eigentum, täuscht sich schon wieder: Jedem Eingriff von Staats wegen zum Zwecke eines bequemen Kassenausgleichs steht das System der Umverteilung aus dem Lohn- in den Renten-„Topf" offen. Daraus folgt nun allerdings überhaupt nicht eine Kritik am Lohnsystem, das für seine ausgedienten Alten nur Armseligkeiten parat hält. Genau die entgegengesetzte „Schlussfolgerung" ist beabsichtigt: Wenn die Leute ohnehin schon ihr gesamtes Altersruhegeld letztlich selber bezahlen, dann sollte man es doch gleich so halten, dass sie direkt aus dem ihnen verfügbaren Einkommen für ihr Alter vorsorgen, in eigenverantwortlicher Sparsamkeit, ein jeder nach seinen Möglichkeiten, ohne staatliche Ausgleichsmechanismen und vor allem ohne die dauernde nominelle – und in den „Nebenkosten" dann doch als ganz reell veranschlagte Belastung der Arbeitgeber, die der Lebensabend ihrer Angestellten im Grunde doch gar nichts angeht. Das Herunterfahren der Altersversorgung aus gesetzlichen Kassen bekommt so eine klare Perspektive: Die Menschheit soll sich darauf einstellen, dass sie im Alter auf ein bislang nicht gekanntes Armutsniveau absinkt, wenn sie sich nicht rechtzeitig und dauerhaft aus ihrem Nettolohn eine zusätzliche private Rentenversicherung vom Munde abspart. Zur – wenigstens ideellen – Belohnung werden die Vorteile einer solchen Versicherung in den glänzendsten Farben ausgemalt. Vor staatlicher Manipulation ist solch selbstgespartes Eigentum sicher – von der Frage der Besteuerung einmal abgesehen; dafür verzichtet man doch leicht auf die paar vergleichsweisen Sicherheiten, der „dynamischen" Inflationsanpassung z.B., die die staatliche Rente der privaten immerhin voraus hat. Vor allem aber, dies die schönste Verheißung, braucht der mündige Beitragszahler keinen müden Cent mehr *für andere* wegzugeben. Alles, was er einzahlt, bekommt er selber später wieder; dann ist er seinerseits unabhängig von den nachwachsenden Arbeitergenerationen und deren Einkommen, von dem man doch heute schon mit Sicherheit weiß, was für eine unsichere Größe es ist: Das Kapital höchstpersönlich „deckt" seine Ansprüche! Genau genommen ist es mit diesem Vorteil zwar nicht weit her: Damit überhaupt ein Kapital zustande kommt, aus dessen Erträgen irgendwelche Forderungen „gedeckt" werden können, muss das Gesparte erst einmal in gehöriger Quantität in einen Fonds fließen und dort auch bleiben; fällige Auszahlungen bestreitet eine private Versicherung gar nicht so viel anders als die gesetzliche Kasse aus den frisch hereinkommenden Beiträgen, sonst ist es um ihr Kapital nämlich schnell getan. Damit das eingesammelte Geld als Kapital fungiert, muss es spekulativ angelegt werden; die „Deckung", auf die der Einzahler gutgläubig vertraut, hängt ganz vom Erfolg der spekulativen Anlage ab; und diese Abhängigkeit trifft einen proletarischen Rentner, der darauf angewiesen ist, von einem festen Zeitpunkt an sein „Sparvermögen" aufzuzehren, ganz anders als einen richtigen Geldkapitalisten, der dank der Größe seiner Geldanlage auch dann mit einem Bruchteil seiner Erträge ganz gut zurechtkommt, wenn es mit den Kursen einmal abwärts geht, und seine Hauptsumme gar nicht erst antastet – außer um sie besser anzulegen. Und schließlich ist es sogar um das größte und in den höchsten Sphären des Finanzgeschäfts „arbeitende" Kapital geschehen, wenn es nicht von Lohnarbeitern erfolgreich umgeschlagen und vermehrt wird; jedenfalls „deckt" es nichts, wenn es nicht selber durch rentable Geschäfte mit Eigentum schaffender Arbeit „gedeckt" wird. Der ganze „Vorteil", der den bislang gesetzlich zwangsversicherten Leuten mit den Chancen einer privaten Rentenkasse vorstellig gemacht wird, kürzt sich darauf zusammen, dass die Instanz, die die Rente zahlt, nicht mehr der Staat, sondern ein Privatunternehmen ist; *das* macht aus dem Umschichten einlaufender Beiträge in fällige Auszahlungen sein Geschäft, verdient mit an dem Gewinn, den seine Kapitalanlagen übrigens auch bloß deswegen abwerfen, weil er aus der Arbeit der jeweils aktiven Lohnarbeiter herausgewirtschaftet wird, und gewährt seinen Versicherten einen Anteil an *seiner* Rendite, der denen den Inflationsausgleich ersetzen muss, den die gesetzliche Kasse direkt aus den aktuell eingezahlten Pflichtbeiträgen bestreitet. Dafür haben die neuen Privatrentner den ganz realen Nachteil zu verkraften, dass sie den nötigen Zusatz-Aufwand zur Vermeidung eklatant verschärfter Altersarmut eben „privat", also aus dem Nettolohn zu bestreiten haben, der ihnen bei überhaupt nicht erhöhten Bruttolöhnen und nach Abzug aller fortbestehenden Abgabepflichten bleibt. Deswegen verlassen sich die zukunftsorientierten Rentenreformer auch überhaupt nicht darauf, dass ihnen die Verheißung eines aus privater Armut zusammengesparten Alters-Wohlstands geglaubt wird; sie vertrauen noch nicht einmal auf die moralische Attraktivität ihres Angebots, nur noch ganz für sich selbst und bestimmt nicht mehr für irgendwelche fremden Nutznießer sauer verdientes eigenes Geld abzugeben. Sie ventilieren Zwangsmaßnahmen, um den neuen Umverteilungsmechanismus populär zu machen. Sie begrüßen freudig Tarifvereinbarungen, die einen Ersatz für staatliche Nötigung auf freiwilliger Basis organisieren. Und sie haben sogar Geld für ihre menschenkennerische Berechnung übrig, dass arme Leute glatt das gewünschte Nettolohnopfer bringen, wenn es dafür auch einmal für sie etwas so Unerhörtes wie *Geld vom Staat* gibt – wie wenig auch immer: Ein kleiner Zuschuss zu erbrachten Sparleistungen, finanziert von den Begünstigten selbst in ihrer Eigenschaft als steuerzahlende Allgemeinheit, verhilft dem neuen „Modell der Alterssicherung" zu massenhafter Akzeptanz. Das ist wenig Aufwand für den erfolgreichen Einstieg in das neue sozialpolitische Prinzip, die Organisation der proletarischen Altersarmut ganz vom Brutto-Preis der Arbeit wegzunehmen.

– Eine Verbilligung der *Krankenversicherung* für Lohnabhängige ist – einerseits – schwierig, weil hier gesellschaftlich notwendige Unkosten von anderer Art anfallen als da, wo bloß unproduktive Mitglieder der sozialversicherungspflichtigen Bürgerklasse durchgefüttert werden müssen. Dieses Geld geht nicht in den privaten Konsum mittelloser Leute, denen man einfach nur weniger zu geben braucht, sondern fließt auf direktem Weg in einen wichtigen Wirtschaftszweig, der sich aus zahlreichen „mittelständischen Leistungsträgern" samt kleingewerblich ausgebeutetem Anhang sowie einer weltweit konkurrierenden Industriebranche zusammensetzt; es tut also auch und gerade im Sinne der „Globalisierung" ein politökonomisch gutes Werk. Dieser Geschäftszweig verrichtet außerdem einen unentbehrlichen Dienst am Volk, an den höheren Klassen ebenso wie an der nationalen Arbeitskraft. Und er weist eine deutliche Wachstumstendenz auf, die unter kapitalistischen Gesichtspunkten durchaus zu begrüßen ist, dem Sozialhaushalt, Abteilung Krankenkasse, jedoch Probleme bereitet: Was die lohnabhängige Menschheit an Gebrechen entwickelt und was sie in ihrem Erwerbsleben, in ihrer privaten Idylle und überhaupt unter ihren fortschrittlichen Lebensbedingungen an Verschleiß erleidet, wird kunstvoll hingebogen oder wenigstens über jede natürliche Toleranzschwelle hinaus aushaltbar gemacht – mit der beabsichtigten Hauptwirkung, dass die Patienten weiter oder wieder als Erwerbspersonen funktionieren. Eben deswegen bleibt aber auch die Nebenwirkung nicht aus, dass regelmäßig eine geglückte Therapie, von den fehlgeschlagenen ganz zu schweigen, das nächste Leiden und den nächsten

Einsatz ärztlicher Kunst und pharmazeutischer Errungenschaften nach sich zieht: eine einzige Kette von Kosten und Folgekosten. Die andere Nebenwirkung, dass die Betroffenen ganz unmittelbar leiden, macht die Bremsung der sozialstaatlich anfallenden Kosten jedoch – andererseits – auch wieder einfach. Denn weil die teuren Patienten als erste und an sich selber die Not der Krankheit und die Notwendigkeit medizinischer Hilfe verspüren, kann man sie auch ganz gut „selber", nämlich zusätzlich zu dem Umweg über den Beitrag zur anonymen Krankenkasse noch einmal extra aus ihrem verbleibenden Rest-Einkommen, einiges zahlen lassen. So werden Dinge, die ein Durchschnittsverdiener nach dem Urteil seiner sozialen Obrigkeit allemal noch in seinem privaten Budget unterbringen kann, aus dem Leistungskatalog der gesetzlichen Kassen gestrichen. Ebenso entfallen viele teure Sachen, die nach neuesten Erkenntnissen für das unerlässliche Mindestmaß an physischer und psychischer Funktionstüchtigkeit doch gar nicht wirklich „medizinisch notwendig" sind; Leute, die trotzdem Wert darauf legen, sollen ihre Ersatzzähne, ihre Kuren oder ihr Einzelbett in der Klinik per privater Zusatzversicherung finanzieren. Allzu kostspielige neue Errungenschaften der Medizin werden von den Kassen erst einmal überhaupt nicht bezahlt, es sei denn, Gesundheitspolitiker und Versicherungsfunktionäre lassen sich von der Pharma- und Geräte-Lobby davon überzeugen, dass die Kosten entweder per Saldo doch sinken oder letztlich gut angelegt sind, nämlich im Sinne eines national zu Buche schlagenden Konkurrenzerfolgs der Branche. Was Kassenleistung bleibt, wird dem Patienten außerdem mit allerlei Zuzahlungen in Rechnung gestellt. So kommt eine Einzelmaßnahme zur andern, und insgesamt ergeben sie dann doch einen tieferen systematischen Sinn, nämlich denselben wie die Reformen in den anderen Bereichen. Sie stellen das Prinzip auf den Kopf, nach dem der bürgerliche Staat ursprünglich „soziale Sicherheit" organisiert hat. Eingeführt wurden die gesetzlichen Krankenkassen, um Leute, die dazu eigentlich zu arm sind, trotzdem für die Betätigung ihrer anerkannten Erwerbsquelle, die Verrichtung von Lohnarbeit, in Schuss zu halten oder wieder zu bringen. Auf der Grundlage staatlich erzwungener gesellschaftlicher Zahlungsfähigkeit hat sich ein umsatzstarkes kommerzielles Versorgungswesen aufgetan, in dem sich das medizinische Ethos, noch die schlimmsten Defekte und Verschleißerscheinungen auf ein aushaltbares Maß herunterzudämpfen, in Tateinheit mit einem gerechten Geschäftssinn ungehindert austobt. Nun erscheint allen Verantwortlichen der Kostenaufwand zu hoch; und der Befund diktiert nicht etwa eine

Bremsung des Geschäfts mit der Medizin, sondern ein gründliches Umdenken im Sinne der „Schlussfolgerung": Die Krankheitskosten der arbeitenden Klasse sind einfach zu hoch, um sie weiterhin mit verstaatlichten Lohnteilen zu begleichen; der nicht-verstaatlichte Rest-Lohn, die private Armut mit ihrem entsprechend besser einzuteilenden Haushaltsgeld muss die Lücke füllen. Motto: Wofür der Bruttolohn zu niedrig ist, das gibt der Nettolohn allemal her! Tut er natürlich nicht, nämlich nur so begrenzt, dass die zwischenzeitlich erreichten Standards der medizinischen Versorgung insgesamt wieder sinken. Das macht aber nichts, weil konjunkturgemäß auch in der Frage „umgedacht" wird, was „rein medizinisch" überhaupt zur „notwendigen Grundversorgung" des Menschen gehört – alles das jedenfalls nicht, was nach jeweils geltendem Ermessen der Kassen dem Normalverbraucher von Gesundheit als sein Privatgenuss zur Last gelegt wird. Diese neue Maxime führt auch im Gesundheitswesen zu überraschenden Momenten einer neuen Ehrlichkeit: Auf einmal ist es niemandem mehr ein Geheimnis, dass umsatzstarke Hilfsmittel der Medizin eigentlich überhaupt nichts helfen. Ehrlich wird die Branche aber auch in dem weniger naturkundlichen Sinn, dass eine lange verleugnete und bisweilen wirklich vergessene *soziale* Gleichung den Rang einer anerkannten Selbstverständlichkeit zurückgewinnt: Unabhängig vom egalitären Ethos mancher Mediziner ist die Qualität der Gesundheitsversorgung eine Frage der Zahlungsfähigkeit, die der Mensch *privat* zu organisieren vermag. Nicht nur in den Krankenhäusern, wo er sowieso nie ganz ausgestorben war, kommt beim Heilen und Helfen der *„Klassengedanke"* zu neuen Ehren.

– Mit den egalitären Idealen und vor allem mit einer sozialpolitischen Praxis, die sich darauf beruft, ist es überhaupt vorbei, seit die mächtigen Regierungen das Zeitalter der „Globalisierung" haben anbrechen lassen. Statt dessen bezichtigt man sich vor allem im *Bildungssektor* rückblickend einer unverantwortlichen Gleichmacherei, weil vor etlichen Jahrzehnten unter dem Eindruck einer drohenden „Bildungskatastrophe", also zur Abwendung eines nationalen Konkurrenznachteils wegen fehlender akademischer Fachkräfte, sogar unter Lohnarbeitern „Bildungsreserven" mobilisiert, Bildungsgänge ausgebaut und Stipendiensysteme organisiert worden sind. Längst steht fest, dass alle Experimente als gescheitert zu betrachten sind und schon die Absicht verkehrt ist, die bunte Vielfalt der Schulabschlüsse nach oben hin zu nivellieren. Ein für alle Studierwilligen offenes und entsprechend „überfrequentiertes" höheres Bildungswesen kostet erst recht zu viel, zahlt sich standortmäßig überhaupt nicht aus und hinkt dem gesellschaftlichen Bedarf sowieso immer hinterher. „Investitionen" in „Chancengleichheit" sind hinausgeworfenes Geld, wenn am Ende ein arbeitsloses „akademisches Proletariat" herauskommt, und sei es in der nicht einmal besonders kostentreibenden Gestalt von „Langzeitstudenten". Elitebildung ist angesagt; und dafür ist es jedenfalls viel zweckmäßiger, Stipendien durch Studiengebühren zu ersetzen, also die zeitweilig außer Kraft gesetzte Auslesefunktion des Elterneinkommens zu reaktivieren. Ein „Paradigmenwechsel" also auch hier: Gab es früher einmal Zuschüsse für eine schlaue Jugend, die zu arm ist zum Studieren, da wirkt in den fortschrittlichsten Ländern wieder verstärkt die Armut als Kriterium dafür, wer durch ein Studium ganz bestimmt überfordert wird.*) Freilich darf unter solchen Sparmaßnahmen *die* Nachfrage nicht leiden, die den Leitfaden für alle staatlichen Bemühungen im Bildungssektor hergibt, nämlich die des „Arbeitsmarkts" nach akademischen Fachkräften. Deswegen, und überhaupt im Sinne eines internationalen Wettbewerbs um die „besten Köpfe", beschwören die reichsten und mächtigsten Staaten einmal mehr die „Globalisierung" und gestatten ihren Unternehmern ausländerrechtlich den Zugriff auf fremdländische Arbeitskräfte der gehobenen Klasse. So ähnlich, wie die westdeutsche Bundesrepublik bis zum „Mauerbau" und noch darüber hinaus von den Leistungen des „gleichmacherischen" ‚realsozialistischen' Bildungssystems der DDR profitiert und großzügig die ziemlich massenhaft zuwandernden ostdeutschen Hochschulabsolventen aufgenommen hat, möchten heute die Spitzenmächte der Weltwirtschaft ganz generell über die Produkte der Bildungsbemühungen ärmerer Staaten verfügen können und eignen sich nach Bedarf deren – um aus dem Wörterbuch des modernen Menschenrechtlers zu zitieren – „Humankapital" zum Nulltarif an. Doch das geht die Proletarier an den erfolgrei-

*) Wie die Nachfrage, so lässt sich auch das Bildungsangebot verbilligen: Man stellt einfach weniger Personal ein und erhöht die Pflichtstundenzahl. Und sogar der Lehrkörper der Massenuniversitäten wird auf neue Art mit dem „Leistungsgedanken" bekannt gemacht: Statt den „Elfenbeinturm" der Forschung und Lehre um seiner höheren Bildungswerte willen von unmittelbarer Konkurrenz zwischen den Leistungsträgern freizusetzen und diese vergleichsweise großzügig lebenslänglich zu alimentieren, kann man den Anteil befristeter Stellen vermehren und ein niedrigeres Grundgehalt mit „Leistungsprämien", insbesondere für die Einwerbung von Drittmitteln, kombinieren.

chen Kapitalstandorten schon nichts mehr an*) – um so mehr dagegen ein paar andere Aspekte der „Globalisierung" des kapitalistischen „Arbeitsmarkts":

(3) Die Arbeiterklasse wird reproduziert – mit Ausländerrecht, Familienpolitik und Polizeigewalt

„Die Wirtschaft" in den kapitalistischen Metropolen kann nicht bloß wohlfeile exotische Spitzenkräfte gut gebrauchen. In gewissen Abteilungen entwickelt sie, ungeachtet 10- und höher-prozentiger Arbeitslosenraten, großen Appetit auf Arbeitskräfte aus den Elendsregionen der mit grenzenloser Marktwirtschaft gesegneten Staatenwelt, die in zunehmender Masse den Weg in die Zentren des Weltgeschäfts suchen und auch finden. Denn diese modernen Vagabunden sind ganz besonders billig zu haben, weit unterhalb des überkommenen heimischen Entlohnungs- und Versorgungsniveaus. Dank diesem Vorzug sind sie in etlichen Branchen und Regionen bereits zum unentbehrlichen „Wirtschaftsfaktor" geworden.

Der soziale und humanitäre abendländische Rechtsstaat hat an diesem Zustand maßgeblich mitgewirkt. Er wirbt solche Kräfte schon längst nicht mehr an; im Gegenteil: Er begegnet dem „Phänomen" der „modernen Arbeitsmigration" – auch so höflich lässt sich über die verzweifelten Bemühungen einer vergleichsweise bessergestellten, jedenfalls aktiven Minderheit aus den Armutsquartieren der Welt um eine Überlebenschance in den USA oder der EU daherreden – erst einmal restriktiv, mit Schließung seiner Außengrenzen für solche nicht bestellten Zuzügler und Abschiebung, wenn sie es trotzdem schaffen. Er wehrt sich auf diese Art gegen die Einwanderung von Bruchteilen des menschlichen Elends, das nicht zufällig zu Beginn des 3. Jahrtausends so massenhaft ausfällt – der definitive Siegeszug der von ihm machtvoll vertretenen und verbreiteten marktwirtschaftlichen Sitten und Gebräuche, verbunden mit der Zerrüttung der Existenzbedingungen in ziemlich vielen Ländern der Welt, hat dafür gesorgt und sorgt für Nachschub. Er wehrt sich; denn unproduktive Armut hat er schon in seiner angestammten Gesellschaft nach eigener Einschätzung mehr als genug zu verwalten – siehe oben. Vor allem seine *sozialpolitische* Schadensbilanz und Nutzenkalkulation fällt grundsätzlich gegen das wan-

---

*) Die sind auch mit der ausländerfreundlichen Parole des nordrhein-westfälischen CDU-Chefs: „Kinder statt Inder!" – nämlich: ‚an die Werkbänke der „New Economy"'... – nicht gemeint.

dernde Elend aus, das – nach den goldenen Worten eines christlichen bayerischen Innenministers – „uns" nichts nützt, sondern „uns nur ausnutzt". Hinzu kommt ein eher noch wichtigeres Kriterium abendländischer Menschlichkeit, das man schon deswegen nicht „völkisch" nennen darf, weil es das zwar ist, der Hitler den Ausdruck aber in Verruf gebracht hat: Das „staatspolitische" Bedürfnis nach einem Staatsvolk mit einwandfrei angeborener „nationaler Identität" gebietet die Fernhaltung und Entfernung von Leuten, die mit ihrem exotischen Inneren und Äußeren die „Aufnahmebereitschaft" und „Toleranz" christlich aufgeklärter Zeitgenossen überfordern – jedenfalls nach den Feststellungen der demokratisch regierenden Herren, die die Meinung ihres Volkes am effektivsten dadurch bilden, dass sie sich für ihre entsprechende Praxis darauf berufen. Mit dem *marktwirtschaftlichen* Konkurrenzkalkül großer Teile der nationalen Arbeitgeberschaft stimmt diese Politik der gnadenlos geschlossenen Grenzen jedoch nicht überein. Ehrbare Handwerker und Gastwirte, Bauunternehmer und Bauern, Reinigungs- und Altenpflege-Unternehmer – fast durchwegs Musterexemplare eingeborenen Volkstums! – *brauchen* Handlanger, die fast zum Nulltarif jeden Dreck wegmachen; und sie wissen sich ihr Personal auch zu verschaffen.

So kommt es, dass der „globalisierte" Rechtsstaat mit seiner gesetzlichen Fremdenfeindlichkeit etwas ganz anderes erreicht als eine saubere Sortierung der „Ethnien". Auf seinem kapitalistisch so erfolgreichen Standort hausen ganze Heerscharen von Arbeitskräften, die auf Grund ihres besonderen *ausländerrechtlichen* Status – als Illegale, Geduldete, „Schein-Asylanten", Schein-Touristen, anerkannte Saisonarbeiter, EU-Anschlusskandidaten, Leute mit befristetem oder vorläufig unbefristetem Aufenthaltsrecht usw. – einen ganz speziellen *sozialen* „Stand" bilden: Sie sind die *unterste Abteilung des jeweiligen nationalen Proletariats,* dabei wieder untereinander je nach ihrer Rechtsstellung hierarchisch sortiert. *Politökonomisch* gehören sie allesamt zur Arbeiterklasse ihres „Gastlandes"; als deren Billig-Komponente, die auf niedrigstem Niveau, zu billigsten Löhnen, ohne die ansonsten noch übliche vom Sozialstaat eröffnete Aussicht auf eine lebenslange Reproduktion, einer besonderen Gruppe kapitalistischer Arbeitgeber zu Profiten verhilft – ungefähr so, wie reformeifrige Sozialpolitiker es sich für ihre herkömmlichen Arbeitslosen und Sozialhilfe-Empfänger vorstellen! Sie realisieren längst, und zwar idealtypisch, den „Niedriglohnsektor", den die Freunde umfassender „Beschäftigung" erst einrichten wollen. Sie tragen damit auch bereits zur Verringerung der nationalen Durchschnitts-

und Gesamt-Lohnkosten für die Produktion des nationalen Durchschnitts- und Gesamt-Profits bei; helfen mit, den allgemeinen und durchschnittlichen proletarischen Lebensstandard im Lande zu senken; setzen Maßstäbe für die Behandlung, die eine nützliche Arbeiterklasse, zumindest in ihren unteren Segmenten, sich allmählich wieder gefallen lassen muss. Folgerichtig nimmt in dieser durchs Ausländerrecht definierten Unterabteilung die proletarische Armut zuerst und wie in einer Ausschnittsvergrößerung all die groben Erscheinungsweisen an, die im Zuge der Revision des bürgerlichen Sozialstaatswesens insgesamt, auch unter den bislang so „überversorgten" Lohnarbeitern, einreißen: Im Arbeitsleben sind sie der Willkür ihrer Chefs ausgeliefert; die Arbeitsbedingungen lassen sich praktisch beliebig verschlechtern. Ihr Privatleben spielt sich in verwahrlosten Gettos ab; die nachbarschaftliche und familiäre Idylle, sofern überhaupt vorhanden, wird mit klasssischen und modernen Betäubungsmitteln durchgestanden. Der Nachwuchs hat es schon weit gebracht, wenn er lesen und schreiben kann; Fernziel ist der Hauptschulabschluss. Grenzen zum alteingesessenen Subproletariat sind fließend, am unteren Ende in der Lebensführung überhaupt nicht mehr auszumachen.

Die Ausländergesetze, mit denen die Staaten der „1. Welt" einerseits den globalen Pauperismus von sich fernhalten, andererseits doch auch Varianten der Duldung unerwünschter Zuwanderer kodifizieren, bewähren sich somit als *Rechtsgrundlage für die Reproduktion* einer nicht ganz unbedeutenden Abteilung der Arbeiterklasse dieser Staaten. Sie bewirken die Regeneration einer Sorte produktiver Armut, die nie ausgestorben, deren Erscheinungsbild aber doch weitgehend wegreguliert war, deren allmähliche Verallgemeinerung nunmehr in Planung ist – und die auffällig an den ältesten, nämlich ersten Normalfall proletarischer „Daseinsgestaltung", im „Manchester" des 19. Jahrhunderts, erinnert. Für die Armut selbst und ihre produktive Ausnutzung auf brutalst-möglichem Niveau sorgt – wie seinerzeit – das Kapital mit seinem speziellen Bedarf an besonders unbedarften Arbeitskräften; der Staat organisiert den Nachschub an Leuten, die keine andere Überlebenschance haben, als für genau diesen Bedarf zur Verfügung zu stehen; und er tut das eben zum Einen sehr wirksam mit den *toleranten* Seiten seines Ausländerrechts. Zum andern arbeitet er mit der Reform seiner Sozialgesetzgebung zielstrebig darauf hin, die Reihen der „unteren Lohngruppen" mit einheimischen Dienstkräften aufzufüllen. Dabei wahrt er jedoch den einen, für die Verfassung seiner proletarischen Gesellschaft ganz wesentlichen Unterschied: die Unterscheidung zwischen den *eigenen* Bürgern, die er in Anknüpfung an seine sozialen Traditionen mit der Gewalt neuer Rechtsvorschriften in die niederen Abteilungen seines nationalen Arbeitsmarkts hineinbugsiert, und den *Zuwanderern*, für die eine „Beschäftigung" in diesem „Segment" kapitalistischer Ausbeutung eine mehr oder weniger – oder eigentlich gar nicht – geduldete *Gunst* darstellt, weil sie „von Haus aus" aus der sozial betreuten nationalen Klassengesellschaft erst einmal grundsätzlich ausgeschlossen sind. Für diesen Menschenschlag *gehört sich* das Elend, in dem er sich herumtreibt; ihm steht von Rechts wegen nichts anderes zu – was anders herum gelesen bedeutet: Alles, was diese Leute auszuhalten und mitzumachen haben, ist gar nicht das, was es tatsächlich, seiner politökonomischen Natur nach, ist, nämlich *proletarisches* Elend, sondern bloß die ganz normale Rechtsfolge ihres besonderen Rechtsstatus: die spezielle und spezifische Lebenslage von unerwünscht zugewanderten *Ausländern*. Die andern, die Einheimischen, werden dagegen mit einer neuen „Beschäftigungschance" ausgestattet, auf die sie ein Recht haben. So ist es organisiert, und das gilt dann auch.

Damit ist zum Einen *ideologisch* viel erreicht. Der neu belebte Normalfall einer proletarischen Billigexistenz in all ihren drastischen Formen ist *Ausländerschicksal;* und das fällt schon mal überhaupt nicht dem einheimischen Kapitalismus zur Last, der diese Elendsvariante erzeugt und ausnutzt – sozialrechtlich nicht und deswegen auch nicht moralisch. Eher schon liegt da ein Fall von humanitärer Großzügigkeit vor: Die reiche Nation übernimmt freiwillig einen Anteil am drittweltlichen Elend. Deswegen geht der schäbige Umgang mit Ausländern auch nicht bloß in Ordnung, weil sowieso nichts daran zu ändern ist; man *darf* daran auch gar nichts ändern, soll es überhaupt nicht erst versuchen, weil man sonst „den Ärmsten der Armen" ihre letzte Erwerbschance verdirbt; aber das nur nebenbei. Viel wichtiger ist die andere Klarstellung, nämlich an die Adresse des hauseigenen Fußvolks, dem es in der Sache gar nicht so viel anders geht. Das steht nämlich *trotz allem* mit den Ausländern, die nichts Besseres als Elend verdienen, weil sie eigentlich gar nicht her gehören, überhaupt nicht auf einer Stufe: Es *gehört her* und *darf* deswegen auch nicht so schlecht behandelt werden, wie es sich für Ausländer durchaus gehört. Diese frohe Botschaft ist so bedeutend, weil sie die *letzte Sozialleistung* darstellt, die die kapitalistischen Erfolgsnationen ihrem eingeborenen Proletariat zukommen lassen: Das Privileg, mit vollem Recht dort und dort voll im Recht zu sein, wo „die andern" nichts verloren haben, und sich als

Rechtssubjekt aufführen zu dürfen, wo und wie man es für nötig hält –
das nimmt ihm niemand weg. Freilich kann sich ein einheimischer
Zeitgenosse von diesem wunderbaren Recht nichts kaufen; auch er
muss zusehen, dass er mit seiner rechtmäßigen Lohnarbeit über die
Runden kommt; und wenn der Sozialstaat ihn in einen extra für ihn
und seinesgleichen geschaffenen Billiglohn-Sektor einweist oder als So-
zialhilfefall dienstverpflichtet, dann hilft ihm seine angeborene Staatsangehörigkeit und „nationale Identität" überhaupt nichts. Der Rechtsstatus ist und bleibt aber ein anderer; der erhebt ihn über „die Ausländer". Wenn ein Betroffener beim besten Willen nicht erkennen kann,
inwiefern er dadurch *materiell* besser gestellt wäre als ein eingewan-
derter Prolet, dann soll er sich nur um so mehr an diese *prinzipielle*
Seite halten, seinem gesunden nationalen Rechtsempfinden freien Lauf
lassen und die entsprechende Anspruchshaltung pflegen. Statt rein
materialistisch die *Identität der Klassenlage* zur Kenntnis zu nehmen
und danach zu handeln, dürfen lohnabhängige Eingeborene dann den
gebührenden Abstand zwischen sich und dem rechtlosen Strandgut von
auswärts *vermissen* und auf *erkennbare Schlechterstellung* der eigenen
Klassengenossen klagen – eben unter dem Gesichtspunkt, auf den ihr
Staat sie andauernd mit der Nase stößt, dass *die* nämlich eigentlich
gar nicht da sein dürften.

Damit ist umgekehrt über die sozialen Perspektiven der aus dem
internationalen Pauperismus rekrutierten Teile des Proletariats der
kapitalistischen Metropolen schon viel entschieden. In ihrer an die An-
fangszeiten des Kapitalismus gemahnenden Rechtsstellung haben sie
jedenfalls keine Arbeiterbewegung auf ihrer Seite; im Gegenteil. Schon
mit ihrem bloßen Da-Sein, erst recht mit jeder Forderung nach einem
gesicherten Rechtsstatus und nach Angleichung ihrer Lebensbedingungen an diejenigen des autochthonen Arbeiterstandes geraten sie in Gegensatz zur Mehrheit ihrer eigenen Klasse. Die stellt sich ausgrenzend
bis feindlich gegen ihre eigene Minderheit, soweit und nur weil sie per
Ausländerrecht aus dem *nationalen* Zusammenhang herausdefiniert
und ausgegrenzt ist; und sie tut das nur um so unversöhnlicher, je weniger an *materiellen* Unterschieden der Sozialstaat ihr noch zugesteht.
Ausgerechnet dieser Staatsgewalt bleibt es überlassen, und nur sie
lässt sich unter Umständen dazu herbei, die von ihr selbst geschaffene
Abgrenzung zwischen in- und ausländischer Arbeitskraft und die rigide
aufrecht erhaltene Ausgrenzung eigentumsloser Zuwanderer auch
schon mal kritisch zu überprüfen; natürlich zuerst einmal und vor allem auf die Zweckmäßigkeit der ergriffenen Maßnahmen hin. Dabei

kommt dann auch ein Gesichtspunkt zur Sprache, der schon wieder an die tiefe Einsicht erinnert, die dem „Obrigkeitsstaat" des 19. Jahrhunderts von wohlmeinenden sozialen Denkern vorgetragen und irgendwann von seiner aufrührerischen Arbeiterklasse beigebogen worden ist: das „Argument" der *Unverzichtbarkeit* des ausgegrenzten „Abschaums". Trotz aller Abwehr unerwünschter Immigration stellen die Zugewanderten eben doch schon, dank reichlichem kapitalistischem Interesse an ihnen und entsprechender behördlicher Duldsamkeit, einen essentiellen Bestandteil der nationalen Klassengesellschaft dar. Gerade als Billigabteilung der nationalen Arbeiterschaft sind sie längst unentbehrlich geworden; auch Standort-politisch. Experten haben, in staatlichem Auftrag sogar, den speziellen betriebswirtschaftlichen Nutzen der auswärtigen Billiglöhner volkswirtschaftlich hochgerechnet und herausgefunden, dass manche reiche Nation ohne massenhafte Zuwanderung als Kapitalstandort auf den absteigenden Ast gerät – fürs hartgesottene öffentliche Gemüt scheint sich die Rente, für die irgendwann niemand mehr mit Beitragszahlungen aufkommt, ganz besonders gut zur Bebilderung dieser drohenden Katastrophe zu eignen, hilfsweise auch das Bild von der Nation als Altersheim, dessen Insassen auf philippinische Pflegerinnen angewiesen sind. Wenn also feststeht, dass kein geringerer als die Nation Einwanderer braucht, dann sollten die – so das vorsichtige humanitäre Bedenken – nicht dauerhaft auf den rechtlich minderwertigen und dann doch irgendwie auch politisch prekären Status einer bloß geduldeten Ausländergemeinde festgelegt werden. Womöglich droht ein „Volk im Volk"; das darf nicht passieren. *„Integration"* tut not – neben dem Abschieben. Die muss natürlich anders aussehen als einst die Integration der heimischen Arbeiterklasse ins bürgerliche Gemeinwesen – obwohl sich manches doch auch da wieder gleicht: Sprachlich, gesinnungsmäßig und sittlich müssen die ausländischen Rekruten der proletarischen Drecksarbeit auf die Linie der „nationalen Leitkultur" gebracht werden. Als Belohnung winkt ihnen dann, vorausgesetzt, sie werden auch wirklich gebraucht und kontinuierlich benutzt, ein gesicherter Rechtsstatus, am Ende ein Pass: Das ist die Sozialleistung, die der „globalisierte" Sozialstaat sich die Reproduktion seiner Arbeiterklasse aus dem internationalen „Migranten"-Heer allenfalls kosten lässt.

Schon die Idee einer solchen Großzügigkeit stachelt freilich ein ganz anderes nationales Bedürfnis an, das die bürgerliche Staatsgewalt bei allem auf- und abgeklärten Kosmopolitismus doch ganz besonders wichtig findet; wichtig genug, um es ihrem Volk in den Mund zu legen und als bindenden Auftrag abzulauschen: das Bedürfnis nach *einheimischem Nachwuchs,* nach natürlicher Regeneration des quasi von Natur aus staatseigenen Menschenschlags. Dieses Haupt- und Staatsbedürfnis ist *rassistisch* zu nennen; nicht, weil ihm eine „Rassentheorie" zu Grunde läge, sondern weil ihm die gar nicht naturwüchsige Idiotie innewohnt, den staatseigenen Bürgern müsste, damit sie so richtig „dazugehören", ihre Mitgliedschaft im Gemeinwesen, also eine im Wortsinn zivilisierte Bestimmung, als Natureigenschaft in die Wiege gelegt sein – diese „Naturalisierung" eines hoheitlichen Verfügungsanspruchs erlauben wir uns als Staatsbürger-Rassismus zu kennzeichnen. Und *der* lässt die demokratischen Aufseher über Volk und Kapitalstandort mit großer Sorge auf die Tatsache blicken, dass die einheimische Nachkommenschaft, nicht zuletzt beim Proletariat, in den Zentren des Weltkapitalismus quantitativ doch schwer zu wünschen übrig lässt. Denn seit der Erfindung und Popularisierung der „Pille" kommen auch bei den ärmeren Bürgern Kinder nicht mehr „sowieso" und „von selber", sondern werden privat „geplant"; das wirkt sich auf die durch die großen Kriege des 20. Jahrhunderts ohnehin schon arg deformierte Bevölkerungspyramide der großen kapitalistischen Nationen seit langem ganz unvorteilhaft aus. Noch Schlimmeres befürchten die Experten, wenn die umfassende „Reform" des proletarischen Lebensstandards, die gerade in Gang ist, die privaten ökonomischen Planungsdaten für einen fröhlichen Kindersegen noch weiter verschlechtert; auf den entgegenwirkenden moralischen Effekt, dass ein eigenes Kind angeblich noch am leichtesten über mancherlei Entbehrungen hinwegtröstet und folglich die allgemeine Verarmung wieder für eine zukunftsträchtige Bevölkerungsstruktur sorgen könnte, mögen sie sich bei allem professionellen Zynismus dann doch nicht verlassen.

Deswegen muten die „global" kalkulierenden Sozial- und Finanzpolitiker in etlichen Ländern ihren Sparhaushalten gegen den allgemeinen „Trend" eine verstärkte *Familienförderung* zu. Die neue Regel, nach der die Unterstützung von „Sozialfällen" nicht den Leuten hilft, sondern die Armut finanziert und dadurch erst aufrechterhält, gilt in diesem Bereich jedenfalls nicht so ohne Weiteres – obwohl sie sich zweifellos auch hier gut anwenden ließe: Statt Beihilfen zu gewähren, damit auch Leute ihre Kinder groß ziehen, die sonst zu arm dazu wären, könnte man sich leicht an die umgekehrte Maxime halten, dass die armen Leute ihr Einkommen und in der Folge den viel zu wohlgesinnten Sozialstaat mit ihrer Kinderproduktion nur deswegen so hemmungslos überfordern, weil es Zuschüsse dazu gibt. In der Tat ist dieser Verdacht auch sehr lebendig – gegen Großfamilien, die ein Kindergeld wirklich ganz nötig brauchen, und schon gleich gegen kopfstarke Ausländerfamilien; für letztere gilt unbesehen, dass sie sich in den Zuständigkeitsbereich der inländischen Familiengesetze eingeschlichen haben und gar nichts verdienen wollen, weil sie sich vom Kindergeld ein gutes Leben machen können.*) Der entsprechende „Paradigmenwechsel" findet in der Familienförderung aber nur ausnahmsweise statt. In den meisten Ländern bleibt es bei dem Grundsatz, dass der Staat die Last, die Eltern sich zumuten, wenn sie Kinder in die kapitalistische Welt setzen, finanziell erleichtert. Der so gern beklagte „Skandal", dass in den reichsten und fortschrittlichsten Nationen Kinder das „Armutsrisiko Nummer 1" darstellen, wird damit nicht aus der Welt geschafft, sondern fortgeschrieben; der systemeigene Widerspruch, dass ganze Familien von einem Lohn leben müssen, der für *Arbeit* bezahlt wird und nicht für den ganzen Haufen Jungvolk, den ein Lohnarbeiter sich aus wer weiß was für Gründen zugelegt hat, bleibt grundsätzlich in Kraft. Um die Bewältigung der Folgen kümmert sich aber nach wie vor der Staat, weil die längerfristige Reproduktion volkseigenen Menschenmaterials nicht zum Erliegen kommen darf; so viel Volkstumspflege muss einfach sein, auch nach Hitler. Sogar neue Ausgaben für Kinderbetreuung halsen manche „öffentlichen Hände" sich auf – erklärtermaßen mit dem Ziel, das nur von besonders reaktionären Anhängern des „Keimzellen"-Gedankens und Mutter-Ideals nicht geteilt wird, auch Frauen mit Kindern zur Mehrung des kapitalistischen Reichtums der Nation tätig werden zu lassen und umgekehrt berufstätigen Frauen die Freuden der nationalen Nachwuchsproduktion zugänglich zu machen. Moderne Sozialpolitiker wollen eben alles, und das am liebsten sofort: die unteren Abteilungen des kapitalistischen Arbeitsmarkts mit weiblicher Arbeitskraft beschicken, den wirklichen sozialpolitischen Skandal beenden, dass Hausfrauen ohne eigene Beitragsleistung bei ihren berufstätigen Ehemännern mitversichert sein können, *und* der Staatsmacht ihr eingeborenes Volk erhalten. Das findet schon wieder niemand zy-

---

*) Je nach agitatorischer Bedarfslage lässt sich diese Sichtweise freilich auch umdrehen; dann ist die in etlichen Kulturkreisen – notgedrungen – noch lebendige Sitte, dass mehrere Generationen großfamiliär zusammenleben und sich wechselseitig als „Sozialversicherung" dienen, ein Vorbild für „zivilgesellschaftliche" Eigeninitiative, an dem die „Wohlfahrtsempfänger" des bürgerlichen Sozialstaats sich ein den öffentlichen Kassen dienliches Beispiel nehmen sollten.

nisch, weil es offiziell natürlich bloß darum geht, die weibliche Hälfte der Bevölkerung in den Genuss einer Mutterschaft *und* jener „Selbstverwirklichung" kommen zu lassen, die in einem weniger idealistischen Sinn in der Marktwirtschaft ja tatsächlich, und das bis ins Rentenalter hinein, vom selbstverdienten Geld und den auf eigene Rechnung abgeführten Sozialbeiträgen abhängt...

Die staatliche Fürsorge für die Familien bildet also eine politisch wohl begründete Ausnahme vom allgemeinen Reformeifer; und die bestätigt die Regel: Die Regierungen der großen und reichen Weltwirtschaftsmächte machen gnadenlos ernst mit ihrer „Erkenntnis", dass ihr herkömmliches Sozialwesen, so nützlich es für die Formierung ihrer Klassengesellschaft gewesen sein mag, sich mit der Konkurrenz ums Geld der Welt, die sie unter dem Titel „Globalisierung" angezettelt haben, einfach nicht mehr verträgt. Die Lohnkosten sind ihnen zu hoch, den Luxus, Armut zu finanzieren, mögen sie sich definitiv nicht mehr leisten: Die Reproduktion der arbeitnehmenden Klasse muss billiger gehen. Die Folgen bleiben nicht aus; mit ihnen wird längst gerechnet. Für ihre Bewältigung besinnt sich die Sozialpolitik des 3. Jahrtausends auf bewährte Methoden aus der Frühzeit staatlicher Volksbetreuung: Gegen überhand nehmende Bettelei hilft deren Kriminalisierung und die polizeiliche Straßenreinigung in den besseren Vierteln und den „guten Stuben" der Metropolen. Vermehrte Schwarzarbeit wird mit einer Ausweispflicht auf Baustellen und verschärften Polizeirazzien bekämpft. Gegen Kinder- und Jugendkriminalität wirkt „null Toleranz", gegen Kriminalität überhaupt eine schnellere Verurteilung und ein abschreckender Strafvollzug. Die allgemeinbildenden Schulen müssen dazu – wieder – ihren konstruktiven Beitrag leisten und sich als Verwahranstalten für verwahrlosenden Nachwuchs bewähren. Gut trifft es sich, dass der untere Rand der modernen Klassengesellschaft zu großen Teilen von bloß geduldeten Ausländern besetzt ist: Die werden abgeschoben, wohin auch immer; wenn das einem Todesurteil nahekommt, steigert das nur den erwünschten Abschreckungseffekt. Aber natürlich ist Polizei nicht alles: Analog zu den Trinkerheilanstalten des 19. Jahrhunderts richtet das 21. Fixerstuben zur Drogentherapie ein.

Mit der Opposition einer Arbeiterbewegung bekommt es die Staatsgewalt bei alledem nicht zu tun; da hat sie es deutlich leichter als der vordemokratische „Obrigkeitsstaat". Unfrieden stiftet statt dessen eine Sumpfblüte ihrer eigenen Politik des gewaltsamen Durchgreifens gegen den Pauperismus und der ausländerrechtlichen Sortierung der Ar-

beiterklasse: In den wohlgeordneten Zentren der „Globalisierung"
macht sich ein *proletarischer Rechtsradikalismus* breit. Skinheads vergreifen sich ohne staatliche Lizenz an „volksfremden Elementen";
rechtsradikale Oppositionsparteien irritieren die etablierten demokratischen Parteien, stören womöglich sogar deren gewohntes Kräfteverhältnis: Das ist es, was moderne Arbeitnehmer an Protest zustande
bringen, wenn sie sich in ihrem unverwüstlichen Glauben an die „starke Hand" des Staates – also, immerhin, an die Quintessenz dessen, was
ihre demokratische Obrigkeit ihnen an zeitgemäßer Sozialpolitik bietet! – enttäuscht finden. Regierungen freilich, die mit großem Welter-
folg den Kapitalismus „globalisieren", die deswegen und dafür nötigen
militärischen Exempel statuieren, nach innen eine „neue Armut"
durchorganisieren und ihre Polizeigewalt „terrorismusfest" aufrüsten –
die lassen sich von rechts nicht so leicht überholen.

Auch dann nicht und schon gar nicht, wenn sie von den ehemals linken Erben der politischen Arbeiterbewegung gestellt werden.

e) „New Labor":
Europas Sozialdemokratie schafft die Arbeiterklasse ab

In den europäischen Heimatländern der einstigen Arbeiterbewegung
und des sozialen Gedankens tun sich die sozialdemokratischen Partei-
en als Vorkämpfer all der politischen und sozialen Veränderungen her-
vor, die zum Kampfprogramm der großen Weltwirtschaftsmächte in ihrer Konkurrenz ums Geld der Welt gehören. Als Anwälte und Verwalter dieser nationalen Sache lassen sie sich von keiner „bürgerlichen"
oder „rechten" Alternative an wirtschaftspolitischer Kompetenz, haus-
haltspolitischer Intransigenz und sozialpolitischer Konsequenz über-
treffen. Mit ihrer „Spar"- und „Reformpolitik" setzen sie Maßstäbe für
die Alternativangebote der anderen Parteien zur Effektivierung und
Verbilligung der nationalen Lohnarbeit.

Nun muss man sich über so viel sozialdemokratisches Engagement
für die Nation und zum Nachteil der materiellen Bedürfnisse des lohnarbeitenden Volks nicht weiter verwundern. Der „soziale Gedanke",
dem die führende politische Partei der Arbeiterbewegung stets treu geblieben ist, hat schon immer in dem Versprechen bestanden, den Kapitalismus und nicht irgend ein anderes „System" arbeiterfreundlich aus-
zugestalten. Und bei der Einlösung dieses Versprechens sind Sozialdemokraten noch allemal der Erkenntnis gefolgt, dass die Bedienung der
berechtigten Belange des Arbeitnehmerstandes bei den zuständigen Instanzen, den Sozialpolitikern und den Arbeitgebern, beantragt werden

muss und nur dann erwartet werden kann, wenn es „der Wirtschaft" und dem Staatshaushalt gut geht; woraus glasklar folgt, dass die Förderung des Geschäftemachens die beste Sozialpolitik ist. Dass es dabei und dafür vor allem auf eine durchsetzungsfähige Staatsgewalt ankommt, durchsetzungsfähig speziell gegen „übertriebene" Forderungen von „unten"; dass, bevor an volksfreundliche Leistungen welcher Art auch immer auch nur zu denken ist, die politische Herrschaft „erst einmal" ihren eigenen Erfolgskriterien genügen muss; dass deswegen die Selbstbehauptung der Nation im internationalen Konkurrenzkampf, mit friedlichen und notfalls auch unfriedlichen Mitteln, vor jeder Rücksichtnahme auf die dafür benutzten Massen rangiert: Das alles hat der sozialdemokratische Hauptzweig der Arbeiterbewegung immer anerkannt, wenn es darauf ankam; und wenn er die Lizenz zum Regieren errungen hatte, hat er es immer genau so gehalten und gegen unzufriedene Proletarier und oppositionelle Gesellen die nötigen staatlichen Gewaltmittel zum Einsatz gebracht. Insofern ist es folgerichtig, wenn Sozialdemokraten in Zeiten der „Globalisierung" begreifen und anerkennen, dass in der Konkurrenz der kapitalistischen Nationen ums solideste Weltgeld die alles entscheidende politische Alternative auf dem Spiel steht, ob nämlich die eigene Nation eine Weltwirtschaftsmacht oder gar nichts ist, und dementsprechend handeln.

In der Demokratie lässt aber selbst ein so eindeutiges Programm herkömmlicherweise noch etwas unterschiedliche Lesarten zu, mit denen rivalisierende Parteien, bei allem Konsens in der Sache, sich gegeneinander profilieren können: mehr „rechts" im Sinne einer unkonditionierten Befürwortung der Macht des Staates und der exklusiven Kommandogewalt des Geldes oder mehr „links" in dem Sinn, dass man die staatsbürgerliche Grundgleichung einer nützlichen Gewalt mehr auf dem Adjektiv betont, die Herstellung sozialer Gerechtigkeit als den wahren tieferen Sinn des staatlichen Gewaltmonopols ausgibt und noch bei den härtesten politischen Maßnahmen darauf besteht, sie wären arbeitnehmerfreundlich gemeint. Diese „linke" Position haben Europas Sozialdemokraten über mehr als ein Jahrhundert propagiert. Und immerhin ist es ihnen damit gelungen, den umstürzlerischen Elan der Arbeiterbewegung auf das Ziel parlamentarisch beantragter Reformen hinzulenken, die Verheißung einer besseren als der jeweils herrschenden bürgerlich-kapitalistischen Welt zum „Grundwert" zu verklären und das Proletariat politisch zur Stammwählerschaft zu erziehen. Auch noch nach ihrem ausführlich zelebrierten Abschied aus dem „Ghetto" der klassenbewussten proletarischen Minderheit der Gesellschaft und im Zeichen ihrer neuen Karriere als klassenlose „Volkspartei" hat die Sozialdemokratie über Jahrzehnte das Ideal eines immer sozialeren Gemeinwesens als letzten Bezugspunkt ihrer Politik gepflegt – so wie andere Parteien ihr christliches Menschenbild als Gütesiegel des Absolutismus der Staatsautorität. Die Regierungtätigkeit ihrer „bürgerlichen" Gegner hat sie mit dem Vorwurf mangelnder Arbeitnehmerfreundlichkeit belegt, die eigene genau gleichgeartete Machtausübung mit einem verlogenen „leider!" als den besten Kompromiss gerechtfertigt, den „die Verhältnisse" zugelassen hätten und der der „Realität" abzuringen gewesen wäre. Den demokratischen Konsens über die Essentials der Nation hat die Partei so um den Gestus der Fürsorge für notorisch schlecht behandelte Interessen und um die Attitüde der Toleranz gegenüber kritischen Positionen bereichert – womit praktischerweise gleich umgekehrt die Reichweite legitimer Interessen definiert, das zulässige Meinungsspektrum umschrieben und das Maß an Duldung festgelegt war, mit dem nach „links" abweichende Standpunkte zu rechnen hatten.

Insofern ist es dann doch bemerkenswert, dass die „neue" Sozialdemokratie so entschieden vom „Leitbild" der eher „links" angesiedelten, dem Arbeitnehmerstand besonders nahe stehenden politischen Kraft Abstand nimmt, überhaupt jede besondere Affinität zu den minder bemittelten Teilen der Klassengesellschaft vehement dementiert – als „Partei der Schlechterverdienenden" will sie auf gar keinen Fall mehr gelten –, von irgendwelchen Vorbehalten gegen Kapital, Staatsgewalt und Vaterland definitiv nichts mehr wissen will, sogar ihr billiges Bedauern über die Opfer ihrer Politik als national verantwortungslose soziale Miesmacherei verwirft und statt dessen als neues Markenzeichen ihrer fortschrittlichen Gesinnung die Entschlossenheit hervorhebt, mit der sie die kapitalistische Aufrüstung des nationalen Wirtschaftsstandorts einschließlich „Haushaltssanierung" und „Rettung des Sozialstaats" betreibt. Die *professionellsten* Staatsmacher und Wirtschaftspolitiker wollen die „globalisierten" Sozialdemokraten nicht bloß sein, als solche wollen sie anerkannt sein und gewählt werden. Damit legen sie – einerseits bloß... – ein Stück Heuchelei ab, das zu ihrem Traditionsbestand gezählt und im demokratischen Wettbewerb seinen Dienst getan hat. Doch das tun sie ganz gewiss nicht aus frisch erwachter Ehrlichkeit, zwar mit, aber auch nicht *aus* regierungsamtlichem Zynismus. Die Partei hält ihre herkömmliche ideologische und werbetechnische Akzentsetzung tatsächlich ganz einfach für obsolet: für überflüssig, was ihre Stammwählerschaft, für hinderlich, was ihre Karriere als

„strukturelle" Mehrheitspartei in der Demokratie des 21. Jahrhunderts betrifft. Und in diesem Kalkül steckt – andererseits dann doch... – ein nicht unbedeutender Fortschritt: *Mit der Arbeiterbewegung ist es aus, ihre Geschichte ist zu Ende!* Die Partei selbst, die diese Bewegung mit Erfolg politisch monopolisiert hat, verwirft die – in ihrem Eigennamen zusammengefasste! – Auffassung, *demokratische* Politik sollte *„sozial"* sein, sich also auf die sozialen Charaktere, die „sozioökonomisch" definierten Abteilungen der regierten Klassengesellschaft beziehen und sich darum bemühen, den besonderen Anliegen der Massenbasis des Gemeinwesens Genüge zu tun. Ihre eigene Bezugnahme auf diese Basis, auf einen politökonomisch identifizierbaren Wähler-„Stamm", erklärt sie für nicht mehr haltbar, weil *gegenstandslos; sie* kennt keine derartige „Gesellschaftsschicht" mehr und schon gar keinen politischen Inhalt, der damit zu verbinden wäre. Damit bescheinigt sie der Klassengesellschaft den definitiven Erfolg, die politische Emanzipation des Proletariats vollendet zu haben; in dem radikalen Sinn, dass das Proletariat sich *von* seiner Klassenlage emanzipiert hat, *zu* einem Dasein als politisch ununterscheidbare Teilmenge der wahlberechtigten Bürgerschaft. Eine *Arbeiterklasse existiert politisch nicht mehr.*

Den bürgerlichen Staat sprechen die Sozialdemokraten damit ganz prinzipiell von „sozialen" Forderungen und Ansprüchen des Proletariats frei. Sie ziehen nicht bloß irgendwelche arbeitnehmerfreundlichen Programmpunkte, sondern den Maßstab selbst, die Messlatte der Arbeitnehmerfreundlichkeit, als politikfremdes Kriterium aus dem Verkehr. Weiter so zu tun, als müsste eine materiell weniger gut gestellte Mannschaft von Staats wegen speziell umsorgt und erst noch vollends ins kapitalistische Gemeinwesen „integriert" werden und als müsste eine demokratische Regierung durch besondere Rücksichtnahme die Volksmassen mit der über sie ausgeübten Herrschaft versöhnen, das wäre für moderne Sozialdemokraten ein Rückfall in glücklich überwundene Zeiten. Heute lassen sie ein irgendwie distanziertes Verhältnis der arbeitenden Mehrheit zu Staat und Kapital einfach nicht mehr zu. Mit ihrem traditionsreichen „leider!" werben sie nicht mehr, kokettieren nicht einmal mit einer skeptischen Attitüde, weil sie beim wahlberechtigten Volk und in der Öffentlichkeit den Standpunkt des kritischen Vorbehalts gegen Geschäftemacherei und Staatsgewalt, und sei es als Ausgangspunkt für den Entschluss zur Loyalität, restlos tilgen wollen. Damit modifizieren sie – einerseits bloß... – die politische Stimmung im Land: Sie säubern das demokratische Meinungsspektrum von dem Standpunkt, es könnte erfolgversprechend, politisch sinnvoll oder überhaupt nur in Ordnung und gestattet sein, sich zum Staat und seiner politischen Ökonomie irgendwie anders zu stellen als bedingungs*los* affirmativ. Eben damit stellen sie – andererseits... – ihrem Staatswesen einen nicht unbedeutenden Freibrief aus: Dem Klassenstaat, der die „Integration" der Arbeiterklasse bis zu ihrer politischen Auslöschung vollendet hat, attestieren sie das uneingeschränkte Recht auf die offensive und offensiv *rücksichtslose Anwendung seiner Macht.* Der *erfolgreiche Abschluss* einer über hundertjährigen Geschichte der politischen Einbindung der Arbeiterbewegung und der fortschreitenden Funktionalisierung der Arbeiterklasse – so die politischen Erben dieser Historie – *berechtigt und ermächtigt den Staat zu seinem neuen Aufbruch.*

So findet das Proletariat sein gerechtes Ende – als vollkommen inkorporierte Manövriermasse von Kapital und Staat im totalen Konkurrenzkampf der imperialistischen Weltmächte.

6. Der „subjektive Faktor":
Vom freiheitlichen Selbstbewusstsein
des modernen Proletariers

a) Und die Proletarier selbst?

Die haben einen Weg gefunden, sich mit ihrer Indienstnahme nicht
bloß abzufinden, sondern regelrecht zu identifizieren. Nichts an ihrem
Dasein haben sie selber wirklich im Griff – aber die *Einbildung,* sie
hätten alles im Griff, die wird gepflegt. Von morgens bis abends handeln sie nach fremdem Kommando, im Auftrag von Arbeitgebern, nach
dem Willen von Politikern, gemäß den Angeboten und Vorgaben des
Marktes usw., und daran ändern sie auch nichts, nehmen nichts davon
selber in die Hand – aber eine Aufführung legen sie hin, als hätten sie
alles selbst erfunden und das Kommando darüber. Statt dass sie ihren
Verstand darauf verwenden, sich ein richtiges Bewusstsein von ihrer
Lebenslage und deren Gründen zu erwerben, demonstrieren sie das
Selbstbewusstsein, sowieso Herr der Lage zu sein; alles lassen sie sich
gefallen, aber *darauf* lassen sie nichts kommen. Den Verhältnissen, die
ihnen vorgesetzt werden, den Interessen, denen sie als nützliche Idioten zu Diensten sind, krümmen sie kein Härchen – aber für ihren Stolz
gehen sie über Leichen, notfalls buchstäblich. Sie benehmen sich, als
wollten sie immerzu höchstpersönlich bezeugen, was für widerliche Er-
scheinungen die gesellschaftlichen Klassen im Kapitalismus sind – und
wie bitter notwendig eine kommunistische Revolution ist; schon allein,
damit die Damen und Herren Arbeitnehmer endlich aufhören, sich als
die Arschlöcher von Staat und Kapital aufzuführen.[*]

---

[*] Dass es völlig unkorrekt ist, erstens so unverschämt und zweitens so
    pauschal über so viele ganz unterschiedliche und unterschiedslos ehr-
    bare Individuen daherzureden, wie das hier geschieht, ist den Autoren
    bekannt und bedarf folglich keiner Erinnerung durch empörte Leser,
    die von sich und anderen Arbeitnehmern einen ganz anderen Eindruck
    und eine viel bessere Meinung haben. Natürlich kennt jeder irgendwel-
    che Leute, die sich in ihrer Lohnabhängigkeit überhaupt nicht so
    schlimm aufführen, wie das hier und im Folgenden behauptet wird.
    Aber das wäre ja auch noch schöner und endgültig nicht mehr auszu-
    halten, wenn jedes Exemplar der sozialen Gattung, von der hier die
    Rede ist, sämtliche einschlägigen Charaktermasken-Merkmale, und die
    auch noch uneingeschränkt, aufweisen würde. Die Ähnlichkeiten mit le-

Andersherum gesagt: Mit dem Charakter, den sie sich zugelegt haben, bieten am Ende und zu allem Überfluss auch noch die *Opfer* der kapitalistischen Produktionsweise die Gewähr, dass Marktwirtschaft und Klassenstaat so unverwüstlich fortbestehen. Deswegen noch einmal höflich, im Einzelnen und nacheinander, warum Kommunisten das Proletariat so wenig leiden können, dass sie nicht zuletzt deswegen gleich den ganzen Kapitalismus abschaffen wollen.

(1) Proletarischer „Realismus"

Moderne Lohnarbeiter sind *Realisten.* Sie „nehmen die Dinge, wie sie kommen", ohne sich über deren „Veränderbarkeit" und erst recht über ihre eigenen „Einflussmöglichkeiten" irgendwelche „Illusionen zu machen". Dass besagte „Dinge" für sie allerhand Zumutungen enthalten, ihre Lebensbedingungen gründliche „Veränderungen" ganz gut gebrauchen könnten, leugnen sie gar nicht. Das räumen sie im Gegenteil mit der größten Selbstverständlichkeit ein – nur um von jeder diesbezüglichen *Absicht,* vom *Willen* zu eingreifenden Korrekturen an der gegebenen Realität, genau so grundsätzlich und selbstverständlich *Abstand zu nehmen.* Als hätten sie alles probiert, um gegen den „Gang der Dinge" aufzubegehren, und einsehen müssen, dass das alles doch „zu nichts führt"; als wären sie „aus Erfahrung klug geworden" und nach intensivem Bemühen zu dem Schluss gelangt, dass „die Verhältnisse" bei aller anerkannten Notwendigkeit, etwas dagegen zu unternehmen, „ja doch nicht zu ändern sind": Mit dem lächerlichen Gestus der *weise gewordenen Ohnmacht* nicken lauter mündige, urteilsfähige, selbstbe-

benden Personen der Zeitgeschichte sind auch so schon zahlreich genug. Im Übrigen ist die Kritik an dem Ehren-Standpunkt, mit dem moderne Arbeitnehmer ihr lohnabhängiges Dasein zu bewältigen pflegen, nicht gut ausgerechnet dadurch zu entkräften, dass man für das Recht auf Ehre Partei ergreift, das in einer freiheitlich-egalitären Gesellschaft jedem und folglich auch diesem sozialen Menschenschlag zuzubilligen wäre. Wer es trotzdem vorzieht, sich – sei es persönlich, sei es stellvertretend für alle „netten" Proleten – beleidigt zu fühlen, der mag sich trösten: Den Arbeitgebern und den politischen Machthabern, den Meinungsmachern und den Experten für Psyche und Soziales, also allen, die in der Gesellschaft etwas zu sagen haben, sind die Arbeitnehmer von heute genau so, wie sie sind, uneingeschränkt recht. Die wissen, was sie an ihren Lohnarbeitern haben, und erweisen der Würde der proletarischen Persönlichkeit gerne jeden gewünschten Respekt, den dieses Kapitel vermissen lässt.

wusste Arbeitnehmer, die praktisch noch nie gegen irgend etwas Einspruch eingelegt haben, pauschal alles ab, was mit ihnen angestellt wird. Von Alternativen zu der kapitalistischen Welt, in die es sie verschlagen hat, womöglich von solchen, die sie erst selber zu schaffen hätten, wollen sie nichts wissen; das verbietet ihnen ihr „Realismus" – gerade so, als wäre die Tatsache der Lohnarbeit auch schon der notwendige und hinreichende Grund dafür, dass daran nichts zu ändern ist. Sie haben ganz schlicht eine *Entscheidung* getroffen. Und indem sie sich dafür auf „die Realität" berufen, geben sie auch noch zu Protokoll, dass sie dafür *kein Argument* haben – aber auch keines *brauchen:* Dass die Welt so ist, wie sie ist, soll ja schon „Argument" genug sein, dass das auch so bleibt und in Ordnung geht.

Bei dem „Realismus", den moderne Proletarier zu ihrer ersten Lebensmaxime erkoren haben, handelt es sich um einen entschlossen eingenommenen *Standpunkt,* der nicht das Geringste mit der Selbstverständlichkeit zu tun hat, dass ein vernünftiger Mensch Fakten zur Kenntnis nimmt und sein Planen und Handeln besser nicht an Wahngebilden ausrichtet. Die kapitalistischen Tatsachen, die real existierenden Notwendigkeiten und Sachzwänge des Arbeitnehmerdaseins werden ja gerade *nicht realistisch* als das genommen, was sie sind: Techniken der Ausbeutung, die dank staatlicher Gewalt zu allgemein und flächendeckend geltenden gesellschaftlichen Existenzbedingungen geworden sind. Sich *dazu realistisch* zu stellen, würde ja bedeuten: Man konstatiert erst einmal gründlich den Gegensatz zwischen den eigenen Bedürfnissen und den gesellschaftlichen Interessen, die den Rang von Voraussetzungen für jedes eigene Planen und Handeln besitzen; man ermittelt den Grund dieses Gegensatzes und der ebenso eindeutigen wie einseitigen Rangfolge der gesellschaftlichen Interessen; man überlegt sich Mittel und Wege, sich von den herrschenden feindlichen Bedingungen des eigenen Interesses freizumachen; man tut sich dafür mit gleichermaßen betroffenen und geschädigten Zeitgenossen zusammen... Das genaue Gegenteil wird gewollt und zur unabweisbaren Selbstverständlichkeit erklärt, wenn moderne Arbeitnehmer sich als „Realisten" bekennen, pauschal „einsehen", dass es sich bei ihren Bedürfnissen um nur sehr bedingt geltende fromme Wünsche handelt; wenn sie gescheiterte Interessen als unverbindlichen „Lebenstraum" weiterpflegen, den bestenfalls eine „Lotto-Fee" erfüllen kann, und sich von einer Kritik an den fundamentalen Realitäten der Marktwirtschaft „nichts versprechen". Solche Leute sind entschlossen, *sich anzupassen* – nicht die Existenzbedingungen, die ihnen vorgeknallt werden, an ihren vernünftig ermittelten gemeinsamen Nutzen, sondern alle eigenen Nutzenerwägungen an die herrschenden Interessen, die eingerichteten Prioritäten und die durchgesetzten Zwänge. Ihr „Realismus" ist *Wille zur Unterwerfung,* sonst gar nichts. Und indem sie den für das einzig „Realistische" ausgeben, legen sie auch noch ein Bekenntnis dazu ab, dass sie jede Alternative und jede Änderung bedingungslos ablehnen.

Diesen Standpunkt machen moderne Arbeitnehmer allerdings mit großer Entschiedenheit geltend. Wer den herrschenden Verhältnissen ihre Selbstverständlichkeit bestreitet und theoretisch auf den Grund gehen will, hat „keine Ahnung", wie es praktisch zugeht auf der Welt. Wer praktisch Verhältnisse umstoßen will, an die die „realistische" Menschheit sich gewöhnt hat, der macht sich erst recht die dümmsten Illusionen; darüber nämlich, wie *hart* die herrschenden Zwänge sind, die er meint außer Kraft setzen zu können. Kritik und Änderungswille sind einfach weltfremd; und wer davon trotzdem nicht abläss, dem fehlt es ganz offensichtlich – nicht etwa an *guten* Erfahrungen mit der Welt, die er verändern will, sondern ausgerechnet an *den schlechten* Erfahrungen, die alle diejenigen für sich reklamieren, die zugleich von Kritik und Veränderung *nichts* wissen wollen. Je kritik*würdiger* die soziale Realität, um so *abseitiger* ist es, sie in praktischer Absicht zu kritisieren; je *notwendiger* ein praktischer Einspruch gegen den Gang der politökonomischen Dinge, um so *verrückter* der Wille, Einspruch einzulegen: Die Logik ist total verdreht, aber total geläufig – und „menschlich verständlich" will sie auch noch sein. Denn aus allen Einwänden gegen das *Lohnsystem* hört der moderne Proletarier nichts anderes heraus als einen *Angriff auf sich:* auf seine Bereitschaft, mit Lohnarbeit über die Runden zu kommen; und *das* „braucht" er sich nicht „auch noch" gefallen zu lassen. Lieber lässt er sich nach Strich und Faden ausnutzen, als dass er sich eben dies sagen ließe. Und für die Anregung, sich mit seinesgleichen zusammenzuschließen, um für sich etwas auszurichten, hat er schon gar nichts übrig: *Die andern* würden dabei nie und nimmer mitmachen, das weiß jedes selbstbewusste Individuum von sich selbst am allerbesten.

Sehr entschlossen also nehmen mit Lebensweisheit vollgesogene Proletarier Partei für genau die Verhältnisse, mit denen sie eingestandenermaßen schlecht fahren und in denen sie nichts zu melden und zu bestellen haben. Das ist aber bloß der Auftakt. Kaum haben sie sich zu ihrer Ohnmacht bekannt, strengen sie auch schon den lebenslangen Beweis an, dass ein total autonomes Subjekt in ihnen steckt, das ganz sein eigener Herr ist, niemandem hörig und erst recht niemandem rechenschaftspflichtig, voller Unternehmungsgeist und Änderungswillen. All die „Dinge", an denen „realistischerweise" „nun mal" nichts zu ändern ist, *brauchen* nämlich auch überhaupt nicht verändert zu werden, weil es ohnehin nur darauf ankommt, *„was der einzelne aus seinem Leben macht"*. Die Indienstnahme der eigenen Arbeitskraft *durch* die herrschenden Instanzen und *für* die herrschenden Interessen ist quasi nicht der Rede wert, weil damit das Entscheidende überhaupt erst losgeht: der ganz unverwechselbar eigene Lebenslauf, den ein jeder sich nach eigenem Geschmack zusammenzubastelt. Denn mit der Lohnarbeit verhält es sich nach Ansicht derer, die sie leisten und es also wissen müssen, wie nach Ansicht der Zementindustrie mit dem Beton: Es kommt darauf an, was man daraus macht.

Und: *Was machen sie daraus?*

Ganz einfach: *das Bestmögliche.* Und das ist – egal, was es sonst noch ist – auf alle Fälle ein einziges *großes Dementi:* Sie sind alles andere, nur nicht das, was sie sind – die lohnabhängige Manövriermasse von Kapitalisten und staatlichen Machthabern. Denn dann wären sie ja, so viel Einsicht ist in ihrem „Realismus" allemal enthalten, der Arsch der Nation – und wer will das schon sein? Diejenigen, die es sind, jedenfalls nicht. Und weil sie in der Realität nichts dagegen unternehmen, unternehmen sie in ihrer Einbildung um so mehr. Was immer mit ihnen angestellt wird, sie führen sich auf, als käme es dabei im Guten wie im Schlechten auf sie an. Statt sich handfest darum zu kümmern, dass es im materiellen Leben ihrer Gesellschaft endlich mal wirklich um sie und ihren Nutzen geht, tun sie so, als würde sich *eigentlich* und *letztlich* sowieso alles um sie drehen. Sie legen sich einen ganz höchstpersönlichen Charakter zu – und bringen es damit doch nie weiter als bis zur leicht verzerrten affirmativen Widerspiegelung all der Zwänge und Notwendigkeiten, die ihnen aus ihrer politökonomischen Lage erwachsen.

(2) Proletarische Identitäten

Wenn moderne Arbeitnehmer zur Arbeit gehen, wissen sie natürlich, dass sie im Interesse des Unternehmens und seiner Bilanzen tätig werden und nach dessen Kalkulationen herangenommen und entlohnt werden. Als eindeutig einseitiges Benutzungsverhältnis sehen sie das aber nicht; eine so abschätzige Auffassung von ihrem Dienst lehnen sie ab. Viel lieber denken sie sich die Ausnutzung ihrer Arbeitskraft so, dass erstens *sie* den *Betrieb benutzen,* als *ihre* souverän gehandhabte Einkommensquelle nämlich, und dass zweitens der *Betrieb sie benötigt,* sie persönlich, weil nur sie mit ihrer Betriebserfahrung, ihrer Findigkeit, ihrem Engagement oder sonst irgendeiner Tugend den Laden überhaupt am Laufen halten. Dabei liegt es ihnen völlig fern, dem Unternehmen mit Ansprüchen materieller Art zu kommen, ihm womöglich eine erpresserische Gegenrechnung zu seinen Leistungsanforderungen und seiner Lohndrückerei aufzumachen, wenn sie sich schon für so unentbehrlich halten. Ein moderner Arbeitnehmer nimmt eine Um- und Aufrechnung anderer, höherer Art vor: Den Ansprüchen, die seine Chefs an ihn stellen, entnimmt er die *Wichtigkeit* der eigenen Person; wo er herangenommen und verschlissen wird, sieht er sich im Mittelpunkt des Betriebsablaufs, gefällt sich in der Vorstellung, der *eigentliche* Herr des Geschehens zu sein. Am Ende macht er in seiner Vorstellung und manch einer sogar praktisch den moralischen Übergang, sich für den Betrieb „aufzureiben", was ihm natürlich wieder mal niemand dankt; dafür darf er aber das gute Gefühl haben, zu den wenigen zu gehören, von denen das ganze Unternehmen letztlich abhängt. So bringt ihm die materielle Belastung durch seine Arbeit schon mal per se ein gutes Stück ideeller Entschädigung ein. Den materiellen Lohn vergisst er darüber freilich nicht; im Gegenteil. Gerade von seinem höheren moralischen Standpunkt aus ist der ihm besonders wichtig. Das verdiente Geld steht nämlich nicht bloß für seinen Lebensunterhalt, sondern – nach dem Motto: „Gutes Geld für gute Arbeit" – für die *Würdigung seiner Verdienste* um das Unternehmen, auf die er ein Recht hat, und zugleich umgekehrt für den Schein, auf den er als selbstbewusster Mitarbeiter allergrößten Wert legt: dass keineswegs bloß der Betrieb seine Arbeitskraft benutzt, sondern mindestens eben so sehr *er den Betrieb;* dass er *nicht* ist, was er doch bloß *ist,* Knecht fremder ökonomischer Zwecke, sondern *er* das *Subjekt* und die Firma *sein Mittel,* um an Geld zu kommen. Andernfalls müsste er sich glatt wie „der Depp der Firma" vorkommen – denn dass Klugheit in dieser Gesellschaft darin besteht, die Welt möglichst einseitig für sich und seinen Vorteil zu gebrauchen und dabei gut abzuschneiden, das haben moderne Proletarier begriffen und voll akzeptiert. Deswegen lügen sie sich gerne Erfolge beim Geldverdienen in die Tasche, die sie gar nicht haben, und finden sich dabei enorm schlau. Die Rolle des „Blödmanns" reservieren sie für Kollegen, die sich im Betrieb „totarbeiten" und doch auf keinen grünen Zweig kommen; neidvoll bewundern sie umgekehrt jeden, dem offenkundig das Gegenteil gelingt. Wer sich seiner Position als dicke Nummer in der Firma sicher ist, der kokettiert schon mal mit der „Deppen"-Rolle; wenn er wirklich den Eindruck hat, dass ihm ganz extra übel mitgespielt wird, dann begehrt er unter dem Gesichtspunkt dagegen auf, dass er sich zwar einiges gefallen, sich aber nicht „für dumm verkaufen" lässt: Als Lohnabhängiger gut dazustehen, ist eben eine *Frage der Ehre.* Das ist verräterisch genug, zeigt nämlich, dass in der schnöden materiellen Wirklichkeit das Verhältnis zwischen Arbeitsaufwand und Ertrag für Lohnarbeiter *nicht* aufgeht – aber daraus machen die partout *keinen politökonomischen Streitfall,* sondern eben ein *Anerkennungsproblem.* Als Ehrenmann besteht der moderne Proletarier gegen alle Realitäten auf seiner Überzeugung, *kein* austauschbares „Rädchen im Getriebe", sondern dank persönlichem Geschick und Durchsetzungsvermögen, aus eigener Tüchtigkeit und Schlauheit auch im Betrieb sein eigener Herr zu sein und voll auf seine Kosten zu kommen – so wie umgekehrt die Firma ohne ihn nicht vom Fleck käme. Wenn die ihm mit einem Rausschmiss unwiderleglich das Gegenteil beweist, dann ist er dementsprechend nicht bloß sein Einkommen los: Sein *Selbstbewusstsein* ist angegriffen. Dann halten die einen sich mit gerechter Empörung über ungerechte Behandlung schadlos oder mit einer total schlechten Meinung über das Management, das mal wieder überhaupt nicht durchblickt, wer was kann und von wem der Laden wirklich abhängt. Manchmal bleibt aber auch bloß ein Häuflein Elend übrig, das hauptsächlich unter der vorgestellten Erniedrigung leidet und seine Entlassung deshalb am liebsten vor der ganzen Welt verbirgt. So entschieden *identifiziert* sich der moderne „Mitarbeiter" mit Job und Firma; er meint es richtig ernst, wenn er das Kapital, das ihn vernutzt, als *sein Unternehmen* bezeichnet.

Genau so ernst meinen es dieselben lohnabhängigen Zeitgenossen freilich auch, wenn sie kundtun, dass Job und Firma ihnen eigentlich gar nicht so wichtig sind, weil das wahre Leben sowieso erst hinterher losgeht, nach der Arbeit, außerhalb des Betriebs. *Sie* jedenfalls leben nicht, um zu arbeiten, sondern gehen bloß zur Arbeit, um sich von den verdienten Erträgen ein schönes Leben zu machen. Und was für eines! Nicht umsonst stellt ihnen ein ganzer Industriezweig, die Werbebranche, immerfort eindringlich vor Augen, auf wieviel Lebensglück der heutige Mensch ein Anrecht hat. Und sie lügt ja nicht, die Werbung. Das ganze Angebot gibt es tatsächlich, ein nicht enden wollendes Schlaraffenland für mündige Arbeitnehmer, die nur die eine Bedingung erfüllen müssen, dass ihnen die *unbegrenzte Möglichkeit* des Genusses weit mehr bedeutet als die arg *beschränkte Wirklichkeit* dessen, was sie *sich leisten können.* Wenn sie dann doch, nur allzu früh, an die Schranken ihres privaten Budgets stoßen – und wenn sie sich nicht trauen, in souveräner Ignoranz ihre Rechnungen einfach liegen zu lassen... –, dann hilft umgekehrt das abgeklärte Urteil weiter, bei den meisten Sachen, die unerreichbar bleiben, handelte es sich ja doch bloß um überflüssiges dummes Zeug, das irgendwelche Werbe-Fuzzis dem redlichen Arbeitsmann nur aufschwatzen wollten, um an sein Geld zu kommen. Wie wahr: Mit ihrem Einkommen und ihrem Lebensunterhalt bleiben Lohnarbeiter tatsächlich funktionelle Elemente des Kapitalkreislaufs; was an sie gezahlt und von ihnen verprasst wird, *ist und bleibt* ein Stück Kapital mit der Bestimmung, in die Kassen der Unternehmer zurückzufließen. Aber so politökonomisch ist die lebenskluge Einsicht in die „Tücken" der Marktwirtschaft gar nicht gemeint; ein moderner Arbeitnehmer könnte damit auch gar nichts anfangen. Er will nur bemerkt haben, dass es – schon wieder! – nur darauf ankommt, sich nicht übers Ohr hauen und „für dumm verkaufen" zu lassen. Das Erfolgserlebnis, ein Schnäppchen heimgebracht zu haben, ist deswegen regelmäßig der größere Genuss, nämlich an der eigenen erfolgreich umsichtigen Persönlichkeit, als der Gebrauch des erschnappten Artikels selber. Umgekehrt wird dessen Genuss nur allzu gründlich durch die Feststellung verdorben, dass es ihn woanders noch billiger gegeben hätte, man also als durchblickender Käufer und Meister des Warenangebots *versagt* hat. Auch das ist ein klares Zeugnis *proletarischer Armut,* vor allem aber ein trauriges Dokument der Art und Weise, wie sie *bewältigt* wird: im stolzen Bewusstsein freier Selbstbestimmung. Ganz souverän wirft sich der moderne Proletarier in genau die Rolle des Geld abliefernden Konsumenten, die die Marktwirtschaft für seinesgleichen vorgesehen hat.

Sind alle Herausforderungen an die Kunst des klugen Geldausgebens bestanden, dann geht es um das eigentliche Lebensziel, nämlich: sich mit den erworbenen Mitteln das *Privatleben* zu einem wahren *Reich der Freiheit* herzurichten. Die Abstraktion vom „Reich der Notwendigkeit", von allem, was die Lohnarbeiter-Existenz politökonomisch determiniert: Hier, in der Privatsphäre, wird sie wahr. Nämlich auf Biegen und Brechen wahr*gemacht:* Im unablässigen Kampf um eine lohnende Vergütung für die Anstrengungen ihres Erwerbslebens reiben lebenslustige Proletarier sich gleich noch einmal auf. Ein *Fan* z.B. macht es sich überhaupt nicht leicht, wenn er sein Leben dem Erfolg „seiner" Fußballmannschaft weiht: Er *identifiziert* sich mit dem Verein, misst dessen Toren und Tabellenstand eine weit höhere Bedeutung fürs eigene Befinden bei als den trostlosen Aufs und Abs im eigenen Lebenslauf, verschafft sich so seine Befriedigungen jenseits aller

Drangsale seiner proletarischen Existenz, handelt sich damit freilich auch neue Drangsale ein – und missbraucht auf die Art sein ganzes bisschen Freiheit dafür, Freud und Leid in seinem Leben zu einem guten Teil von Spielergebnissen abhängig zu machen, die er nun wirklich überhaupt nicht in der Hand hat und noch nicht einmal beeinflussen kann. Um so heftiger fällt die Parteinahme aus, die er als selbstverschuldetes passives Anhängsel des Vereins-Schicksals an den Tag legt; sie ist ihm Geld und Emotionen wert; und mancher biedere Bursche macht den Übergang zum Hooligan, der allzeit bereit ist, mit einer Schlägerei für *sein höchstpersönliches Recht* auf gute Ergebnisse einzutreten – gerade wenn die ausbleiben. Mit ebenso großem Ernst wird überhaupt der *Spaß am Leben* in Angriff genommen: Auf Parties oder im Bierzelt vollstrecken selbstbewusste Lebenskünstler ihr Recht darauf, „auch mal was vom Leben zu haben", und entsprechend erbittert spielt sich das Vergnügen dann ab. *Urlaub,* vor allem wenn er in fernen Ländern stattfindet, dient wie sonst kein Privatvergnügen der proletarischen Bildung: Wer ihn gebucht hat, kennt sich aus und hat die Welt im Griff, auch wenn im Grunde nur das Geschäftskalkül einer Billigfluglinie ihn im Griff hat. Ein *Hobby* können ansonsten ganz unauffällige Zeitgenossen sich derart zum Lebensinhalt machen, dass sie sich, was ihre gesellschaftliche „zweite Natur" betrifft, tausendmal eher der klassenübergreifenden Gemeinde beispielsweise der Motorradfahrer oder der Internet-User zurechnen als irgendeinem proletarischen „Milieu" und dort ihren alles entscheidenden Erfolg im Leben nicht bloß suchen, sondern in der Einbildung, sich der Welt bemächtigt und ihr einen ganz selbstbestimmten Genuss abgerungen zu haben, sogar finden. Mit dem *Auto* eröffnen sich auch „Mittelklasse"-Fahrer mitten in ihrem öden Alltag, und feiertags erst recht, noch ein kleines, aber feines Reich der Freiheit: Ganz jenseits aller Konkurrenzvergleiche, denen sie tagtäglich ausgesetzt *werden,* veranstalten sie hier ganz autonom ihren ganz eigenen Wettbewerb um Erfolg und kämpfen an jeder Ampel und bei jedem Überholvorgang über alle Klassenschranken hinweg um ihr staatsbürgerliches Recht auf Vorfahrt – letztere in einem offensichtlich sehr existenziellen, jedenfalls alles andere als verkehrstechnischen Sinn. Und so weiter.

Daneben und vor allem legen moderne Arbeitnehmer sich in Sachen *Liebe, Sex und Familienleben* ins Zeug. Von wegen, es ginge ihnen „bloß" um „das Eine": Kaum haben sie ihren Geschlechtstrieb entdeckt, befrachten Männer wie Frauen ihn auch schon mit enormer Bedeutung. So tiefsinnige Dinge wie der Wunsch nach „Selbstbestätigung" sind maßgeblich mit von der Partie, auch so niedrige wie der Wille, selber einmal Macht über jemanden zu haben – und sei es nur die Verfügungsmacht über die Abbildung nackter Leiber im Internet, das in dieser Hinsicht, noch so ein zivilisatorischer Fortschritt, dem Bahnhofskino längst den Rang abgelaufen hat –; letztlich wird eine Lust von der höheren Art erstrebt: ein *Lebensglück,* das für all die materiellen Bedingungen, unter denen es zustande gebracht werden soll, grundsätzlich und dauerhaft *entschädigt.* Dadurch wird der erlittene Schaden zwar kein bisschen geringer. Dafür bekommt er aber einen *Sinn,* und zwar einen leibhaftigen. Der geschätzte Partner ist die Vergütung, um derentwillen ein Lohnarbeiter sich sein ganzes Erwerbsleben gefallen lässt; *der* hat jetzt dafür geradezustehen, dass die Kompensation des proletarischen Alltags gelingt und Zufriedenheit einkehrt. Wenn das, wie absehbar, schief geht, findet erst recht keine Besinnung auf die politökonomische Sachlage statt, mit deren Bewältigung die verliebten Paare und familiären Kollektive einander so hoffnungslos überfordern; vielmehr wird den jeweils Beteiligten schlagartig klar, *wer* an ihrem „verpfuschten Leben" *eigentlich schuld* ist: Alle frustrierenden Konsequenzen ihrer materiellen Lage nehmen sie *einander übel.* Auf die Art kommen sie bis zum bitteren Ende der Aufgabe nach, die die bürgerliche Gesellschaft und die staatliche Ordnungsmacht für anständige Liebespaare vorgesehen und eingerichtet haben: Als *„Keimzelle des Gemeinwesens"* machen sie sich die Erfüllung all der Notwendigkeiten, denen sie ihr privates Glück abzuringen suchen, freiwillig zum Anliegen und richten ihre unausbleibliche Unzufriedenheit, statt gegen besagte Notwendigkeiten, *gegen einander.*

So werden brave Leute, die sich in ihrem Job alles gefallen lassen und sich beim Einkaufen allenfalls mal einen unauffälligen Ladendiebstahl leisten, ausgerechnet in ihrem Privatleben, der Sphäre von Freiheit und Vergnügen, *offensiv unleidlich.* Dort lassen sie in aller Freiheit „die Sau 'raus", gehen notfalls gewaltsam gegen alles vor, was ihnen ihre kompensatorischen Erfolgserlebnisse verdirbt – Lebenspartner und Kinder, gegnerische Fan-Clubs oder feindliche Autofahrer; auch fremdes Eigentum gerät gelegentlich in Gefahr –, und schaffen da, was ihnen sonst und erst recht dort, wo es nötig wäre, völlig fern liegt: ein *soziales Problem,* das den großen Gewalt*monopolisten* auf den Plan ruft. Der lässt seinem verrohten Fußvolk zwar allerhand Freiheiten. Irgendwann setzt es aber doch von höchster Stelle „Gewalt gegen Personen" – die dann ihrerseits von den jeweils nicht Betroffenen mit offenem Vergnügen als sittlich erbauliches Spektakel begrüßt, beglotzt und bejaht wird.

Was der Staat ansonsten mit ihnen anstellt, in seinen sozialpolitischen Abteilungen vor allem, das nehmen moderne Proletarier wie alle ihre sonstigen Lebensumstände als Stoff und als Vielzahl von Gelegenheiten, sich als *Experten einer erfolgreichen Lebensführung* zu beweisen. In all den offiziellen Funktionen und Dienstverpflichtungen, die ihr Gemeinwesen ihnen aufgibt, kennen sie sich aus und gehen entsprechend souverän damit um. Sie lassen es beispielsweise nicht dabei bewenden, dass ihnen Steuern und Sozialabgaben von ihrem Arbeitsentgelt abgezogen werden – auf die Idee, den Gründen und Zwecken des staatlichen Zugriffs auf ihr Geld ernstlich auf den Grund zu gehen, kommen sie allerdings schon gleich nicht. Viel lieber kehren sie den *Steuerzahler* heraus, der sich als Auftraggeber und Kontrolleur der Geldausgaben seiner Obrigkeit versteht, ohne je irgendeinen Auftrag erteilt und dessen Erfüllung kontrolliert zu haben, und nehmen sich das Recht, an den Fähigkeiten und dem Pflichtbewusstsein ihrer Regenten grundsätzlich herumzuzweifeln. Den Standpunkt des *Beitragszahlers,* der fragwürdige Sozialfälle durchfüttert, machen sie sich so zu eigen, als hätten sie persönlich einen „Generationen-" oder sonstigen Versorgungsvertrag mit bedürftigen Zeitgenossen abgeschlossen und müssten nun darauf aufpassen, dass sie *von denen* nicht übers Ohr gehauen werden. Bei Bedarf, nämlich entsprechender Bedarfslage wechseln sie dann ganz leicht hinüber in die ebenso distanzlos ausgefüllte „Identität" des *Sozialrentners,* der seine Rechte kennt und einfordert und sich – hier schon wieder – „nicht für dumm verkaufen lässt". *Den* Stolz gibt ein aufrechter Lohnarbeiter bis an sein Lebensende nicht auf. Sogar noch als *Krankenhauspatient* schaut er nicht einfach zu, dass er wieder gesund wird, sondern lebt mit letzter Kraft die Vorstellung aus, als zahlendes Kassenmitglied zum Kommando zumindest über die niederen Abteilungen des dienstbaren Personals befugt und berufen zu sein. So betätigt er sich in jeder Lebenslage als selbstbewusste Persönlichkeit und ist mit all seinem subjektiven Engagement und dezidierten Rechtsbewusstsein doch nichts anderes als – säuberlich nach- oder sogar kunterbunt durcheinander – alles das, was Fiskus und Sozialpolitik mit ihm anstellen.

Was an wichtigen Dingen sonst noch in ihrem Gemeinwesen passiert, lassen mündige Arbeitnehmer auch nicht passiv auf sich zukommen. Sie fühlen sich *zuständig* und betrachten öffentliche Affären und Dinge von allgemeinem Belang durchaus als *ihre* Angelegenheit – man interessiert sich schließlich. Nicht gerade in dem Sinn, dass man aus wohlüberlegtem eigenem *Interesse* zu den – also womöglich *gegen* die –

nationalen und internationalen Konkurrenzkämpfen Position beziehen würde, die die Inhaber der öffentlichen Gewalt und die Sachwalter privater Wirtschaftsmacht auf Kosten und zu Lasten ihres eigenen wie manchen fremden proletarischen Fußvolks veranstalten. So realistisch ist das Interesse der betroffenen „kleinen Leute" am Lauf der Welt dann doch nicht beschaffen. Frei nach Lust und Laune mischen sie sich ideell ins Weltgeschehen ein, ohne auch nur auf die Idee zu kommen, sie könnten dessen Fortgang tatsächlich zu ihrer Sache machen. Statt dessen besitzen sie eine ganz original eigene Meinung, die ihnen praktischerweise in der Regel mit den unterhaltsam aufbereiteten Nachrichten gleich von befugter Stelle mitgeliefert wird. Die lassen sie sich auch nicht nehmen; schon gar nicht durch bessere Argumente, weil das ja gleichbedeutend wäre mit dem Eingeständnis, vorher nicht richtig nachgedacht zu haben. Überzeugen lassen sie sich schon eher durch das Gewicht, das einem Urteil oder Standpunkt im bürgerlichen Leben zukommt; denn dann liegt man nicht daneben, wenn man genauso denkt. Und das ist das Wichtigste an einer freien Meinung: richtig zu liegen, die Dinge ideell im Griff zu haben. Ihr *Inhalt* ist dann auch ganz danach: Das „Interesse", das aufgeweckte Lohnarbeiter wie alle mündigen Bürger dem Weltgeschehen entgegenbringen, geht darauf und geht darin auf, allem ein „ich finde" hinzuzufügen, Gott und der Welt *Zensuren* zu erteilen und sich dabei nicht hinters Licht führen zu lassen, was die wahren Fähigkeiten des politischen Führungspersonals, die wirkliche Erfolgstüchtigkeit des nationalen Unternehmerstandes, die Zuverlässigkeit bedeutender Sportgrößen oder die echte Liebenswürdigkeit des internationalen Hochadels und anderer Show-Figuren betrifft. Denn das ist den proletarischen Experten durchaus bekannt, dass der gute oder schlechte Eindruck, den die Reichen, Mächtigen und Prominenten erwecken, im Wesentlichen eine Frage der Imagepflege ist, die sie treiben und für die es schon wieder eine ganze „Industrie" gibt. Doch dieses Wissen irritiert sie nicht in ihrer Beurteilungsart, sondern erfüllt sie mit dem stolzen Bewusstsein, dass sie die Zusammenhänge durchschauen und sich jedenfalls nicht so einfach „hereinlegen" lassen. Sie fühlen sich kompetent und sind jederzeit bereit und in der Lage, Sachen und Personen auf einer Sympathieskala zwischen +5 und -5 einzuordnen; je nach dem, wie gut oder schlecht ihrer ebenso unverbindlichen wie unverwüstlichen Ansicht nach die Dinge funktionieren und die Verantwortlichen ihre Sache erledigen. Der Imperativ, dass *alles funktionieren* und den bedeutenden Herrschaften *das Ihre gelingen soll*, geht dabei als selbstverständliche Voraussetzung und fraglos gültiger Maßstab in die freie Urteilsbildung ein. Der Geist der Kritik tobt sich an „Missmanagern" und anderen Versagern aus und an der heißen Frage, ob noch von „leistungsgerechter Entlohnung" die Rede sein kann, wenn ein Sportidiot innerhalb von Stunden Millionen verdient.

Auf diese Weise schwingt sich der moderne Arbeitnehmer ideell zum *Richter* über die ganze Welt der Macht und des Reichtums auf, in der über ihn und seine Existenzbedingungen von A bis Z *verfügt ist.* Er setzt sie zum Objekt seines subjektiven Geschmacksurteils darüber herab, ob die wichtigen Leute ihren wichtigen Posten gerecht werden und den ganzen Laden ordentlich am Laufen halten; er bildet sich seine verantwortungsbewusste Meinung darüber, ob die Staatsmacht sich hinreichend durchsetzt, die Wirtschaft genügend wächst, die Sitten im nationalen Freizeitpark noch auszuhalten sind und das Wetter im Land so ist, wie es sich gehört. Genau so ist er in aller Subjektivität *prinzipiell parteilich für* alle öffentlichen Geschäfte, egal worin die eigentlich bestehen; er *ist Patriot,* noch ganz unabhängig davon, ob und wie begeistert er sich auch noch ausdrücklich zu seinem „Vaterland" *bekennt.* Alle *Unzufriedenheit* mit der Existenz, die das liebe Gemeinwesen ihm aufzwingt, bestärkt ihn nur in dieser Parteilichkeit: Was ihn stört, legt er einem vorgestellten *Versagen* der Verantwortlichen zur Last; vor Aufgaben, deren erfolgreiche Erledigung doch eigentlich ihres Amtes wäre und in deren richtiger Handhabung er sich weit besser auskennt als die damit betrauten Blödmänner. In der Frage fühlt er sich sogar durchaus zum streitbaren Vordenker unter allen anständigen, also grundsätzlich gleichgesinnten Zeitgenossen berufen. Und mit all seinem patriotischen Selbstbewusstsein erfüllt er exakt eine weitere Funktion, die seine demokratische Obrigkeit ihm vorgibt und von ihm ausgeübt haben will: die lächerliche Rolle der *politisierten Privatperson,* bei der der demokratische Gesetzgeber sich periodisch erkundigt, von welchen überbezahlten Versagern sie lieber nicht und von welchen Erfolgstypen sie statt dessen lieber regiert werden möchte. In freien und geheimen Wahlen ruft er das von Verantwortung durchtränkte Geschmacksurteil seiner regierten Bürger ab und zieht aus dem wählerischen Votum der Mehrheit sogar allen Ernstes praktische Konsequenzen fürs Personal – so viel praktische Bedeutung würden lebenserfahrene Arbeitnehmer ihrer freien Meinung von sich aus nie beilegen, geschweige denn zu verschaffen versuchen. Deswegen kommen sie auch nie im Leben auf die Idee, ihre ehrenvolle Stellung als freie Wähler zu kündigen und Widerstand gegen die politische Obrigkeit zu leisten, wenn der für ihren Geschmack falsche Kandidat gewinnt oder überhaupt kein Richtiger zur Wahl steht. Statt dessen finden sie sich mit dem Recht, unkontrolliert „Denkzettel" auszustellen, ganz gut bedient, nämlich als ideelle Auftraggeber der höchsten Gewalt anerkannt und ihrer Obrigkeit gegenüber zu einer *Anspruchshaltung* ermächtigt, die überhaupt nichts anderes zum Inhalt hat als eben die konstruktiv kritische Forderung, diejenigen, die völlig unbestritten die Macht haben, sollten die gefälligst *effektiv* ausüben, *erfolgreich* im Sinne dessen, was jeweils als die „nationale Sache" gilt.

Durch all die schlechten Erfahrungen, die es dann regelmäßig mit der „nationalen Sache" macht, lässt sich das proletarische Fußvolk in dieser Anspruchshaltung nur bestärken; und die Stoßrichtung ist eindeutig: Sie geht *gegen* jeden, der im Verdacht steht, den Erfolg der Nation und ihrer Insassen zu behindern. Das ist, materiell gesehen, vor allem *das proletarische Fußvolk selbst,* freilich unter verschiedenen Formbestimmungen: „Kollegen" aus anderen Betrieben oder Branchen, die mit „überzogenen" Lohnforderungen dem Standort schaden; Sozialfälle, die gar nichts beitragen und nur Kosten verursachen; vor allem aber: *Ausländer* – selbstverständlich nicht die Elite, die „Arbeitsplätze schafft", sondern Proleten, die es einem Einheimischen nie Recht machen können, weil sie ihm entweder einen „Arbeitsplatz wegnehmen" oder als arbeitslose Paupers zur Last fallen. Von „Klassensolidarität", geschweige denn von „proletarischem Internationalismus" findet sich bei derart staatsbürgerlich mitdenkenden Proletariern keine Spur, im Gegenteil. Die „Solidarität" mit der „Sache der Nation" macht sie glatt zu Gegnern ihrer eigenen Lohnarbeiterinteressen, soweit die dem anerkannten Gemeinwohl des Kapitalstandorts widersprechen, und zu – mindestens latenten – Ausländerfeinden, die ihren Staat wie ein Lebensmittel behandeln, das darunter leidet, wenn man es mit Fremden teilt: zu *Nationalisten* eben, die im Namen des großen Ganzen zu einer Unverschämtheit neigen, die sie sich für sich allein dann doch nicht so einfach herausnehmen würden. Sie maßen sich ein entschiedenes Urteil darüber an, *wem was zusteht,* und Leuten, denen es noch schlechter geht als ihnen selbst, sprechen sie auch noch das Recht aufs pure Da- und Hiersein ab; auf nichts anderes hin, als dass sie selber als Eingeborene zweifelsfrei dorthin gehören, wo sie eben sind, und „die andern" nicht; also allein in ihrer Eigenschaft als naturwüchsige Manövriermasse ihrer Staatsgewalt. Schlimmer noch: Die Erfahrung, im „eigenen" Gemeinwesen die bescheidenste Rolle zu spielen, animiert sie nur erst recht zur Feindseligkeit gegen jeden, den die politisch Verantwortlichen ihnen als volksfremdes und dem gemeinen Wohl abträgliches Element bezeichnen – und dabei tun sie noch so, als wären sie ganz auf eigene private Rechnung zu dieser Einstellung gelangt und keineswegs bloß die Idioten einer amtlichen Volkstumspolitik. Wenn überhaupt, dann werden sie sogar mit diesem Standpunkt *politisch radikal*. Die Lebenslüge des bürgerlichen Staates, dass alle negativen Wirkungen nationalstaatlicher Herrschaft, kapitalistischer Wirtschaftsmacht und proletarischer Dienstbarkeit ausgerechnet durch noch mehr und härter ausgeübte Staatsgewalt, durch noch effektivere Ausbeutung der nationalen Arbeitskraft und durch noch striktere Ordnung im Gemeinwesen zu heilen wären, kommt bei ihnen so gut an, dass ihnen die starke Hand des Gewaltmonopolisten gar nicht gewaltsam genug zu Werk gehen kann. So werden sie zum Streitobjekt zwischen rechtsextremen „Rattenfängern" und „wehrhaften" Demokraten, die sich ihre so liebevoll apostrophierten Anhänger keineswegs so ohne Weiteres wegfangen lassen. Die Ausgrenzung von Ausländern und die Durchsetzung ordentlicher Verhältnisse „überlassen" regierende Demokraten jedenfalls nicht „den Extremisten"; denen machen sie vielmehr praktisch klar, wie perfekt sie sich auf die parteiliche Handhabung ihres hoheitlichen Gewaltmonopols verstehen. Und solange ihnen das gelingt, halten sich auch die politischen Entgleisungen unzufriedener Arbeiter in Grenzen. Im Großen und Ganzen richten die sich nämlich ihr Missfallen an der offiziellen Politik und deren Machern schon so ein, dass sie nicht allzu weit aus dem Rahmen fallen; mit welchen extravaganten Auffassungen sie sich noch interessant, mit welchen bereits unmöglich machen, das wissen sie ganz gut zu unterscheiden. Deswegen lassen sie sich auf der einen Seite erklären, dass es unter den ausländischen Arbeitnehmern nicht bloß solche gibt, „die uns ausnutzen", sondern auch solche, „die uns nützen". Auf der anderen Seite finden sich ansonsten herzensgute Familienväter nach den entsprechenden sachdienlichen Hinweisen durchaus bereit, den „Sowjetrussen" durch den serbischen „Post-Kommunisten" und den „Muslim-Fundamentalisten" als nationales Hassobjekt zu ersetzen – und schon wieder so zu tun, als hätten sie sich höchstpersönlich ihre unanfechtbaren Gründe dafür erarbeitet.

So geht es zu, wenn aufgeklärte, selbstbewusste Proletarier aus der Realität, die real und deswegen nicht zu ändern sind, das Optimale herausholen. Ihre „bestmögliche" Antwort auf das nationale Elend ist ein elender Nationalismus, mit dem sie sich alles zum *eigenen Anliegen* machen, was ihnen an Existenzbedingungen *aufgeherrscht* wird.

(3) Die proletarische Moral

Es ist keineswegs so, dass moderne Arbeitnehmer sich ihre materiellen Bedürfnisse, also ihr klassenspezifisches Interesse an Lohn und Freizeit, abgewöhnt hätten oder je abschminken würden. Materiell geht es ihnen um nichts anderes – bloß: *wie!* Es ist auch nicht so, dass sie von den harten Bedingungen und einschneidenden Beschränkungen, die ihrem Materialismus gewaltsam vorgegeben sind, nichts merken oder keine Notiz nehmen würden: Sie arbeiten sich fortwährend an nichts anderem ab – nur eben: *wie!* Eine ganz eigene Moral haben sie sich zugelegt, mit der sie ihr Dasein komplett „bewältigen", ohne sich an dessen objektiven politökonomischen Bedingungen und Bestimmungen zu vergreifen und das auch bloß zu wollen.

In ihrer defensiven Fassung lautet diese Lebensmaxime: *sich nicht unterkriegen lassen;* aber das sagt noch gar nichts aus über das offensive Selbstbewusstsein, mit dem moderne Arbeitnehmer ihr Leben anpacken. Die ziehen aus ihren kollektiven Erfahrungen als herumkommandierte Manövriermasse kollektiv den einen Schluss, mit dem sie mittlerweile ganz individuell schon im zarten Jugendalter in der Hauptschule antreten: dass es ganz offensichtlich darauf ankommt, das Gegenteil darzustellen, nämlich immer und überall, in jeder Welt- und Lebenslage, „Chef im Ring" und „Herr der Situation" zu sein. Sie sind außerdem fest überzeugt, dass ihnen als anerkannten Mitgliedern des nationalen Gemeinwesens diese souveräne Stellung zur und in der Welt auch zusteht. Und deswegen sind sie es ganz einfach *sich selber schuldig, diese Stellung einzunehmen* und sich heraushängen zu lassen, dass sie darauf auch ein abgrundtiefes Recht haben. Wofür sie in der Realität vor lauter „Realismus" keinen Finger krumm machen, das reklamieren sie für sich als *Standpunkt,* zu dem sie so berechtigt wären wie alle anderen: sich als selbstbestimmte Persönlichkeiten aufzuführen, die ihr Leben mit all seinen Randbedingungen und Begleiterscheinungen voll im Griff haben.

Mit diesem Bild von sich selbst stellen sie für sich ein ziemlich strapaziöses *sittliches Lebensprogramm* auf – „sittlich" in dem Sinn, dass sie sich selbst damit auf eine von gesellschaftlich anerkannten „Normen und Werten" bestimmte Art der Lebensführung festlegen. Die praktische Notwendigkeit, mit den Abhängigkeiten und Beschränkungen ihrer materiellen Existenz zurechtzukommen, bleibt ihnen überhaupt nicht erspart und bestimmt ihren Alltag einschließlich aller Festtage durchgängig. Bei alledem geht es ihnen aber um etwas anderes, nämlich ihr Recht auf Souveränität wahr werden zu lassen und an jedem Punkt ihres proletarischen Daseins den – kontrafaktischen und deswegen niemals fertigen – Beweis zu führen, dass sie die Durchblicker sind, denen niemand etwas vormacht, und so was wie maßgebliche Regieassistenten, auf deren Kommandos der Rest der Welt gerade noch gewartet hat, zu seinem eigenen Schaden allerdings meistens nicht hört. Alle ihre materiellen Drangsale machen sie zum Material dieses höheren, eben: sittlichen Lebenskampfes darum, alles so hinzudeichseln und zurechtzustilisieren, dass sie, und sei es in einer noch so abseitigen Hinsicht oder sogar als „Opfer der Umstände", „irgendwie" *die Größten* sind.

Dieser Kampf ist selbstverständlich keine Sache, die das Individuum mit sich und seiner inneren Befindlichkeit abmachen würde. *Wahrgenommen* und *gewürdigt werden* will es schon – eben als Persönlichkeit, die die Welt im Allgemeinen und ihr Leben im Besonderen voll im Griff hat. Bleibt die Anerkennung aus, dann ist man der Mitwelt offensichtlich noch nicht genug oder nicht mit der richtigen Masche auf die Nerven gefallen. Beides lässt sich ändern; sei es mit verschärfter Selbstdarstellung, sei es mit kleinen und größeren Demonstrationen, wie sehr man gekränkt und beleidigt ist, weil eine verständnislose Umgebung mal wieder nicht weiß, was sie an einem ihrer hervorragendsten Mitglieder hat. So kommt es zu den absurden Verlaufsformen des modernen Erwerbs- und Freizeitlebens, die im vorigen Abschnitt andeutungsweise in Erinnerung gebracht werden sollten: Lauter selbstbewusste Arbeitnehmer *geben an* wie die Weltmeister und nerven sich damit wechselseitig. Ganze Freundeskreise werden dadurch zusammengehalten und gesprengt, dass die Beteiligten dort Beifall für ihre Lebenslügen suchen; das Liebes- und Familienleben steht erst recht unter der Forderung, im Intimverkehr das positive Echo zu finden, das man so gerne „Verständnis" nennt. Im Betrieb belassen mündige Arbeitnehmer es schon gleich nicht bei der Leistungskonkurrenz, die ihre Arbeitgeber mit ihnen veranstalten: Die wird überhöht und aufgehoben in eine innerbetriebliche Kultur des „Mobbing", der festgefügten schlechten Meinung, die ganze Abteilungen und alle selbstbewussten Mitarbeiter über einander pflegen, der üblen Nachrede, des Wettstreits um einen guten Ruf und einen starken Eindruck. Das belebt die interne Konkurrenz, auf die das Unternehmen Wert legt, ganz enorm, mag sie gelegentlich zwar auch stören, sorgt aber auf alle Fälle für den wohltuenden Effekt, dass die engagierten Mitglieder der Betriebsfamilie nur allzu bereitwillig alles tun, um bei ihren Chefs Anerkennung zu finden. Dabei ist durchaus wieder „schnöder" Materialismus im Spiel: Auf dem Lohnkonto auszahlen sollte sich der edle Wettkampf um den stärksten Auftritt, die erfolgreichste Gehässigkeit und die Anerkennung der Betriebsleitung schon. Der moderne Arbeitnehmer degradiert dieses materielle Interesse aber selber zum bloßen Hintergedanken einer Veranstaltung, die einen ganz anderen, ausgesprochen *antimaterialistischen* Inhalt hat: die ewige Sorge *‚Wie stehe ich da?'* Steht man am Ende *dumm* da, weil „die andern" sich – beruflich oder privat – erfolgreicher in Szene gesetzt haben, *dann* kommt die defensive Lebensmaxime zu ihrem Recht: *Dann* heißt es ‚Sich nicht unterkriegen lassen'. Denn eben dies: ausbleibender Beifall für den offensiv gepflegten Schein eines selbstbestimmten Daseins – und nicht etwa bloß dessen mangelhafte materielle Ausstattung – ist der entscheidende Misserfolg, die existenzielle Niederlage, von der ein anständiger Prolet sich trotzdem nicht umhauen lassen darf.

Mit ihrer sittlichen Selbstverpflichtung auf die lebenslange glaubwürdige Vorspiegelung eines in eigener Regie abgewickelten Erfolgsprogramms nehmen zeitgenössische Proletarier Maß an der Klasse der „Besserverdienenden". Denen steht zwar auch nicht ganz umstandslos die Welt zu Gebote. Immerhin profitieren sie aber, materiell wie moralisch, von einer satten Übereinstimmung ihrer materiellen Interessen mit den die Gesellschaft beherrschenden Einrichtungen und Sachzwängen: Sie *haben* die *Mittel,* um sich ihr Dasein nach ihrem Geschmack einzurichten; sie tun sich leicht mit der Pose des souveränen Arrangeurs der eigenen Lebensbedingungen, weil die politökonomische Einrichtung der Gesellschaft – die auch sie nicht im Griff haben, dafür aber auch gar nicht selber im Griff zu haben brauchen – ihnen genügend souveräne Arrangements in Sachen selbstbestimmter Lebensführung erlaubt; und gesellschaftliche Anerkennung – wenn auch nie in dem beanspruchten Maß, aber das ist ein anderes Kapitel – genießen sie schon allein deshalb, weil sie diejenigen sind, die sie zuteilen. *Denen* wollen es die Angehörigen des Sektors der „Schlechterverdienenden" unbedingt gleichtun; im bereits erwähnten Bewusstsein, dass sie als gleichberechtigte einheimische Staatsbürger ein gutes Recht auch darauf hätten, genau so gut und anerkannt dazustehen. Und an der Praktizierung dieses Rechtsbewusstseins lassen sie sich durch die fehlenden Mittel überhaupt nicht hindern; im Gegenteil: Um so nachdrücklicher praktizieren sie es *trotzdem.* In diesem sittlichen Sinn – also denkbar weit entfernt von jeglicher Absicht, die Klassengegensätze zwischen sich und der bessergestellten „bürgerlichen" Minderheit wirklich, materiell, aufzuheben – machen sie sich ihre *Verbürgerlichung* zum obersten Anliegen.

Natürlich werden sie überhaupt nicht los, was sie auf diese Art, mit ihrer gesamten Lebensführung, so angestrengt dementieren. Im Gegenteil: Ihr ganzes Bemühen, mit dem gesellschaftlich verbindlichen Vorbild des Bürgers, der mit seinen Existenzbedingungen in Einklang lebt und sich deswegen auch mit gutem Grund für deren Fortbestand engagiert, *gleichzuziehen,* und das wenn schon nicht materiell, dann um so mehr ideell, in Sachen Ehre, Stolz und Anerkennung, ist *als Dementi kenntlich.* Es mündet immerzu in die Bloßstellung, dass auch die modernsten Proletarier doch gar nicht sind, als was sie erscheinen möchten: Sie sind nicht die großkotzigen Arschlöcher, die wirklich sorgenfrei und ohne Reue mit Geld um sich werfen können und sich dabei ihr Beifall spendendes Publikum zu verschaffen wissen, sondern schmalspurige Nachahmungstäter; sie sind nicht die Weltbürger, die mit dem Recht ihrer Finanzmittel, ihrer gesellschaftlichen Bedeutung und eines von Zahlungsfähigkeit zeugenden Lebensstils als würdige Repräsentanten, wenn nicht gar als Zierde ihrer kapitalistischen Heimat durch die Welt laufen und Arroganz verströmen, sondern bleiben die vulgäre Kopie. Die private Kommandogewalt des kapitalistischen Eigentums imponiert ihnen enorm; so etwas möchten sie auch können – und bringen es dann doch bloß dazu, Familienmitglieder, Freunde und untergebene Kollegen zu drangsalieren und zu mancher Schlägerei bereit zu sein. Mit ihrem eingebildeten Recht, sich nichts sagen lassen zu müssen, werden sie frech – aber nur gegen die, bei denen sie es sich erlauben können. Und so weiter. Unbedingt wollen sie heraus aus ihrer proletarischen Haut – aber partout nicht auf dem einzigen Weg, auf dem das wirklich geht, nämlich dem vergleichsweise bequemen einer kommunistischen Revolution, die freilich auch von ihren bürgerlichen und staatsbürgerlichen Leitbildern nichts mehr übrig ließe, sondern per Kopie besagter Leitbilder, die dadurch nicht weniger widerwärtig, sondern gemein werden. So lassen ehrversessene Arbeitnehmer alles, was mit ihnen angestellt wird, seinen nur allzu absehbaren klassengesellschaftlichen Gang gehen, verurteilen sich selber dazu, in der ökonomischen Realität genau das zu bleiben, was sie sind und nicht sein wollen, nämlich herumgeschobene Manövriermasse fremder Interessen; sie führen sich auf, um genau das zu dementieren, und merken noch nicht einmal, dass sie auf die Art am Ende genau das Proletentum kultivieren, das sie sich nicht nachsagen lassen wollen und das ihnen anständigerweise auch niemand mehr nachsagen darf. Als wollten sie empirisch beweisen, dass das Bemühen um Verbürgerlichung, wenn die nötigen Mittel fehlen, zu *Verrohung* und sonst gar nichts führt.

Zumindest in einer Hinsicht haben die proletarischen Dienstkräfte des Kapitals freilich recht, wenn sie einfach nicht wahrhaben wollen, was sie für eine trostlose Rolle in der bürgerlichen Gesellschaft spielen: So, wie es ist, ist das Proletendasein eine Zumutung; wer es aushalten muss, kann ihm nicht auch noch ehrlich und ernstlich zustimmen; dass die, die den Proletenjob tun, sich entschieden negativ dazu stellen und alles andere, nur keine Proleten sein wollen, gehört zu dieser netten Existenzweise offenkundig dazu. Das ist aber auch schon alles, worin sie richtig liegen. Die moralische Schlussfolgerung, die das bürgerliche Gemeinwesen von seinen proletarischen Mitgliedern verlangt, stellt bereits alles auf den Kopf: Sie sollen buchstäblich aus der Not eine Tugend machen und, statt ihre *Klassenlage zu negieren, sich selbst verleugnen,* vor allem ihrem geschädigten Materialismus weiter gar keine Bedeutung beimessen. Moderne Arbeitnehmer gehen hier noch einen gewaltigen Schritt weiter in die verkehrte Richtung: Sie verleugnen sich selbst, indem sie sich in ihrer Einbildung und ihrer Anerkennungssucht *selbst überhöhen* und nach dem ekelhaften Vorbild der gutbürgerlichen Arroganz ein *angeberisches Selbstbewusstsein* an den Tag legen, mit dem sie ihrer proletarischen Existenz nachgehen, so als hätten sie sich die selber herausgesucht. *Diese* – psychologische – Art, den eigenen Status zu negieren, ist *nur noch verkehrt;* an *dem* falschen Bewusstsein ist gar nichts mehr notwendig. Und genau das ist zum Signum der ganzen Klasse geworden: Die guten Leute, die ihr angehören, verleugnen sich und verschaffen sich *Genugtuung,* indem sie *sich aufführen,* als könnte die Bourgeoisie von ihnen noch lernen, was ein richtiger bürgerlicher Großkotz ist. Ganz freiwillig machen sie sich mit ihrem stolzen Selbstbewusstsein zu wirklich ohnmächtigen Witzfiguren der Ausbeutung, die mit ihnen veranstaltet wird – *und haben noch nicht einmal was davon.*

Höchste Zeit, dass sie das lassen.

b) Methodische Nachbemerkung zum „notwendig falschen Bewusstsein" des Proletariats

Und warum lassen sie es nicht? Warum machen Lohnarbeiter mit in einem Gemeinwesen, das sie systematisch zur Manövriermasse des kapitalistischen Eigentums und des dazu gehörigen allgegenwärtigen staatlichen Gewaltapparats degradiert?

Die Antwort ist bereits gegeben. Es gibt dafür keine anderen „Ursachen" als die schlechten Gründe, die *die Leute haben*. Aber vielleicht muss man gerade manchen übrig gebliebenen Linken darauf noch mal extra aufmerksam machen.

(1) Wenn „das gesellschaftliche Sein das Bewusstsein bestimmt" ...

In seiner Kritik des Lohnsystems und seiner Agitation gegen die Bereitschaft der Arbeiterklasse, dabei mitzutun, hat Marx vom *notwendig falschen Bewusstsein* der Insassen des modernen Klassenstaats und davon geredet, dass da *das gesellschaftliche Sein das Bewusstsein bestimmt. Gemeint* hat er damit den Skandal, dass die kapitalistische Klassengesellschaft, so aufgeklärt, vernunftgeleitet, egalitär und materialistisch sie daherkommt, ihren Mitgliedern wie ein Sachzusammenhang von eigentümlicher, reichlich undurchsichtiger, dabei sehr einseitig zweckdienlicher Eigengesetzlichkeit gegenübertritt: Die gesellschaftlichen Beziehungen sind überhaupt nicht in irgendwelchen halbwegs vernünftig durchdachten und in gemeinsamer Beratung zur Beschlussreife gebrachten Interessen begründet, geschweige denn, dass sie darin aufgehen würden; vielmehr haften sie in ganz irrationaler, gar wissenschaftlich erklärungsbedürftiger Weise am Geld und den Sachgesetzen seiner Vermehrung; den Leuten werden ihre eigenen Interessen, und zwar lauter klassenspezifisch gegensätzliche Interessen an einem Ausbeutungsverhältnis, durch die ökonomischen Objekte vorgegeben, derer sie sich bedienen müssen; und wenn die Lohnarbeiter, notgedrungen, sich darauf einlassen und mit den gegebenen Verhältnissen einzurichten suchen, machen sie schon einen Fehler, unterwerfen sich nämlich zu ihrem Schaden dem kapitalistischen Eigentum. *Genommen worden* sind Marx' kritische Anmerkungen zur buchstäblichen Verrücktheit „marktwirtschaftlicher" Produktionsverhältnisse allerdings ganz anders. Heerscharen von Interpreten des Kapitalismus haben sich auf seine Stichworte gestürzt – linke Kritiker, die sich in seiner Nachfolge gesehen haben, ebenso wie bürgerliche Apologeten –; und sie haben daraus lauter grundverkehrte Theorien über eine angeblich ganz naturwüchsige, ziemlich unausweichliche und insofern auch gar nicht weiter kritisierbare *Determiniertheit der menschlichen Psyche* herausgesponnen.

So waren vor allem frühe Sozialdemokraten und etliche Kommunisten – und die Vertreter des dahingeschiedenen „realen Sozialismus" allesamt – sehr von der Vorstellung angetan, das „gesellschaftliche Sein", nämlich die desolate Klassenlage des Proletariats, würde diesem schon ganz von allein, automatisch, das jeweils passende Maß an *revolutionärem* Bewusstsein und Umsturzwillen eingeben; so dass ihr eigener Einsatz, das Wirken der Arbeiter*partei,* sich darauf beschränken könnte und auch darauf zu beschränken hätte, die „objektiven Widersprüche" in der Gesellschaft „voranzutreiben", den Massen das zu ihrer jeweiligen „historischen Situation" gehörige „fortschrittliche" bis – ansatzweise – kommunistisch-umstürzlerische Weltbild vorzusagen und Aktionsprogramme zu entwickeln, die vor allem den einen „Fehler" vermeiden mussten: Man durfte den naturwüchsigen „Reifestand" des proletarischen Bewusstseins nicht überschätzen, den nicht-proletarischen „Bündnispartnern" der Arbeitersache keine zu weit gehenden Forderungen zumuten und sich überhaupt auf keinen Fall „von den Massen isolieren". Misserfolge, die nicht nur wegen der Stärke des Gegners, sondern auch wegen dieser verqueren Art der berechnenden Agitation gar nicht ausbleiben konnten, boten Anlass zu der entsprechenden „Selbstkritik", *zu früh zu viel* gewollt zu haben, vielleicht auch schon mal am falschen Platz *zu wenig;* auf alle Fälle waren die Aktivisten der sozialistischen Bewegung – statt mit Agitation für die Aneignung und vernünftige, planmäßige Verwendung der gesellschaftlichen Produktivkräfte durch die „Massen", die dann auch nicht mehr als Proletariat herzuhalten hätten – hauptseitig mit der absurden Bemühung beschäftigt, die *„revolutionäre Situation",* in der „sozialen Realität" wie in den Köpfen der Leute, *richtig einzuschätzen.*

Einige enttäuschte Revolutionäre haben sich dann irgendwann zu dem Schluss durchgerungen, es wäre eventuell doch das Proletariat, das mit seinem „Bewusstsein" schwer zu wünschen übrig ließe. Und weil sie das Dogma von „den Verhältnissen", die zu gegebener Zeit zur „revolutionären Situation" „heranreifen" würden, weiter fest für wahr hielten, haben sie das Bedürfnis verspürt, die Theorie von der quasi naturnotwendigen *Entstehung* des revolutionären Bewusstseins aus der objektiven Klassenlage durch einen Determinismus der *Verhinderung* dieses Fortschritts im Denken und Wollen der Massen zu *ergänzen.*

– So sind manche auf eine „Erklärung" verfallen, die von viel moralischer Empörung darüber geprägt ist, dass die Lohnarbeiter schuldig bleiben, was hoffnungsvolle Umstürzler ihnen als ihre „historische Aufgabe" zuerkannt haben: Die Kapitalisten hätten ihre Dienstkräfte *bestochen* – die naheliegende Frage nach der Herkunft der dafür angeblich aufgewandten Mittel wurde gegebenenfalls mit dem Verweis auf

die Früchte der „besonders extremen" Ausbeutung der gewaltsam niedergehaltenen Völkerschaften in den Kolonien der imperialistischen Mächte mehr zurückgewiesen als beantwortet – oder zumindest die „revolutionären Massen" per Bestechung einer proletarischen Elite in für den Klassenkampf entscheidender Weise *gespalten;* und die hätten sich *bestechen und spalten lassen.* Der Einfall ist nicht bloß politökonomisch verkehrt, weil er die Ausbeutung der Lohnarbeiter in den imperialistischen Metropolen an dem wüsten Elend anderswo misst und den Unterschied als für Lohnarbeiter überzeugenden Grund zur Zufriedenheit „einschätzt", statt den zunehmend absurden Widerspruch zwischen der dauernd gesteigerten Produktivität der Arbeit in den Zentren des Weltkapitalismus und ihrer fortdauernden Subsumtion unter die Gesetze der kapitalistischen Eigentumsvermehrung auch nur zu registrieren. Er ist vor allem insofern fatal, als er den Materialismus der Lohnarbeiter ganz ausdrücklich in einen Gegensatz zu der „sozialistischen Perspektive" stellt, auf die man sie festlegen möchte; so als wäre die kommunistische Revolution[*] ein Akt moralischer Selbstverleugnung, den die kapitalistisch benutzten Massen nur unter dem Druck äußerster Not auf sich nehmen würden – dass Kommunismus und „klassenlose Gesellschaft" etwas mit einer vernünftigen, bequemen Einrichtung der weltweit herrschenden Produktionsverhältnisse zu tun haben könnten, ist da vor lauter Hingabe an eine vorgestellte welthistorische Anstandspflicht des Proletariats völlig aus dem Blick geraten; und vor lauter Determinationsideen, die allemal nichts anderes als den überhaupt nicht determinierten Willen zur *Manipulation* anderer Leute verraten, hat man sich schon gar nicht mehr vorstellen mögen, Erleichterungen des proletarischen Lebens ließen sich womöglich, statt von der Bourgeoisie zur Erzeugung von tiefer Dankbarkeit unter glücklichen Lohnarbeitern, auch mal von richtig agitierten Lohnarbeitern für ein paar senkrechte Gedanken zu den Prinzipien einer Wirtschaftsweise nutzen, in der schon ein bisschen mehr Lohn zu dankbarer Fügsamkeit gegenüber den offenkundig ohne Weiteres zahlungsfähigen Arbeitgebern verpflichten soll.
– Anderen Interpreten des proletarischen Bewusstseins und seines überraschenderweise fehlenden revolutionären Inhalts kam die Theorie einer „sozialen", mit schnödem Geld bewerkstelligten Lahmlegung

---

[*] Für das, was diese Arbeiterführer angestrebt haben, galt das womöglich wirklich!

des eigentlich fälligen umstürzlerischen Drangs schlecht behandelter Massen weniger falsch als viel zu kurz gegriffen vor. Die einen fanden, schon Marx hätte in seiner „ökonomistischen Auffassung" vom Bewusstsein den *„subjektiven Faktor" „vernachlässigt";* neben der Festlegung der menschlichen Psyche durch das „soziale Sein" müsste man eine *innere* Determiniertheit durch seelische Wirkkräfte in Anschlag bringen. Und das ließ sich natürlich machen: Belehrt durch passende Erfindungen der akademischen Psychologie haben linke Theoretiker vom für sie unbefriedigenden Ergebnis eines unterentwickelten proletarischen Umsturzwillens her dafür verantwortliche „Defekte" und „Deformationen" des proletarischen Seelenlebens konstruiert. Mehr philosophisch orientierte Kollegen haben sich dagegen mehr *erkenntnistheoretisch* am allzu zögerlichen „revolutionären Bewusstsein" der Arbeiterklasse zu schaffen gemacht und sich aus Marx'schen Bemerkungen zur *Irrationalität* der kapitalistischen Produktionsweise, deren arbeitsteiliger Zusammenhang und ausbeuterische Zweckbestimmung sich „hinter dem Rücken" der Beteiligten herstellt und als „gesellschaftliches Verhältnis von Sachen" präsentiert, die Vorstellung zurechtgelegt, die hinterrücks wirkende „Logik des Kapitals" *ließe sich* von den praktisch darin befangenen Agenten dieses „Systems", und den proletarischen Underdogs schon gleich, überhaupt *nicht durchschauen;* es fehlte ihnen – im Unterschied zu den marxistischen Theoretikern, die das ja immerhin hinkriegen... – nicht etwa bloß am Willen oder an Zeit und Mitteln, ihre eigene Ausbeutung zu begreifen, sondern an den – gewissermaßen transzendentalen – *Bedingungen der Möglichkeit* dazu. Von der Gegnerschaft gegen die kapitalistische Produktionsweise, die im Glauben an einen quasi naturnotwendigen kommunistischen Umsturz immerhin noch enthalten war, und erst recht vom Willen zur Agitation der Betroffenen für eine Kündigung ihres Manövriermassen-Status bleibt in beiden Fällen nichts mehr übrig: Die einen ersetzen Aufklärung und Agitation durch den Glauben an die Notwendigkeit einer vorgeschalteten Psychotherapie der Arbeiterklasse und landen in der Konsequenz bei einer Kapitalismuskritik, die an der systematischen Ausbeutung der lohnabhängigen Mehrheit gar nichts weiter auszusetzen hat als das von ihnen postulierte seelische Gebrechen der Widerstands-Unfähigkeit. Die andern erklären das Proletariat überhaupt zu einem verlorenen Haufen, dessen vorgestellte totale und hermetische Verblendung nur zu dem faden philosophischen Genuss taugt, sich selber – „negativ-dialektisch" oder wie auch immer – davon freizusprechen.

Normalen bürgerlichen Theoretikern hat der Spruch vom „gesellschaftlichen Sein", das „das Bewusstsein bestimmt", in einem der Marx'schen Kritik von vornherein genau entgegengesetzten Sinn gut gefallen. In ihr apriori affirmatives soziologisches Weltbild, die Deutung des Kapitalismus als sinnreicher systematischer Funktionszusammenhang von interdependenten Elementen, passt die Vorstellung gut hinein, jedes funktionell abgrenzbare gesellschaftliche Ensemble würde sich von der Welt ein zu seiner Funktion und seinem Status passendes Bild machen; Vorstellungen und Einstellungen wären im Grunde überhaupt nur richtig zu erfassen als die Ergebnisse eines „hinter dem Rücken" der bewussten Agenten waltenden Sinnstiftungs- und Integrationsprozesses. *Verkehrt* zu sein, sagt diese Theorie keiner der Weltanschauungen nach, die sie eruiert: An allen spürt sie eine – begrenzte – *Funktion* auf und ist mit diesem Ergebnis hochzufrieden.

Doch es hilft alles nichts: Gedanken, selbst verkehrte, sind keine sozialen Naturprodukte; auch was Lohnarbeiter sich über ihre Lage denken und für ihr Leben vornehmen, ist das Ergebnis von *Schlüssen,* die sie aus ihrer Lebenssituation ziehen. Dafür, wie die ausfallen, gibt es keinen anderen Grund als *die* – zutreffenden oder unzutreffenden, guten oder schlechten – *Gründe,* die *die Leute haben,* und jedenfalls keine sozial determinierende *Ursache hinter* ihrer – und sei es noch so bescheuerten – Verstandesleistung. Wenn *die* vom „gesellschaftlichen Sein *bestimmt"* wird, dann tritt nicht irgendeine andere geheimnisvolle Wirkkraft an die Stelle der Überlegungen, die die Menschen, auch wenn sie für Lohn arbeiten gehen, doch laufend anstellen, sondern dann *gehen diese Überlegungen in die Irre;* und zwar insofern, als sie sich von vornherein gar nicht kritisch prüfend zur sozialen Realität stellen, sondern diese *als* bestimmende Vorgabe für alle eigenen Planungen und Aktivitäten *anerkennen,* sich davon *bestimmen lassen.* Nicht von einer Determination welcher Art auch immer, sondern von einem *Missgriff* „des Bewusstseins" ist die Rede: davon, dass sich da jemand den zu seinem Schaden über ihn herrschenden Interessen und Sachzwängen *fügt* und dafür *seine* überhaupt nicht stichhaltigen *Gründe* hat.

(2) ... dann macht „das Bewusstsein" lauter Fehler!

Das erste und grundlegende Argument, das Lohnarbeiter dazu bestimmt, sich positiv auf Lohnarbeit als ihr Lebensmittel einzulassen und einzustellen, ist die *Kalkulation,* zu der sie *praktisch genötigt* sind: Sie haben *kein anderes* Mittel; ihren Verstand *müssen* sie erst einmal darauf verwenden, Arbeit zu finden und mit dem verdienten Lohn zurechtzukommen; *also* bleibt ihnen wohl nichts anderes übrig, als sich damit *abzufinden* und mit ihrer alternativlosen Lebenslage *anzufreunden.* Dieses „also" ist und bleibt ein *Fehlschluss:* Wenn eine übermächtige öffentliche Gewalt mit dem Eigentum auf der einen Seite auch Eigentumslosigkeit auf der anderen, bei der großen Mehrheit der Gesellschaft, garantiert, wenn sie zur Lohnarbeit keine Alternative lässt und unendlich viele Vorkehrungen dafür trifft, dass sie auch brav geleistet wird, dann spricht das *gegen diese Gewalt* und nicht für ein friedliches Arrangement mit ihren Verfügungen. Der Entschluss, sich zu fügen und mit der systematisch zurechtgemachten Welt der Lohnarbeit seinen Frieden zu machen, wird auch dadurch nicht richtig, dass er den Betroffenen mit der ganzen Wucht perfekt eingerichteter Verhältnisse und eines darüber thronenden Gewaltmonopolisten aufgedrängt wird und deswegen als *lebenspraktische Notwendigkeit* erscheint – dies die harte, aber auch schon die ganze Notwendigkeit, die Marx dem „falschen Bewusstsein" des Proletariats von seiner Lage und seinen Lebenschancen zuschreibt. *Wie* falsch sie damit liegen, spüren die Lohnabhängigen, die ihre Alternativlosigkeit zum Argument für Anpassungsbereitschaft gemacht haben, dann auch unweigerlich: Mit ihren Kalkulationen kommen sie tatsächlich ja auf keinen grünen Zweig. Deswegen stehen sie auch immer wieder vor *der* Alternative, die sie allemal haben: den Gegensatz der freiheitlich-marktwirtschaftlichen Ausbeutungsverhältnisse gegen ihre materiellen Interessen theoretisch festzuhalten und zu begreifen, um ihm praktisch zu Leibe zu rücken, *oder* sich stets von neuem für berechnende Anpassung zu entscheiden und Verstand und Wille in die Suche nach Wegen der Schadloshaltung und Kompensation zu investieren. Die *praktische Nötigung,* sich nach Maßgabe des „gesellschaftlichen Seins" einzurichten, ist immer wieder dieselbe – und der *Fehler,* darin seine Zufriedenheit zu suchen, auch.

Der ist allerdings ausbaufähig; und darin haben die modernen Arbeitnehmer es weit gebracht; der erste Teil dieses Kapitels handelt davon. Was die Arbeiterbewegung früherer Tage an Entlastungen und Freiheiten erkämpft hat und sozialpolitisch fortschrittliche Regierungen konzediert haben, das wird jedenfalls nicht dazu genutzt, den politökonomischen Notwendigkeiten von Arbeitshetze und Arbeitslosigkeit, Lohndrückerei und „Flexibilisierung" auf den Grund zu gehen. Das Gegenteil steht auf dem Programm: der große Wettbewerb darum, reibungslos bis zur Rente durchs Leben zu kommen, sich von niemandem

– außer den Chefs – etwas sagen zu lassen, sich dabei gut zu fühlen und der Umwelt gewaltig Eindruck zu machen. Heutige Proletarier erfüllen nicht mehr bloß das bürgerliche Pflichtprogramm, die Lohnarbeit als ihr Schicksal zu akzeptieren und sich durch das permanente Scheitern ihrer Berechnungen zu immer noch mehr Arbeits- und Verzichtsbereitschaft anstacheln zu lassen. Sie haben gründlich abgerechnet mit ihrer Klassenlage, halten sich für alles Mögliche – Rheinländer, Führerscheinbesitzer, SPD-Wähler, Betriebsnudeln, Bergsteiger... – eher als für Proletarier und renommieren mit all den bürgerlichen „Identitäten", die ihnen aufs Auge gedrückt werden.

Die *Erfahrung,* dass ihre Erwerbsquelle kein Vergnügen ist und der Wille zur Zufriedenheit sie eine Extra-Anstrengung kostet, bleibt ihnen dennoch nicht erspart – und deswegen auch nicht die *Frage, wozu das Ganze eigentlich gut sein soll,* was sie da treiben. Dass sie von dieser schlichten Frage nichts wissen wollen, steht fest – aber ebenso, dass sie auf alle Fälle niemanden intellektuell überfordert, und dass die Anstrengung, sich zur Abwechslung mal *damit* „auseinanderzusetzen", bestimmt nicht größer ist als die, „das Ganze" und vor allem sich selber ein Leben lang einfach klasse zu finden. Dafür wäre sie entschieden nützlicher.

GegenStandpunkt
Politische Vierteljahreszeitschrift

Nach dem schmählichen Ende des realen Sozialismus sehen es auch die kritischen Geister der Nation freiwillig ein: Das System des Westens ist doch unschlagbar – ökonomisch allen Alternativen überlegen, freiheitsmäßig überhaupt einzigartig, im Großen und Ganzen friedfertig; kritikabel höchstens darin, daß es noch nicht genug für die weltweite Durchsetzung so vorbildlicher Verhältnisse tut... Eine kleine Voraussetzung schließt dieses Kompliment an den real existierenden Weltkapitalismus freilich schon ein; sie betrifft den Standpunkt der Begutachtung. Ihre Vorzüge zeigt die mustergültige westliche Gesellschaftsordnung nämlich nur dann so richtig, wenn man gar keine anderen Interessen kennt als diejenigen, die darin die bestimmenden sind; wenn man sich gar keine anderen Probleme macht als diejenigen, die dort entstehen und vom Staat, der keineswegs zufällig ein Gewaltwaltapparat ist, betreut werden; wenn man gar keine anderen Erfolgsgesichtspunkte gelten läßt als diejenigen, die in der Welt des Geschäfts und der staatlichen Gewalt eben herrschen; wenn man also, umgekehrt, für die Massen auf dem Globus gar keinen anderen Beruf in Betracht zieht als denjenigen, die nützliche Manövriermasse der Weltwirtschaft und der für ihr Funktionieren zuständigen Gewalten – oder aber *zuviel* zu sein. Einen Reichtum produzieren, von dem eine kleine radikale Minderheit enorm viel hat; die große Mehrheit der Leute unter Lebensverhältnisse setzen, in denen sie den Dienst am Eigentum anderer als ihre einzige Lebenschance be- und ergreifen und sich noch darum schlagen, benutzt zu werden: Das kann der demokratische Kapitalismus wirklich erstklassig. Und er kann noch mehr: Intellektuelle ernähren, die *sein* Funktionieren zur vergleichsweise optimalen „Lösung" zahlreicher – ökonomischer, ordnungspolitischer, sittlicher und anderer – „Menschheitsprobleme" verklären.

Diese methodische Parteilichkeit beiseite gelassen, fällt einiger Glanz ab vom siegreichen System der Freiheit. Dann erweist sich die Freiheit selbst als fadenscheinige Errungenschaft, weil sie tatsächlich eine Technik der Herrschaft und auf der anderen Seite das billige Selbstbewußtsein der Beherrschten ist. Die demokratische Regierungsart zieht nicht schon deshalb Komplimente auf sich, weil manche Diktatoren brutaler verfahren – etwa so, wie Demokratien es sich für Notstandszeiten vorbehalten. Vom Marktgeschehen gibt es nicht so sehr glanzvolle Versorgungsleistungen zu melden, eher den Zweck der ganzen Sache: das Geld und seine Vermehrung, sowie einige Härten, das Geldverdienen durch Arbeit betreffend. Sogar der Frieden, den die verantwortlichen Weltmächte hüten, sieht weniger idyllisch aus, mehr nach zwischenstaatlichen Gewalt- und Erpressungsverhältnissen, die – ausnehmend demokratisch! – die Völker für ihren Staat auszubaden haben. Und vom weiten Feld origineller Weltanschauungen bleibt nicht viel mehr als eine Masse ebenso wohlmeinender wie verfälschender Umdeutungen des Weltgeschehens übrig, deren Dummheit nicht selten die Schmerzgrenze erreicht.

Es liegt also gar nicht an einem besonders extravaganten Standpunkt der Redaktion, daß die politische Vierteljahresschrift des Gegenstandpunkt-Verlags ein paar sehr abweichende Auffassungen und Argumente zu bieten hat. Es geht den Autoren und Redakteuren im Gegenteil gerade nicht darum, die behandelten „Themen der Zeit" neu, witzig und einmal ganz anders zu *sehen*. Die Zeitschrift GegenStandpunkt bemüht sich um *Erklärungen*; und die laufen, wenn sie richtig sind, allemal auf den Beweis hinaus, daß die wirklichen Verhältnisse ein wenig anders *sind*, als die amtierenden Fachleute für Wirtschaft, Politik und Moral & Weltanschauung sie sich und ihrem Publikum zurechtlüden. Weil es da viel und dauernd etwas Neues zu erklären und zurechtzurücken gibt, erscheint die Zeitschrift viermal im Jahr, ohne daß eine Marktanalyse das Bedürfnis danach ermittelt hätte.